U0139772

束景南　查明昊　辑编

王陽明全集

补编

上海古籍出版社

（增補本）

图书在版编目（CIP）数据

王阳明全集补编：增补本：简体版／束景南，查明昊辑编. —上海：上海古籍出版社，2024.1
ISBN 978-7-5732-0964-1

Ⅰ.①王… Ⅱ.①束… ②查… Ⅲ.①王守仁（1472-1528）一文集 Ⅳ.①B248.21-53

中国国家版本馆 CIP 数据核字（2023）第 227615 号

王阳明全集补编（增补本）

束景南 查明昊 辑编

上海古籍出版社出版发行

（上海市闵行区号景路 159 弄 1-5 号 A 座 5F 邮政编码 201101）

（1）网址：www.guji.com.cn

（2）E-mail：guji1@guji.com.cn

（3）易文网网址：www.ewen.co

上海展强印刷有限公司印刷

开本 890×1240 1/32 印张 20.875 插页 7 字数 401,000

2024 年 1 月第 1 版 2024 年 1 月第 1 次印刷

印数：1—2,100

ISBN 978-7-5732-0964-1

B·1362 定价：69.00 元

如有质量问题，请与承印公司联系

电话：021-66366565

王阳明像（清佚名绘）

王阳明手迹
（《若耶溪送友诗》）

莫耶溪上雨初歇，耶
溪雲猶吾發楊枝妍～
風雨晴楊花陽～如雪白

天下重廬耶西貯芳茗
肉兒誅用黃峰奇負巍
二手裡竹屋茂久秀今年

沿山風明正西雨盡手塗
隆寫清礼空程泥風四
立變盖蓋輕作山陽別

歸却雨焉咸手剝～
耶陵三上園去吾高捷
小轎不久南盆格庭下

長風破浪下吾紙飛帆夜
優端堤月色擔扶藥間
濱嘯翠水金珠見舟潮

於六霜津～情身冬不交
三元城山莊郎會英勇爭
耶陵不久為今因詩逆逐

侍生王守仁頓首敬啓

侍御王老先生大人執事　昨承

須胙薰

錫多儀生以丁日感微寒迄今未敢風

未能衆謝感荷之餘可勝惶悚先遣

門人越榛鄒木請罪尚容稍間面詣

也即日侍生守仁再拜啓上

外小詩稿一通呈

教

餘空

王阳明手迹
（《与王侍御书》）

增补本前言

近百年来阳明诗文之辑佚考定，是一浩大之文化工程，亦是辑考不断完善完备之过程，未有止境也。《王阳明全集补编》自二〇一六年出版以来，余又陆续辑得阳明佚诗佚文多篇，尤获得《武经七书评》、《大学古本傍释》、《大学问》之完本，遂再有增补本之订。是次增补，主要收入新辑阳明佚诗佚文，增入《大学古本傍释》、《大学门总论》，补入移文之篇与语录之本；剔除一二原误辑伪篇，调整辑佚诗文类目，修改原编刻版误字错句。盖斯增补本，可谓是目前阳明诗文辑佚之最全备完善之本矣。详考则可见余新增补本《王阳明佚文编年辑考》。庚子夏五月，景南志于钱塘西湖北麓。

出版说明

二十世纪八十年代,大陆阳明学复兴,而浙江是"始条理者"(陈来《阳明学研究的回顾与前瞻·兼评阳明学研究丛书》)。沈善洪、王凤贤两位先生于七十年代后期即开始研究王阳明,并于一九八一年推出了《王阳明哲学研究》。

踵其事者,当首推吴光先生。他不仅是阳明学的研究者,亦是阳明学的推动者。盖因出身历史学的缘故,他较早注意到文献整理对阳明学研究的重要性,早在一九九二年就推出了由其主持整理、校点的《王阳明全集》(吴光、钱明、董平、姚延福编校,上海古籍出版社,二〇一一年重排。以下简称《全集》),对王阳明及其思想研究起了不小的推动作用。《全集》亦被公认为最权威、使用范围最广的版本。

《全集》卷三十二系钱明先生搜辑整理的阳明散佚语录、诗、文,凡二十八篇,开阳明佚文辑佚之先河。嗣后不断有佚文、异文被发现,举其要者,有日本学者永富青地、水野实,中国学者钱明、计文渊、叶树望、吴震、王孙荣、陈来等,以浙人或浙籍居多。

浙江大学束景南教授于二十世纪八十年代专力于朱熹研究之时,即已留意于阳明佚文的搜辑。二〇〇一年完成"朱子三书"最后一部《朱熹年谱长编》后,始专意于阳明佚文的搜辑整理。积三十年之功，于二〇一二年出版了《阳明佚文辑考编年》（上海古籍出版社，二〇一五年推出增订版。以下简称《辑考》）。

《辑考》对前此的辑佚成果作了系统的清理：《全集》业已收录，或学者已有辑考者，根据版本、文献来源不同，对其间文字缺漏（缺题、缺序、缺跋、缺作文时间、正文文字缺漏等）、差异、错讹等，辨其成因，定其是非。对前人误辑或新见伪托阳明所作者，详加考辨，证成其伪。

《辑考》对学界贡献尤著者，乃其新辑之近二百五十篇（首）佚文佚诗。凭借这些新史料，辅以绵密的考辨，纠正和解决了不少阳明学研究中的误案、错案和悬案。

《辑考》曾获得二〇一一年"国家古籍整理出版专项经费资助"；出版后，广受学界好评，并获"二〇一二年度全国优秀古籍图书奖二等奖"。然因《辑考》的主体是考辨、编年文字，研读、使用颇为不便。有鉴于此，特约请束景南教授在《辑考》基础之上，参照《全集》的体例，编纂《王阳明全集补编》，并由查明昊先生作了后期整理工作。此《补编》的出版，庶可与《全集》合为全璧。其编排体例如下：

凡不见于《全集》者，均编入正文部分。按其体裁，分诗、文、语录三编，共计诗文约三百八十篇（首），语录近一百八十条。各编内，按创作时代先后排列；每篇佚文后，著录其文献出处。

新发现之《续传习录》，与《传习录》卷下文字多有出入，且约有二十五条语录为《传习录》所无，今附于正文后。

正文之外，另有附录三：异文，《全集》虽已收录，但与新见文字差异颇大者，录以备考，计五十余首（篇）；存伪，业经考辨，确为伪托者，录此存照，以免贻误不明其伪者，约七十首（篇）；征引辑佚书目,既示不掠前贤之美,亦为有意深入观研者之引导也。

上海古籍出版社

二〇一六年四月

又记

　　此次增补,主要做了以下工作:

　　一是增补初版中未收之篇目。诗文部分:据国家图书馆藏明嘉靖刻《阳明先生别录》、日本早稻田大学图书馆藏明嘉靖三十四年间东序刊本《阳明先生文录》,补入日本学者永富青地辑录遗漏之公移,计一百五十余篇。据上海涵芬楼影印隆庆本、《续四库全书》影印万历本、哈佛大学汉和图书馆藏乾隆刊刻本《大学古本傍释》,辑补入《大学古本傍释》完本,据万历刻百陵学山本《大学问》完本辑补之《大学问总论》;据《杨一清集·集部献纳稿》收录阳明正德七年代杨一清所作《为急大本以图治安以尽修省事》等,共计二十余篇。语录部分,据日本学者水野实、永富青地、三泽三知夫校注、张文朝译《阳明先生遗言录稽山承语整理》,补入《阳明先生遗言录》、《稽山承语》。增补文字近十六万。

　　二是删除数篇初版误辑之篇目。主要为《题温日观葡萄次韵》、《题倪云林春江烟雾图》、《满江红·题安化县石桥》、《望江南·西湖四景》、《京师地震上皇帝疏》等五篇(首)。

　　三是订正初版文字识读、标点、考订中的疏漏。如当代学者苏成爱据明天启元年徐光启序、茅震东考订之《武经七书评》,作有

《批评武经七书校注》,今据以订补初版疏失。其他细微修改,不再赘举。

我们相信,增补本的出版,将为读者提供一个收罗更加齐备、编校更加精善的文本。

上海古籍出版社

二〇二一年一月

目　录

诗

资圣寺杏花楼 （成化十五年 一四七九年）

东风日日杏花开，春雪多情故换胎。素质翻疑同苦李，淡妆新解学寒梅。心成铁石还谁赋？冻合青枝亦任猜。迷却晚来沽酒处，午桥真讶灞桥回。

（诗见《天启海盐县图经》卷三。）

寓资圣僧房 （成化十六年 一四八〇年）

落日平堤海气黄，短亭衰柳舣孤航。鱼虾入市乘潮晚，鼓角收城返棹忙。人世道缘逢郡博，客途归梦借僧房。一年几度频留此，他日重来是故乡。

（诗见《万历嘉兴府志》卷二十九、《康熙嘉兴府志》卷十八、《光绪海盐县志》卷三十。）

棋落水诗 （成化十六年 一四八〇年）

象棋终日乐悠悠，苦被严亲一旦丢。兵卒堕河皆不救，将军溺水一齐休。马行千里随波去，象入三川逐浪游。炮响一声天地震，忽然惊起卧龙愁。

（诗见褚人获《坚瓠集》甲集卷一《棋落水》。）

金山寺 (成化十八年　一四八二年)

金山一点大如拳,打破维扬水底天。醉倚妙高台上月,玉箫吹彻洞龙眠。

蔽月山房 (成化十八年　一四八二年)

山近月远觉月小,便道此山大于月。若人有眼大如天,还见山小月更阔。

(二诗见钱德洪《阳明先生年谱》。)

梦谒马伏波庙题辞题诗
(成化二十二年　一四八六年)

铜柱折,交趾灭,拜表归来白如雪。

(题辞见董谷《董汉阳碧里后集·杂存·铜柱梦》,题诗在《王阳明全集》中。)

万松窝 (弘治二年　一四八九年)

隐居何所有?云是万松窝。一径清影合,三冬翠色多。喜无车马迹,射兔麋鹿过。千古陶弘景,高风满浙阿。

(诗见《道光东阳县志》卷二十六。)

毒热有怀用少陵执热怀李尚书韵
寄年兄程守夫吟伯 (弘治六年　一四九三年)

晓来梅雨望沾凌,坐久红炉天地蒸。幽朔多寒还酷烈,清虚无语漫飞升。此时头羡千茎雪,何处身倚百丈冰?且欲冷然从御寇,海桴吾道未须乘。

（诗见《光绪淳安县志》卷十五。）

口诀（弘治九年　一四九六年）

闲观物态皆生意，静悟天机入窈冥。道在险夷随地乐，心忘鱼鸟自流行。

（诗见《性命圭旨》利集《口诀》。按：《王阳明全集》卷十九有《睡起写怀》，中四句与此《口诀》同，可见乃是阳明自将早年作《口诀》七绝改为《睡起写怀》七律，并将"行"字改为"形"。）

雨霁游龙山次五松韵（三首）（弘治九年　一四九六年）

雨中与钱二雁、魏五松约游龙山。次日适开霁，钱公忽有归兴，遂乘晚晴携酒登绝顶。半酣，五松有作，即席次韵。

冒雨相期上钓台，山灵特地放阴开。儿童叩马知将别，草木余光惜再来。清渚凫眠江色净，暮天鸿带夕阳回。共怜岩菊寒犹盛，为报溪梅且让魁。

容易谁当到此台，草亭唯与子陵开。高风直节公何忝，野性疏才我亦来。斜日半江人欲醉，紫云双阙首重回。暮年不独雄文藻，豪兴犹堪四座魁。

日落沧江云满台，眼前诗景逐时开。疏钟暝霭千峰寂，一鹤青霄万里来。身遇明时唯可饮，醉分禅榻未须回。行厨不容愁供给，一味山羹足芋魁。

（三诗见《阳明先生文录续编》[嘉靖四十五年刻本]卷四。按《阳明先生文录续编》著录此篇有五首，而《王文成公全书》卷二十九著录此篇只二首[第二首、第三首]，遗漏三首，亦缺诗序。）

兰亭次秦行人韵（弘治十年　一四九七年）

十里红尘踏浅沙，兰亭何处是吾家？茂林有竹啼残鸟，曲水无
觞见落花。野老逢人谈往事，山僧留客荐新茶。临风无限斯文感，
回首天章隔紫霞。

（诗见沈复灿《山阴道上集》，天津图书馆藏。）

登秦望山用壁间韵（弘治十一年　一四九八年）

秦望独出万山雄，萦纡鸟道盘苍空。飞泉百道泻碧玉，翠壁
千仞削古铜。久雨初晴真可喜，山灵于我岂无以？初拟步入画
图中，岂知身在青云里。蓬岛茫茫几万重，此地犹传望祖龙。仙
舟一去竟不返，断碑千古原无踪。北望稽山怀禹迹，却叹秦皇
为惭色。落日西风结晚愁，归云半掩春湖碧。便欲峰头拂石
眠，吊古伤今益惘然。未暇长卿哀二世，且续苏君观海篇。长
啸归来景渐促，山鸟山花吟不足。夜深风雨过溪来，小榻寒灯
卧僧屋。

（诗见张元忭《云门志略》卷五、《康熙绍兴府志》卷四、《古今
图书集成·山川典》第一百零五卷《吴山部》等，钱明《王阳明全集
未刊散佚诗文汇编及考释》著录，析为六首。）

登峨嵋归经云门（弘治十一年　一四九八年）

一年忙里过，几度梦中游。自觉非元亮，何曾得惠休。乱藤溪
屋邃，细草石池幽。回首俱陈迹，无劳说故丘。

（诗见张元忭《云门志略》卷五。）

留题金粟山（弘治十一年　一四九八年）

独上高峰纵远观，山云不动万松寒。飞霞泻碧雨初歇，古涧流红春欲阑。佛地移来龙窟小，僧房高借鹤巢宽。飘然便觉离尘世，万里长空振羽翰。

（诗见《嘉兴府图记》卷六、《金粟寺志·历代金粟诗文》、《天启海盐县图经》卷三、《康熙嘉兴府志》卷十八等。）

堕马行（弘治十二年　一四九九年）

我昔北关初使归，匹马远随边檄飞。涉危趋险日百里，了无尘土沾人衣。长安城中乃安宅，西街却倒东山屐。疲骡历块误一蹶，啼鸟笑人行不得。伏枕兼旬不下庭，扶携稚子或能行。勘谱寻方于油皮，闲窗药果罗瓶罂。天怜不才与多福，步履已觉今全轻。西涯先生真缪爱，感此慰问勤拳情。入门下马坐则坐，往往东来须一过。词林意气薄云汉，高义谁云在曹佐？少顷夷险已秦越，幸而今非井中堕。细和丁丁《伐木》篇，一杯已属清平贺。拂拭床头古太阿，七星宝拔金盘陀。血诚许国久无恙，定知神物相拗诃。黄金台前秋草深，不须感激荆卿歌。尝闻献纳在文字，我今健笔如挥戈。独惭著作非门户，明时尚阻康庄步。却向骅留索惆怅，俯首风尘谁复顾？昆仑瑶池事茫惚，善御未应逢造父。物理从来有如此，滥名且任东曹簿。世事纷纷一氽狗，为药及时君莫误。忆昨城东两月前，健马疾驱君亦仆。黄门宅里赴拯时，殿屎共惜无能助。转首黄门大颠蹶，仓遑万里滇南路。幻泡区区何足惊，安得从之黄叔度。佩撷馨香六尺躯，婉娈青阳坐来暮。

余堕马几一月，荷菊田先生下问，因道马讼故事，尽出倡和，奉观间，录此篇求教，万一走笔以补笑具，甚幸。赋在玉河东第。

八月一日书，阳明山人（印章）。

（诗见蓬累轩编《姚江杂纂》，多有误译。兹据周清鲁先生所藏《堕马行》真迹录入。）

游大伾山诗 （弘治十二年　一四九九年）

晓披烟雾入青峦，山寺疏钟万木寒。千古河流成沃野，几年沙势自平端。水穿石甲龙鳞动，日绕峰头佛顶宽。宫阙五云天北极，高秋更上九霄看。

大明弘治己未仲秋朔，余姚王守仁。

（诗见《濬县金石录》卷下、《正德大名府志》卷二等。）

送李贻教归省图诗 （弘治十三年　一五〇〇年）

九秋旌旆出长安，千里军容马上看。到处临淮惊节制，趋庭莱子得承欢。瞻云渐喜家山近，梦阙还依禁漏寒。闻说闾门高已久，不妨冠盖拥归鞍。

（诗见《嘉庆郴县志》卷三十七。）

奉和宗一高韵 （弘治十三年　一五〇〇年）

懒爱官闲不计升，解嘲还计昔人曾。沉迷簿领今应免，料理诗篇老更能。未许少陵夸吏隐，真同摩诘作禅僧。龙渊且复三冬蛰，鹏翼终当万里腾。

（诗见朱孟震《朱秉器全集·游宦余谈·献吉伯安和韵》。）

登谯楼 （弘治十四年　一五〇一年）

千尺层栏倚碧空，下临溪谷散鸿蒙。祖陵王气蟠龙虎，帝阙重城锁蟏蛸。客思江南惟故国，雁飞天北碍长风。沛歌却忆回銮日，白昼旌旗渡海东。

（诗见《光绪凤阳府志》卷十五。）

清风楼 （弘治十四年　一五〇一年）

远看秋鹤下云皋，压帽青天碍眼高。石底蟠蛟吹锦雾，海门孤月送银涛。酒经残雪浑无力，诗倚新春欲放豪。倦赋登楼聊短述，清风曾不愧吾曹。

（诗见《太平三书》卷四、《乾隆太平府志》卷四十一。）

地藏塔 （弘治十四年　一五〇一年）

渡海离乡国，辞荣就苦空。结第双树底，成塔万花中。

（诗见《光绪青阳县志》卷十。按：《光绪青阳县志》卷一又言是唐一夔作，待考。）

和九柏老仙诗 （弘治十四年　一五〇一年）

石涧西头千树梅，洞门深锁雪中开。寻常不放凡夫到，珍重唯容道士来。风乱细香笛无韵，夜寒清影衣生苔。于今踏破石桥路，一月须过三十回。

　　九柏老仙之作，本不可和，詹炼师必欲得之，遂为走笔，以塞其意，且以彰吾之不度也。弘治辛酉仲冬望日，阳明山人王守仁识。

（诗有阳明手迹拓本，计文渊藏，《王阳明法书集》著录。按：《正德嘉兴志补》卷九录有此诗，题作《梅涧》。）

云岩 （弘治十五年　一五〇二年）

岩高及云表，溪环疑磬折。壁立香炉峰，正对黄金阙。钟响天门开，笛吹岩石裂。掀髯发长啸，满空飞玉屑。

（诗见鲁默《齐云山志》卷四。）

谪仙楼 （弘治十五年　一五〇二年）

揽衣登采石，明月满矶头。天碍乌纱帽，寒生紫绮裘。江流词客恨，风景谪仙楼。安得骑黄鹤，随公八极游。

（诗见《乾隆太平府志》卷四十一。）

游茅山（二首） （弘治十五年　一五〇二年）

其一

山雾沾衣润，溪风洒面凉。藓花凝雨碧，松粉落春黄。古剑时闻吼，遗丹尚有光。短才惭宋玉，何敢赋《高唐》。

其二

灵峭九千丈，穷跻亦未难。江山无遁景，天地此奇观。海月迎峰白，溪风振叶寒。夜深凌绝峤，翘首望长安。

蓬莱方丈偶书（二首）（弘治十五年　一五〇二年）

其一

兴剧夜无寐，中宵问雨晴。水风凉鏊骤，岩日映窗明。石窦窥涧黑，云梯上水清。福庭真可住，尘土奈浮生。

其二

仙屋烟飞外，青萝隔世哗。茶分龙井水，饭带玉田砂。香细岚光杂，窗虚峰影遮。空林无一事，尽日卧丹霞。

（四诗见《茅山全志》卷十三。按：《蓬莱方丈偶书》之二乃从《王阳明全集》卷十九《化城寺六首》之五变化而来。）

游北固山（弘治十五年　一五〇二年）

北固山头偶一行，禅林甘露几时名？枕江左右金焦寺，面午中节铁瓮城。松竹两崖青野兵，人烟万井暗吟情。江南景物应难望，入眼风光处处清。

王守仁。

（诗行书水墨绫本立轴长一百二十厘米，宽四十四厘米，在北京翰海拍卖有限公司二〇一一年春季拍卖会上出现，并在"博宝艺术拍卖网"上公布。原无题，兹据诗意拟。）

赠京口三山僧（四首）（弘治十五年　一五〇二年）

金山赠野闲钦上人

江净如平野，寒波漫绿苔。地穷无客到，天迥有云来。禅榻朝慵起，松关午始开。月明随老鹤，散步妙高台。

题蒲菊钰上人房

禅扉云水上，地迥一尘无。硐有千年菊，盆余九节蒲。湿烟笼细雨，晴露滴苍芜。好汲中冷水，飡香嚼翠腴。

赠雪航上人

身世真如不系舟，浪花深处伴闲鸥。我来亦有山阴兴，银海乘槎上斗牛。

赠甘露寺性空上人

片月海门出，浑如白玉舟。沧波千里晚，风露九天秋。寒影随杯渡，清晖共梗流。底须分彼岸，天地自沉浮。

（诗见张莱《京口三山志》卷五，刘名芳《乾隆金山志》卷十，卢见曾《金山志》卷七，周伯义、陈任旸《北固山志》卷九等。）

屋舟为京口钱宗玉作（弘治十五年　一五〇二年）

小屋新开傍岛屿，沉浮聊与渔舟同。有时沙鸥飞席上，深夜海月来轩中。醉梦春潮石屏冷，棹歌碧水秋江空。人生何地不疏放，岂必市隐如壶公。

阳明王守仁次。

（诗真迹今藏纽约大都会博物馆,《穰梨馆过眼续录》卷七《屋舟题咏卷》著录。）

仰高亭 （弘治十五年　一五〇二年）

楼船一别是何年? 斜日孤亭思渺然。秋兴绝怜红树晚,闲心并在白鸥前。林僧定久能知客,巢鹤年多亦解禅。莫向病夫询出处,梦魂长绕碧溪烟。

（诗见徐崧、张大纯《百城烟水》卷四,钱毅《吴都文粹续集》卷三十四。）

登吴江塔 （弘治十五年　一五〇二年）

天深北斗望不见,更蹑丹梯最上层。太华之西目双断,衡山以北栏独凭。渔舟渺渺去欲尽,客子依依愁未胜。夜久月出海风冷,飘然思欲登云鹏。

（诗见徐崧、张大纯《百城烟水》卷四,钱毅《吴都文粹续集》卷三十四。）

赠芳上人归三塔 （弘治十五年　一五〇二年）

秀水城西久闭关,偶然飞锡出尘寰。调心亦复聊同俗,习定由来不在山。秋晚菱歌湖水阔,月明清磬塔窗闲。毗卢好似嵩山笠,天际仍随日影边。

（诗见《万历秀水县志》卷八、《康熙嘉兴府志》卷十八。）

审山诗 （弘治十五年　一五〇二年）

朝登硖石巅，霁色浮高宇。长冈抱回龙，怪石骇奔虎。古刹凌层云，中天立鳌柱。万室涌鱼鳞，晴光动江浒。曲径入藤萝，行行见危堵。寺僧闻客来，袈裟候庭庑。登堂识遗像，画绘衣冠古。乃知顾况宅，今为梵王土。书台空有名，湮埋化烟芜。葛井虽依然，日暮饮牛羖。长松非旧枝，子规啼正苦。古人岂不立，身后杳难睹。悲风振林薄，落木惊秋雨。人生一无成，寂寞知向许？

（诗见《乾隆海宁州志》卷二、《嘉庆峡川续志》卷一。）

坐功 （弘治十五年　一五〇二年）

春嘘明目夏呵心，秋呬冬吹肺肾宁。四季常呼脾化食，依此法行相火平。

（诗见游日升《臆见汇考》卷三。）

本觉寺 （弘治十六年　一五〇三年）

春风吹画舫，载酒入青山。云散晴湖曲，江深绿树湾。寺晚钟韵急，松高鹤梦闲。夕阳摧暮景，老衲闭柴关。

（诗见《乾隆绍兴府志》卷三十八、《嘉庆山阴县志》卷二十八。）

圣水寺(二首) （弘治十六年　一五〇三年）

拂袖风尘尚未能，偷闲殊觉愧山僧。杖藜终拟投三竺，裘马无劳说五陵。

长拟西湖放小舟，春山随意逐春流。烟霞只作鸥凫主，断却纷纷世上愁。

（二诗见《康熙钱塘县志》卷十四，《云居圣水寺志》卷三著录此二诗，题作"游云居寺"。）

无题道诗（弘治十六年　一五〇三年）

靫龙节虎往昆仑，挹剖元机孰共论？袖里青萍三尺剑，夜深长啸出天根。天根顶上即昆仑，水满华池石鼎温。一卷《黄庭》真诀秘，不教红液走旁寸。杖挂真形五岳图，德共心迹似冰壶。春来只贯余杭湿，不问蓬莱水满无。

阳明王守仁临书。

（阳明手迹绢本，行草，长三百一十四厘米，宽二十七点五厘米。见"说宝网"公布。）

曹林庵（弘治十六年　一五〇三年）

好山兼在水云间，如此湖须如此山。素有卜居阳羡兴，此身争是未能闲。

（诗见《康熙萧山县志》卷十四、《乾隆绍兴府志》卷四十。）

觉苑寺（弘治十六年　一五〇三年）

独寺澄江滨，双刹青汉表。揽衣试登陟，深林宿惊鸟。老僧丘壑癯，古颜冰雪好。霏霏出幽谈，落落见孤抱。雨霁江气收，天虚月色皓。夜静卧禅关，吾笔梦生草。

（诗见《乾隆绍兴府志》卷三十九、《康熙萧山县志》卷十四。）

胜果寺 （弘治十六年　一五〇三年）

深林容鸟道,古洞隐春萝。天迥闻潮早,江空得月多。冰霜丛草木,舟楫玩风波。岩下幽栖处,时闻白石歌。

（诗见《西湖游览志》卷七、《武林梵志》卷二。）

春日宿宝界禅房赋 （弘治十六年　一五〇三年）

晴日落霞红蘸水,杖藜扶客眺西津。莺莺唤处青山晓,燕燕飞时绿野春。明月海楼高倚遍,翠峰烟寺远游频。情多谩赋诗囊锦,对镜愁添白发新。

（诗见《嘉靖仁和县志》卷十二。）

无题 （弘治十六年　一五〇三年）

江上月明看不彻,山窗夜半只须开。万松深处无人到,千里空中有鹤来。受此幽居真结托,怜予游迹尚风埃。年来病马秋尤瘦,不向黄金高筑台。

（诗见日本九州大学文学部藏《阳明先生文录》卷四,钱明《王阳明全集未刊散佚诗文汇编及考释》著录。）

西湖 （弘治十六年　一五〇三年）

画舫西湖载酒行,藕花风度管弦声。余情未尽归来晚,杨柳池台月又生。

（诗有阳明手迹石碑在贵阳扶风山阳明祠,《王阳明谪黔遗迹》著录。此诗一作贺甫诗,存疑待考。）

无题诗 （弘治十六年　一五〇三年）

青山晴壑小茆檐,明月秋窥细升帘。折得荷花红欲语,净香深处续《华严》。

（王守仁书诗手迹行书,立轴,水墨绢本,见《艺苑掇英》第七十期,上海人民美术出版社出版。）

夜归 （疑弘治十六年　一五〇三年）

夜深归来月正中,满身香带桂花风。流萤数点楼台外,孤雁一声天地空。沽酒唤回茅店梦,狂歌惊起石潭龙。倚栏试看青锋剑,万丈寒光透九重。

（阮元书王阳明诗,行书,扇面,长四十七厘米,宽十八厘米,在二〇〇九厦门伯雅文化艺术经济代理有限公司秋季艺术品拍卖会上出现,并在"厦门伯雅——博宝艺术品拍卖网"上公布。按:康熙刻宋俊《柳亭诗话》卷六言是戴颙诗,待考。）

满庭芳四时歌 （弘治十六年　一五〇三年）

春风花草香,游赏至池塘。踏花归去马蹄忙,邀嘉客,醉壶觞,一曲满庭芳。

初夏正清和,鱼戏动新荷。西湖千里好烟波,银浪裹,掷金梭,人唱采莲歌。

秋景入郊墟,简编可卷舒。十年读尽五车书,出白屋,生金墨,潭潭府中居。

冬岭秀孤松,六出舞回风。乌鹊争栖飞上桐,梅影瘦,月朦胧,人在广寒宫。

(阳明山人王守仁词真迹绫本立轴,在二〇〇九年中国嘉德国际拍卖有限公司"嘉德四季"第十七期拍卖会上出现,并在网上公布。)

石门晚泊 （弘治十七年　一五〇四年）

风雨石门晚,停舟问旧游。烂花春欲尽,惆怅绕溪头。

(诗见《嘉兴府图记》卷六、《康熙嘉兴府志》卷十八、《光绪嘉兴府志》卷八十四。)

别友诗 （弘治十七年　一五〇四年）

千里来游小洞天,春风无计挽归船。柳花缭乱飞寒白,何异山阴雪后天。

□年来访予阳明洞天,其归也,赋首尾韵,以见别意。弘治甲子四月朔,阳明山人王守仁书。

(此诗有阳明手迹扇面纸本,藏湖北省博物馆,计文渊《王阳明法书集》著录。)

若耶溪送友诗 （弘治十七年　一五〇四年）

若耶溪上雨初歇,若耶溪边船欲发。杨枝袅袅风乍晴,杨花漫漫如雪白。湖山满眼不可将,画手凭谁写清绝? 金樽绿酒照玄发,送君暂作沙头别。长风破浪下吴越,飞帆夜渡钱塘月。遥指扶桑向滇渤,翠水金城见丹阙。绛气扶疏藏兀突,中有清虚广寒窟。冷光莹射精魂慄,云梯万丈凌风蹑。玉宫桂树秋正馥,最上高枝堪手折。携向彤墀献天子,金匮琅函贮芳烈。

内兄诸用冕惟奇,负艺,不平于公道者久矣。今年将赴南都试,予别之耶溪之上,固知其高捷北辕,不久当会于都下,然而缱绻之情自有不容已也。越山农邹鲁英为写耶溪别意,予因诗以送之,属冗不及长歌。俟其对榻垣南草堂,尚当为君和《鹿鸣》之歌也。弘治甲子又四月望,阳明山人王守仁书于西清轩。垣南草堂,予都下寓舍也。

(诗见日本大阪博文堂影印《王阳明先生若耶溪帖墨妙》,计文渊《吉光片羽弥足珍》著录。)

谒周公庙 （弘治十七年　一五〇四年）

守仁只奉朝命,主考山东乡试,因得谒元圣周公庙。谨书诗一首,以寓景仰之意云尔。时弘治甲子九月九日。

我来谒周公,嗒焉默不语。归去展陈篇,《诗》《书》说向汝。

(诗见吕兆祥《东野志》卷二、《乾隆曲阜县志》卷四。)

天涯思归 （弘治十七年　一五〇四年）

趋庭恋阙心俱似,将父勤王事□违。使节已从青汉下,亲庐休望白云飞。秋深峡口猿啼急,岁晚衡阳雁影稀。邻里过逢如话我,天涯无日不思归。

　□□行,名父作诗送,予亦次韵。阳明守仁书。

(诗真迹长一百四十六厘米,宽五十厘米,由计文渊收藏,计文渊《王阳明法书集》著录。)

晚堂孤坐吟 （弘治十七年　一五〇四年）

晚堂孤坐漫沉沉,数尽寒更落叶深。高栋月明时燕语,古阶霜

细或虫吟。校评正恐非吾所,报答徒能尽此心。赖有胜游堪自解,
秋风华岳得高寻。

予谬以校文至此,假馆济南道,夜坐偶书壁间,兼呈道主
袁先生请教。弘治甲子仲秋五日,余姚王守仁书。

(诗见《乾隆历城县志》卷二十五,云:"王守仁诗碑。王阳明
主试,题壁云……碑尚存,草书。"《王阳明全集·补录》据日本佐
贺县多久市细川章女士家藏拓本辑录,多有错漏。今据"中国书法
论坛"公布之拓本收录。)

趵突泉和赵松雪韵 （弘治十七年　一五〇四年）

泺水特起根虚无,下有鳌窟连蓬壶。绝喜坤灵能尔幻,却愁地
脉还时枯。惊湍怒涌喷石窦,流沫下泻翻云湖。月色照水归独晚,
溪边瘦影伴人孤。

(诗见《嘉靖山东通志》卷五、《乾隆历城县志》卷八、《古今图
书集成·方舆汇编·山川典》第二百〇五卷《趵突泉部》。)

御帐坪 （弘治十七年　一五〇四年）

危构云烟上,凭高一望空。断碑存汉字,老树袭秦封。路入天
衢畔,身当宇宙中。短诗殊草草,聊以记吾踪。

(诗见《嘉靖山东通志》卷二十二、《重修泰安县志》卷十四。)

西湖 （弘治十八年　一五〇五年）

我所思兮山之阿,下连浩荡兮湖之波。层峦复巘,周遭而环合。
云木际天兮,拥千峰之嵯峨。送君之迈兮,我心悠悠。桂之楫兮兰
之舟,箫鼓激兮哀中流。湖水春兮山月秋,湖云漠漠兮山风飕飗。

苏之堤兮逦之宅,复有忠魂兮山之侧。桂树团团兮空山夕,猿冥冥兮啸青壁。旷怀人兮水涯,目惝恍兮断秋魄。君之游兮,双旗奕奕。水鹤翩翩兮,鸥凫泽泽。君来何暮兮,去何毋疾;我心则悦兮,毋使我亟。送君之迈兮,欲往无翼。雁流声而南去兮,渺春江之脉脉。

阳明王守仁。

（诗见《中国古代书画图目》[二],题在吴伟《文会赠言图》上,真迹今藏上海博物馆。）

古诗 （弘治十八年　一五〇五年）

晓日明华屋,晴窗闲卷牍。试拈枯笔事游戏,巧心妙思回长毂。貌出寒林鸦万头,泼尽金壶墨千斛。从容点染不经意,欻忽轩腾骇神速。写情适兴各有得,岂必校书向天禄。怪石昂藏文变虎,古树叉牙角解鹿。飞鸣相从各以族,翻舞斜阳如背暴。平原萧萧新落木,归霞掩映随孤鹜。高行拂暝挟长风,剧势抟云卷微霂。开合低昂整复乱,宛若八阵列鱼腹。出奇邀险倏变化,无穷何止三百六。独往耻为腐鼠争,疾击时同秋隼逐。画师精妙乃如此,天机飞动疑可掬。秋堂华烛光闪煜,展视还嫌双眼肉。俗手环观徒叹羡,摹仿安能步一蹴。嗟哉用心虽小技,犹胜饱食终日无归宿。

即席阳明山人王守仁次韵。

（诗真迹长一百一十一点一厘米,宽二十六点六厘米,今藏浙江省博物馆,计文渊《吉光片羽弥足珍》著录。）

题临水幽居图 （疑正德元年　一五〇六年）

秋日淡云影,松风生昼阴。幽人□絜想,宁有书与琴。

阳明山人。

(图并诗见梁章钜《退庵所藏金石书画跋尾》卷十五。)

赠刘秋佩 （正德二年　一五〇七年）

骨鲠英风海外知,况于青史万年垂。紫雾四塞麟惊去,红目重光凤落仪。天夺忠良谁可问,神为雷电鬼难知。莫邪亘古无终秘,屈轶何时到玉墀?

又赠刘秋佩 （正德二年　一五〇七年）

检点同年三百辈,大都碌碌在风尘。西川若也无秋佩,谁作乾坤不劳人?

(上两诗见《同治重修涪州志》卷十五。)

云龙山次乔宇韵 （正德二年　一五〇七年）

几度舟人指石冈,东西长是客途忙。百年风物初经眼,三月烟花正向阳。芒砀汉云春寂寞,黄楼楚调晚凄凉。惟余放鹤亭前草,还与游人借醉觞。

(诗见《民国铜山县志》卷七十三、《古今图书集成·山川典》第九十四卷《云龙山部》。)

题吴五峰大参甘棠遗爱卷 五峰衡山人
（正德二年　一五〇七年）

遵彼江浒,樛木阴阴,亦有松柏,郁其相参。彼行者徒,或驰以驱,载橐荷畚,伛偻蹇除。昔也炎暑,道喝无所;今也蒸炽,有如室处。阴阴樛木,实获我心。赫赫吴公,仁惠忠谌。惟此樛木,吴公所植。匪公之德,曷休以息?公行田野,褐盖朱轮,芰于柳下,劳此农人。薰风自南，吹彼柔肆，悠悠旃旌，披拂摇曳。民曰公来，盍往迎之。壶浆车下，实慰我思。我思何极，公勿我去，天子之命，盍终我庇。公曰尔民，尔孝尔弟，食耕饮凿，以游以戏。民曰我公，我植我培，有若兹树，翌其余枚。嗟我庶民，勿剪勿伐，勿愧甘棠，公我召伯。

（诗见《康熙衡州府志》卷二十一、《湖广通志》卷八十四。）

套数（正德二年　一五〇七年）

归隐

【南仙吕入双调步步娇】宦海茫茫京尘渺，碌碌何时了。风掀浪又高，覆辙翻舟，是非颠倒。算来平步上青霄，不如早泛江东棹。

【沉醉东风】乱纷纷鸦鸣鹊噪，恶狠狠豺狼当道，冗费竭民膏，怎忍见人离散，举疾首蹙额相告。簪笏满朝，干戈载道，等闲间把山河动摇。

【忒忒令】平白地生出祸苗，逆天理那循公道。因此上把功名委弃如蒿草。本待要竭忠尽孝，只恐怕狡兔死，走狗烹，做了韩信的下梢。

【好姐姐】尔曹，难与我共朝，真和假那分白皂。他把孽冤自造，到头终有报。设圈套，饶君总使机关巧，天网恢恢不可逃。

【喜庆子】算留侯其实见高，把一身名节自保。随着赤松子学道，也免得赴云阳市曹。

【双蝴蝶】待学，陶彭泽懒折腰；待学，载西施范蠡逃；待学，张孟谈辞朝；待学，七里滩子陵垂钓；待学，陆龟蒙笔床茶灶；待学，东陵侯把名利抛。

【园林好】脱下了团花战袍,解下了龙泉宝刀,卸下了朝簪乌帽。布袍上系麻绦,把渔鼓简儿敲。

【川拨棹】深山坳,悄没个闲人来聒噪,跨青溪独木为桥,跨青溪独木为桥。小小的茅庵盖着,种青松与碧桃,采山花与药苗。

【锦衣香】府库充,何足道;禄位高,何足较,从今耳畔清闲,不闻宣召。芦花被暖度良宵。三竿日上,睡觉伸腰,对邻翁野老,饮三杯浊酒村醪,醉了还歌笑。齁齁睡倒,不图富贵,只求安饱。

【浆水令】赏春时花藤小轿,纳凉时红莲短棹。稻登场鸡豚蟹螯,雪霜寒纯棉布袍。四时佳景恣欢笑,也强如羽扇番营,玉佩趋朝。溪堪钓,山可樵,人间自有蓬莱岛。何须用、何须用楼船彩轿。山林下、山林下尽可逍遥。

【尾声】从来得失知多少,总上心来转一遭。把门儿闭了,只许诗人带月敲。

(套数见《全明散曲》[一]。)

游海诗 (正德二年　一五○七年)

予,余姚王守仁也。以罪南谪,道钱塘,以病且暑,寓居江头之胜果寺。一日,有二校排闼而入,直抵予卧内,挟予而行。有二人出自某山蒙茸中,其来甚速,若将尾予者。既及,执二校,二校即挺二刃厉声曰:"今日之事,非彼即我,势不两生。吾奉吾主命,行万余里,至谪所不获,乃今得见于此,尚可少贷以不毕吾事耶?"二人请曰:"王公今之大贤,令死刃下,不亦难乎!"二校曰:"诺。"即出绳丈余,令予自缢。二人又请曰:"以绳与刃,其惨一也。令自溺江死,何如?"二校曰:"是则可耳。"将予锁江头空室中。予从窗谓二人曰:"予今夕固决死,为我报家人知之。”二人曰:“使公无手笔,恐无所取信。”予告无以作书。二人则从窗隙与我纸笔。予为诗二首、告终辞一章授之,以为家信。

其一

学道无闻岁月虚,天乎至此欲何如?生曾许国惭无补,死不忘亲恨有余。自信孤忠悬日月,岂论遗骨葬江鱼。百年臣子悲何极,日夜潮声泣子胥。

其二

敢将世道一身担,显彼天刑万死甘。满腹文章方有用,百年臣子独无惭。涓流裨海今真见,片雪填沟旧齿谈。昔代衣冠谁上品?状元门第好奇男。

二人,一姓沈,一姓殷,俱住江头,必报吾家,必报吾家。

告终辞

皇天茫茫,降殃之无凭兮,脊莫知其所自。予诚何绝于幽明兮,羌无门而往诉。臣得罪于君兮,无所逃于天地。固党人之为此兮,予将致命而遂志。委身而事主兮,夫焉吾之可有?殉声色以求容兮,非前修之所守。吾岂不知直道之殒躯兮,庶予心之不忘。定予志讵朝夕兮,孰沛颠而有亡。上穹林之杳杳兮,下深谷之冥冥。白刃奚其相向兮,盼予视若飘风。内精诚以渊静兮,神气泊而冲容。固神明之有知兮,起壮士于蒙茸。奋前持以相格兮,曰孰为事刃于贞忠?景冉冉以将夕兮,下释予之颓宫。曰受命以相及兮,非故于子之为攻。不自尽以免予兮,夕余将浮水于江。呜呼噫嘻!

予诚愧于明哲保身兮，岂效匹夫而自经。终不免于鸱夷兮，固将溯江涛而上征。已矣乎！畴昔之夕予梦坐于两楹兮，忽二伻来予规，曰予伍君三闾之仆兮，踉陈辞而加璧，启缄书若有睹兮，怳神交于千载。曰世浊而不可居兮，子奚不来游于溟海？郁予怀之怳怆兮，怀故都之拳拳。将夷险惟命之从兮，孰君亲而忍捐？呜呼噫嘻！命苟至于斯，亦余心之所安也。固昼夜以为常兮，予非死之为难也。沮隐壁之岑岑兮，猿猱若授予长条。虺结螭于圮垣兮，山鬼吊于岩嗷。云冥冥而昼晦兮，长风怒而江号。颓阳倏其西匿兮，行将赴于江涛。呜呼噫嘻！一死其何至兮，念层闱之重伤也。予死之奄然兮，伤吾亲之长也。羌吾君之明圣兮，亦臣死之宜然。臣诚有憾于君兮，痛谗贼之谀便。构其辞以相说兮，变黑白而燠寒。假游之窃辟兮，君言察彼之为残。死而有知兮，逝将诉于帝廷。去谗而远佞兮，何幽之不赞于明。昔高宗之在殷兮，赉良弼以中兴。申甫生而屏翰兮，致周宣于康成。帝何以投谗于有北兮，焉启君之衷。扬列祖之鸿庥兮，永配天于无穷。臣死且不朽兮，随江流而朝宗。呜呼噫嘻！大化屈伸兮，升降飞扬。感神气之风霆兮，溘予将反乎帝乡。骖玉虬之蜿蜒兮，凤凰翼而翱翔。从灵均与伍胥兮，彭咸御而相将。经申徒之故宅兮，历重华之陟方。降大壑之茫茫兮，登裂缺而愬予。怀故都之无时兮，振长风而远去。已矣乎！上为列星兮，下为江河。山岳兴云兮，雨泽滂沱。风霆流形兮，品物咸和。固正气之所存兮，岂邪秽而同科。将予骑箕尾而从傅说兮，凌日月之巍峨。启帝阙而籥清风兮，扫六合之烦苛。乱曰：予童颛知罔知兮，恣狂愚以冥行。悔中道而改辙兮，亦伥伥其焉明。忽正途之有觉兮，策予马而遥征。搜荆其独往兮，忘予力之不任。天之丧斯文兮，不畀予于有闻。矢此心之无谖兮，毙予将求于孔之门。呜呼！已矣乎，复奚言！予耳兮予目，予手兮予足，澄予心兮，肃雍以穆，反乎大化兮，游清虚之寥廓。

阳明公入水，沈玉、殷计报。

（三诗见杨仪《高坡异纂》卷下，《烟霞小说十三种》第六帙收录。）

中和堂主赠诗 （正德二年　一五〇七年）

十五年前始识荆，此来消息最先闻。君将性命轻毫发，谁把纲常重一分？寰海已知夸令德，皇天终不丧斯文。武夷山下经行处，好对青山醉夕曛。

（诗见《高坡异纂》卷下。）

大中祥符禅寺 （正德二年　一五〇七年）

飘泊新从海上至，偶经江寺聊一游。老僧见客频问姓，行子避人还掉头。山水于吾成痼疾，险夷过眼真蜉蝣。为报同年张郡伯，烟江此去理渔舟。

（诗见《嘉庆西安县志》卷四十四、《民国衢县志》卷四。）

舍利寺 （正德二年　一五〇七年）

经行舍利寺，登眺几徘徊。峡转滩声急，雨晴江雾开。颠危知往事，飘泊长诗才。一段沧洲兴，沙鸥莫浪猜。

（诗见《万历龙游县志》卷二、《民国龙游县志》卷三十三。）

题兰溪圣寿教寺壁 （正德二年　一五〇七年）

兰溪山水地，卜筑趁云岑。况复径行日，方多避地心。潭沉秋色静,山晚市烟深。更有枫山老,时堪杖履寻。

(诗见《万历兰溪县志》卷六、《光绪兰溪县志》卷三。)

靖兴寺 （正德三年　一五〇八年）

隔水不见寺,但闻清磬来。已指峰头路,始瞻云外台。洞天藏日月,潭窟隐风雷。欲询兴废迹,荒碣满蒿莱。

(诗见《乾隆长沙府志》卷四十七。)

龙潭 （正德三年　一五〇八年）

老树千年惟鹤住,深潭百尺有龙蟠。僧居却在云深处,别作人间境界看。

(诗见《乾隆长沙府志》卷四十九、《雍正湖广通志》卷八十。)

望赫羲台 （正德三年　一五〇八年）

隔江岳麓悬情久,雷雨潇湘日夜来。安得轻风扫微霭,振衣直上赫羲台。

(诗见赵宁《长沙府岳麓志》卷六、《光绪湖南通志》卷三十二。钱明《王阳明全集未刊散佚诗文汇编及考释》著录。)

赠龙以昭隐君 （正德三年　一五〇八年）

长沙有翁号颐真,乡人共称避世士。自言龙逄之后嗣,早岁工文颇求仕。中年忽慕伯夷风,脱弃功名如敝屣。似翁含章良可贞,或从王事应有子。

(诗见《乾隆长沙府志》卷四十六。)

吊易忠节公墓 （正德三年　一五〇八年）

金石心肝熊豹姿，煌煌大节系人思。长风撼树声悲壮，仿佛当年骂贼时。

（诗见《湘阴易氏族谱》卷首之二。）

晚泊沅江 （正德三年　一五〇八年）

古洞何年隐七仙，仙踪欲扣竟茫然。惟余洞口桃花树，笑倚东风自岁年。

（诗见《桃花源志略》卷八、《嘉庆常德府志·常德文征》卷八。）

始得东洞遂改为阳明小洞天 （正德三年　一五〇八年）

群峭会龙场，戢雉四环集。迩觏有遗观，远览颇未给。寻溪涉深林，陟巘下层隔。东峰丛石秀，独往凌日夕。崖穹洞萝偃，苔滑径路涩。月照石门开，风飘客衣入。依窥嵌窦玄，俯聆暗泉急。惬意恋清夜，会景忘旅邑。熠熠岩鹊翻，凄凄草虫泣。点咏怀沂朋，孔叹阻陈楫。踌躇且归休，毋使霜露及。

（诗见上海图书馆藏《居夷集》卷二。）

栖霞山 （正德三年　一五〇八年）

宛宛南明水，回旋抱此山。解鞍夷曲磴，策杖列禅关。薄雾侵衣湿，孤云入座闲。少留心已寂，不信在乌蛮。

（诗见日本东亚同文书院出版油印本《新修支那省别全志·贵阳名胜古迹部分》，余怀彦《王阳明与贵州文化》著录。）

套数 (正德三年 一五〇八年)

恬退

【南仙昌甘州歌】归来未晚,两扇门儿,虽设常关。无萦无绊,直睡到晓日三竿。情知广寒无桂攀,不如向绿野前学种兰。从人笑,贫似丹,黄金难买此身闲,村庄学,一味懒。清风明月不须钱。

【前腔】携筇傍水边,叹人生翻覆,一似波澜。不贪不爱,只守着暗中流年。蘸盐岁月一日两飡,茅舍疏篱三四间。田园少,心底宽,从来不会皱眉端。居颜巷,人到罕,闭门终日枕书眠。

【解三醒犯】把黄粮懒炊香饭,恁教他恣游邯郸,假饶位至三公显,怎如我垫人闲。朝思暮想人情一似掌样翻,试听得狂士接舆歌未阑,连云栈,乱石滩,烟波名利大家难,收冯铗,筑傅版,尽教三箭定天山。

【前腔】叹浮生总成虚幻,又何须苦自熬煎。今朝快乐今朝宴,明日事且休管。无心老翁一任蓬松两鬓斑。直吃到绿酒床头磁瓮干。妻随唱,子戏斑,弟酬兄劝共团圞。兴和废,长共短,梅花窗外冷相看。

【尾声】叹目前机关汉,色声香味任他瞒,长笑一声天地宽。

(套数见《全明散曲》[三]。)

龙冈漫书 (正德四年 一五〇九年)

子规昼啼蛮日荒,柴扉寂寂春茫茫。北山之薇应笑汝,汝胡局促淹他方? 彩凤葳蕤临紫苍,予亦鼓棹还沧浪。只今已在由求下,颜闵高风安可望。

（诗见《新刊阳明先生文录续编》卷三《诗类》，永富青地《上海图书馆藏新刊阳明先生文录续编について》著录。）

寓贵诗 （正德四年　一五〇九年）

村村兴社学，处处有书声。

（诗见《嘉靖贵州通志》卷三。）

次韵自叹 （正德五年　一五一〇年）

孤寺逢僧话旧扉，无端日暖更风微。汤沸釜中鱼翻沫，网罗石下雀频飞。芝兰却喜栖凡草，桃李那看伴野薇。观我未持天下帚，不能为国扫公非。

（诗见《康熙云梦县志》卷十二。）

游钟鼓洞 （正德五年　一五一〇年）

奇石临江渚，轻敲度远声。鼓钟名世闻，音韵自天成。风送歌传谷，舟回漏转更。今须参雅乐，同奏泰阶平。

（诗刻在辰溪县沅水畔丹山崖下钟鼓洞内石壁上。）

辰溪大酉洞 （正德五年　一五一〇年）

路入春山久费寻，野人扶病强登临。同游仙吕须乘兴，共赏花园莫厌深。鸣鸟游丝俱自得，闲云流水亦何心。独怜疾首灯窗下，展转支离叹陆沉。

（诗见《嘉庆辰州府志》卷四十八《艺文纂》。按同卷下又有李自奇作《和王阳明先生游大酉洞原韵》，知阳明此诗当题在大酉洞壁上。）

观音山 （正德五年　一五一〇年）

烟鬟雾髻动清波，野老传闻似普陀。那识其中真色相，一轮明月照青螺。

（诗见《雍正湖广通志》卷十二、《嘉庆常德府志·常德文征》卷八。）

过安福 （正德五年　一五一〇年）

归兴长时切，淹留直到今。含羞还屈膝，直道愧初心。世事应无补，遗经尚可寻。清风彭泽令，千载是知音。

（诗见《同治安福县志》卷二十八。）

游焦山次邃庵韵（三首） （正德六年　一五一一年）

长江二月春水生，坐没洲渚浮太清。势挟惊风振孤石，气喷浊浪摇空城。海门青觇楚山小，天末翠飘吴树平。不用凌飙蹑圆峤，眼前鱼鸟俱同盟。

倚云东望晓溟溟，江上诸峰数点萍。漂泊转惭成窃禄，幽栖终拟抱残经。岩花入暖新凝紫，壁树悬江欲堕青。春水特深埋鹤地，又随斜日下江亭。

扁舟乘雨渡青山，坐见晴沙涨几湾。高宇堕江撑独柱，长流入海振重关。北来宫阙参差见，东望蓬瀛缥缈间。奔逐终年何所就，端居翻觉愧僧闲。

（诗见张莱《京口三山志》卷六。）

听潮轩 （正德六年　一五一一年）

水心龙窟只宜僧,也许诗人到上层。江日迎人明白帽,海风吹醉掖枯藤。鲸波四面长疑动,鳌背千年恐未胜。王气金陵真在眼,坐看西北亦谁曾?

（诗见张莱《京口三山志》卷五、周伯义《金山志》卷十。）

崇玄道院 （正德六年　一五一一年）

逆旅崇玄几度来,主人闻客放舟回。小山花木添新景,古壁诗篇拂旧埃。老去须眉能雪白,春还消息待梅开。松堂一宿殊匆遽,拟傍驾湖筑钓台。

（诗见《正德嘉兴志补》卷九。）

彰孝坊 （正德六年　一五一一年）

金楚维南屏,贤王更令名。日星昭涣汗,雨雪霁精诚。端礼巍巍地,灵泉脉脉情。他年青史上,无用数东平。

（诗见《嘉靖湖广图经志书》卷一。）

与诸门人夜话 （正德七年　一五一二年）

翰苑争夸仙吏班,更兼年少出尘寰。敷珍摘藻依天仗,载笔抽毫近圣颜。大块文章宗哲匠,中原人物仰高山。谭经无事收衙蠹,得句尝吟对酒间。羽飞皦雪迎双鹤,砚洗玄云注一湾。诸生北面能传业,吾道东来可化顽。久识金瓯藏姓字,暂违玉署寄贤关。通家自愧非文举,浪许登龙任往还。

与诸门人夜话,阳明山人王守仁。

（诗见《石渠宝笈三编》第一〇七八册《延春阁藏》四十《元明书翰》。）

宝林寺 （正德八年　一五一三年）

怪山何日海边来，一塔高悬拂斗台。面面晴峰云外出，迢迢白水镜中开。招提半废空狮象，亭馆全颓蔚草莱。落日晚风无限恨，荒台石上几徘徊。

（诗见《乾隆绍兴府志》卷三十八。）

咏钓台石笋 （正德八年　一五一三年）

云根奇怪起双峰，惯历风霜几万冬。春去已无斑箨落，雨余唯见碧苔封。不随众卉生枝节，却笑繁花惹蝶蜂。借使放梢成翠竹，等闲应得化虬龙。

（诗见黄宗羲《四明山志》卷一。《光绪上虞县志》卷四载此诗，题作《双笋石》。）

游雪窦(三首) （正德八年　一五一三年）

平生性野多违俗，长望云山叹式微。暂向溪流濯尘冕，益怜萝薜胜朝衣。林间烟起知僧往，岩下云开见鸟飞。绝境自余麋鹿伴，况闻休远悟禅机。

穷山路断独来难，过尽千溪见石坛。高阁鸣钟僧睡起，深林无暑葛衣寒。鼋雷隐隐连岩瀑，山雨森森映竹竿。莫讶诸峰俱眼熟，当年曾向画图看。

僧居俯瞰万山尖，六月凉飙早送炎。夜枕风溪鸣急雨，晓窗宿雾卷青帘。开池种藕当峰顶，架竹分泉过屋檐。幽谷时常思豹隐，深更犹自愧蛟潜。

（诗见《嘉靖宁波府志》卷六，黄宗羲《四明山志》卷一，《光绪奉化县志》卷十五等。）

乌斯道春草斋集题辞 （疑正德八年　一五一三年）

缅想先生每心折，论其文章并气节。群芳有萎君不朽，削尽铅华无销歇。

（文见乌斯道《春草斋集》卷十二《附录》，见《四明丛书》本。）

题陈璸所藏雁衔芦图诗 （疑正德八年　一五一三年）

西风一夜芦云秋，千里归来忆壮游。羽翼平沙应养健，知君不为稻粱谋。

（诗见《光绪惠州府志》卷三十八《陈璸传》。）

别诸伯生 （正德九年　一五一四年）

予妻之侄诸升伯生将游岳麓，爰访舅氏，酌别江浒，寄怀于言。

风吹大江秋，行子适万里。万里岂不遥，眷言怀舅氏。朝登岳麓云，暮宿湘江水。湘水秋易寒，岳云夜多雨。远客虽有依，异乡非久止。岁宴山阴雪，归桡正迟尔。

正德甲戌十月初三日，阳明居士伯安书于金陵之静观斋。至长沙见道岩，遂出此致意也。

（诗见国际文化出版公司《中国历代书法大观》[上]，真迹今藏台北"故宫博物院"。）

梦游黄鹤楼奉答凤山院长 （正德十年　一五一五年）

扁舟随地成淹泊,夜向矶头梦黄鹤。黄鹤之楼高入云,下临风
雨翔寥廓。长江东来开禹凿,巫峡天边一丝络。春阴水阔洞庭野,
斜日帆收汉阳阁。参差遥见九疑峰,中有崟嶪重华宫。苍梧云接
黄陵雨,千年尚觉精诚通。忽闻孤雁叫湖水,月映铁笛横天风。丹
霞闪映双玉童,醉拥白发非仙翁。仙翁呼我金闺彦,尔骨癯然仙已
半。胡为尚局风尘中,不屑刀圭生羽翰？觉来枕簟失烟霞,江上清
风人不见。故人仗钺镇湖襄,几岁书来思会面。公余登眺赋清词,
醉墨频劳写湘练。写情投报愧琼瑶,皭皭秋阳濯江汉。

（诗见《古今图书集成》第一千一百二十五卷《武昌部·艺
文》、《同治江夏县志》卷十三《文征》、《黄鹤山志》卷八。）

奉寿西冈罗老先生尊丈 （正德十一年　一五一六年）

蚕赋归来意洒然,螺川犹及拜诗篇。高风山斗长千里,道貌冰
霜又几年。曾与眉苏论世美,真从程洛溯心传。西冈自并南山寿,
姑射无劳更问仙。

阳明山人侍生王守仁顿首稿上,时正德丙子季春望后九
日也。

（诗真迹今藏浙江省博物馆,计文渊《王阳明法书集》著录。）

寄滁阳诸生(二首) （正德十一年　一五一六年）

其一

一别滁山便两年,梦魂常是到山前。依稀山路还如旧,只奈迷

茫草树烟。

其二

归去滁山好寄声,滁山与我最多情。而今山下诸溪水,还有当时几派清。

忆滁阳诸生 （正德十一年　一五一六年）

滁阳姚老将,有古孝廉风。流俗无知者,藏身隐市中。

（三诗见孟津编《良知同然录》上册,今藏台北图书馆。永富青地《关于王守仁良知同然录的初步研究》著录此三诗。）

铁松公诗赞 （正德十一年　一五一六年）

平生心迹两相奇,谁信云台重钓丝。性僻每穷诗景远,身闲赢得鬓霜迟。

王守仁拜题。

（诗见《余姚蒋氏宗谱》卷一,王孙荣《王阳明散佚诗文九种考释》著录。）

和大司马白岩乔公诸人送别（五首）
（正德十一年　一五一六年）

正德丙子九月,守仁领南、赣之命,大司马白岩乔公、太常白楼吴公、大司成莲北鲁公、少司成双溪汪公,相与集饯于清凉山,又饯于借山亭,又再饯于大司马第,又出饯于龙江,诸公皆联句为赠,即席次韵奉酬,聊见留别之意。

未去先愁别后思,百年何地更深知? 今宵灯火三人尔,他日缄书一问之。漫有烟霞刊肺腑,不堪霜雪妒须眉。莫将分手看容易,知是重逢定几时?

谪乡还日是多余,长拟云山信所如。岂谓尚悬苍水佩,无端又领紫泥书。豺狼远道休为梗,鸥鹭初盟已渐虚。他日姑苏归旧隐,总拚书籍便移居。

寒事俄惊蟋蟀先,同游刚是早春天。故人愈觉晨星少,别话聊凭杯酒延。戎马驱驰非旧日,笔床相对又何年?不因远地疏踪迹,惠我时裁金玉篇。

无补涓埃愧圣朝,漫将投笔拟班超。论交义重能相负?惜别情多屡见招。地入风尘兵甲满,云深湖海梦魂遥。庙堂长策诸公在,铜柱何年折旧标?

孤航眇眇去钟山,双阙回看杳霭间。吴苑夕阳临水别,江天风雨共秋还。离恨远地书频寄,后会何时鬓渐斑。今夜梦魂汀渚隔,惟余梁月照容颜。

　　阳明山人王守仁拜手书于龙江舟中。余数诗稿亡,不及录,容后便觅得补呈也。守仁顿首,白楼先生执事。

(诗见《三希堂法帖》、端方《壬寅消夏录·王阳明诗真迹卷》。蓬累轩编《姚江杂纂》亦录是诗,但不全。)

游南冈寺 (正德十二年　一五一七年)

古寺迥云麓,光含远近山。苔痕侵履湿,花影照衣斑。宦况随天远,归思对石顽。一身惕夙夜,不比老僧闲。

(诗见《光绪吉安府志》卷九、《光绪江西通志》卷一百二十三、《光绪吉水县志》卷十四。)

题察院时雨堂 （正德十二年　一五一七年）

三代王师不啻过,来苏良足慰童皤。阴霾岩谷雷霆迅,枯槁郊原雨泽多。纤策顿能清海岱,洗兵真见挽天河。时平复有丰年庆,满听农歌答凯歌。

（诗见《嘉靖汀州府志》卷十七。）

感梦有题 （正德十二年　一五一七年）

梦中身拜五云□,□□家人妇子怀。犬马有心知恋主,孤寒无路可为阶。风尘满眼谁能息? 竽瑟三年我自乖。默愧无功成老大,退休烂醉是生涯。

（诗见《嘉靖汀州府志》卷十七。）

游罗田岩怀濂溪先生遗咏诗 （正德十二年　一五一七年）

路转罗田一径微,吟鞭敲到白云扉。山花笑午留人醉,野鸟啼春傍客飞。混沌凿来尘劫老,姓名空在旧游非。洞前唯有元公草,袭我余香满袖归。

（诗见《光绪江西通志》卷五十六。）

过梅岭 （正德十三年　一五一八年）

处处人缘山上巅,夜深风雨不能前。山林丛郁休瞻日,云树弥漫不见天。猿叫一声耸耳听,龙泉三尺在腰悬。此行漫说多辛苦,也得随时草上眠。

　　阳明王守仁于龙南。

（诗见《同治赣州府志》卷五,为《平寇回驻龙南憩玉石岩双洞奇绝徘徊不忍去因寓以阳明小洞天之号兼留此作四首》之第三首。按《王阳明全集》卷二十有《回军龙南小憩玉石岩双洞绝奇徘徊不忍去因寓以阳明别洞之号兼留此作三首》,正缺此首诗。)

谒文山祠 （正德十四年　一五一九年）

汗青思仰《晋春秋》,及拜遗像此灵游。浩气乾坤还有隘,孤忠今古与谁侔? 南朝未必当危运,北虏乌能卧小楼? 万世纲常须要立,千山高峙赣江流。

正德十四年秋七月,谒宋文山祠,有赋一则。王守仁。

（阳明手迹在山西晋宝斋艺术总公司二〇〇八年书画古董交流会上出现,并在网上公布。）

答友人诗 （约正德十四年　一五一九年）

尽把毁誉供一笑,由来饥饱更谁知。

（诗见《邹守益集》卷十一《简程松溪司成》。）

哭孙燧许逵二公诗 （正德十四年　一五一九年）

其一

丢下乌纱做一场,男儿谁敢堕纲常。肯将言语阶前屈,硬着肩头剑下亡。万古朝端名姓重,千年地里骨头香。史官漫把《春秋》笔,好好生生断几行。

其二

天翻地覆片时间,取义成仁死不难。苏武坚持西汉节,天祥不

受大元官。忠心贯日三台见,心血凝冰六月寒。卖国欺君李士实,
九泉相见有何颜。

（诗见墨憨斋编《皇明大儒王阳明出身靖乱录》。）

献俘南都回还登石钟山次深字韵
（正德十四年　一五一九年）

我来扣石钟,洞野钧天深。荷蒉山前过,讥予尚有心。

（诗见李成谋《石钟山志》卷十三、《同治湖口县志》卷九。）

题仁峰精舍（二首）（正德十五年　一五二〇年）

仁峰山下有仁人,怪得山中物物春。莫道山居浑独善,问花移
竹亦经纶。

山居亦自有经纶,才恋山居却世尘。肯信道人无意必,人间随
地着闲身。

（诗见汪循《汪仁峰先生外集》卷三。）

练潭馆（二首）（正德十五年　一五二〇年）

风尘暗惜剑光沉,拂拭星文坐拥衾。静夜空林闻鬼泣,小堂春
雨作龙吟。不须盘错三年试,自信炉锤百炼深。梦断五云怀朔雁,
月明高枕听山禽。

春山出孤月,寒潭净于练。夜静倚阑干,窗明毫发见。鱼龙亘
出没,风雨忽腾变。阴阳失调停,季冬乃雷电。依依林栖禽,惊飞
复迟恋。远客正怀归,感之涕欲溅。风尘暗北陬,财力倾南甸。倏
忽无停机,茫然谁能辨? 吾生固逆旅,天地亦邮传。行止复何心,
寂寞时看剑。

（诗见胡缵宗《正德安庆府志》卷十六、《道光桐城续修县志》卷四、《康熙安庆府志》卷三十。）

游龙山 （正德十五年　一五二〇年）

探奇凌碧峤，访隐入丹丘。树老能人语，麇驯伴客游。云崖遗鸟篆，石洞秘灵湫。吾欲鞭龙起，为霖遍九州。

（诗见《正德安庆府志》卷十六、《道光桐城续修县志》卷一、《康熙桐城县志》卷八、《康熙安庆府志》卷三十、《民国怀宁县志》卷二等。）

梵天寺 （正德十五年　一五二〇年）

晴日下孤寺，春波上浅沙。颓垣从草合，虚阁入松斜。僧供余纹石，经幡落绣花。客怀烦渴甚，寒嗽佛前茶。

（诗见《正德安庆府志》卷十六、《康熙安庆府志》卷三十等。）

赠周经和尚偈 （正德十五年　一五二〇年）

不向少林面壁，却来九华看山。锡杖打翻龙虎，只履蹋破巉岩。这个泼皮和尚，如何容在世间？呵呵，会得时，与你一棒；会不得，且放在黑漆桶里偷闲。

　　正德庚辰三月八日，阳明山人王守仁到此。

（偈见《民国九华山志》卷四。）

地藏洞再访异僧不遇 （正德十五年　一五二〇年）

路入岩头别有天，松毛一片自安眠。高谈已散人何处？古洞荒凉散冷烟。

（诗见墨憨斋新编《皇明大儒王阳明出身靖乱录》，见日本弘毅馆本。）

端阳日次陈时雨写怀寄程克光金吾
（正德十五年　一五二〇年）

艾老蒲衰春事阑，天涯佳节得承欢。穿杨有技饶燕客，赐扇无缘愧汉官。自笑独醒还强饮，贪看竞渡遂忘餐。苍生日夜思霈雨，一枕江湖梦未安。

（诗见《光绪淳安县志》卷十五。）

赠陈惟浚诗 （正德十五年　一五二〇年）

况已妙龄先卓立，直从心底究宗元。

（诗见《聂豹集》卷六《礼部郎中陈明水先生墓碑》。）

石屋山诗 （正德十五年　一五二〇年）

云散天宽石径通，清飙吹上最高峰。游仙船古苍苔合，伏虎岩深绿草封。丈室寻幽无释子，半崖呼酒唤奚童。凭虚极目千山外，万井江楼一望中。

（诗见《同治临江府志》卷二。）

云腾飙驭祠诗 （正德十五年　一五二〇年）

玉笥之山仙所居，下有元窟名云储。人言此中感异梦，我亦因之梦华胥。碧山明月夜如昼，清溪涓涓流阶除。地灵自与精神冥，忽入清虚睹真境。贝阙珠宫炫凡目，鸾舆鹤辂分驰骋。金童两两吹紫霄，玉笥真人坐相并。笑我尘寰久污浊，胡不来游凌倒景？觉来枕席尚烟霞,乾坤何处真吾家? 醒眼相看世能几,梦中说梦空咨嗟。

（诗见《同治峡江县志》卷二、《同治临江府志》卷六。）

石溪寺 （正德十五年　一五二〇年）

杖锡飞身到赤霞,石桥闲坐演三车。一声野鹤波涛起,仙风吹送宝灵花。

（诗见《同治新淦县志》卷二。）

赠陈虞山出按滇南 （正德十五年　一五二〇年）

烈烈轰轰做一场,乾坤千古独留芳。九龄豫识胡儿叛,王莽先遭汉剑亡。自愧心神迷玉石,谁余旅力念穹苍。未援水火绥黎庶,先写新诗入庙堂。

（诗见陈察《都御史陈虞山先生集》卷十一《同声录》。阳明此诗题"王原韵",陈察于题下注云:"予观黔道江浙,王托邑博董道卿送此诗索和。"陈察和诗见《都御史陈虞山先生集》卷八《王伯安诗托董道卿索和》。）

送王巴山学宪归六合 （正德十五年　一五二〇年）

衡文岂不重,竹帛总成尘。且脱奔驰苦,归寻故里春。人生亦何极,所重全其贞。去去勿复道,青山不误人。

（诗见《光绪六合县志》卷七。）

吊叠山先生 （正德十五年　一五二〇年）

国破家亡志不移,文山心事两相期。当时不落犲狼手,成败于今未可知。

（诗见《同治弋阳县志》卷十三、《同治广信府志》卷十一。钱明《王阳明全集未刊散佚诗文汇编及考释》著录。）

何石山招游燕子洞 （正德十五年　一五二〇年）

石山招我到山中，洞外烟浮湿翠浓。我向岸崖寻古句，六朝遗事寄松风。

（诗见《乾隆铜陵县志》卷十六《艺文》。）

题倪小野清晖楼 （正德十六年　一五二一年）

经锄世泽著南州，地接蓬莱近斗牛。意气元龙高百尺，文章司马壮千秋。先几入奏功名盛，未老投簪物望优。三十年来同出处，清晖楼对瑞云楼。

（诗见《倪小野先生全集》后《清晖楼诗附》。）

贺孙老先生入泮 （疑正德十六年　一五二一年）

廿载名邦负笈频，循循功业与时新。天池朝展柔杨枝，泮水先藏细柳春。

恭贺孙老先生入泮之禧。阳明王守仁。

广兴□张大直顿首□。

（阳明手迹立轴长一百三十七厘米，宽四十六厘米，墨笔绢本，在二〇〇八年北京东方艺都拍卖有限公司迎春书画拍卖会上出现，并在网上公布。）

送人致仕 （疑正德十六年 一五二一年）

人生贵适意，何事久天涯。栗里堪栽柳，青门好种瓜。冥鸿辞网罟，尘土换烟霞。有子真麒麟，归欤莫怨嗟。

（诗见《新刊阳明先生文录续编》卷三《诗类》，永富青地《上海图书馆藏新刊阳明先生文录续编について》著录。）

春晖堂 （嘉靖元年 一五二二年）

春日出东海，照见堂上萱。游子万里归，斑衣戏堂前。春日熙熙萱更好，萱花长春春不老。森森兰玉气正芬，翳翳桑榆景犹早。忘忧愿母长若萱，报德儿心苦于草。君不见，柏台白昼飞清霜，到处草木皆生光。若非堂上春晖好，安能肃杀回春阳？

（诗见《万历兰溪县志》卷六、《嘉庆兰溪县志》卷十七下。）

镇海楼 （嘉靖二年 一五二三年）

越峤西来此阁横，隔波烟树见吴城。春江巨浪兼山涌，斜日孤云傍雨晴。尘海茫茫真断梗，故人落落已残星。年来出处嗟无累，相见休教白发生。

（诗见《万历萧山县志》卷二、《嘉靖萧山县志》卷二、《康熙萧山县志》卷六。）

次张体仁联句韵 （嘉靖四年 一五二五年）

问俗观山两剧匆，雨中高兴谅谁同。轻云薄霭千峰晓，老木沧波万里风。客散野凫从小艇，诗成岩桂发新丛。清词寄我真消渴，绝胜金茎吸露筒。

（诗见宝晋斋所藏碑帖刻石，参见何福安《宝晋斋碑帖集释》，原有三首，此为第三首。）

玉山斗门 （约嘉靖四年　一五二五年）

胼胝深感昔人劳，百尺洪梁压巨鳌。潮应三江天堑逼，山分海门两岸高。溅空飞雪和天白，激石冲雷动地号。圣代不忧陵谷变，坤维千古护江皋。

（诗见张元忭《会稽县志》卷八《水利》，新编本《王阳明全集》著录。）

守岁诗并序 （嘉靖五年　一五二六年）

嘉靖丙戌之除，从吾道人自海宁渡江来访，因共守岁。人过中年，四方之志益倦。客途岁暮，恋恋儿女室家，将舍所事走千里而归矣。道人今年已七十，终岁往来湖山之间，去住萧然，曾不知有其家室。其子谷又贤而孝，谓道人老矣，出辄长跪请留。道人笑曰："尔之爱我也以姑息。吾方友天下之善士，以与古之贤圣者游，正情养性，固无入而不自得。天地且逆旅，奚必一亩之宫而后为吾舍耶？"呜呼！若道人者，要当求之于古，在今时则吾所罕睹也。是夜风雪，道人有作，予因次韵为谢。

多情风雪属三余，满目湖山是旧庐。况有故人千里至，不知今夜一年除。天心终古原无改，岁时明朝又一初。白首如君真洒脱，耻随儿子恋分裾。

阳明山人守仁书。

（诗见董沄《从吾道人语录》附录，周汝登《王门宗旨》卷十三。

原题作"《守岁诗序》",未当。)

赠岑东隐先生(二首)　(嘉靖五年　一五二六年)

　　岑东隐老先生,余祖母族弟也,今年九十有四矣。双瞳炯然,饮食谈笑如少壮,所谓圣世之人瑞者非耶? 涉江来访,信宿而别。感叹之余,赠之以诗。

　　东隐先生白发垂,犹能持竹钓江湄。身当百岁康强日,眼见九朝全盛时。寂寂群芳摇落后,苍苍松柏岁寒枝。结庐闻说临瀛海,欲问桑田几变移?

　　圣学工夫在致知,良知知处即吾师。勿忘勿助能无间,春到园林鸟自啼。

　　(诗见《阳明先生文录》卷四,钱明《王阳明全集未刊散佚诗文汇编及考释》著录。)

御校场诗　(嘉靖六年　一五二七年)

　　绝顶秋深荒草平,昔人曾此驻倾城。干戈消尽名空在,日夜无穷潮自生。谷口岩云扬杀气,路边疏树列残兵。山僧似与人同兴,相趁攀萝认旧营。

　　(诗见李卫《西湖志》卷十六。)

恭吊忠懿夫人　(嘉靖六年　一五二七年)

　　夫人兴废盍知几,堪叹山河已莫支。夜月星精归北斗,秋风环佩落西池。仲连蹈海心偏壮,德曜投山隐未迟。千古有谁长不死,可怜羞杀宋南儿。

　　(诗见《同治江山县志》卷十一下。)

和理斋同年浩歌楼韵 （嘉靖六年　一五二七年）

长歌浩浩忽思休,拂枕山阿结小楼。吾道磋砣中道止,苍生困苦一生忧。苏民曾作商家雨,适志重持渭水钩。歌罢一篇怀马子,不思怒后佐成周。

（诗见《同治弋阳县志》卷十三《艺文》。）

谒增江祖祠 （嘉靖七年　一五二八年）

海上孤忠岁月深,旧墙荒落杳难寻。风声再树逢贤令,庙貌重新见古心。香火千年伤旅寄,烝尝两地叹商参。邻祠父老皆仁里,从此增城是故林。

（诗见《雍正广东通志》卷六十,《嘉靖增城县志》卷八。）

文

题自作山水画（弘治三年　一四九〇年）

庚戌夏月廿二日，法王维笔意。王守仁。

（阳明此自作山水画并题在北京翰海拍卖有限公司"北京翰海二〇一二年秋季拍卖会"上出现，并在"尊客网"上公布。山水立轴，长一百七十七厘米，宽一百十四厘米。按：弘治三年阳明自京师回余姚，在家课业。钱德洪《阳明先生年谱》："明年，龙山公以外艰归姚，命从弟冕、阶、宫及妹婿牧相，与先生讲习经义。先生日则随众课业，夜则搜取诸经子史读之，多至夜分。"所谓课业，包括学书学画，此山水画，即其学画之作也。）

又题自作山水画（弘治三年　一四九〇年）

米南宫笔意。王守仁。

（阳明此自作山水画并题在北京雍和嘉诚拍卖有限公司"雍和嘉诚二〇一二年秋季艺术品拍卖会"上出现，并在"尊客网"上公布。水墨绢本，长三十厘米，宽九十四厘米。此当是阳明弘治三年学书学画之作。）

弘治五年乡试卷　论语（弘治五年　一四九二年）

志士仁人一节

圣人于心之有主者，而决其心，德之能全焉。夫志士仁人皆心有定主，而不惑于私者也。以是人而当死生之际，吾惟见其求无愧于心焉耳，而于吾生何恤乎？此夫子为天下之无志而不仁者慨也，故此以示之，若曰：天下之事变无常，而死生之所系甚大，固有临难苟免而求生以害仁者焉，亦有见危授命而杀生以成仁者焉。此正是非之所由决，而恒情之所易惑者也。吾其有取于志士仁人乎？夫所谓志士者，以身负纲常之重，而志虑之高洁，每思有以植天下之大闲；所谓仁人者，以身会天德之全，而心体之光明，必欲有以贞天下之大节。是二人者，固皆事变之所不能惊，而利害之所不能夺，其死与生有不足累者也。是以其祸患之方殷，固有可以避难而求全者矣。然临难自免，则能安其身，而不能安其心，是偷生者之为，而彼有所不屑也。变故之偶值，固有可以侥幸而图存者矣，然存非顺事，则吾身以全，吾仁以丧，是悖德者之事，而彼有所不为也。彼之所为者，惟以理欲无并立之机，而致命遂志以安天下之贞者，虽至死而靡憾；心迹无两全之势，而捐躯赴难以善天下之道者，虽灭身而无悔。当国家倾覆之余，则致身以驯过涉之患者，其仁也，而彼即趋之而不避，甘之而不辞焉，盖苟可以存吾心之公，将效死以为之，而存亡由之不计矣；值颠沛流离之余，则舍身以贻没宁之休者，其仁也，而彼即当之而不慑，视之而如归焉，盖苟可以全吾心之仁，将委身以从之，而死生由之勿恤矣。是其以吾心为重，而以吾身为轻，其慷慨激烈以为成仁之计者，固志士之勇为，而亦仁人之优为也，视诸逡巡畏缩而苟全于一时者,诚何如哉! 以存心为生,而以存身为累,其从容就义以明分义之公者,固仁人之所安,而亦志士之所决也,视诸回护隐伏而觊觎于不死者,又何如哉! 是知观志士之所为,而天下之无志者可以愧矣;观仁人之所为,而天下之不仁者可以思矣。

(文见《钦定四书文·化治四书文》卷三、龚笃清《明代八股文史》、任文利《王阳明制义三篇》。)

弘治五年乡试卷　中庸　(弘治五年　一四九二年)

《诗》云"鸢飞戾天"一节

《中庸》即《诗》而言,一理充于两间,发费隐之意也。盖盈天地间皆物也;皆物,则皆道也。即《诗》而观,其殆善言道者,必以物欤? 今夫天地间惟理而已矣,理御乎气,而气载于理,固一机之不离也,奈之何人但见物于物,而不能见道于物;见道于道,而不能见无物不在于道也。尝观之《诗》,而得其妙矣,其曰:"鸢飞戾天,鱼跃于渊。"言乎鸢鱼,而意不止于鸢鱼也;即乎天渊,而见不滞于天渊也。为此《诗》者,其知道乎? 盖万物显化醇之迹,吾道溢充周之机,感遇聚散,无非教也,成象效法,莫非命也。际乎上下,皆化育之流行;合乎流行,皆斯理之昭著。自有形而极乎无形,物何多也,含之而愈光者,流动充满,一太和保合而已矣;自有象而极乎无象,物何赜也,藏之而愈显者,弥漫布濩,一性命各正而已矣。物不止于鸢鱼也,举而例之,而物物可知;上下不止于天渊也,扩而观之,而在在可见。是盖有无间不可遗之物,则有无间不容息之气;有无间不容息之气,则有无间不可乘之理。其天机之察于上下者,固如此乎?

(文见《钦定四书文·化治四书文》卷四。)

弘治五年乡试卷　孟子（弘治五年　一四九二年）

子哙不得与人燕二句

举燕之君臣而各著其罪，可伐也。夫国必自伐，而人伐之也。燕也私相授，其罪著矣，是动天下之兵也。今夫为天守名器者，君也；为君守侯度者，臣也，名义至重，僭差云乎哉！故君虽倦勤，不得移诸其臣，示有专也；臣虽齐圣，不敢奸诸其君，纪臣道也。燕也何如哉？燕非子哙之燕，天子之燕也，召公之燕也。象贤而世守之，以永燕祀，以扬休命，子哙责也。举燕而授之人，此何理哉？恪恭而终臣之，以竭忠荩，以谨无将，子之分也。利燕而袭其位，罪亦甚矣。尧舜之传贤，利民之大也。哙非尧舜也，安得而慕其名？舜禹之受禅，天人之从也，之非舜禹也，安得而袭其迹？自其不当与而言，无王命也，堕先业也，子哙是矣；自其不当受而言，僭王章也，奸君分也，子之有焉。夫君子之于天下，苟非吾之所有，虽一毫而莫取也，况授受之大乎？于义或有所乖，虽一介不以与人也，况神器之重乎？夫以燕之君臣，而各负难逭之罪如此，有王者起，当为伐矣！

（文见《钦定四书文·化治四书文》卷五。）

祭外舅介庵先生文（弘治八年　一四九五年）

维弘治八年，岁次乙卯，夏四月甲寅朔，寓金台甥王守仁帅妻诸氏南向泣拜驰奠于故山东布政使司左参政岳父诸公之灵曰：

呜呼痛哉！孰谓我公，而止于斯！公与我父，金石相期。公为吏部，主考京师。来视我父，我方儿嬉。公曰尔子，我女妻之。公不我鄙,识我于儿。服公之德,感公之私。悯我中年,而失其慈。慰书我父,教我以时。弘治己酉,公参江西,书来召我,我父曰咨,尔舅有命,尔则敢迟?甫毕姻好,重艰外罹。公与我父,相继以归。公既服阕,朝请于京;我滥乡举,寻亦北行。见公旅次,公喜曰"甥,尔质则美,勿小自盈"。南宫下第,公弗我轻,曰"利不利,适时之迎,屯蹇屈辱,玉汝于成"。拜公之教,夙夜匪宁。从公数月,启我愚盲。我公是任,语我以情,此职良苦,而我适丁。予谓利器,当难则呈。公才虽屈,亦命所令。公曰"戏耳,尔言则诚"。临行恳恳,教我名节,踯躅都门,抚励而别。孰谓斯行,遽成永诀,呜呼痛哉!别公半载,政誉日彻,士论欢腾,我心则悦。昨岁书云,有事建业。五六月余,音问忽绝。久乃有传,便道归越。继得叔问,云未起辙。窃怪许时,必值冗结。孰知一疾,而已颓折。西江魏公,讣音来忽,仓剧闻之,惊仆崩裂。以公为人,且素无疾。谓必谗言,公则谁嫉;谓必讹言,讹言易出。魏公之书,二月六日,后我叔问,一旬又七,往返千里,信否叵必。是耶非耶,曷从而悉?醒耶梦耶,万折或一。韩公南来,匍匐往质,韩曰"其然,我吊其室",呜呼痛哉!向也或虚,今也则实。孰谓我公,而果然也!天于我公,而乃尔耶?公而且然,况其他耶?公今逝矣,我曷望耶?廷臣佥议,方欲加迁,奏疏将上,而讣忽传。呜呼痛哉!今也则然,公身且逝,外物奚言?公之诸子,既壮且贤,谅公之逝,复亦何悬?所不瞑者,二庶鬓年。有贤四兄,必克安全。公曾谓予:"我兄无嗣,欲遣庶儿,以承其祀。"昔也庶一,今遗其二,并以继绝,岂非公意?有孝元兄,能继公志,忍使公心,而有勿遂?令人悲号,苏而复踬。迢迢万里,涯天角地,生为半子,死不能襚,不见其柩,不哭于次,痛绝关山,中心若刺。我实负公,生有余愧,天长地久,其恨曷既!我父泣曰:"尔为公婿,宜先驰奠,我未可遽。"哀绪万千,实弗能备,临风一号,不知所自。呜呼哀哉! 呜呼痛哉! 尚飨。

(文见《姚江诸氏宗谱》卷六,叶树望《新发现的王阳明佚文六件》著录并有考。)

南野公像赞　公讳绣 （约弘治八年　一四九五年）

禀性冲和,存心仁恕。德之不喜,怒之不鞪。彼趋者利,我笃于义;彼附者势,我遇则避。折券于友,代逋于公。玩世则弈,陶情乃吟。乐天雅趣,驾古轶今。

白野公像赞　公讳衮 （约弘治八年　一四九五年）

冰玉其姿,芝兰其德。有凤凰翔乎千仞之志,具鹍鹏摇乎九万之翼。声闻夙著,青紫易得。胡泮林之翱翔,竟棘闱之终蹶? 噫! 不发于其身,必发于其子孙,以奋扬乎先德。

(上二赞见《姚江诸氏宗谱》卷六,叶树望《新发现的王阳明佚文六件》著录并有考。)

会试卷　礼记 （弘治十二年　一四九九年）

乐者敦和,率神而从天;礼者别宜,居鬼而从地。故圣人作乐以应天,制礼以配地

惟礼乐合造化之妙,故圣人成制作之功。盖礼乐与造化相为流通者也,然非圣人为之作,抑何以成参赞之功哉! 且礼乐之所以合乎造化者,果何以见之? 是故絪缊化醇,此造化自然之和,乃气之伸而为神,天之所以生物者也;乐之为用,则主于和,而发达动

荡，有以敦厚其和于亭毒之表，岂不循其气之伸而从天乎？高下散殊，此造化自然之序，乃气之屈而为鬼，地之所以成物者也；礼之为用，则主于序，而裁节限制，有以辨别其宜于磅礴之际，岂不敛其气之屈而从地乎？礼乐之合乎造化如此，故圣人者出，因其自然之和也，而作为之乐，凡五声六律之文，或终始之相生，或清浊之相应者，皆本之，岂徒为观听之美哉，于以应乎造化之和，使阳不至于过亢，而生物之功与天为一矣；因其自然之序也，而制为之礼，凡三千三百之仪，或制度之有等，或名物之有数者，皆法之，岂徒为藻饰之具哉，于以配乎造化之序，使阴不至于过肃，而成物之功与地无间矣。然则圣人制作之功所以参赞乎天地也，一何大哉！抑当究之天地之灵，不外乎阴阳，而鬼神者，阴阳之灵也；圣人之道，不外乎礼乐，而和序者，礼乐之道也。其实则一而二，不知者乃歧而二之。故知阴阳礼乐之所以为一，则可以识圣人制作之功矣。彼窃天地之灵，渎幽明之分者，盖非所谓鬼神，而亦焉用其所谓礼乐哉！

（文见《天一阁藏明代科举录选刊·会试录·弘治十二年会试录》。）

会试卷　论（弘治十二年　一四九九年）

君子中立而不倚

独立乎道之中，而力足以守之，非君子之勇，不能也。盖中固难于立，尤难乎其守也。中立而有以守之，必其识足以择理，而不惑于他歧；行足以蹈道，而不陷于僻地；力足以胜私，而不诱于外物。天下之事纷纭轇轕乎吾前，而吾之中固在也，使徒立之，而力不足以守之，则执于此或移于彼，植于前或仆于后，矜持于旦夕无事之时，而颠蹶于仓卒不备之际，向之所谓中者，不旋踵而已失之矣。此中立而不倚者所以见君子之强而为天下之大勇欤！且君子之所以自立者，何中而已，是道也，原于帝降，著于民彝，其体本不倚也；然一事有一事之中，一时有一时之中，有定理而无定在焉。今夫人之所自立也，譬之地焉，高者或亢，远者或旷，皆过乎中；卑者或污，近者或局，皆不及乎中，是盖择之不精，而其守也不足言矣。君子则存养之熟，有以立乎中之体；省察之精，有以达乎中之用，故能事事而择之，时时而处之，履道于至正之区，而特立乎流俗之外；置身于至当之地，而标见乎众目之表。自卑者视之，以为太高，而不知其高之为中也；自高者视之，以为太卑，而不知其卑之为中也；以至于近远亦然。当出而出，当处而处，出处之立乎中也；当辞而辞，当受而受，辞受之立乎中也；以至于动静语默皆然。则君子之立也可谓中矣，又何以见其不倚邪？譬之物焉，有所凭则易以立，无所恃则易以倚，吾之所立者中，则或前或后无可恃之人，或左或右无可凭之物。以外诱言之，则声色之私有以眩吾中，货利之私有以撼吾中，苟吾力不足以胜之，其不至于颠仆者寡矣；以己私言之，则辨或倚于私辨而非中，智或倚于私智而非中，苟吾之力不足自胜，其不至于欹侧者亦寡矣。故中立固难，立而不倚尤难。君子则以一定之守持一定之见，不必有所凭也，而确乎有不可拔之势；不必所恃也，而屹乎有不可动之力。激之而不能使之高，抑之而不能使之卑；前之而不能引，后之而不能掣。声色自美耳，吾之中终不为其所眩；货利自靡耳，吾之中终不为其所撼。辨有所不当施，则不倚于辨；智有所不当择，则不倚于智。于所当处也，虽迫之使出，而有所不从；于所当辞也，虽强之使受，而有所不屑。以至于天下之事，莫不皆然。事之在天下者，万有不齐，而吾之所立者，固未尝失也。是虽处乎人人之中，而其所守，实有过乎人者，天下之勇，岂复加于此哉！由是观之，所以择者，智也；所以行者，仁也；所以守之者，勇也。勇所以成乎智仁而保此中者也。然亦有辨焉，南方之强，不及中者也；北方之强，过乎中者也；惟和而不流，中立而不倚，国有道无道而不变，为君子之强，盖所谓中庸之不可能者。孔子因子路问强，而告之所以抑其血气之刚，而进之以德义之勇也。彼子路者终倚于勇焉，何哉？君子诚因是而求之，所谓中立不倚者，尚当以孔子为的。

（文见《天一阁藏明代科举录选刊·会试录·弘治十二年会试录》。）

游大伾山赋　（弘治十二年　一四九九年）

王子游于大伾之麓，二三子从焉。秋雨霁野，寒声在松，经龙居之窈窕，升佛岭之穹窿，天高而景下，木落而山空，感鲁卫之故迹，吊长河之遗踪，倚清秋而远望，寄遐想于飞鸿。于是开觞云石，洒酒危峰，高歌振于岩壑，余响递于悲风。二三子慨然叹息曰："夫子之至于斯也，而仆右之乏，二三子走偶获供焉，兹山之长存，固夫子之名无穷也；而若走者袭荣枯于朝菌，与蟪蛄而始终，吁嗟乎！亦何异于牛山、岘首之沾胸？"王子曰："嘻！二三子尚未喻于向之与尔感叹而吊悲者乎！当鲁卫之会于兹也，车马玉帛之繁，衣冠文物之盛，其独百倍于吾侪之聚于斯而已耶？而其囿于麋鹿，宅于狐狸也，既已不待今日而知矣，是故盛衰之必然。尔尚未睹夫长河之决龙门，下砥柱，以放于兹乎！吞山吐壑，奔涛万里，固千古之经渎也。而且平为禾黍之野，筑为邑井之墟，吁嗟乎！流者而有湮，峙者其能无夷，则斯山之不荡为沙尘而化为烟雾者几稀矣！况吾与子集露草而随风叶,曾木石之不可期,奈何忘其飘忽之质而欲较久暂于锱铢者哉! 吾姑与子达观于宇宙,可乎?"二三子曰:"何如?"王子曰:"山河之在天地也,不犹毛发之在吾躯乎? 千载之于一元也,不犹一日之于须臾乎? 然则久暂奚容于定执,而小大未可以一隅也。而吾与子固将齐千载于喘息,等山河于一芥,遨游八极之表,而往来造物之外,彼人事之倏然,又乌足为吾人之芥蒂乎?"二三子喜,乃复饮。已而夕阳入于西壁,童仆候于岩阿。忽有歌声自谷而出,曰:"高山夷兮,深谷嵯峨。将胼胝是师兮,胡为乎蹉跎? 悔可追兮,遑恤其他。"王子曰:"夫歌为吾也。"盖急起而从之,其人已入于烟萝矣。

大明弘治己未重阳,余姚王守仁伯安赋并书。

(赋见《濬县金石录》卷下、《正德大名府志》卷二、《古今图书集成·方舆汇编·山川典》卷十二《大伾山部》等。)

乐陵司训吴先生墓碑 (弘治十二年　一四九九年)

墓必有表,所以表其行也;表不以誉,所以操董狐笔也。予恭承上命诣黎阳,再越两月,而事综理尚未竣。官署无聊,值澶之士人吴国臣衰绖局蹐,时乡进士王𬤊、任书抱乡进士李一之状及湖藩方伯王公所撰铭,诣予表其墓。愧予谫材,叨名进士,非立言者,辞之弗获。缅惟唐之女奴抱婴儿请铭于昌黎,犹不拒以与之,矧斯文一脉,讵可默焉? 谨按状之所述,吴君讳冠,字进贤,远出临川之裔,兵燹后蔓延。祖有讳钦者,北徙于澶,治地垦田,遂占籍于开之归仁坊。父讳海,字朝宗,豪侠好义,与物无竞。母郭氏,生先生于正统九年三月一日。自幼聪警秀发,有老成态。长从施槃榜进士莱庵王先生游,勤力不倦,学问渊源。寻补郡庠弟子员,累科弗第,志不少懈。天性纯孝,虽囊箧屡空,而菽水之养母,每尽其欢心焉。成化癸巳,父疾革,忧形于色,每夜稽颡北辰,求以身代,左右扶持,不惮终夜,汤药必亲尝之而进。及卒,哀毁逾礼,几灭其性。凡送终之具,极其诚信。乙未,母亦继殁,慎终之诚,一如父仪,寝苦枕块,不御酒肉者,终三载。至今乡邦亦见化,而以吴孝子称之。君材瑰伟,谋虑深远,负气凛凛,勇于有为。临大义,慨然有阔度,虽遇事急,未尝有窘容。其处己待人,曲尽其意。御家人以严,交朋友以义。始家道未裕时,躬率子弟力耕且读,不屑卑屈。及底殷富,乐善循礼,尤不矜肆,处之淡如也。弘治乙卯,以明经贡,入大廷试中式,除山东乐陵司训。抵任后,严约规度,海集生徒,以次授业,随人材器而造之,宛有苏湖风度,后进悦服。虽贵富习俗悉知,矫饰自励,所造人材济济成立,皆将奋科而起,一时同膺郡博者,未能或之先也。乐之尹兰阳邱君珙器重之,恒委以摄县治,皆随事克举,坐收实效。当道者察知,期以大用。无何,遽染沉疴,载寝两月,而解组以归,乐之生徒随送数十里外,相向而哭,皆失声。行及南乐,而自度不起,乃嘱其子曰:“吾受国恩,而未得报,死亦觉有憾焉。汝辈当勉于为善,以继我志。”言讫而卒,闻者恻然,莫不为之掩泣。时弘治十二年八月二十三日也,距其生正统甲子,享年五十有六。娶马氏,有淑德,莱阳县尹致远公之女。子三人:国臣、国卿、国相,读书有进,能继书香。女三人,长适郡庠生张天禄,次适士人王佩,次适乡进士王绖,皆同郡人。孙男一:贺儿。国臣以是年十一月二十八日葬先生于郡城北府隄口岗。予虽未识荆,即其状之行,皆凿凿可信,是岂溢美也耶?是岂可以不表行也耶?昔黔娄有言:“不戚戚于贫贱,不汲汲于富贵,惟安贫守道以自适。”而君子韪之。人皆惜先生有抱负而未之用;用之又投闲置散,未尽其长也。守仁独不然,盖君子轻去就,随卷舒,富贵不可诱,故其气浩然,勇过乎贲育,先生何以异于是哉! 故书以勒夫珉,树于墓,且以告夫知先生未稔者。

（文见《光绪开州志》卷八。）

时雨赋（弘治十三年　一五〇〇年）

二泉先生以地官正郎擢按察副使、提辖西江。于时京师方旱,民忧禾黍。先生将行,祖帐而雨,土气苏息,送者皆喜。乐山子举觞而言曰:"先生亦知时雨之功乎? 群机默动,百花潜融,摧枯僵槁,茻蔚蒙茸,惟草木之日茂,夫焉识其所从?"先生曰:"何如?"乐山子曰:"升降闭塞,品汇是出。尪羸蹇涩,痿痹扞格。地脉焦焉,罔滋土膏,竭而靡泽。勾者矛者,荚者甲者,茎者萌者,颣者鬣者,陈者期新,屈者期伸。而乃火云崒屼,汤泉沸腾。山灵铄石,沟浍扬尘。田形赭色,涂坼龟文。苗而不秀,槁焉欲焚。于是乎丰隆起而效驾,屏翳辅而推轮。雷伯涣汗而颁号,飞廉行辟而戒申。川英英而吐气,山油油而出云。天昏昏而改色,日霏霏而就曛。风翛翛于蘋末,雷殷殷于江渍。初沾濡之脉脉,渐飘洒之纷纷。始霡霂之无迹,终滂沱而有闻。方奋迅而直下,倏横斜以旁巡。徐一一而点注,随浑浑而更新。乍零零而断续,忽冥冥而骤并。将悠悠而远去,复深深而杂陈。当是时也,如渴而饮,如饮而醺,德泽渐于兰蕙,宠渥被于藻芹,光辉发于桃李,滋润洽于松筠,深恩萃于禾黍,余波及于蒿蓁。若醉醒而梦觉,起精矫于遭迍;犹阙里之多士,沾圣化而皆仁。济济翼翼,侃侃誾誾,乐箪瓢于陋巷,咏浴沂于暮春者矣。今夫先生之于西江之士也,不亦其然哉! 原体则涵泳诸子,灌注百氏,淳漉仁义,郁蒸经史;言用则应物而动,与时操纵,神变化于晦明,状江河之汹涌,发为文词,雾瀜霞摘,赫其声光,雷电翕张。仰之岳立,风云是出;即之川腾,旱暵攸凭。偃风声于万里,望云霓于九天。叹尔来之奚后,怨何地之独先。则夫西江之士,岂必渐渍沐沃,澡涤沉潜,历以寒暑,积之岁年,固将得微涓而已颖发,沾余滴而遂勃然。咏《菁莪》之化育,乐丰芑之生全,扬惊澜于洙泗,起暴涨于伊濂。信斯雨之及时,将与先生比德而丽贤也夫!"先生曰:"是何言之易也? 昔孔子太和元气,过化存神,不言而喻,固有所谓时雨化之者矣,而予岂其人哉? 且子知时雨之功,而曾未睹其患也。乃若大火西流,东作于休,农人相告,谓将有秋,须坚须实,以获以收。尔乃庭商鼓舞,江鹤飞翔;重阴密雾,连月弥茫;凄风苦雨,朝夕淋浪。禾头生耳,黍目就盲。江河溢而泛滥,草木泄而衰黄。功垂成而复败,变丰稔为凶荒。汩泥涂以何救,疸体足其曷防? 空呼号于漏室,徒咨怨于颓墙。吁嗟乎,今之以为凶,非昔之以为功者耶? 乌乎物理之迥绝,而人情之顿异者耶? 是知长以风雨,敛以霜雪,有阳必阴,无寒不热;化不自兴,及时而盛,教无定美,过时必病。故先王之爱民,必仁育而义正,吾诚不敢忘子时雨之规,且虑其过而为霪以生患也。"于是乐山子俯谢不及,避席而起,再拜尽觞,以歌《时雨歌》曰:激湍兮深潭,和煦兮沍寒。雨以润兮,过淫则残。惟先生兮,实如傅霖。为云为霓兮,民望于今。吞吐奎壁兮,分天之章。驾风骑气兮,挟龙以翔。沛江帝之泽兮,载自西方。或雨或旸,一寒一暑。随物顺成兮,吾心何与。风雨霜雪兮,孰非时雨。

刑部主事姚江王守仁书。

(赋见邵炌、吴道成《邵文庄公年谱》。)

奉石谷吴先生书（弘治十四年　一五〇一年）

　　生自壬子岁拜违函丈，即羁縻太学，中间余八九年，动息之所怀仰，寤寐之所思及，其不在函丈之下者，有如白日。然而曾无片简尺牍致起居之敬而伸仰慕之私者，其敢以屡黜屡辱，有负知己之故，遂尔惭沮哉？实以受知过深，蒙德过厚，口欲言而心无穷，是以每每伸纸执笔，辄复不得其辞而且中止者，十而二三矣。坐是情愈不达，而礼益加疏。姑且逡巡，日陷于苟简浇薄，将遂至忽然之地而不自觉。推咎所因，则亦诚可悯也。蜀士之北来者，颇能具道尊候，以为动履益康，著述益富，身闲而道愈尊，年高而德弥邵。闻之，无任忻慰庆跃。嗟乎！古之名儒硕德如先生者，曾亦多见也，夫今之人，动辄叹息咨嗟，以为曾不得如古之名儒硕德者处之庙堂，以辅吾君；至如先生，乃复使之优游林下，乌在其能思古之人也？居先生门下，为先生谋，则不宜致叹如此；立吾君之朝，为斯世谋，则斯言也实天下之公论，虽以俟后贤无惑也。生近者授职刑部云南司，才疏事密，惟日扰扰于案牍间而已。于同僚侯守正之行，思其闲暇时，犹不能略致起居之问，今且日益繁冗，是将终不得通一问也。是以姑置其所愿陈者，以需后便，且尔先伸数载间阔之怀，以请罪于门下。伏惟大贤君子，不以久而遂绝，不以微而见遗，仍赐收录，俾得复为门下士，岂胜庆幸感激哉！香帕将远诚万一，伏惟尊照。不宣。

　　（书见《新刊阳明先生文录续编》卷二《书类》，是书藏上海图书馆，永富青地《上海图书馆藏新刊阳明先生文录续编について》著录。）

与王侍御书 (弘治十四年　一五〇一年)

侍生王守仁顿首敬启,侍御王老先生大人执事:昨承颁胙,兼锡多仪。生以丁日感微寒,迄今未敢风,未能参谢,感荷之余,可胜惶悚。先遣门人越榛、邹木请罪,尚容稍间面诣也。即日侍生守仁再拜启上。

(书有阳明手迹刻石,藏安徽无为县米公祠,见何福安《宝晋斋碑帖集释》,计文渊《王阳明法书集》著录。)

实庵和尚像赞 (弘治十四年　一五〇一年)

从来不知光闪闪的气象,也不知圆陀陀的模样。翠竹黄花,说什么蓬莱方丈。看那山里金地藏,好儿孙,又生个实庵和尚。噫!那些儿妙处,丹青莫状。

(赞见《民国九华山志》卷七。)

游齐山赋并序 (弘治十五年　一五〇二年)

齐山在池郡之南五里许,唐齐映尝刺池,亟游其间,后人因以映姓名也。继又以杜牧之诗,遂显名于海内。弘治壬戌正旦,守仁以公事到池,登兹山,以吊二贤之遗迹,则既荒于草莽矣。感慨之余,因拂崖石而纪岁月云。

适公事之甫暇,乘案牍之余辉。岁亦徂而更始,巾余车其东归。循池阳而延望,见齐山之崔嵬。寒阳惨而尚湿,结浮霭于山扉。振长飙以舒啸,麾彩现于虹霓。千岩豁其开朗,扫群林之霏霏。羲和闯危巅而出候,倒回景于苍矶,蹑晴霞而直上,陵华盖之葳蕤。俯长江之无极,天风飒其飘衣。穷岩洞之幽邃,坐孤亭于翠微。寻遗躅于烟莽，哀壑悄而泉悲。感昔人之安在，菊屡秋而春霏。鸟相呼而出谷，雁流声而北飞。叹人事之倏忽，晞草露于须斯。际遥瞩于云表，见九华之参差。忽黄鹄之孤举，动陵阳之遐思。顾泥土之溷浊，困盐车于枥马。敬长生之可期，吾视弃富贵如砾瓦。吾将旷八极以遨游，登九天而视下。餐朝露而饮沆瀣，攀子明之逸驾。岂尘网之误羁，叹仙质之未化。

乱曰：旷视宇宙，漠以广兮。仰瞻却顾，终焉仿兮。吾不能局促以自污兮，复虑其谬以妄兮。已矣乎！君亲不可忘兮，吾安能长驾而独往兮？

（赋见《光绪贵池县志》卷二、《乾隆贵池府志》卷六、《古今图书集成·山川典》卷九十《齐山部》等。）

与舫斋书（弘治十五年　一五○二年）

□□园可□□□□城之期□此□矣。进谒仙府，无任快悒。所欲吐露，悉以寄于令侄光实，谅能为我转达也。言不尽意，继以短词：

别后殊倾渴，青冥隔路歧。径行惧伐木，心事寄庭芝。拔擢能无喜，瞻依未有期。胸中三万卷，应念故人饥。

侍生王守仁顿首，舫斋先生寅长执事。小羊一牵将贺意耳。正月十三日来。

（书见《截玉轩藏宋元明清法帖墨迹》，上海书画出版社出版。）

答慈云老师书（弘治十六年　一五○三年）

鄙人久于尘中缅想世缘，顿成劳渴。乃荷不遗，颁以霜鳌，召客开尊,烹以荐酒,陶然得其真,当如远公引禅定境也,感行耳。方有便人城,肯过小园少坐否?

　　凤翼和南,慈云老师座下。

　　(书真迹见《王文成公真迹》,民国影印本,顾思义题书名。)

答子台秋元书 (弘治十六年　一五○三年)

　　病躯复为人事所困,今早遂不能兴。闻返棹及门,兼闻贵体欠调,为之惕然惭负,奈何,奈何! 先公文字,得稍暇,即遣人呈稿,或须高德元再至,断不敢更迟迟矣。归见令兄,望悉此恳。粗肴物奉饷从者,不能出送,伏枕惶悚,惶悚! 守仁顿首,子台秋元世契兄文侍。余。(书见陈焯《湘管斋寓赏编》卷二。)

四皓论 (约弘治十六年　一五○三年)

　　果于隐者,必不出;谓隐而出焉,必其非隐者也。夫隐者为高,则茫然其不返,避世之士,岂屑屑于辞礼之殷勤哉?且知远辱以终身,则必待道而后出,出者既轻,成者又小,举其生平而尽弃之,明哲之士,殆不如此。况斯世君臣之间,一以巧诈相御,子房之计,能保其信然乎? 四皓之来,能知其非子房之所为乎? 羽翼太子,真四皓也,亦乌足为四皓哉! 昔百里奚有自鬻之诬,而其事无可辨者,故孟子以去虞之智辨之。今四皓羽翼之事,而其迹无可稽者,独不可以去汉之智辨之乎? 夫汉高草昧之初,群英立功之日也。富贵功名之士,皆忘其洗足骑项之辱,犬豕依人,资其馈啜之余,不计其叱咤之声也。然众人皆愚,而四皓独智;众人皆污,而四皓独清。鹰隼高飞于云汉,虎豹长啸于山林,其颉颃飞腾之气,岂人之所能近哉! 智者立身,必保终始;节者自守,死当益锐。四皓世事功名谢之久矣,岂有智于前,而愚于后,决于中年知几之日,而昧于老成练达之时乎?且夫隐见不同,二道而已,固持者则轻瓢洗耳之巢、由,达时者则莘野南阳之贤士。四皓之隐,其为巢、由乎?抑为伊、葛乎?将为巢、由乎,必终身不出矣;将为伊、葛乎,必三聘而后起矣。一使之呼,承命不暇,上不足以拟莘野之重,中不能为巢、由之高,而下为希利无耻之行。以四皓而为今日之为,则必无前日之智;有前日之智,则必无今日之为。况辞礼之使,主之者吕氏淫后,使之者吕氏奸人,特假太子虚名以致之,此尤其汗颜不屑者也。其言曰:"陛下轻士嫚骂,臣等义不辱。今太子仁孝爱士,天下莫不愿为太子死。"斯言诚出四皓之口,则善骂之君犹存也,四皓胡为而来也哉?若果为太子仁孝而出,则必事之终身也,四皓胡为而去也哉?夫山林之乐,四皓固甘心快意傲尘俗之奔走,笑斯人之自贱矣,乃肯以白首残年驱趋道路,为人定一传位之子,而身履乎已甚之恶者乎?鲁有两生,商山有四皓,同世同志者也,两生不行,吾意四皓亦不出也。盖实大者,声必宏;守大者,用必远。两生之不仕汉,其志盖不在小;四皓以四十年遁世之人,一旦欣然听命,则天下亦相与骇异,期有非常之事业矣,以一定太子而出,以一定太子而归,寂寂乎且将何以答天下之望,绝史传之诋议邪?然则四皓果不至乎?羽翼果何人乎?曰:有之,而恐其非真四皓也,乃子房为之也。夫四皓遁世已久,形容状貌,人皆不识之矣,故子房于吕泽劫计之时,阴与筹度,取他人之须眉皓白者,伟其衣冠,以诬乎高帝,此又不可知也。良、平之属,平昔所携以事君者,何莫而非奇功巧计,彼岂顾其欺君之罪哉?况是时高帝之惑已深,吕氏之情又急,何以明其计之不出此也?天下之事,成于宽裕者常公,出于锐计者常诈,用诈而为之劫者,此又子房用计之挟也。其曰:"天下莫不愿为太子死。"是良以挟高帝者也。其即偶语之时,挟以谋反之言之意乎?大抵四皓与汉本无休戚,谚曰:"绮季皓首以逃嬴。"则是自秦时已遁去,其名固未尝入汉家之版籍也。视太子之易否,越人之肥瘠也,亦何恩何德而听命之不暇也?且商山既为遁世之地,其去中国甚远也;一使才遣,四皓即至,未必如此往来之速;况建本之谋,固非远人所主之议,而趋出之后,又无拂袂归山之迹乎?噫!以四皓之智,则必不至;以子房之计,又未信然也。但斯说虽先儒已言,而逆诈非君子之事,自汉至此,千四百年,作汉史者已不能为之别白,则后生小子安敢造此事端乎?昔曹操将死,言及分香卖履之微,独不及禅后之事,而司马公有以识其贻罪于子之言于千载之下,则事固有惑于一时之见,而不足以逃万世之推测者矣。是斯说也,亦未必无取也。否则,四皓之不屈者,亦终与无耻诸人一律耳,天下尚何足高,后世尚何足取哉?四皓羽翼太子,事非可拟,亦无可罪也。若其负可疑之诬,受可罪之责,九泉之下,将不瞑目矣。故敢以一隙之见,求正于明达君子。

（文见钱普辑评《批选六大家论·阳明先生论》、林有望《新刊晦轩林先生类纂古今名家史纲疑辩》卷三、《古今图书集成·理学汇编·学行典》第二百七十四卷《隐逸部》。）

答陈文鸣（弘治十六年　一五〇三年）

别后企仰日甚。文鸣趋向端实,而年茂力强,又当此风化之任,异时造诣何所不到,甚为吾道喜且庆也。近于名父处见所寄学规,深叹用意精密,计此时行之已遍。但中间似亦有稍繁,必欲事事责成,则恐学者诵习之余,力有弗逮;若但施行,无所稽考,又恐凡百一向废坠,学者不复知所尊信。何若存其切要者数条,其余且悉删去，直以琐屑自任为过，改颁学者，亦无不可。仆意如此，想高明自有定见，便中幸加斟酌，示知之。仆碌碌度日，身心之功，愈觉荒耗，所谓未学而仕，徒自贼耳。进退无据，为之奈何！懋贞、成之相见，必大有所讲明，凡有新得，不惜示教。因郑汝华去，草率申问。

（书见《新刊阳明先生文录续编》卷二《书类》，永富青地《上海图书馆藏新刊阳明先生文录续编について》著录。）

长方端石砚题字 （弘治十七年　一五〇四年）

弘治甲子十二月二十五日，余姚王守仁观。

（长方端石砚于"爱问·开放词典网"公布，云："砚台侧面刻：'弘治甲子十二月二十五日，余姚王守仁观。'侧面和底面还刻有诗句及康熙、雍正、嘉庆等年号，以及朱彝尊、陈德儒、芝圃等人的收藏或赏砚题记。"）

端石抄手砚题识 （弘治十七年　一五〇四年）

负大臣之名，尽大臣之道者。弘治甲子余姚王守仁主试山东作。

（端石抄手砚长二十五厘米，在上海工美拍卖有限公司二〇〇三年春季艺术品拍卖会上出现，并在"南国艺术网"上公布。该砚另有"吴兴钱氏珍藏"、"康熙丁丑七月十日韩菼谨观"等款识。）

无题文 （弘治十八年　一五〇五年）

孟氏没而圣人之道不明，天下学者泛滥于辞章，浸淫于老佛，历千载有余年，而二程先生始出。其学以仁为宗，以敬为主，合内外本末，动静显微，而浑融于一心，盖由茂叔之传，以上溯孟氏之统，而下开来学于无穷者也。二先生往矣，乃其遗书语录散佚而弗彰，识者恨焉。于是胡光大诸公裒为《性理大全》，后学之士始忻然若接其仪刑，而聆其讲论，闻风而兴，得门而入，其所嘉惠亦良多矣（下阙）

（文见詹淮《性理标题综要·谭薮》。）

评陈白沙之学语 （弘治十八年　一五〇五年）

白沙先生学有本原，恁地真实，使其见用，作为当自迥别。今考其行事，事亲信友、辞受取予、进退语默之间，无一不概于道；而一时名公硕彦如罗一峰、章枫山、彭惠安、庄定山、张东所、贺医闾辈，皆倾心推服之，其流风足征也。

（文见魏时亮《大儒学粹》卷八上《白沙陈先生》。）

书明道延平语跋 （弘治十八年　一五〇五年）

明道先生曰："人于外物奉身者，事事要好，只有自家一个身与心却不要好。苟得外物好时，却不知道自家身与心已自先不好了也。"

延平先生曰："默坐澄心，体认天理，若于此有得，思过半矣。"

右程、李二先生之言，予尝书之座右。南濠都君每过，辄诵其言之善，持此纸索予书。予不能书，然有志身心之学，此为朋友者所大愿也，敢不承命？阳明山人余姚王守仁书。

（文见李诩《戒庵老人漫笔》卷七。据李诩云："此一绵茧纸，笔书径寸。靖江朱近斋来访，问余何自有此宝，余答以重价购之吴门。谓曰：'先师手书极大者，为余得之。所藏《修道说》若中等字,如此者绝少,而竟为君所有。心印心画,合并在目,非宗门一派气类默存,讵能致是乎?'遂手摹之以去。乃余原本亦亡于倭,思之痛惜!")

五星砚铭 (正德元年　一五〇六年)

五气五行,五常五府。化育纪纲,无不惟五。石涵五星,上应天数。其质既坚,其方合矩。蕴借英华,包涵今古。

正德春王正月,王守仁识。

(铭见《同治平江县志》卷五十五,《光绪湖南通志》卷二十八。)

跋赵文敏乐志论 (正德元年　一五〇六年)

元代法书,推赵文敏公为第一。闻公学书十年,不下楼。观此《乐志论》,书法精妙,洵堪为宝。

正德元年八月,阳明山人守仁识。

(真迹见河南郑州"交艺网·阳明书院"上公布,无题。)

题大年画 (约正德元年　一五〇六年)

大年为宋宗室,而耽于绘事,山水之重峦叠翠,靡不摹仿入神。此册尤见精妙,展卷如溪山在目,万籁触耳,令人娱心悦志,终日亡倦者也。核毕,因识数语。王守仁。

(阳明此画题在株式会社东京中央拍卖"二〇一二年秋季拍卖会"上出现,并在"博宝艺术品拍卖网"上公布。)

题赵千里画（疑正德元年　一五〇六年）

赵千里，宋人，善丹青人物山水，为李昭道一派，精工之极，并有士气。即或后人仿之者，得其工而不得其雅，得其色而不得其神。今观是卷，作九孝图，人物纤细，树石精严，可谓文秀沉雄，骨力天成。宋之诸名家，常让其独步矣。展玩竟日，不忍去手，因赘数语于卷后。

阳明山人王守仁识。

（阳明题画真迹在上海鸿海商品拍卖有限公司"二〇一二年春季艺术品拍卖会"上出现，并在"博宝艺术品拍卖网"上公布。）

论书（疑正德元年　一五〇六年）

凡悬针布居右，垂露笔居左。闲似惊蛇出草，潦如美美出闺。横则贵乎清轻，竖不妨于重浊镂金。桓玄书如快马入阵，随人屈曲，作字（岂）须文谱？范怀约真书有分，草书无功，故知非易。书之法以用笔为上，而结字亦须用功；虽有用笔，亦当□□字势。其雄秀之气，出于天然。

王守仁。

（阳明真迹长卷长七百七十一厘米，宽三十五厘米，河南省日信拍卖有限公司在二〇〇一年"庆世博"文物艺术品上海专场拍卖会上出现，并以"阳明墨翰[书法长卷]"之名在"博宝艺术网"上公布。卷后有八大山人、祝枝山、王原祁等人印，多人题跋。阳明此文，乃有取于前人论书之说而加以变化之。）

山水画自题 （正德元年　一五〇六年）

安得于素林甘泉间，构一草舍，以老他乡，无怀、葛天之民，求之不远。盖学问之道，随处即是，惟宜读书以先之。

丙寅正月七日，为籽余年先生，守仁学。

（画并题有复制品藏台北"故宫博物院"。）

于公祠享堂柱铭 （正德二年　一五〇七年）

千古痛钱塘，并楚国孤臣，白马江边，怒卷千堆雪浪；两朝冤少保，同岳家父子，夕阳亭里，心伤两地风波。

（柱铭见丁丙辑《于公祠墓录》卷四，刻入《武林掌故》。）

于忠肃像赞 （正德二年　一五〇七年）

尝考于公之释褐也，初授御史，而汉庶人服罪，伸大义也；及抚江右，而平反民冤狱，释无辜也；再抚山西，而拯水旱两灾，恤民生也；后抚河南，而令百弊剔蠲，清时政也；英宗北狩，而力言不可，保圣躬也；众劾王振，而扶掖廷喧，肃朝仪也；募义三营，而民夫附集，御不虞也；群议南迁，而恸哭止之，重国本也；移民发粟，而六军坚守，防外撼也；击虏凯旋，而力辞晋秩，惧盈满也；奉迎上皇，而大位安定，正君统也；戡平群盗，而成功不居，身殉国也；力逊辞第，而庐室萧然，励清节也；被诬受戮，而天心震怒，昭公道也；追谥肃愍，而庙食百世，表忠贞也。呜呼！公有姬旦、诸葛武侯之经济勋劳，而踵伍子胥、岳武穆杀身亡家之祸，神人之所共愤也，卒至两地专祠，四忠并列，子孙荫袭，天悯人钦，冥冥中所以报公者，岂其微哉！

阳明王守仁题。

（赞见孙高亮《于少保萃忠传》首，天启刻本，《古本小说集成》收录。）

田横论（约正德二年　一五〇七年）

知死之为义，而不权衡乎义，勇有余而智不足者也。天下未尝有不可处之事，吾心未有不可权之理，死生利害撄于吾前，吾惟权之于义，则从违可否自有一定之则，生亦不为害仁，死亦不为伤勇。古人沉晦以免祸，杀身以成仁，其顾瞻筹度之顷，见之亦审矣，而后为之；不然，奚苟焉于一日之便，而取公论不韪之讥乎？吾观田横之不肯事汉，致五百人之皆死，固尝悯其事之有可矜，亦尝惜其死之有未善也。天下之利害，莫大于死生，驱之生则乐而前，驱之死则怖而后，此人之情也。世有不重其死而轻其生者，岂其情之独异于人乎？此其中必有大过人者。田横之士皆死义，其何能为人之所不肯为，而一时烈丈夫之多哉！虽然，横之死则勇也，而智则浅矣。吾为横计，虽不死可也。死于汉争衡之日可也，为夷齐王烛之死可也，而横也盍亦权衡于心乎？不死于可为之时，而死于不可为之时；不死于不得已之地，而死于得已之地。方郦生之说下齐也，在有志者必不听，横既是其言而从之，其心已甘为汉屈矣。及历下之败，乃心归彭越，越之德孰与汉王，其势位孰与汉王？横以势不能为，尚含耻而归之，又岂有雄于汉之心乎？既无雄于汉之心，即挈郡于关中，称藩于汉阙，汉必有以遇之，横于此可以不死。横必以死为安，当汉与齐之结乎盟，则二国为兄弟也，而汉又袭之，是负信义于天下矣！齐之力既无如之何，独不可执信义之词，与之较曲直乎？其曲在汉，其直在齐，横于是而命一介之士，达咫尺之书，以申其盟，以彰汉之罪于天下，以正仗义敢死之秋，横于斯可以死也。

及项羽既屠，横虑有腐肉之惨，乃率其徒属居海岛。是时汉虽招之，而我固拒之，汉亦未必有加兵之举，横于是可以得已也，奈何一闻其召，即不远千里而来，是其来也意不在王，则在于侯；不在于侯，则在于脱斧钺之危耳。不然，将何为哉？使横而信有不臣之节，则终身而已矣，何觊觎乎王侯之业而不为夷齐之逃；使横而信有轻生之心，则守正以俟死而已矣，何寒心于白刃之锋而不为王烛之勇；使横而信以汉王之心必不我免，当汉使之临，即自处以不韪可也，又何乘传至洛阳而后决哉！是时不可死，而横则死之，时可以死，而横则不死；事不可已，而横则已之，事可以已，而横则不已。智者故如是乎？吾知横之死，不在于今，而已兆于历下之败矣。大抵事不可近虑，以近虑而虑之，未有不覆其事者。当齐与汉角峙，严于自卫，犹惧失之，夫何郦生一言之后，即肆为酣畅之乐，而撤其纪律之备，此正以近虑虑之者。然则韩信之袭破，乃横之所以自取，而非郦生之罪矣，何至怒烹之邪？不知郦生可宥而汉不可忘，使以怒郦生者怒汉，则汉将慑于齐而未敢动，未可知也。抑是时横之谋固疏矣，五百人岂将不在邪？何无一人之虑及于此也。一人言之，五百人皆是之，则横亦未必无是心也；五百人不言，而横又甘受其挫。此横之事一去，而五百人所以不免也。在五百人则失于不言，在横则失于不智矣。故田横之不肯事汉，孰若直拒于郦生一言之余？诣首洛阳，孰若守身于海岛之外？与其五百人皆杀，而无补于齐，又何如郦之一烹，而有功于汉乎！然则其死也，皆失于前而困于后，徒知慕义，而不知义之轻重者也，吾于横何惜哉！虽然，一人不屈，而五百人相率以蹈之，横盖深有以感之也，吾于横乎有取。

　　（文见明林有望《新刊晦轩林先生类纂古今名家史纲疑辩》

[万历刻本]卷三、钱普《批选六大家论·阳明先生论》、郑贤《古今人物论》卷八、清刁包《斯文正统》卷四。)

答文鸣提学（正德三年　一五〇八年）

书来，非独见故旧之情，又以见文鸣近来有意为己之学，窃深喜望。与文鸣别久，论议不入吾耳者三年矣。所以知有意于为己者，三年之间，文鸣于他朋旧书札之问甚简，而仆独三至焉。今又遣人走数百里邀候于途，凡四至矣。所以于四至之书，而知其有为己之心者，盖亦有喻。人有出见其邻之人病，恻焉，煦煦讯其所苦，遵之以求医，诏之以药饵者，入门而忽焉忘之，无他，痛不切于己也。己疾病则呻吟喘息，不能旦夕，求名医，问良药，有能已者，不远秦楚而延之。无他，诚病疾痛切，身欲须臾忘，未能也。是必文鸣有切身之痛，将求医之未得，谓仆盖同患而方求医与药者，故复时时念之，兹非其为己乎？兼来书辞，其意见趋向，亦自与往年不类，是殆克治滋养，既有所得矣。惜乎隔远，无因面见讲究，遂请益耳。夫学而为人，虽日讲于仁义道德，亦为外化物，于身心无与也。苟知为己矣，寝食笑言，焉往而非学？譬如木之植根，水之浚源，其畅茂疏达，当日异而月不同。曾子所谓“诚意”，子思所谓“致中和”，孟子所谓“求放心”，皆此矣。此仆之为文鸣喜而不寐，非为文鸣喜，为吾道喜也。愿亦勉之，使吾侪得有所矜式，幸甚，幸甚！病齿兼虚下，留长沙八日。大风雨绝往来，间稍霁，则独与周生金者渡橘洲，登岳麓。尝有三诗奉怀文鸣与成之、懋贞，录上请正。又有一长诗，稿留周生处，今已记忆不全，兼亦无益之谈，不足呈也。南去俦类益寡，丽泽之思，“怒如调饥”，便间无吝教言。秋深得遂归图，岳麓、五峰之间，倘能一会，甚善。公且豫存之意，果尔，当先时奉告也。

（书见《新刊阳明先生文录续编》卷一《书类》，永富青地《上海图书馆藏新刊阳明先生文录续编について》著录。）

答欎贞少参（正德三年　一五〇八年）

别后，怀企益深。朋友之内，安得如执事者数人，日夕相与磨砻砥砺，以成吾德乎？困处中，忽承笺教，洒然如濯春风，独惟进与，虽初学之士，便当以此为的，然生则何敢当此？悚愧中，闻叹近来学术之陋，谓前辈三四公能为伊洛本源之学，然不自花实而专务守其根，不自派别而专务受其源，如和尚专念数珠而欲成佛，恐无其理；又自谓慕古人体用之学，恐终为外物所牵，使两途之皆不到，足以知执事之致力于学问思辨，重内轻外，惟曰不足，而不堕于空虚渺茫之地无疑矣。生则于此少有所未尽者，非欲有所勖，将以求益耳。夫君子之学，先立乎其大者，而小者不能夺。故子思之论修德凝道，必曰尊德性而道问学。而朱子论之，以为非存心无以致知，而存心者又不可以不致知。执事所谓不自花实派别而专务守其根源，不知彼所守者，果有得于根源否尔，如诚得其根源，则花实派别将自此而出，但不宜块然守此，而不复有事于学问思辨耳。君子之学，有立而后进者，有进而至于立者，二者亦有等级之殊。盖立而后进者，卓立后有所进，所谓三十而立，吾见其进者；进而至于立者，可与适道，而至于可与立者也，盖不能无差等矣。夫子谓子贡曰："赐也，汝以予为多学而识之者与？"又曰："盖有不知而作之者，我无是也。""多闻，择其善者而从之，多见而识之，知之次也。"执事之言，殆有惩于世之为禅学而设，夫亦差有未平与？若夫两途之说，则未知执事所指者安在？

道一而已矣,宁有两耶? 有两之心,是心之不一也,是殆本源之未立与? 恐为外物所牵,亦以是耳。程子曰:"苟以外物为外牵,已而从之,是以己性为有内外也。"又曰:"自私,则不能以有为为应迹;用智,则不能以明觉为自然。今以恶外物之心而求照无物之地,是反镜而索照也。"又曰:"君子之学,莫若扩然而大公,物来而顺应。"由是言之,心迹之不可判而两之也,明矣。执事挺特沉毅,岂生昧劣所敢望于万一? 然乃云尔者,深慕执事乐取诸人之盛心,而自忘其无足取。且公事有暇,无吝一一教示。成之、文鸣如相见,亦乞为致此意也。

(书见《新刊阳明先生文录续编》卷一《书类》。)

士穷见节义论 （约正德三年　一五○八年）

论曰:君子之正气,其亦不幸而有所激也。夫君子以正气自持,而顾肯以表表自见哉? 吾以表表自见,而天下已有不可救之患。是故君子之不得已也,其亦不幸而适遭其穷,则必不忍泯然自晦,而正气之所激,盖有抑之必伸,炼之必刚,守之愈坚,作之愈高,而始有所谓全大节,仗大义,落落奇伟,以高出品汇侪伍之上矣。此岂依形而立,恃势而行,待生而存,随死而亡者耶? 且夫正气流行磅礴,是犹在天为星辰,在地为河岳,而在人则为功业、为节义,何者? 盖处顺而达,则正气舒,而为功为业;处逆而穷,则正气激,而为节为义。是理之常者,无足怪也。今夫长江万里,汪洋汗漫,浩然而东也,卒遇逆折之冲,而后有撼空摧山之势,震动而不可御,岂非激之使然也? 是知董狐之笔,晋激之也;苏武之节,匈奴激之也;东都缙绅含冤就戮,而接踵继至,党锢之祸激之也。一激之间,而节义之名增广于天下,是岂君子得已而故不已也? 孟子曰:"我善养吾浩然之气。"故弱者养之，以至于刚；懦者养之，以至于充也。不幸适遭其穷，而当吾道之厄，则前之不可伸也，后之不可追也，左之不可援也，右之不可顾也。抑之则生，扬之则死，呼吸之间，而死生存亡系矣，其时亦岌岌矣。君子于此，将依阿以为同也，将沉晦以为愚也，畴昔所养，何为而乃为此也？是故君子之不得已也。是故窜身可也，碎首可也，溅血可也，可生可死，可存可亡，而此气不可夺也。于是有凌节顿挫，而吐露天下之日，则虽晋楚之富，王公之贵，仪、秦之辩，贲、育之勇，皆失其所恃，而吾之气节著矣。是故有随波而逝者也，而后有中流之砥柱；有随风而靡者也，而后有疾风之劲草；是故有触之必碎，犯之必焦者也，而后有烈火之真金。奴颜卑膝，其名为佞，是故有长揖不拜以为高；依阿迁就，其名为懦，是故有彻推印绶以为洁。王步斯艰，国脉如线，于是有拜表泣行，而不知其为激者矣；举目中原，萧条风景，于是有击楫自誓，而不知其为愤者矣；叩首虏廷，恬不知怪，于是有孤臣抗贼，而不忍一朝之忿者矣；挈国授人，甘心面缚，于是有鼎镬如饴，不忍一朝之患者矣。宁为周顽民，不为商叛国；宁为晋处士，不为莽大夫；宁为宋孤臣，不为元宰相；宁全节而死，不失节而生；宁向义而亡，不背义而存。是以正气所激，峥嵘磊落，上与日月争光，下与山岳同峙。视彼小人，平时迂阔宏大，矫拂奇危，而临事之际，俯首丧气，甘与草木同朽腐者，其于为人贤不肖何如也？孔子曰："岁寒然后知松柏之后凋也。"而君子之节义，亦至穷而后见矣。呜呼！君子岂不欲和其声，以鸣国家之盛，无节名，无义誉，而使天下阴受其福哉？君子而以节义自见，不惟君子不幸，而亦斯世不幸也。虽然，节义一倡，士习随正，所以维持人心，纲纪斯道者，又岂浅浅哉！故叩马一谏，凛凛乎万世君子之义；而党锢诸贤，亦能扶汉鼎于将亡之秋，操懿温裕,虽包藏祸心,睥睨垂涎,不忍遽发;而当时慕义之徒,亦往往声其罪而攻之,至是而知君子之行,有以风乎百世,而天下之人卒赖是以自立。呜呼!时世至此,其亦不幸而以节义自见,抑亦幸而以节义自持也。谨论。

（文见明钱普辑评《批选六大家论·阳明先生论》,《中国人民大学图书馆藏古籍珍本丛刊》收录。）

明封孺人詹母越氏墓志铭 (正德三年　一五○八年)

予年友詹荩臣既卒之明年,予以言事谪贵阳,哭荩臣之墓有宿草矣。登其堂,母夫人之殡在,重以为荩臣。见荩臣之弟惠及其子云章,则如见荩臣焉。惠将举葬事,因以乞铭于予。予不及为荩臣铭,铭其母之墓又何辞乎?按状,孺人姓越氏,高祖为元平章。曾祖镇江路总管,入国初来居贵阳。父存仁翁,生孺人,爱之,必为得佳婿。时荩臣之祖止庵,亦方为荩臣之父封大理评事公求配,皆未有当意者。一日,止庵携评事过存仁饮,见孺人焉,两父遂相心许之,故孺人归于评事。评事公好奇,有文事,累立军功,倜傥善游,尝自滇南入蜀,逾湘,历吴、楚、齐、鲁、燕、赵之区,动逾年岁。孺人闺处,厘内外之务,延师教子,家政斩然。评事公出则资马仆从,入则供具饮食,以交四方之贤,若不有其家者。孺人早夜承之,无怠容。恩亦随进士,历官大理寺正,公、孺人卒,受恩封焉。呜呼!孺人相夫为闻人,训其子以显于时,可谓贤也已。丙寅,恩先卒,惠方为邑庠生。女一,适举人张宇。孙三:云表、云章、云行。云章以评事公军功,百户优给,人谓孺人之泽未艾也。墓从评事公,兆于城西原。铭曰:母也惟慈,妻也惟顺。呜呼孺人,顺慈以训。生也惟从,死也惟同。城西之祔,归于其宫。

（铭文手书真迹长一百一十一点一厘米，宽二十六点六厘米，藏浙江省博物馆，计文渊《吉光片羽弥足珍》著录。）

蜀府伴读曹先生墓志铭（正德三年　一五〇八年）

弘治十八年三月己亥，蜀府伴读曹先生卒。又三年，始克葬，是为正德戊辰之冬，缓家难也。将葬，其子轩谋所以志其墓者。于是余姚王守仁以言事谪贵阳，轩曰："是可以托我先人于不朽矣。"以其妹婿越榛状来请。贵阳之士从守仁游者询焉，皆曰信，乃为志之。先生始以明《诗经》举于乡，入试进士，中乙榜，选教夔之建始。建始之学名存实废，先生至，为立学宫，设规条，启新涤秽，口授身率，士始去诞谬，循帖知学，科第勃兴，化为名庠。改教成都华阳，化之如建始。部使者以良有司荐，将试之州郡，先生闻曰："是非吾所能也。"会以满考，至部恳求补，遂以为蜀惠王伴读。先生入则经史，开谕德义；出则咨否可，备替献，王甚尊宠敬信之，欲加之秩，请于朝，固辞不可，乃止。及嗣王立，复加之，辞益至。王使私焉，曰："闻府之进秩者，皆先容而获，今日以义举，而使者以贿成之，辱上甚矣，其敢不承于先王？"王叹曰："纯士，勿强之。"先生以知遇之恩，无弗尽悃曲。有阴嫉之者，居之久，乃以老求去。王曰："君忘先王耶？"先生再拜谢曰："臣死不朽，殿下之及此言，将顾諟明命，正厥事，臣孰敢非正之供，奚事愆臣？不然，臣死且无日，况能左右是图？"不得已，许之。家居五年，寿七十有一。卒之五月，以藩府旧劳，进阶登仕郎。先生之先为吴人也，永乐间，曾大父迪功郎炯始来自苏之长洲，戍贵阳，家焉。炯生伏乙，伏乙生二子：荣、昌。昌娶秦氏，生先生及弟。两子方龀而相继以殁，掬于大父之侧室王，伯荣是庇。王卒，先生去官丧焉。伯荣既老，先生奉以之官，不欲，留养，不许，乃大备羞考慎终之具而后行。谓其子曰：
"吾闻绞衿衾帽死而后制，然吾四方之役也，可异乎？"亦为之具。
呜呼！若先生乃可以为子谅笃行之士，今亡矣。配孺人刘氏，子五
人：轻，斡盎；轼，先卒，辙，旌义民；轩，庠生；辄，业举。女五人，适
知县尤善辈，皆名家。孙男子六人。先生之世德，于是乎证。先生
讳霖，字时望，号懋庵。墓在贵阳城东祖茔之次。铭曰：于维斯
人，此士之方。彼藩之良，渊塞孔将。不宁维藩，可以相邻。靡曰
其下，厥闻既起；靡曰其逝，其仪孔迹。我行其野，我践其里。其耇
若稚，其昆若嗣。于维斯人，不愧铭只。

（文见《新刊阳明先生文录续编》卷二《墓志》，永富青地《上海
图书馆藏新刊阳明先生文录续编について》著录。）

骢马归朝诗叙（正德四年 一五〇九年）

正德戊辰正月，古润王公汝楫以监察御史奉命来按贵阳，明年
五月及代，当归朝于京师。在部之民暨屯戍之士，下逮诸种苗夷闻
之，咸奔走相谓曰："呜呼！公之未来也，吾农而弗得耕，商而弗得
市，戍役无期而弗能有吾家，刊剥无艺而弗能保吾父母妻子，吾死
且无日矣！自公之至，而吾始复吾业，得吾家，安吾父母妻子之养。
盖为生未几耳，而公又将舍我而去，吾其复归于死乎！"乃相与奔告
于其长吏，曰："为我请于朝，留公以庇我。"其长吏曰："呜呼！其
独尔乎哉！公之未来也，吾舍吾职而征敛以奉上，禄之不得食，而
称贷以足之；自公之至，而吾始复为吾官，事事而食禄；今又舍我而
去，吾将有请焉而限于职，留焉而势所不得行也。吾与尔且奈何
哉！"则又相率而议于学校之士，曰："斯其公论之所自出，而可以
言请也；斯其无官守之嫌，而可以情留之也。"学校之士曰："呜呼！

其独尔乎哉！吾束吾简编，而不获窥者两年矣；自公之至，而吾始得以诵吾诗，读吾书。当公之未至，吾父老苦于追求，吾稚弱疲于奔役，吾日奔走救疗于其间而不暇，而奚暇及吾业？吾身之弗能免，而况能庇吾家乎？况能望其作兴振励，开导而训诲如公今日之为乎？今公之去，吾惟无以致吾力而庸吾情，有如可得以请而留也，亦何靳而弗为乎？"其长者顾少者而言曰："呜呼！理之无可屈，而卒以不伸者，局于时也；情之不可已，而终以不行者，泥于势也。夫留公以庇吾一省者，情之极也，而于理亦安所不得乎？然而度之时势之间，则公之不可以为我留者三，我之不可以留公者五，吾今不欲尽言之，吾党之处此亦不可以无审也。"众皆默然良久，乃皆曰："然则奈何乎？不可以吾人之故而累公矣；其得遂以公之故而已吾情乎？吾情不能伸矣，其独不得以声之诗歌而少舒乎？"其长者曰："是亦无所益于公，而徒尔呶呶为也。虽然，必无已焉。宣吾之情而因以直夫理，扬今之美盛而遂以讽于将来，则是举也，殆亦庶乎其可哉。"乃相与求贤士大夫之在贵阳者诗歌之，而演之为卷，卷成而来请于阳明居士，曰："斯盖德之光也，情之所由章也，理之所以不亡也。吾士人之愿，诸大夫之所憾也，先生一言而叙之。"居士曰："吾以言得罪于此，言又何为乎？"学校之士为之请不置，因次叙其语于卷而归之。卷之端题曰"骢马归朝"者，盖留之不得，而遂以送之也。

正德己巳五月既望，阳明居士王守仁书。

（上文真迹长一百八十九厘米，宽二十六厘米，今藏广东省博物馆，计文渊《吉光片羽弥足珍》著录。）

与贵阳书院诸生书(三书) （正德四年　一五〇九年）

书一

祥儿在宅上打搅,早晚可戒告,使勿胡行为好。写去事可令一一为之。诸友至此,多简慢,见时皆可致意。徐老先生处,可特为一行拜意。朱克相兄弟,亦为一问,致勉励之怀。余谅能心照,不一一耳。守仁拜,惟善秋元贤契。

书二

别时不胜凄惘,梦寐中尚在西麓,醒来却在数百里外也。相见未期,努力进修,以俟后会。即日已抵镇远,须臾放舟行矣。相去益远,言之惨然。书院中诸友不能一一书谢。守仁顿首,张时裕、何子佩、越文实、邹近仁、范希夷、郝升之、汪源铭、李惟善、陈良臣、汤伯元、陈宗鲁、叶子苍、易辅之、詹良臣、王世臣、袁邦彦、李良臣列位秋元贤友,不能尽列,幸意谅之。　　高鸣凤、何迁远、陈寿宁劳远饯,别为致谢,千万千万!

书三

行时闻范希夷有恙,不及一问,诸友皆不及相别。出城时,遇二三人于道傍,亦匆匆不暇详细,皆可为致情也。所买锡,可令王祥打大碗四个,每个重二斤,须要厚实大朴些方可,其余以为蔬楪。粗磁碗买十余,水银摆锡箸买一二把。观上内房门,亦须为之寄去盐四斤半,用为酱料。朱氏昆季亦为道意。阎真士甚怜,其客方卧病,今遣马去迎他,可勉强来此调理。梨木板可收拾,勿令散失,区区欲刊一小书故也,千万千万! 近仁、良臣、文实、伯元诸友均此见意,不尽列字也。惟善贤友秋元,汪原铭合枳术丸乃可,千万千万! 仁白。

（上三书见裴景福《壮陶阁书画录》卷十《明王阳明倪鸿宝手札合卷》、潘正炜《听帆楼续刻书画记》卷下、《岳雪楼书画录》卷四《明王文成倪文正尺牍真迹卷》。）

与杨应源书 （正德五年　一五一〇年）

绿萝别后,脱尽鸩媒。历览青溪云林,步步寻到源头,觉此道中另辟一番幽邃世界。斜阳古驿,芳草天涯,闲时读君近作诗古文词,欲歌欲泣,不须把酒读《离骚》也。《易诠》错综尽致,而取象处不出考亭法门。某窃谓宋儒释经,只是天地间糟粕物事耳。杜句"重与细论文",不足为外人道也。浮梗薄躯,有时邀恩归里,当访君于桃花流水间,君其扫开间巷以待。

（书见《嘉庆常德府志》卷四十四《列传》,云出《杨氏谱》。杨应源为武陵桃花源东渌萝山隐士,《嘉庆常德府志》传云:"杨应源,字昆东,武陵人。与王阳明友善,而讲学不合。"又卷二云:"绿萝山[绿一作渌],县南十五里。下有潭,上有岩,名绿萝岩。"）

重修庐陵县署记 （正德五年　一五一〇年）

庐陵县治圮,知县王守仁葺而新之。六月丙申,兴仪门。七月,成两廊,作监于门右,翼庑于门左。九月,拓大门之外为东西垣,而屏其南,遂饬戒石亭及旌善、申明亭,后堂之后易民居,而辟其隘,其诸瓦甓墉栋之残剥倾落者治之,则已十月乙酉。工毕,志戒石之阴,以告来者,庶修敝补隙,无改作之劳。

（文见《光绪吉安府志》卷七。）

答某人书 （正德五年 一五一〇年）

别后三接手诲,知宾主相得为慰。可知孟吉既□友,而廷敬复勤修之士,从此荡摩相观,学问之成也有日矣,益用喜跃。所喻徐宅姻事,足感寿卿先生之不鄙。但姚江去越城不二百里耳,祖母之心犹以为远;况麻溪又在五六百里之外耶? 心非不愿,势不相能,如何,如何? 见徐公,幸以此言为复。吾两家父祖相契,且数十年,何假婚姻始为亲厚? 因缘之不至,固非人力所能为也。涵养有暇,努力文学,久处暂别,可胜企望。侄守仁顿首。

（书见陈焯《湘管斋寓赏编》卷二。）

答王应韶 （正德五年 一五一〇年）

昨承枉顾,适兹部冗,未获走谢。向白岩自关中回,亟道执事志行之高,深切企慕,惟恐相见之晚。及旌节到此,获相见,又惟恐相别之速。以是汲汲数图一会,正所欲请,亦承相亮,两辱枉教,辨难穷诘,不复退让。盖彼此相期于道义,将讲去其偏,以求一是,自不屑为世俗谀媚善柔之态,此亦不待相喻而悉也。别去,深惟教言,私心甚有所未安者。欲候面请,恐人事缠绕,卒未有期,先以书告。其诸讲说之未合,皆所未暇,惟执事自谓更无病痛,不须医药;又自谓不待人启口,而已识其言之必错,在执事之为己笃实,决非谬言以欺世,取给以御人者,然守仁窃甚惑之。昔者夫子犹曰:“五十以学《易》,可以无大过。”又曰:“丘也幸,苟有过,人必知之。”未闻以为无过也。子路,人告之以其过则喜,未闻人之欲告以过而拒也。今执事一过之,一反焉,此非浅陋之所能测也。舜好问而好察迩言,迩言者,浅近之言也,犹必察焉。夫子曰:“不逆诈。”又曰:

"不以人废言。"今不待人之启口，而已识其必错者，何耶？又以守仁为乡医，未晓方脉，故不欲闻其说。夫医术之精否，不专系于乡国，世固有国医而误杀人者矣。今徒以乡医闻见不广，于大方脉未必能通晓，固亦有得于一证之传知之真切者，宁可概以庸医视之，兹不近于以人废言乎？虽然，在守仁则方为病人，犹未得为乡医也。手足痿痹而弗能起，未能远造国都，方将求乡医而问焉。骤闻执事自上国而来，意其通于医也，而趋就之。乃见执事手足若有挛拳焉，以为犹吾之痿痹也，遂疑其病，固宜执事之笑而弗纳矣。伏惟执事诚国医也，则愿出一匕之药以起其痿痹；诚亦步挛拳乎，则愿相与讲其受病之源，得无亦与痿痹者同乎，而将何以瘳之？泛泛扬舟，载沉载浮。既见君子，我心则休。幸执事之亮此情也。

（书见《新刊阳明先生文录续编》卷二《书类》，是书藏上海图书馆，永富青地《上海图书馆藏新刊阳明先生文录续编について》著录。）

与某人书 （正德五年　一五一〇年）

余与惟乾自武陵抵庐陵，舟中兴到时，亦有所述，但不求工耳。惟乾行，聊书此。

（书见葛金烺《爱日吟庐书画别录》卷二《明人尺牍汇册》。）

药王菩萨化珠保命真经序 （正德五年　一五一〇年）

予谪居贵阳，多病寡欢。日坐小轩，检方书及释典，始得是经阅之。其妙义奥旨，大与虚无之谈异，实予平生所未经见。按方书，诸病之生，可以审证而治，惟瘰痘之种，不见经传，上古未有，间有附会之说，终非的证，治无明验。此经所言，甚详悉可信。且痘之发也，必焚香、洁净、戒酒、忌诸恶秽，其机盖与神通云。细察游僧所言，即药王菩萨现世度厄，其曰"吾自乐此"者，药也；曰"急扶我骸"者，急救婴孩也。乃谋之父老，因其废庙而寺之，名其悬篋之石曰"佛篋峰"。寺成二年而大兴，疾病祷者立应。予既名还携归，重刻此本而家藏之，并为之序。

正德庚午，阳明王守仁识。

（序见《佛说化珠保命真经》首，《卍续藏经》第八十七册。）

寓都下上大人书（正德六年　一五一一年）

寓都下男王守仁百拜书上父亲大人膝下：前月王寿与来隆去，从祁州下船归，计此时想将到家矣。远惟祖母老大人、母大人起居万福为慰。男辈亦平安。媳妇辈能遂不来极好，倘必不可沮，只可带家人、媳妇一人，衣箱一二只，轻身而行。此间决不能久住，只如去岁江西，徒费跋涉而已。来隆去后，此间却无人，如媳妇辈肯不来，须遣一人带冬夏衣服，作急随便船来。男迩来精神气血殊耗弱，背脊骨作疼已四五年，近日益甚。欲归之计非独时事足虑，兼亦身体可忧也。闻欲起后楼，未免太劳心力，如木植不便，只盖平屋亦可。余姚分析事，不审如何？毕竟分析为保全之谋耳。徐妹夫处甚平安。因会稽李大尹行，便奉报平安。省侍未期，书毕，不胜瞻恋之至。五月三日，男王守仁百拜。

（手札真迹今藏中国历史博物馆，计文渊《王阳明法书集》著录。）

砚铭（正德六年　一五一一年）

温润而有守，此吾之石友，日就月将于不朽。正德辛未春，阳明山人铭。

（砚在盘龙企业拍卖股份有限公司浙江分公司二〇〇五年浙江秋季拍卖会上出现，并在网上公布。砚上刻有阳明所书砚铭。）

正德六年会试卷批语（正德六年　一五一一年）

礼记

审乐以知政，而治道备矣。

万潮卷

治道备，处场中，尧夔见有发挥透彻者。此作文气颇平顺，故录之。

礼记

是故仁人之事亲也如事天，事天如事亲。

毛宪卷

经义贵平正，此作虽无甚奇特，取其平正而已，录之。

第五问

万潮卷

此卷三场皆精微该博，时出不穷，而又曲中程度。五策词气充溢，光焰逼人，而时务一道尤为议论根据，识见练达，刻此亦足以见其余矣。然五求子之言，而得其所存，当自有重于此者，则又岂必尽录其文为哉！

（文见《天一阁藏明代科举录选刊·会试录·正德六年会试录》。）

与徐曰仁书 （正德六年　一五一一年）

得书，惊惶莫知所措。固知老亲母仁慈德厚，福禄应非至此，然思曰仁何以堪处，何以堪处！急走请医，相知之良莫如夏者，然有官事相绊，不得遽行，未免又迟半日，比至祁且三日。天道苟有知，应不俟渠至，当已平复。不然，可奈何，可奈何！来人与夏君先发，赵八舅和儿辈随往矣。惶遽中言无伦次，亦不能尽。守仁顿首，曰仁太守贤弟。

（书见《三希堂法帖》，计文渊《王阳明法书集》著录。）

观善岩小序 （正德七年　一五一二年）

善，吾性也；曰观善，取《传》所谓"相观而善"者也。阳明山人王守仁。

（文见《康熙雩都县志》卷十四。）

与湛甘泉（二篇） （正德七年　一五一二年）

书一

别后，无可交接，百事灰懒，虽部中亦多不去，惟日闭门静坐，或时与纯甫、宗贤闲话，有兴则入寺一行而已。因思吾两人者平日讲学，亦大拘隘。凡人资禀有纯驳，则其用力亦自有难易，难者不可必之使易，犹易者不可必之使难。孔门诸子问仁，夫子告之，言人人殊，乌可立一定之说，而必天下之同己。或且又自己用功悠游，而求之人者太急迫无叙，此亦非细故也。又思平日自谓得力处，亦多尚杂于气，是以闻人毁谤辄动，却幸其间已有根芽，每遇惩创，则又警励奋迅一番，不为无益。然终亦体认天理欠精明，涵养功夫断续耳。元忠于言语尚不能无疑，然已好商量。子莘极美质，于吾两人却未能深信。舟次讲学，不厌切近，就事实上说，孔子云："言忠信，行笃敬，虽蛮貊之邦，行矣。"要之，至理不能外是，而问者亦自有益。盖卓尔之地，必既竭吾才，而后见养深者自得之耳。良心易丧，习气难除，牛羊斧斤日以相寻，而知己又益渐远，言之心惊气咽，但得来人便，即须频惠教言，庶有所警发也。

书二

别后，屡得途中书，皆足为慰。此时计在增城已久，冲冒险阻之余，悯时忧世，何能忘怀；然回视鄙人，则已出世间矣。纯甫得应天教授，别去亦复三月，所与处惟宗贤一人，却喜宗贤工夫骤进，论议多所发明，亦不甚落寞也。往时朝夕多相处，观感之益良多，然亦未免悠悠度日。至于我字亦欠体贴，近来始觉少亲切，未知异时回看今日，当复何如耳。习气未除，此非细故，种种病原，皆从此发。究竟习气未除之源，却又只消责志。近与宗贤论此，极为痛切，兄以为何如耶？太夫人起居万福，庆甚！闻潮、广亦颇有盗警。西湖十居之兴，虽未能决，然扁舟往还之约，却亦终不可忘也。养病之举，竟为杨公所抑。在告已逾三月，南都之说，忍未能与计，亦终必得之。而拘械束缚，眼前颇不可耐耳。如何，如何！沉疴泪去，灯下草率，言莫能既，但遇风毋惜。

（二书见《嘉靖增城县志》卷十七《外编·杂文类》。）

为急大本以图治安以尽修省事

(代杨一清作)(正德七年 一五一二年)

　　少保兼太子太保、吏部尚书臣杨等谨题,为急大本以图治安以尽修省事。

　　臣等闻之,主圣则臣直。今圣主在上,泽壅而未宣,情格而不通,天下之事,日趋于敝。臣等默无一言,是终为容悦,而上无以张主之圣,下无以解于百姓之惑也。罪可辞哉?

　　仰惟陛下天锡勇智,神授英明。自居春宫,万姓仰德;及登大宝,四夷向风。不幸贼臣刘瑾窃弄威柄,流毒生灵,潜谋僭逆,几危郊社。赖祖宗上天之灵,假手近臣,发其罪状。陛下奋雷霆之断,诛灭党与,铲涤凶秽。复累朝之旧章,吊群黎之疾苦。息烦屏苛,与民更始;举贤任能,庶政一新。天下莫不欢欣鼓舞,谓陛下固爱民之主,而前此皆贼瑾之荼毒;知陛下固有为之君,而前此皆贼瑾之蒙敝。日夜跂足延颈,以望太平。奈何积暴所加,民痍未复;余烈所煽,妖孽荐兴。盗贼蜂起,将及二年;兵屯不解,民困益甚。陛下又尝采纳廷议,命将出师。招降抚顺,以安胁从;蠲赋宽租,以苏凋瘵。督责之令相寻,赈贷之使迭出。庙堂之上,算无遗策,然议论多而成功少。即今师老财耗,公私俱竭。中原数千里之地,僵尸渍血,杀人如麻,广村巨落,荡为灰烬。戕(贼)〔戮〕我将吏,攻陷我城邑,不知其几。事势至此,亦云极矣。况比岁乾象失常,坤舆弗靖,上天之示谴不一,四方之告变无时。臣等触目生嗟,经心抱痛,始非一日。近该礼部题奉钦依,文武百官同加修省。拜稽之余,感惧交集,展转思之,无以为计。

　　窃惟朝廷四方之极,君身天下之本。意者,今日之所建白,小举而大遗，徒事其末而弗究其本，天未悔祸，人未厌乱，职此之由。陛下有尧、舜之资，臣等不能导陛下于三代，而使天下之人疾首蹙頞，怀怨积愤，如汉、唐之季，死有余罪矣。谨撮今日之政，关系大本最切要者为陛下陈之。

夫朝以出政，政以成事，每旦视朝，帝王听政之恒规也。陛下每月朔望之外，视朝不过一二，岂非欲弘委任责成之道，以成端拱无为之化乎？然臣之于君，犹子之于父母也。子于父母，一日不见则思，数日不见则忧。群臣百司，愿时一睹圣颜，一闻天语，久而不得，则进退惶惑，怅怅无依，忧思郁结，渐以解弛。且远近之民，遂疑陛下不复念其穷苦而日兴怨怼；四方盗贼，亦谓陛下未尝有意剪除而益肆猖獗。不可闻于外夷，不可训于后世。伏愿继自今昧爽视朝，令诸司照旧奏事，日以为常。黼坐仅临于数刻，纶音不越乎数言，未足为劳，而可以收拳纲，决壅蔽，示百官之承式，回万方之视听，亦可所惮而不为乎？

古者天子退朝，深宫燕息，以养天和，出警入跸，防范备至。窃闻龙舆常幸豹房，驻宿累日。夫豹房不知为何所，似非天子所居。又闻日于后苑训练兵戎，鼓炮之声，震骇城域，岂非念安不忘危之戒，而为思患预防之术乎？顾此乃将帅之事，兼非宫禁所宜，密迩庙社，恐无以安神之灵。况今前星未耀，震位犹虚，而乃疲力于击射之余，耗神于驰逐之下。且千金之子，坐不垂堂，壮岁乏嗣，则其心为之惕然。陛下奈何以宗庙社稷之身而自轻若是，此群臣之所以夙夜而不能安也。伏愿继自今高拱穆清，深居禁密。戒嬉游无度之劳，以保心体之和，远混杂不经之所，以消意外之虑。自然血气循轨，精神内固。上帝孚启圣之祥，后宫衍多男之庆。国本有托，人心以安，宗祧至计，莫急于此。

至于经筵日讲,陛下嗣位之始,时常举行。近岁讲期甫临,辄闻报罢,劝讲之官始为虚设。《书》曰:"学于古训,乃有获。"且一心之微,攻之者众,不在此则在彼,不游心于《诗》、《书》理义,则放情于宴安逸乐,固其所也。伏望继自今只循旧典,时御经筵,非盛暑隆寒,不可辄罢。仍举行日讲故事,就近儒臣讲论经史,涵泳义理,以培养本原。则则聪明,有所开发,治道日益明畅,天下至乐,无以逾此,而百凡好尚皆不能夺之矣。

前此三者,天下之大本在焉。《易》曰:"正其本,万事理。"《大学》曰:"其本乱而末治者否矣。"陛下俯垂听纳,见之施行,由是修圣政以亨天下之屯,广圣嗣以定天下之志,弘圣学以成天下之务。大本既立,庶政末节,各有司存,自当随事纳忠,以图报称,则天意可回,民生可遂,寇盗可消,境土可宁。上以承祖宗之鸿休,下以垂子孙之大统;近以慰臣庶之忧疑,远以答华、夷之观向,实宗社万亿年灵长之福也。

臣等窃时高位,势共安危,受国厚恩,义关休戚,当四方多事之际,不能展一筹以纾患害。兹奉明旨修省,若又不能极陈探本之论,以赞维新之化,依阿淟涊,苟度岁年,纵能免触迕之罪于一时,岂能逃误国之罪于他日乎?

臣等忠愤填臆,不知所裁,冒犯天威,罪当万死。缘系急大本以图治安以尽修省事理,谨题请旨。

正德七年五月十二日,奉圣旨:"朕已知悉了,卿等安心办事。钦此。"

(疏见《杨一清集·吏部献纳稿》。按:正德七年杨一清任吏部尚书,阳明任吏部郎中,此疏称"臣杨等题","臣等闻之",实是杨一清率吏部官员阳明等人所上,而疏实出阳明手笔也。以此疏同阳明五月所上《自劾不职以明圣治事疏》[《王阳明全集》卷二十八]相比较，二疏语句多有相同，此尤可证此疏乃出阳明之手也。）

寄贵阳诸生（正德七年　一五一二年）

诸友书来，间有疑吾久不寄一字者。吾岂遂忘诸友哉？顾吾心方有去留之扰，又部中亦多事，率难遇便；遇便适复不暇，事固有相左者，是以阔焉许时。且得吾同年秦公为之宗主，诸友既得所依归，凡吾所欲为诸友劝励者，岂能有出于秦公之教哉？吾是可以无忧于诸友矣，诸友勉之！吾所以念诸友者，不在书之有无，诸友诚相勉于善，则凡昼之所诵，夜之所思，孰非吾书札乎？不然，虽日至一书，徒取憧憧往来，何能有分寸之益于诸友也？为仁由己，而由乎人哉？诸友勉之！因便拾楮，不一。

（书见《新刊阳明先生文录续编》卷一《书类》，永富青地《上海图书馆藏新刊阳明先生文录续编について》著录。）

上海日翁大人札（正德七年　一五一二年）

父亲大人膝下：毛推官来，□大人早晚起居出入之详，不胜欣□。弟恙尚不平，而祖母桑榆暮□，不能□。为杨公所留，养病致仕皆未能遂，殆亦命之所遭也。人臣以身许国，见难而退，甚所不可，但于时位出处中，较量轻重，则亦尚有可退之义，是以未能忘情；不然，则亦竭忠尽道，极吾心力之可为者死之而已，又何依违观望于此，以求必去之路哉！昨有一儒生，素不相识，以书抵男，责以“既不能直言切谏，而又不能去，坐视乱亡，不知执事今日之仕为贫乎？为道乎？不早自决，将举平生而尽弃，异日虽悔，亦何所及”等语，读之良自愧叹。交游之中，往往有以此意相讽者，皆由平日不务积德，而徒窃虚名，遂致今日。士大夫不考其实，而谬相指目，适又当此进退两难之地，终将何以答之？反己自度，此殆欺世盗名者之报，《易》所谓"负且乘，致寇至"也。近甸及山东盗贼奔突，往来不常。河南新失大将，贼势愈张。边军久居内地，疲顿懈弛，皆无斗志，且有怨言，边将亦无如之何。兼多疾疫，又乏粮饷，府库内外空竭，朝廷费出日新月盛。养子、番僧、伶人、优妇居禁中以千数计，皆锦衣玉食。又为养子盖造王府，番僧崇饰塔寺，资费不给，则索之勋臣之家，索之戚里之家，索之中贵之家；又帅养子之属，遍搜各监内臣所蓄积；又索之皇太后。又使人请太后出饮，与诸优杂剧求赏；或使人给太后出游，而密遣人入太后宫，检所有尽取之。太后欲还宫，令宫门毋纳，固索钱若干，然后放入。太后悲咽不自胜，复不得哭。又数数遣人请太后，为左右所持，不敢不至；至即求厚赏不已。或时赂左右，间得免请为幸。宫苑内外，鼓噪火炮之声昼夜不绝，惟大风或疾病，乃稍息一日二日。臣民视听习熟，今亦不胜骇异。永斋用事，势渐难测，一门二伯、两都督，都指挥、指挥十数，千百户数十，甲第、坟园、店舍，京城之外，连亘数里，城中卅余处，处处门面，动以百计。谷马之家，亦皆称是，椽角相望，宫室土木之盛，古未有也。大臣趋承奔走，渐复如刘瑾时事，其深奸老滑甚于贼瑾，而归怨于上，市恩于下，尚未知其志之所存，终将何如。春间黄河忽清者三日，霸州诸处一日动地十二次，各省来奏山崩地动、星陨灾变者，日日而有。十三省惟吾浙与南直隶无盗。近闻□中诸□颇黠桀，按兵不动，似有乘弊之谋，而各边谋将又皆顿留内地，不得归守疆场，是皆有非人谋所能及者。七妹已到此，初见悲咽者久之，数日来喜极，病亦顿减，颜色遂平复。大抵皆因思念乡土，欲见父母兄弟而不可得，遂致如此，本身却无他疾；兼闻男有南图,不久当得同归,又甚喜,其恚想可勿药而愈矣。又喜近复怀妊,当在八月间。曰仁考满在六月间。曰仁以盗贼难为之,故深思脱离州事。但欲改正京职,则又可惜虚却三年历俸;欲迁升,则又觉年资尚浅。待渠考满后,徐图之。曰仁决意求南,此见亦诚是。男若得改南都,当遂与之同行矣。邃庵近日亦若求退事,势亦有不得不然。盖张已盛极,决无不败之理,而邃之始进,实由张引,覆辙可鉴,能无寒心乎?中间男亦有难言者,如哑子见鬼,不能为旁人道得,但自疑怖耳。西涯诸老,向为瑾贼立碑,槌磨未了,今又望尘莫及张德功,略无愧耻,虽邃老亦不免。禁中养子及小近习与大近习交构,已成祸变之兴,且夕叵测,但得渡江而南,始复是自家首领耳。时事到此,亦是气数,家中凡百皆宜预为退藏之计。弟辈可使读书学道,亲农圃朴实之事,一应市嚣虚诈之徒,勿使与接,亲近忠信恬淡之贤,变化气习,专以积善养福为务,退步让人为心。未知三四十年间,天下事又当何如也。凡男所言,皆是实落见得如此,异时分毫走作不得,不比书生据纸上陈迹,腾口漫说。今时人亦见得及,但信不及耳。余姚事,亦须早区画,大人决不须避嫌,但信自己恻怛之心、平直心、退步心,当时了却,此最洒脱。牵缠不果,中间亦生病痛。归侍虽渐可期,而归途尚尔难必,翘首天南,不胜瞻恋。男守仁拜书。外山巾及包头二封。

（札见《式古堂书画汇考》卷二十五《书考》。）

又上海日翁大人札 （正德七年　一五一二年）

男守仁百拜父亲大人膝下:会稽易主簿来,得书,备审起居万福为慰。男与妹婿等俱平安。但北来边报甚急,昨兵部得移文,调发凤阳诸处人马入援,远近人心未免仓皇。男与妹婿只待满期,即发舟而东矣。行李须人照管,祯儿辈久不见到,令渠买画绢,亦不见寄来。长孙之夭,骨肉至痛,老年怀抱,须自宽释。幸祖母康强,弟辈年富,将来之福尚可积累。道弟近复如何? 须好调摄,毋贻父母兄弟之忧念。钱清陈伦之回,草草报安。小录一册奉览,未能多寄。梁太守一册,续附山阴任主簿。

廿八日,男守仁百拜。

(札见《式古堂书画汇考》卷二十五《书考》。)

上大人书（正德七年　一五一二年）

寓都下男王守仁百拜上父亲大人膝下:杭州差人至,备询大人起居游览之乐,不胜喜慰。寻得书,乃有廿四叔□□□□□固自有数,胡乃适□□时,信乎乐事不常,人生若寄。古之达人所以适情任性,优游物表,遗身家之累,养真恬旷之乡,良有以也。伏惟大人年近古稀,期功之制,礼所不逮,自宜安闲愉怿,放意林泉,木斋、雪湖诸老,时往一访;稽山、鉴湖诸处,将出一游。洗脱世垢,摄养天和,上以增祖母之寿,下以垂子孙之福,庆幸,庆幸。男等安居如常,七妹当在八月,身体比常甚佳。妇姑之间,近亦颇睦。曰仁考满亦在出月初旬,出处去就,俟曰仁至,计议已定,然后奉报也。河南贼稍平,然隐伏者尚难测;山东势亦少减,而刘七竟未能获;四川诸江(西)虽亦时有捷报,而起者亦复不少。至于粮饷之不继,马匹之乏绝,边军之日疲,流氓之愈困,殆有不可胜言者。而庙堂之上,固已晏然,有坐享太平之乐,自是而后,将益轻祸患,愈肆盘游,妖孽并兴,谗谄日甚,有识者复何所望乎! 守诚妻无可寄托,张妹夫只得自行送回。大娘子早晚无人,须搬渠来男处,将就同住。六弟闻已起程,至今尚未见到。闻余姚居址亦已分析,各人管理,不致荒废，此亦了当一事。今年造册，田业之下瘠者，亲戚之寄托者，惟例从刊省，拒绝之为佳。时事如此，为子孙计者，但当遗之以安，田业鲜少，为累终寡耳。赵八田近因农民例开，必愿上纳，阻之不可。昨日已告通状，想亦只在仓场之列。不久，当南还矣。九弟所患，不审近日如何？身体若未壮健，诵读亦且宜缓，须遣之从黄司舆游，得清心寡欲，将来不失为纯良之士，亦何必务求官爵之荣哉！守文、守章，亦宜为择道德之师，文字且不必作，只涵咏讲明为要。男观近世人家子弟之不能大有成就，皆由父兄之所以教之者陋而望之者浅。人来，说守文质性甚异，不可以小就待之也。因便报安，省侍未期，书毕，不胜瞻恋。

　　闰五月十一日，守仁百拜书。

　　（今有阳明手迹石刻拓本藏贵州省博物馆，另有拓本藏日本九州大学图书馆。此书真迹《明王文成公尺牍真迹》在上海国际商品拍卖有限公司二〇〇四年春季艺术品拍卖会上出现，并在"雅昌艺术品拍卖网"上公布。蓬累轩《姚江杂纂》、计文渊《王阳明法书集》、《王阳明全集·补录》皆著录。）

寄蕙皋书札（正德八年　一五一三年）

　　四明之兴甚剧，意与蕙皋必有数日之叙，乃竟为冗病所夺。承有岁暮汤饼之期，果得如是，良亦甚至愿，尚未知天意何如耳。喻及楚之诳魏，近亦颇闻其事。然魏之朴实，人亦易见，上司当有能察之者。况楚有手笔可覆，诚伪终必有辨也。魏在薄惑，乃蒙垂念若此，彼此均感至情。楚亦素相爱，不意其心事至此，殊不忍言，可恨，可恨！使还，草草致谢，不尽。九日，守仁顿首，蕙皋郡伯道契兄文侍。六弟同致意。余素。

（书札手迹刻石存浙江上虞曹娥庙，王望霖尝以真迹刻入《天香楼藏帖》。今余姚梨洲文献馆藏有此札墨迹，乃系临本。此札真迹向以为亡佚，今按：上海嘉泰拍卖有限公司二〇〇五年春季艺术品拍卖会上出现阳明此札手迹纸本，并于网上发布，字迹清晰。兹即据此手札真迹录入。）

送日东正使了庵和尚归国序 （正德八年　一五一三年）

世之恶奔竞而厌烦挐者，多遁而之释焉。为释有道，不曰清乎？挠而不浊，不曰洁乎？狎而不染，故必息虑以浣尘，独行以离偶，斯为不诡于其道也。苟不如是，则虽皓其发，缁其衣，梵其书，亦逃租繇而已耳，乐纵诞而已耳，其于道何如耶？今有日本正使堆云桂悟字了庵者，年逾上寿，不倦为学，领彼国王之命，来贡珍于大明。舟抵鄞江之浒，寓馆于驲。予尝过焉，见其法容洁修，律行坚巩，坐一室，左右经书，铅朱自陶，皆楚楚可观爱，非清然乎？与之辩空，则出所谓预修诸殿院之文，论教异同，以并吾圣人，遂性闲情安，不哗以肆，非净然乎？且来得名山水而游，贤士大夫而从，靡曼之色不接于目，淫哇之声不入于耳，而奇邪之行不作于身，故其心日益清，志日益净，偶不期离而自异，尘不待浣而已绝矣。兹有归思，吾国与之文字以交者，若太宰公及诸缙绅辈，皆文儒之择也，咸惜其去，各为诗章，以艳饰迥躅，固非贷而滥者，吾安得不序！

皇明正德八年岁在癸酉五月既望，余姚王守仁书。

（文见伊藤松《邻交征书》初篇卷一，云："真书，伊势正住氏藏。"按此序真迹又为日本九鬼隆辉所藏，斋藤拙堂《拙堂文话》著录此序。）

寄原忠太史 （正德八年　一五一三年）

岁欲一访庐下，少伸问慰，遂为天台、雁荡之游；而冗病相缚，竟不得行。今伯载之往，又弗克偕，徒有怅怏而已，可如何！如何！迩惟孝履天和相，读礼之余，孰非进德之地？今冬大事克举否？执绋之役，未能自决，则相见之期，亦未可先定也。离怀耿耿，病笔不能具，伯载当亦能悉。九月三日，守仁拜手。原忠太史道契。

兄大孝莫次，令先翁墓文不敢违约，病患中望少迟之，然稽缓之罪已知不能矣。别录二册奉览。余素。

（文见邹显吉《湖北草堂藏帖》第一册《王阳明先生守仁柬》，新编本《王阳明全集》著录。）

答汪抑之书一 （正德八年　一五一三年）

昨承枉教，甚荷至情。中间定性之说，自与仆向时所论者无戾。仆向之不以为然，殆听之未审也。然训旨条贯，似于前日精彩十倍，虽仆之不审于听，亦兄之学日有所进欤？惟未发之说，则终不敢以为然者。盖喜怒哀乐，自有已发未发，故谓未发时无喜怒哀乐则可，而谓喜怒哀乐无未发则不可。今谓喜怒哀乐无未发，已发固已发，未发亦已发，而必欲强合于程子动亦定、静亦定之说，则是动亦动、静亦动也，非惟不得子思之旨，而于程子之意似亦有所未合欤？执事聪明绝人，其于古人之言求之悉矣，独此似犹有未尽者。宜更详之，勿遽云云也。

答汪抑之书二 （正德八年　一五一三年）

所不避于烦渎，求以明道也。承喻论向所质者，"乃疑思问耳，非敢遽有之也"，乃执事谦退不居之过。然又谓"度未能遽合，愿且置之，恐从此多费议论"，此则大非仆之所望于吾兄者也。子思曰："有弗问问之，弗得弗措也；有弗辩辩之，弗明弗措也。"既曰疑思问矣，而可惮于议论之费耶？横渠有云："凡致思，到说不得处，始复审思明辨，乃为善学。若告子，则到说不得处遂已，更不复求。"老兄之云，无乃亦是病欤？所谓"不若据见成基业者"，虽诚确论，然详老兄语意，似尚不以为然者，如是而遂据之不疑，何以免于毫厘之差、千里之谬乎？始得教，亦遂欲罢去不复议，顾仆于老兄不宜如此。已昏黑，将就枕，辄复云云，幸亮此情也。

（二书见《新刊阳明先生文录续编》卷二《书类》，永富青地《上海图书馆藏新刊阳明先生文录续编について》著录。）

与王晋叔三书（正德八年　一五一三年）

书一

昨见晋叔，已概其外；乃今又得其心也，吾非晋叔之徒与而谁与？晋叔夫何疑乎？当今之时，苟志于斯道者，虽在庸下，亦空谷之足音，吾犹欣然而喜也。况晋叔豪杰之士，无文王犹兴者乎？吾非晋叔之徒与而谁与？晋叔又何疑乎？属有客，不及详悉。得暇，过此闲话。守仁顿首。

书二

所惠文字，见晋叔笔力甚简健。异时充养渊粹，到古人不难也。中间稍有过当处，却因守仁前在寺中说得太疏略所致。今写一通去，从旁略下注脚。盖毫厘之差耳，晋叔更详之。得便，别寄一纸为佳。诸友诗,亦有欠稳者,意向却不碌碌。凡作诗,《三百篇》后,须从汉晋求之,庶几近古。唐诗李、杜之外,如王维、高适诸作,有可取者,要在不凡俗耳。闲及之。守仁顿首。

书三

刘易仲来,备道诸友相念之厚,甚愧,甚愧!薄德亦何所取,皆诸友爱望之过也。古人有言:"他山之石,可以攻玉。"诸友则诚美璞矣,然非他山之石,则无以砥砺磨硰,而发其莹然之光。诸友之取于区区者,当以是也,甚愧,甚愧!道不远人,人之为道而远人,不可以为道。诸友用功何如?路远,无由面扣。易仲去,略致鄙怀,所欲告于诸友者,易仲当亦能道其大约,不尽,不尽!惟心亮之而已。九月望,守仁顿首。

(三书见《阳明先生文录》卷一。按是卷文下注曰:"右壬申、癸酉稿,时官吏部。"刘易仲乃在正德八年来滁受学,故可知阳明此三书作在正德八年。)

琅琊题名 (正德九年　一五一四年)

正德癸酉冬旱,滁人惶惶。乃正月乙丑雪,丁卯大雪。太仆少卿白湾文宗严森与阳明子王守仁,同登龙潭之峰以望。再明日霁,又登琅琊之峰以望,又登丰山之峰以望,见金陵、凤阳诸山皆白,喜是雪之被广矣。回临日观、择月洞,憩了了堂。风日融丽,泉潺鸟嘤,意兴殊适。门人蔡宗兖、朱节辈二十有八人壶榼携至,遂下饮庶子泉上,及暮既醉,皆充然有得,相与盥濯,咏歌而归,庶几浴沂之风焉。后三月丁亥,御史张俅、行人李校、员外徐爱、寺丞单麟复同游,始刻石以纪。

余姚王守仁伯安题。

（文见《南滁会景编》卷八。阳明此题刻在琅琊山壁，至今犹存。）

与方矫亭 （正德九年　一五一四年）

道心，天理也；人心，人欲也。理、欲不容并立，非若志与气不可相无，而气听命于志也。若曰道心为主，人心听命，则二者并立矣。先儒以嗜酒悦色为人心，故谓上智不能无耳。（下阙）

（书见方鹏《矫亭续稿》卷五《读中庸序》。）

于廷尉凤喈墓志铭 （正德九年　一五一四年）

正德甲戌六月癸巳，南京大理寺卿于公卒。逾月，公弟自莱阳来奔丧，外姻及客之吊者毕至。乃举殡归葬，聚谋所以铭其墓者，求其家，唯诗文稿存焉，余则罔有证。公子天锡踊且泣曰："孤未即死，憬然丧迷。先君则又未尝以公事言于家，莫可得知也。"公弟凤喈泣曰："吾先兄事吾父母孝，待吾友，吾知是而已，然犹不能举其辞，他尚何知？惟诸舅氏实图。"公之婿孙宥曰："吾闻诸，公之为郎也，尝雪久冤之狱，其人怀数十金以报，潜投公家而逸。公封其金于官，家人莫知也。"公廉若是，是可以铭矣。公之婿许仁曰："公之守嘉兴也，仁实从。尝岁饥，流莩者日以千数，公发廪，量地远近，授成法，使人分行属县大赈，活者八万有余。"公仁惠若是，是可以铭矣。公讳凤喈，字世和，世家登之莱阳。年十九，举于乡，连登进士，授行人。擢刑部员外郎、郎中，出知嘉兴府，参政云南，转太仆寺少卿，迁南太仆卿，又陟大理卿。中外凡八迁，年三十载，寿五十三。铭曰：

猗惟于公，允谦寔彦。喉纳于言，其文孔辨。人曰文士，其中
又朴。混尘融垢，閟晶闳锷。彼冤而申，则曰廉明；此荩而生，则曰
惠仁。啧啧群士，翕师其勤。勤也则有，死勤于官。死学于学，今
也寔难。昆弟之言，无间孝友。我撮以铭，兹惟众口。讵曰惟今，
允仪于后。北原之藏，允兹克寿。

（文见《民国莱阳县志》卷三之三下。）

赠朱克明南归言 （正德九年　一五一四年）

朱光霁，字克明，廉宪朱公之子也。尝与其兄光弼从学于予，
举于乡，来游太学，已而归省，请学之要。予曰："君子之学，以变化
其气质。其未学也，粗暴者也，贪鄙者也，虚诞者也，矜夸者也，轻
躁者也。及其既学，粗暴者变而为温良，贪鄙者变而为廉介，虚诞
者变而为忠信，矜夸者变而为谦默，轻躁者变而为重厚，夫然后谓
之学。其未学也，犹夫人也；及其既学，亦犹夫人也，则亦奚贵乎学
矣？于是勉夫！"光霁曰："敢问何以知其气质之偏而去之？"予曰：
"手足之疾痛，耳目之聩昏，无弗自知也；气质之偏，独假于人乎弗
思耳。故有隐沦于脏腑，潜汩于膏肓而不能自知者，非有名医为之
切脉观色，酌之以良剂，蔑由济矣。"曰："有弗能自知也乎？""弗思
耳。吾语子以剂：温良者，粗暴之剂也，能温良则变其粗暴矣；廉
介者，贪鄙之剂也，能廉介则变其贪鄙矣；忠信者，虚诞之剂也，能
忠信则变其虚诞矣；谦默者，矜夸之剂也，能谦默则变其矜夸矣；重
厚者，轻躁之剂也，能重厚则变其轻躁矣。医之言曰：'急则治其
标，缓则治其本。'凡吾之言，犹治其标本者也。若夫科第之举，文
艺之美，子之兄弟有余才也，吾固不屑为二子道也。吾所言五病，
虽亦一时泛举，然今之学者能免于是，亦鲜矣。"道经湖、贵，从吾游

者多,或有相见,其亦出此致勉励之意。

（文见梁有檝《蒙化志稿》卷八、《蒙化府朱氏家谱》首。）

与路宾阳书（四篇）

（一）（正德九年　一五一四年）

宾阳质美近道,固吾素所属望。昨行,必欲得一言,此见宾阳好学之笃,然浅鄙之见平日已为宾阳尽之矣。君子之学,譬若种植然,其始也,求佳种而播之,沃灌耘籽,防其浅收,去其螯蜇,畅茂条达,无所与力焉。今嘉种之未播,而切切然日讲求于苗秀实获之事,以望有秋,其于谋食之道远矣。宾阳以为何如？北行见甘泉,遂以此意质之。外书三纸,烦从者检入。守仁顿首,宾阳司马道契文侍,九月八日。余空。

（二）（正德十一年　一五一六年）

舟行匆匆,手卷未及别写,聊于甘泉文字后跋数语奉纳。厚情亦未及裁谢,千万照恕。守仁顿首,宾阳司马道契文侍。凡相知中,乞为致意。

（三）（正德十一年　一五一六年）

宾阳视予兹卷,请一言之益。湛子之说详矣,凡予之所欲言者,湛子既皆言之,予又何赘？虽然,予尝有立志之说矣,果从予言而持循之,则湛子之说亦在其中。夫言之启人于善也,若指迷途,其至之则存乎其人,非指迷途者之所能与矣。孔子云："为仁由己,而由人乎哉！"宾阳勉之,无所事于予言。

正德丙子九月廿八日，阳明山人王守仁书于龙江舟次。

（四）（正德十三年　一五一八年）

闻有守郡之擢，甚为襄阳之民喜。仕学一道，必于此有得力处，方是实学；不然，则平日所讲尽成虚语矣。"有民人焉，有社稷焉，何必读书，然后为学？"子路之言，未尝不是。宾阳质美而志高，明德亲民之功，吾见其有成也。区区乞休已三上，尚未得报也。地方盗贼虽幸稍靖，然将来之事尚未可测，及今犹可作好散场；不然，终不免于沦胥以溺，奈何奈何！偶便，附此致闲阔，不能一一。守仁顿首，宾阳郡伯道契文侍。十一月廿七日。余空。

（四书真迹见《玉虹鉴真续帖》卷八《王守仁与宾阳司马书四通》。此四书今有手迹石碑，存山东曲阜孔庙，《王阳明先生遗墨》著录，题作《与宾阳书札碑刻拓本》。乾隆五年《汶邑路氏族谱》中录有此阳明与路宾阳书，但只有三书，遗一书，又多错简漏句，至难卒读，时间失考。）

致舫斋书（正德九年　一五一四年）

侍生王守仁顿首启，舫斋先生尊丈：执事去冬教后，随作一书，申数年闲阔之怀。盛价行促，不及奉。自是俗冗相仍，其书留至今夏，修缉敝寓，始失之。心虽悬悬，而求诸形迹之间，则失礼实甚，惶惧，惶惧！令尊久寓寺中，亦不之知，偶逢僧人道及，将往访，适又趋庭自通，还辱过布盛情，知尚未弃绝，不任喜愧。又承教墨，重以雄笔，益增悚荷。公素厚德长者，宁复以此责人！顾自不能为情，聊言之耳。雄作熟玩数过，极典重润密，真金石之文，非谙历久，涵蓄厚，不能有此，别有声光照人耳目者，不得论，至于精微所造,于此亦复少窥一二,受教多矣!守仁南窜后,流离道途,旧业废尽,然亦自知无外于身心,不复念惜,一二年来稍有分寸改图之志,乃无因请正于有道,徒耿耿也。人还,先谢简阔之罪,所欲求正,愿得继是以请,伏惟尊照。侍生守仁载拜,伯安九月廿八日。余空。

(书见葛嗣浵《爱日吟庐书画续录》卷二《王守仁张璁行书尺牍合册》。)

题静观楼 (正德九年　一五一四年)

放一毫过去非静,收万物回来是观。

(题辞见郭良翰《问奇类林》卷九《操修》。)

寄梁郡伯手札 (正德十年　一五一五年)

治郡侍生守仁顿首,郡伯梁先生大人执事:家君每书来,亟道执事宽雅之度、镇静之德、子惠之政,越民脱陷阱而得父母,其受庇岂有量乎?庆幸,庆幸!守仁窃禄如昨,无足道者。余弟还,略奉起居,言所不尽,伏惟亮察。守仁顿首再拜。外香帕奉将远敬。越民有王文辕、王琥、许璋者,皆贤良之士,有庠生孙瑛、魏廷霖者,门生也,未审曾有进谒者否?□与进之。余素。

(手札真迹今藏上海博物馆,计文渊《王阳明法书集》著录。)

又寄梁郡伯手札 (正德十年　一五一五年)

治郡侍生守仁顿首,郡公梁老大人先生执事:老父书来,每道爱念之厚,极切感佩。使至,复承书惠,登拜之余,益深惭荷。郡人被惠日深,然公高陟之期亦日逼,念之每为吾郡之民戚然也。生方以多病在告,已三疏乞休,尚未得旨。冬尽倘能遂愿,请谢当有日矣。使还草草,伏冀照亮。十月廿三日,守仁顿首上。蜀扇吴帕侑械。余空。

（手札真迹今藏上海博物馆,计文渊《王阳明法书集》著录。）

与邦相书 （正德十年　一五一五年）

人来,承书惠。徐曰仁公差出未回,回时当致意也。所须诸公处书,盛价春间已付去,想此时尚未到耶? 兹因人还匆匆,又斋有客,不及一一,千万心照。守仁顿首,邦相宗弟贤契。舍弟在分水者,曾相见否? 七月廿二日。空。

（书见黄定兰《明人尺牍》,见《明代名人尺牍选萃》。）

寄叶子苍 （正德十年　一五一五年）

消息久不闻。徐曰仁来,得子苍书,始知掌教新化,得遂迎养之乐,殊慰,殊慰。古之为贫而仕者正如此,子苍安得以位卑为小就乎! 苟以其平日所学薰陶接引,使一方人士得有所观感,诚可以不愧其职。今之为大官者何限,能免窃禄之讥者几人哉? 子苍勉之,毋以世俗之见为怀也。寻复得邹监生乡人寄来书,又知子苍尝以区区之故,特访宁兆兴,足觇相念之厚。兆兴近亦不知何似,彼中朋友亦有可相砥砺者否? 区区年来颇多病,方有归图。人还,匆匆略布闲阔,余俟后便再悉也。

（书见《新刊阳明先生文录续编》卷一《书类》,永富青地《上海图书馆藏新刊阳明先生文录续编について》著录。）

跋范君山宪副绝笔诗后 （正德十年　一五一五年）

此吾故人范君山绝笔也。君山之殁,予方以谪宦奔走,不及一哭吊。读其诗,为之泫然涕下,而"文字谢交游"之语,犹不能无愧。正德乙亥冬,君犹子侍御以载持以见示,书此以识予感而归之。

（文见《民国汝城县志》卷三十二《艺文志》、《沅湘耆旧集》卷十一《范金事渊》。）

半江赵先生文集叙 （正德十年　一五一五年）

君子之学,渊静而精专,用力于人所不知之地,以求夫自慊,故能笃实辉光,久而益宏,愈揥而愈不可尽。虽汉魏以降,以文辞艺术名家者,虽其用心之公私小大不同,盖亦未有不由斯道而能蚤有誉于天下也。后世圣学益晦,而文词之习日盛,然亦卒未有能超汉魏之辙者。其独才力之有间,要其精专之工,深根固蒂,以求所谓快然自得之妙者,亦有所不逮矣。半江赵先生,蚤以文学显召当时,自成化以来,世之知工文艺者,即知有先生。其为诗文宏赡清丽,如长谷之云,幽溪之濑,人望之漠然无穷,悠然玩而乐之,而不忍去也。自先生始入仕,即为刑曹剧司,交四方之贤。然居常从容整暇,其于诗文未或见其有苦心极力之功,遂皆以为得之天分则尔。先生与家君龙山先生为同年进士,故守仁辱通家之爱,亦以是为知先生矣。其后告病归阳明,先生方董学政,校士于越。邀宿行台间,得窥其诗稿,皆重复删改,或通篇无遗字。取其傍校士卷翻之,尽卷皆批窜点抹。以为此偶其所属意,则乱抽十数卷,无不然。又见一小册,履历所至,山川风俗,道途之所闻,经史之所疑,无不备录。闻其侍童云:"公暇即拂案展帙,焚香静对,或检书已夜分,犹整衿默坐,良久始就卧。"然后知先生平日之所养若是其深,虽于政务猥琐之末,亦皆用心精密若此也。夫然后叹先生之不可尽知,而世之以文词知先生者，盖犹未见其杜权也已。先生既没，同邑之士有王氏兄弟者，求先生之遗文于子禧而刻之，先生之婿沈知柔氏与禧以叙请，因与论先生之素，始知先生之全稿既已散失，此所刻者，特禧之所搜辑，而向所谓重复删改与小册子所属者，悉已无存矣。其平生用心之密，充养之深，虽其子若婿，亦皆未之能尽知也。先生之于斯学，其亦可谓渊静精专，用力于人所不知之地，以求自慊者矣。使先生率是而进，天其假之以年，虽于为圣贤也何有？然以先生之不可尽知者推之，则又安知其不尝致力于斯道也？而今不复可知矣。因序而论之，使后之求先生于是集者得有所考焉。正德乙亥冬至日，余姚王守仁序。

（文见《半江赵先生文集》卷首。）

杨琠庭训录序 （正德十年　一五一五年）

古人所有教其子者，不外于身心性情之德、人伦日用之常。后世文词以为功，机械以为智，巧利以为能，浮夸以为美。父以是为能训，子以是为善承，盖与古人之教相背而驰矣，亦怪于人心之日坏，而风俗之日媮乎！吾友侍御杨君景瑞，独能以是训其子，其亦庶几乎古人之意矣。为杨氏之子若孙者，果能沿是而进，勉之不已，虽为圣贤可也。君之子思元，从予游，暇中持斯册来视，因为识数语归之。

（文见《乾隆揭阳县正续志》卷六。）

自作山水画并题 （正德十年　一五一五年）

正德丙子夏日，阳明山人画于金陵之静观斋。

（阳明此《自作山水画并题》在上海嘉泰拍卖有限公司"二〇

一三年春季艺术品拍卖会"上出现,并在"雅昌艺术品拍卖网"上公布。水墨纸本,长一百七厘米,宽三十五厘米,有"伯安"、"阳明山人"两方朱印。)

答汪进之书 (正德十一年　一五一六年)

仰德滋久,未由奉状,首春令弟节夫往,又适以事不果,竟为长者所先,拜币之辱,已极惶悚。长笺开喻,推引过分,鄙劣益有所不敢当也。中间叙述学要,究极末流之弊,可谓明白痛快,无复容赘,执事平日之学从可知矣。未获面承,受教已博,何幸,何幸!不有洪钟,岂息瓦缶?发蒙警聩,以倡绝学,使善类得有所附丽,非吾仁峰,孰与任之!珍重,珍重!所需鄙作,深惧无益之谈,不足以求正有道。方欲归图,异时芒鞋竹杖,直造精庐,冀有以面请,愿且徐之,如何?暮夜拾楮未悉,然鄙怀节夫当能道,伏惟照察。阳明生王守仁顿首拜。

(书见《汪仁峰先生外集》卷三。)

与弟书 (正德十一年　一五一六年)

乡人来者,每询守文弟,多言羸弱之甚。近得大人书,亦以为言,殊切忧念。血气未定,凡百须加谨慎。弟自聪明特达,谅亦不俟吾言。向日所论工夫,不知弟辈近来意思如何,得无亦少荒落否?大抵人非至圣,其心不能无所系著,不于正,必于邪;不于道德功业,必于声色货利。故必须先端所趣向,此吾向时立志之说也。趣向既端,又须日有朋友砥砺切磋,乃能薰陶渐染,以底于成。弟辈本自美质,但恐独学无友,未免纵情肆志而不自觉。李延平云:"中年无朋友,几乎放倒了。"延平且然,况后学乎!吾平生气质极下，幸未至于大坏极败，自谓得于扶持之力为多。古人蓬麻之喻，不诬也。凡朋友必须自我求之，自我下之，乃能有益。若悻悻自高自大，胜己必不屑就，而日与污下同归矣。此虽子张之贤，而曾子所以有堂堂之叹也。石川叔公，吾宗白眉，虽所论或不能无过，然其志向清脱，正可以矫流俗污下之弊。今又日夕相与，最可因石川以求直谅多闻之友，相与讲习讨论，惟日孜孜于此，而不暇及于其他，正所谓置之庄岳之间，虽求其楚，不可得矣。守俭弟渐好仙学，虽未尽正，然比之声色货财之习，相去远矣。但不宜惑于方术，流入邪径。果能清心寡欲，其于圣贤之学，犹为近之。却恐守文弟气质通敏，未必耐心于此。闲中试可一讲，亦可以养生却疾，犹胜病而服药也。偶便灯下草草，弟辈须体吾言，勿以为孟浪之谈，斯可矣。长兄守仁书。致守俭、守文弟，守章亦可读与知之。

（书见吴荣光《辛丑消夏记》卷五、黄本骥《明尺牍墨华》卷一，真迹见湖南美术出版社《明清书法》。）

与弟伯显札一（正德十一年　一五一六年）

比闻吾弟身体极羸弱，不胜忧念。此非独大人日夜所彷徨，虽亲朋故旧，亦莫不以是为虑也。弟既有志圣贤之学，惩忿窒欲，是工夫最紧要处。若世俗一种纵欲忘生之事，已应弟所决不为矣，何乃亦至于此？念汝未婚之前，亦自多病，此殆未必尽如时俗所疑，疾病之来，虽圣贤亦有所不免，岂可以此专咎吾弟。然在今日，却须加倍将养，日充日茂，庶见学问之力果与寻常不同。吾固自知吾弟之心，弟亦当体吾意，毋为俗辈所指议，乃于吾道有光也。不久吾亦且归阳明，当携弟辈入山读书，讲学旬日，始一归省，因得完养精神，薰陶德性，纵有沉疴，亦当不药自愈。顾今未能一日而遂言之,徒有惘然,未知吾弟兄终能有此福分否也? 来成去,草草,念之! 长兄阳明居士书,致伯显贤弟收看。

与弟伯显札二 （正德十一年　一五一六年）

此间事汝九兄能道,不欲琐琐。所深念者,为汝资质虽美,而习气未消除;趣向虽端,而德性未坚定。故每得汝书,即为之喜,而复为之忧。盖喜其识见之明敏,真若珠之走盘;而忧其旧染之习熟,或如水之赴壑也。汝念及此,自当日严日畏,决不能负师友属望之厚矣。此间新添三四友,皆质性不凡,每见尚谦谈汝,辄啧啧称叹,汝将何以副之乎? 勉之,勉之! 闻汝身甚羸弱,养德养身上只是一事,但能清心寡欲,则心气自当和平,精神自当完固矣。余非笔所能悉。阳明山人书。寄十弟伯显收看。印弟与正宪读书,早晚须加诱掖奖劝,庶有所兴起耳。

（二札见卞永誉《式古堂书画汇考》卷二十五《书考》。）

跋枫山四友亭记 （正德十一年　一五一六年）

四友之义,枫山之记尽矣,虽有作者,宁能有加乎? 补之乃复靳予言,予方有诗文戒,又适南行。异时泊舟铁瓮,拜四君子于亭下,尚能为补之补之。

阳明居士王守仁识。

（文见《中国古代书画图目》[十五]。此跋阳明真迹今藏沈阳故宫博物院。）

寄云卿 （正德十一年　一五一六年）

尊翁厌世,久失吊慰。云卿不理于谗口,乃得归,尽送终之礼,此天意也;哀疚寂寥,益足以为反身修德之助,此天意也,亦何恨,亦何恨!君子之学,唯求自得,不以毁誉为欣戚,不为世俗较是非,不以荣辱乱所守,不以死生二其心。故夫一凡人誉之而遽以为喜,一凡人毁之而遽以为戚者,凡民也。然而君子之自责则又未尝不过于严也,自修则又未尝不过于力也,夫然后可以遣荣辱,一死生。学绝世衰,善俦日寡,卓然云卿,自爱自爱!雨风半日之程,无缘聚首,细扣新得,动心忍性,自当一日千里。尝谓友朋言:道者在默识,德者在默成,颜子以能问于不能,有若无,实若虚,犯而不较,此最吾侪准的。云卿进修之功,想亦正如此矣。秋半乘考满,且反棹稽山,京口信宿其期也。不尽不尽。

（书见《新刊阳明先生文录续编》卷一《书类》,永富青地《上海图书馆藏新刊阳明先生文录续编について》著录。）

姚瑛赞 （正德十一年 一五一六年）

世胄之家,鲜克有礼。后之人有闻之名而兴起者乎!
（赞见《光绪滁州志》卷七之二。）

书四箴赠别白贞夫 （正德十一年 一五一六年）

白生说贞夫,尝从予学。予奉命将南,生与其弟追送于江浒,留信宿不能别,求所以诲励之说。予尝作《四箴》以自警,因为生书之:

呜呼小子,曾不知警!尧讵未圣,犹日兢兢。既坠于渊,犹恬履薄;既折尔股,犹迈奔蹶。人之冥顽,则畴与汝。不见肿壅,砭乃斯愈?不见痿痹,剂乃斯起?人之毁诟,皆汝砭剂。汝曾不知,反以为怒。匪怒伊色,亦反其语。汝之冥顽,则畴之比。

　　呜呼小子，告尔不一，既四十有五，而曾是不忆。顽（下阙）

　　呜呼小子，慎尔出话。憸言维多，吉言维寡。多言何益，徒以取祸。德默而成，仁者言讱。孰默而讥？孰讱而病？誉人之善，过情犹耻；言人之非，罪曷有已？於戏多言，亦惟汝心；汝心而存，将日钦钦。岂遑多言，上帝汝临。

　　於乎小子，辞章之习，尔工何为？不以钓誉，不以蛊愚。俳彼优伶，尔视孔丑；覆蹈其术，尔颜不厚？日月逾迈，尔胡不恤？弃尔天命，昵尔雠贼。昔皇多士，亦胥兹溺。尔犹不鉴，自抵伊巫！

　　正德丙子九月廿六日，阳明山人王守仁书于龙江舟中。

　　生又问："圣贤之学，所以成身；科举之业，将以悦亲。二者或不能并进，奈何？"予曰："成身悦亲，道一而已。不能成身，不可以悦亲；不能悦亲，不可以成身。子但笃志圣贤之学，其绪余出之科举而有余矣。"曰："用功何如？"曰："先定志向，立工程次第，坚持无失。循序渐进，自当有至。若易志改业，朝东暮西，虽终身勤苦，将亦无成矣，生勉之！"阳明山人书。

　　（文真迹今藏上海博物馆，计文渊《王阳明法书集》著录，题作"四箴卷"，未当。按《王阳明全集》卷二十五有《三箴》一文，同此四箴而缺一箴；而此四箴之第二箴"顽"以下亦有阙文。）

龙江舟次与某人书（正德十一年　一五一六年）

　　立诚之说，昔已反覆，今不复赘。别后，诸君欲五日一会，寻丽泽之益，此意甚好，此便是不忘鄙人之盛心。但会时亦须略定规程，论辩疑难之外，不得辄说闲话，评论他人长短得失，兼及诸无益事。只收心静坐，闲邪存诚，此是端本澄源，为学第一义。若持循涵养得熟，各随分，自当有进矣。会时但粗饭菜羹，不得盛具肴品为酒食之费。此亦累心损志之一端，不可以为琐屑而忽之也。舟发匆匆，不尽不尽。

　　　　正德丙子九月廿九日，阳明山人守仁书于龙江舟次。

（书见《湖海阁藏帖》、蓬累轩编《姚江杂纂》，钱明《王阳明全集未刊散佚诗文汇编及考释》著录。原题作《龙江舟次书》，未当。）

书林间睡起赠白楼先生（正德十一年　一五一六年）

　　林间尽日扫花眠，独有官闲愧俸钱。门径不妨春草合，斋居长对晚山妍。每疑方朔非真隐，始信扬雄误《太玄》。混世亦能随地得，野情终是爱丘园。

　　　　奉命将赴南赣，白楼先生出饯江浒，示此卷，须旧作为别，即席承命。时正德丙子九月廿五日，阳明山人王守仁书于龙江舟中。雨暗舟发，匆匆极潦草。伯安。

（诗见端方《壬寅消夏录·王阳明诗真迹卷》。《王阳明全集》卷二十录诗，然无后跋。）

参政拙庵公像赞（正德十一年　一五一六年）

　　瞻望丰山，惟邻是卜。缅想桐江，有书可读。克嗣父风，更诒孙谷。昭质无亏，遗像甚肃。

　　　　阳明山人。

（赞见《余姚丰山毛氏族谱》卷首，王孙荣《王阳明散佚诗文九种考释》著录。）

简卿公像赞 （正德十一年　一五一六年）

君敬称字，谨饬谦和。克家有子，孙掇巍科。富而且贵，尘寰几何。觐容景仰，泰山嵬峨。

　　　　姻晚生王守仁拜题。

（赞见《余姚岑氏章庆堂宗谱》卷首，光绪三十四年章庆堂活字本，王孙荣《王阳明散佚诗文九种考释》著录。）

公赞公像赞 （疑正德十一年　一五一六年）

立身惟勤，持家惟俭。叔季同居，内外无间。轻重自均，长幼自辨。为当世宗，为后人勉。

　　　　王守仁题。

（赞见《余姚兰风胡氏宗谱》卷首，王孙荣《王阳明散佚诗文九种考释》著录。）

答徐子积 （正德十二年　一五一七年）

承示送别诸叙，虽皆出于一时酬应，中间往往自多新得，足验学力之进。《性论》一篇，尤见潜心之学，近来学者所未能道。详味语意，大略致论于理气之间，以求合于夫子"相近"之说，甚盛心也。其间鄙意所未能信者，辞多不能具，辄以别幅写呈，略下注脚求正，幸不吝往复，遂以塞劣见弃也。夫析理愈精，则为言愈难；立论愈多，则为缪愈甚。孔子性善相近之说，自是相为发明，程朱之论详矣。学者要在自得，自然循理尽性；有不容已，毫分缕析，此最穷理之事。言之未莹，未免支离，支离判于道矣。是以有苦心极力之状，而无宽裕温厚之气，意屡偏而言之窒，虽横渠有所不免。故仆亦愿吾兄之完养思虑,涵泳养理,久之自当条畅也。兄所言诸友,求清与仆同举于乡,子才尝观政武选,时仆以病罕交接,未及与语。叶君虽未相识,如兄言,要皆难得者也。微服中不答书,为致意。学术不明,人心陷溺之余,善类日寡,诸君幸勉力自爱,以图有成也。尝有论性书,录去一目。

（书见《新刊阳明先生文录续编》卷二《书类》,永富青地《上海图书馆藏新刊阳明先生文录续编について》著录。"徐子积"当作余子积。）

致秦国声札 （正德十二年　一五一七年）

昨者,贵省土兵以郴、桂不靖之故,千里远涉。生与有地方之责,而不获少致慰劳之意,缺然若有歉焉。故薄具牛酒之犒,聊以输此心焉尔。乃蒙厚赐远颁,并及从征官属,登拜之余,感愧何已!喜闻大兵之出,所向克捷,渠魁授首,党类无遗。兹实地方之庆,生亦自此得免于覆觫之戮矣。欣幸,欣幸! 旬日后,敬当专人往谢,并申贺私。使还,冗中草草,先布下悃,伏惟尊照。不具。

（札见秦金《安楚录》卷九。）

示谕城中文 （正德十二年　一五一七年）

督抚军门示：向来贼寇抢攘,时出寇掠,官府兴兵转饷,骚扰地方,民不聊生。今南安贼巢尽皆扫荡,而浰头新民又皆诚心归化,地方自此可以无虞。民久劳苦,亦宜暂休息为乐,乘此时年丰,听民间张灯鼓乐,以彰一时太平之盛。乐户多住龟角尾,恐有盗贼藏匿,仰悉迁入城中,以清奸薮。

（文见《皇明大儒王阳明出身靖乱录》。）

告谕部辖庭誓 （正德十二年　一五一七年）

惟兹横水、桶冈并寇，称窃名号，毒痛三省。惟予守仁，恭承天威，夹攻之命，实责在予，予敢弗虔！惟兹横水、桶冈，实惟羽翼，势在腹背。先剪横水，乃可即戎。

（文见湛若水《泉翁大全集》卷十六《平寇录序》。）

破桶冈誓众 （正德十二年　一五一七年）

惟尔多士，尔毋骄。惟兹桶冈天险，蓄积可守，徂兹夹攻，坐困而罢。尔慎之哉！

（文见湛若水《泉翁大全集》卷十六《平寇录序》。）

与徐曰仁书 （正德十二年　一五一七年）

正月三日，自洪都发舟。初十日次庐陵，为父老留再宿。十三日末，至万安四十里，遇群盗千余，截江焚掠，烟焰障天。妻奴皆惧，始有悔来之意。地方吏民及舟中之人，亦皆力阻，谓不可前。鄙意独以为我舟骤至，贼人当未能知虚实，若久顿不进，必反为彼所窥。乃多张疑兵，连舟速进，示以有余。贼人莫测所为，竟亦不敢逼，真所谓天幸也。十六日抵赣州，齿痛不能寝食。前官久缺之余，百冗纷沓，三省军士屯聚日久，只得扶病莅事。连夜调发，即于二十日进兵。赣州属邑复有流贼千余突来攻城，势颇猖獗，亦须调度，汀漳之役遂不能亲往。近虽陆续有所斩获，然未能大捷，属邑贼尚相持，已遣兵四路分截，数日后或可成擒矣。赣州兵极疲，仓卒召募，未见有精勇如吾邑闻人赞之流者。不知闻人赞之流亦肯来此效用否，闲中试一讽之。得渠肯屈心情愿乃可，若不肯随军用命，则又不若不来矣。巧妇不能为无米粥，况使老拙婢乎？过此幸无事，得地方稍定息，决须急求退。曰仁与吾命缘相系，闻此当亦不能恝然，如何而可，如何而可！行时见世瑞，说秋冬之间欲与曰仁乘兴来游。当时闻之，殊不为意，今却何因，果得如此，亦足以稍慰离索之怀。今见衰疾之人，颠仆道左，虽不相知，亦得引手一扶，况其所亲爱乎？北海新居，奴辈能经营否？虽未知何日得脱网罗，然旧林故渊之想，无日不切，亦须曰仁时去指督，庶可日渐就绪。山水中间须着我，风尘堆里却输侬。吾两人者，正未能千百化身耳，如何而可，如何而可！黄舆阿睹近如何？似此世界，真是开眼不得，此老却已省却此一分烦恼矣。世瑞、允辉、商佐、勉之、半珪凡越中诸友，皆不及作书。宗贤、原忠已会面否？阶甫田事能协力否？湛元明家人始自赣往留都，又自留都返赣，遣之还不可，今复来入越，须早遣发，庶全交好。雨弟进修近如何？去冬会讲之说，甚善。闻人弟已来否？朋友群居，惟彼此谦虚相下，乃为有益，诗所谓"谦谦恭人，怀德之基"也。趁曰仁在家，二弟正好日夜求益，二弟勉之！有此好资质，当此好地步，乘此好光阴，遇此好师友，若又虚度过日，却是真虚度也，二弟勉之！正宪读书极拙，今亦不能以此相望，得渠稍知孝弟，不汲汲为利，仅守门户是矣。章世傑在此，亦平安。日处一室中，他更无可往，颇觉太拘束，得渠性本安静，殊不以此为闷，甚可爱耳。克彰叔公教守章极得体，想已如饮醇酒，不觉自醉矣。亦不及作书，书至可道意。日中应酬恁甚，灯下草草作此，不能尽，不能尽。守仁书。奉曰仁正郎贤弟道契。守俭、守文二弟同此，守章亦可读书知之。二月十三日书。

　　（书见日本《支那墨迹大成》第十一卷《补遗一》、《中国书法大成》[五]、徐邦达《古书画过眼要录·元明清书法》。）

东山寺谢雨文 （正德十二年　一五一七年）

曰：迩者自闽旋师，道经瑞金，以旱魃之为灾，农不获种，辄乞灵于大和尚，期以七日内必降大雨，以舒民困。行至雩都，而雨作，计期尚在七日之内，大和尚亦庶几有灵矣！敢遣瑞金县署印主簿孙鉴具香烛果饼，代致谢意，惟默垂鉴佑，以阴骘瑞金之民。

（文见《嘉靖瑞金县志》卷七。）

昭告会昌显灵赖公辞 （正德十二年　一五一七年）

维正德十二年，岁在丁丑，五月乙亥，越五日己卯，钦差巡抚南、赣、汀、漳等处、都察院左佥都御史王守仁，昭告于会昌县受封赖公之神：为会昌民田禾旱枯，祷告神灵，普降时雨。至雩都，果三日之内大雨，赖神可谓灵矣。敬遣会昌县知县林信，具香帛牲礼代设谢之诚。神其昭格，永终神惠，以阴骘会昌之民。谨告。

（文见《同治会昌县志》卷二十八《祠庙》。）

祭徐曰仁文 （正德十二年　一五一七年）

维正德十二年七月十五日，寓赣州左佥都御史王守仁，使十弟守文，具清酌之奠，哭告于故工部都水司郎中妹婿徐曰仁之枢曰：呜呼曰仁！乃忍去吾而死耶？吾又何以舍子而生为乎！呜呼曰仁！子则死矣，而使吾妹将何以生乎？使吾父母暮年遭此，何以为怀乎？又使子之父母暮年遭此，何以为生乎？此皆人世之至酷极烈所不忍言者，吾尚忍言之乎？呜呼痛哉！吾复何言，吾复何言！尚飨。

（文见钱明编校《横山遗集》附录，注作"王守仁、王守文撰"。）

与黄宗贤书（正德十二年　一五一七年）

自宗贤归，日切山中之想。自曰仁卒，无复入世之心。（下阙）

（书见《洞山黄氏宗谱》卷一载黄绾《家训》。）

致毛纪信札（正德十二年　一五一七年）

侍生王守仁顿首再拜启上大元老毛老先生大人执事：守仁始至赣，即欲一申起居。因闽寇猖獗，莅事未数日而遂往督征，故前者进本人去，竟不及奉启，迄今以为罪。请教之渴，如何可言！守仁迂腐之资，实无可用于时，盖未承赣州之乏，已尝告病求退，后以托疾避难之嫌，遂不敢固请。虽勉至此，实恐得罪于公议，为知己之羞。今遂未知所以税驾之道，幸卒赐之指教而曲成之。今南赣之事，诚亦有难为者。盖闽寇虽平，而南赣之寇又数倍于闽，且地连四省，事权不一，兼之敕旨又有不与民事之说，故虽虚拥巡抚之名，而其实号令所及，止于赣州一城，然且尚多抵牾，是亦非皆有司者敢于违抗之罪，事势使然也。今为南赣，止可因仍坐视，稍欲举动，便有掣肘。守仁窃以为南赣之巡抚可无特设，止存兵备，而统于两广之总制，庶几事体可以归一；不然，则兼于江西之巡抚，虽三省之务尚有牵碍，而南赣之事犹可自专，一应车马钱粮，皆得通融裁处，而预为之所，犹胜于今之巡抚，无事则开双眼以坐视，有事则空手以待人也。夫弭盗所以安民，而安民者弭盗之本。今责之以弭盗，而使无与于民，犹专以药石攻病，而不复问其饮食调适之宜，病有日增而已矣。今巡抚之改革，事体关系或非一人议，一议之间便可更定，惟有申明赏罚，犹可以稍重任使之权，而因以略举其职。

故今辄有是奏,伏惟特赐采择施行,则非独生一人得以少逭罪戮,地方之困亦可以少苏矣。非恃道谊深爱,何敢冒渎及此? 万冀鉴恕。不宣。五月二十八日,守仁顿首再拜启。余空。

(阳明手札真迹在天津鼎晟拍卖公司二〇〇八年臧秀云艺术品收藏专场拍卖会上出现,曹宏志《对话古人王守仁》云:"大约在四五年前,我有幸重金购得王守仁《致毛纪信札》,段宽九十三厘米,高二十七厘米,信札共分四部分,总长度四米有余。")

书刘生卷 (正德十二年 一五一七年)

仁者以天地万物为一体,医书以手足痿痹为不仁。大庚刘生慎请为仁之说。生儒而善医,吾尝见其起危疾,疗沉疴,皆应手而验。夫儒也,则知一体之仁矣;医也,则知痿痹之非仁矣。世之人仁义不行于伦理,而私欲以戕其天性,皆痿痹者也。生惟无以其非仁者而害其仁焉,求仁之功尽此矣,吾何说? 生方以贡入京,自此将为民社之寄。生能以其素所验于医者而施于政民,其有瘳乎!

(文见《新刊阳明先生文录续编》卷二《跋类》,永富青地《上海图书馆藏新刊阳明先生文录续编について》著录。)

书周子太极图说通书跋 (正德十三年 一五一八年)

按:濂溪自注"主静"云:"无欲,故静。"而于《通书》云:"无欲,则静虚动直。"是主静之说,实兼动静。"定之以中正仁义",即所谓"太极";而"主静"者,即所谓"无极"矣。旧注或非濂溪本意,故特表而出之。后学余姚王守仁书。

(文见李诩《戒庵老人漫笔》卷七,云:"[阳明]在赣州,亲笔写周子《太极图》及《通书》'圣可学乎'一段,末云……")

致砺斋书 （正德十三年　一五一八年）

侍生王守仁斋沐顿首再拜启上大元老砺斋老先生大人执事：守仁浅劣迂疏，幸遇大贤君子委曲裁成，诱掖匡持，无所不至。是以虽其不肖之甚，而犹得以侥幸成功，苟免于覆败之戮，则守仁之服恩感德于门下，岂徒苟称知己者而已哉！然而惶惶焉苟冀塞责而急于求去者，非独将以幸免夫诛戮，实惧大贤君子之厚我以德，而我承之以羞耳。人之才能，岂不自知？仰赖老先生之扶植教引，偶幸集事，既出意望之外矣。偶幸之事，安可屡得？已败而悔，何所及乎！兼之莅任以来，病患日剧，所以强忍未敢告病之故，前启已尝略具。且妻孥终岁瘴疫，家属死亡，百岁祖母日夜思一见为诀，老父亦以衰疾屡书促归。数月以来，恍恍无复人间之念。老先生苟怜其才之不逮，悯其情之不得已，遂使泯然全迹而去，幸存余息，犹得为门墙闲散之士，咏歌盛德于林下，则未死之年，未败之行，皆老先生之赐之、全之矣，感报当何如耶！不然，亦且冒罪径遁，以此获谪，犹愈于偾绩败事，卒为钳囚，为知己之玷矣。渎冒威严，死罪，死罪！守仁惶恐激切再拜启上。外附启渎览。余素。

（书见《明代尺牍》第二册，上海科学技术文献出版社出版。）

寓赣州上海日翁手札 （正德十三年　一五一八年）

寓赣州男王守仁百拜书上父亲大人膝下：久不得信，心切悬悬。间有乡人至者，略问消息，审知祖母老大人、大人下起居万福，稍以为慰。男自正月初四出征浰贼，三月半始得回军。赖大人荫庇，盗贼略已底定。虽有残党百余，皆势穷力屈，投哀告招，今亦姑顺其情，抚定安插之矣。所恨两广府江诸处苗贼，往年彼三堂虽屡次征剿,然贼根未动,旋复昌炽。今闻彼又大起,若彼中兵力无以制之,势必摇动远近,为将来之忧。况兼时事日难,隐忧日甚,昨已遣人具本乞休,要在必得乃已。男因贼巢瘴毒,患疮疬诸疾,今幸稍平,数日后亦将遣人归问起居。因诸仓官便,灯下先写此报安。

四月初十日,男守仁百拜书。

(手札真迹今藏余姚市梨洲博物馆,计文渊《王阳明法书集》著录。)

祭徐曰仁文 (正德十三年　一五一八年)

维正德十三年,岁次戊寅,四月己巳朔,越十有七日乙酉,寓赣州王守仁既哭奠于旅次,复写寄其词,使弟守俭、守文就故南京工部都水司郎中徐曰仁贤弟之柩而哭告之曰:呜呼曰仁! 子之别我,既两阅岁兮;子之长逝,忽复逾年兮。呜呼曰仁! 去我安适兮? 谓子犹在故乡,胡久无书札兮? 子既死矣,故忽在吾目兮? 醒耶梦耶,胡不可即兮? 彼狡而残,则黄馘兮;彼顽之子,则蛰蛰兮;独贤而哲,乃夭绝兮。悠悠苍天,我安归责兮? 呜呼伤哉! 人生之痛,乃有此极兮! 死而有知,当如我悲兮。我悲孔割,不如无知兮。呜呼伤哉! 死者日以远兮,生者日以哀。有志靡就兮,有怀靡期。凡今之人兮,孰知我悲? 呜呼伤哉! 尚飨。

(文见钱明编校《横山遗集》附录。)

与陈以先手札 (正德十三年　一五一八年)

往承书惠,随造拜,前驱已发矣。嘉定之政佳甚,足为乡间之光,尚未由一面为快耳。葛上舍归省,便草率布问,余惟心亮。守仁顿首,陈明府大人以先文侍。葛盖家君同年,故及之。余空。

（札见《古今尺牍墨迹大观》第七册。蓬累轩《姚江杂纂》著录是札，但不全。）

与诸弟书 （正德十三年　一五一八年）

乡人自绍兴来，每得大人书，知祖母康健，伯叔母在余姚皆纳福，弟辈亦平安，儿曹学业有进，种种皆有可喜。且闻弟辈各添起楼屋，亦已毕工。三弟所构尤极宏壮，规画得宜，吾虽未及寓目，大略可想而知。此皆肯构贻谋，势所不免，今得蚤办，便是了却一事，亦有可喜也。吾家祖父以来，世笃友爱，至于我等，虽亦未至若他人之互相嫌隙，然而比之老辈，则友爱之风衰薄已多。就如吾所以待诸弟，即其平日外面大概，亦岂便有彰显过恶？然而自反其所以推己尽道、至诚恻怛之处，则其可愧可恨，盖有不可胜言者。究厥所以，皆由平日任性作事，率意行私，自以为是，而不察其已陷于非；自谓仗义，而不觉其已放于利。但见人不如我，而不自见其不如人者已多；但知人不循理，而不自知其不循理者亦有，所谓责人则明，恕己则昏。日来每念及此，辄自疚心汗背，痛自刻责，以为必能改此凶性，自此当不复有此等事，不知日后竟如何耳，诸弟勉之！勿谓尔兄已为不善而鄙我，勿谓尔兄终不能改而弃我。兄及弟矣，式相好矣，无相犹矣，诸弟勉之！吾自到任以来，东征西讨，不能旬日稍暇，虽羁鸟归林之想，无时不切；然责任在躬，势难苟免。今赖朝廷威德，祖宗庇荫，提兵所向，皆幸克捷，山寇峒苗，剿除略尽，差可塞责。求退乞休之疏，去已旬余，归与诸弟相乐有日矣。为我扫松阴之石，开竹下之径，俟我于舜江之浒，且告绝顶诸老衲，龙泉山主来矣。族中诸叔父及诸弟，不能尽书，皆可一一道此意。四月廿二日，寓赣州长兄守仁书寄三弟、四弟、六弟、八弟收看。外葛布二疋,果子银四钱,奉上伯叔母二位老孺人。骨箸四把,弟辈分用。外又郑二舅书一封,江南诸奶奶书一封,汪克厚一封,闻邦正弟兄书一封,至即皆可分送,勿致遗失,千万,千万! 又廿一叔书一封,谢老先生处书一封,皆留绍兴,倘转寄到家,亦可即时分送。闻姨丈、汪九老官人及诸亲丈,及诸相厚如朱有良先生、朱国材先生辈,相见皆可道不及奉书之意。又一封示诸侄。

(书真迹今藏中国历史博物馆,计文渊《王阳明法书集》著录。)

祭俞子有文 （正德十三年　一五一八年）

呜呼庆也! 欲寡其过而未能,盖骎骎焉有志,而未睹其成也。(下阙)

(文见《康熙信丰县志》卷十《俞庆传》。)

蒙冈书屋铭为学益作 （正德十三年　一五一八年）

之子结屋,背山临潭。山下出泉,《易·蒙》是占。果行育德,圣功基焉。无亏尔簀,毋湑尔源。战战兢兢,守兹格言。

(铭见《同治安福县志》卷十八。)

跋赵松雪游天冠山诗卷 （正德十三年　一五一八年）

赵松雪《游天冠山诗卷》,诗法、字法真奇,二绝之妙,出入右军,兼李北海之秀润。书家得此,宗学之有传也。正德十三年四月十六日,王守仁识。

(赵孟頫《游天冠山诗卷》及阳明跋文真迹,长四百八十五厘米,宽三十五厘米,由该卷收藏者公布于"华夏收藏网"。)

示学者 （约正德十三年　一五一八年）

吾始学书，对模古帖，止得字形。后举笔不轻落纸，凝思静虑，拟形于心，久之始通其法。既后读明道先生书曰："吾作字甚敬，非是要字好，只此是学。"既非要字好，又何学也？乃知古人随时随事只在心上学，此心精明，字好亦在其中矣。

（文见钱德洪《阳明先生年谱》。）

书爱莲说 （约正德十三年　一五一八年）

此濂溪周子《爱莲说》也。悠然意远，不著点尘。明窗读之，宛然霁月光风，照人眉宇。阳明山人守仁并识。

（文见杨思寿《眼福编二集》卷八《明王文成爱莲说真迹卷》，《中国历代书画艺术论著丛编》载，新编本《王阳明全集》著录。）

与晋溪第十三书 （正德十四年　一五一九年）

畏途多沮，不敢亟上启。感恩佩德，非言语可尽。所恨羸病日增，近复吐血潮热，此身恐不能有图报之地矣。伏望终始曲成，使得苟延余喘于林下，亦仁人君子不忍一物失所之本心，当不俟其哀号控吁也。情隘势迫，复尔冒干，伏惟悯悕。不具。

（按：此书见上海图书馆藏《阳明先生与晋溪书》[十五首]。今《王阳明全集》卷二十七《与王晋溪司马》漏此一书。）

与二位周侍郎手札 （正德十四年　一五一九年）

江省之变，其略已具公文。大抵此逆蓄谋已非一日，其穷凶极恶，神怒人怨，决败无疑。但其气焰方炽，此中兵力寡弱，又阖省无一官(不)肯为用。因户部奏革商税,南赣屯聚之兵,无所仰给,已放散,复欲召集,非数月不能,此事极可痛恨。二公平日忠义自许,当兹国难,忠愤激烈,不言可知。切望急促金事周期雍公文内示坐定名字者,未审周今安在,且欲二公坐名促之来也。区区已先将弱卒牵制其后,使不得安意前进,但迟留半月,南都有备,四方勤王之师渐集,必成擒矣。百冗中,言不能悉。守仁顿首,二位周侍郎(御)先生道契。两司进见,幸悉以此意布之。杜太监已被虏。闽事有诸公在,当无虑。此事宗社安危所系,不得不先图之也。

(札见蓬累轩编《姚江杂纂》,钱明《王阳明全集未刊散佚诗文汇编及考释》著录。)

与世亨侍御书 （正德十四年　一五一九年）

宁贼之变,远近震慑,阅月余旬,四方之援,无一人至者,独闽兵闻难即赴,此岂惟诸君忠义之激然,亦调度方略过人远矣。区区有所倚赖,幸遂事,未及一致感谢,而反辱笺奖,感怍,感怍! 使还,冗极未能细裁,草草,幸心照。守仁顿首启,世亨侍御先生道契。余空。

(札见叶元封《湖海阁藏帖》卷二《与世亨侍御书》、严信厚《小长芦馆集帖》卷四《王守仁与世亨书》。)

与朱守忠书 （正德十四年　一五一九年）

屡以乞休事相渎,谅在知爱之深,必能为我委曲致力。然久而未效,何耶? 昔人谓进难而退易,岂在今日亦有所不易耶? 近日复闻祖母病已危甚,方寸益乱。将遂弃印长往,恐得罪名教,姑复再请;再请不获,亦无如之何矣! 弃官与覆败之罪孰重? 潜逃与俘戮之耻孰深？守忠且为我计之，当如何而可。赍本人去，因便告领俸资。凡百望指示，得早还为幸。故旧之在京邸者，忧疑中不能作书，相见亦希道意。京中消息，人还悉写知之。守仁顿首。

（书见裴景福《壮陶阁书画录》卷十《明王阳明手札册》。）

与朱守忠手札（三札）

札一（正德十四年　一五一九年）

宁贼之起，震动海内，即其气焰事势，岂区区知谋才力所能办此哉？旬月之间而遽就擒灭，此天意也，区区安敢叨天之功？但其拚九族之诛，强扶床席，捐躯以狥，此情则诚有天悯者，不知庙堂诸公能哀念及此，使得苟存余息，即赐归全林下否？此在守忠亦当为区区致力者，前此已尝屡渎，今益不俟言矣。渴望，渴望！老父因闻变惊忧成疾，妻奴坐此病留吉安，至今生死未定。始以国难，不暇顾此；事势稍靖，念之百忧煎集，恨不能即时逃去，奈何，奈何！余情冗极未能悉，千万亮察。守仁顿首。

札二（正德十四年　一五一九年）

近因祖母之痛，哀苦狼藉，兼乞休疏久未得报，惟日闭门病卧而已。人自京来，闻车驾已还朝，甚幸，甚幸！但闻不久且将南巡，不知所指何地，亦复果然否？区区所处，剥床以肤，莫知为措，尚忆孙氏园中之言乎？京师人情事势何似？便间望写示曲折。闽事尚多隐忧，既乞休敕又久不至，进退维谷。希渊守古道，不合于时，始交恶于郡守，继得怨于巡按，浩然遂有归兴，复为所禁阻不得行，且将诬以法。世路险恶如此，可叹可恨！因喻宗之便，灯下草草。宗之意向方新,惜不能久与之谈。然其资性笃实,后必能有所进也。荒迷中不一。守仁稽颡,守忠侍御贤弟道契。

札三（正德十五年　一五二〇年）

欲投劾径去,虑恐祸出不测,益重老父之忧;不去,即心事已乱,不复可强留。神志恍恍,终日如梦寐中。省葬之乞,去秋尝已得旨,"贼平来说"。及冬底复请,而吏部至今不为一覆。岂必欲置人于死地然后已耶？仆之困苦危疑,当道计亦闻之,略不为一动心,何也？望守忠与诸公相见,为我备言此情,得早一日归,即如早出一日火炕,即受诸公更生之赐矣,至祷,至祷！宸濠叛时,尝以伪檄免江西各郡租税,以要人心。仆时亦从权宜蠲免,随为奏请,至今不得旨。今江西之民重罹兵革诛求之苦,无复生意,急赈救之,尚恐不逮,又加征科以速之,不得已复为申请。正如梦中人被锥,不能不知疼痛,聊复一呻吟耳,可如何如何！守仁顿首,守忠侍御大人道契。诸相知不能奉书,均为致千万意。奏稿目入。

（三札真迹藏上海博物馆,计文渊《王阳明法书集》著录。）

又答汪进之书（正德十四年　一五一九年）

远承教札,兼示《闲辟辩》,见执事通道之笃,趋道之正,喜幸何可言！自周、程后学厐道晦且四百余年,逃空寂者,闻人足音跫然喜矣,况其亲戚平生之欢乎？朱、陆异同之辩,固守仁平日之所召尤速谤者,亦尝欲为一书,以明陆学之非禅,见朱学亦有未定者;又恐世之学者先怀党同伐异之心,将观其言而不入,反激怒焉,乃取朱子晚年悔悟之说,集为小册,名曰《朱子晚年定论》,使具眼者自择焉。将二家之学,不待辩说而自明矣。近门人辈刻之零都,士夫见之，往往亦有启发者。今复得执事之博学雄辞，阐扬剖析，乌获既为之先登，懦夫益可鱼贯而前矣，喜幸何可言！辱以精舍记见委，久未奉命，此诚守仁之罪也，悚仄，悚仄！然在向时，虽已习闻执事之高名，知所景仰，而于学术趋向之间，尚有未能尽者。今既学同道合，同心之言，其容已乎？兵革纷扰中，笔札殊未暇，乞休疏已四上，期在必得。不久归投山林，当徐为之也。盛价立俟回书，拙笔草草，未尽扣请，伏惟为道珍爱。寓虔病生王守仁顿首启。

（书见《汪仁峰先生外集》卷三。）

两广都御史火牌 （正德十四年　一五一九年）

提督两广军务都御史杨为机密军务事。准兵部咨及都察院右副都御史颜咨俱为前事，本院带领狼达官兵四十八万，齐往江西公干。的于五月初三日在广州府起马前进，仰沿途军卫有司等衙门，即便照数预备粮草，伺候官兵到日支应。若临期缺乏误事，定行照依军法斩首。朝廷先差颜等勘事，已密于两广各处提调兵马潜来，袭取宸濠。

（文见钱德洪《征宸濠反间遗事》与《平濠记》。）

迎接京军文书 （正德十四年　一五一九年）

提督军务都御史王为机密军务事。准兵部咨该本部题奉圣旨："许泰、邰永分领边军四万，从凤阳等处陆路径扑南昌；刘晖、桂勇分领京边官军四万，从徐州、淮安等处水陆并进，分袭南昌；王守仁领兵二万，杨旦等领兵八万，秦金等领兵六万，各从信地分道并进，刻期夹攻南昌。务要遵照方略，并心协谋，依期速进，毋得彼先此后,致误事机。钦此。"等因,咨到,职除钦遵外,照得本职先因奉敕前往福建公干,行至丰城地方,卒遇宁王之变,见已退住吉安府起兵。今准前因,遵奉敕旨,候两广兵齐,依期前进外,看得兵部咨到缘由,系奉朝廷机密敕旨,皆是掩其不备,先发制人之谋。其时必以宁王之兵尚未举动。今宁王之兵已出,约亦有二三十万,若北来官兵不知的实消息,未免有误事机。以本职计之,若宁王坚守南昌,拥兵不出,京边官军远来,天时、地利,两皆不便,一时恐亦难图。须是按兵徐行,或分兵先守南都,候宁王已离江西,然后或遮其前,或击其后,使之首尾不救,破之必矣。今宁王主谋李士实、刘养正等各有书密寄本职,其贼凌十一、闵廿四亦各密差心腹前来本职递状,皆要反戈立功报效。可见宁王已是众叛亲离之人,其败必不久矣。今闻两广共起兵四十八万,其先锋八万,系遵敕旨之数,今已到赣州地方。湖广起兵二十万,其先锋六万,系遵敕旨之数,今闻已到黄州府地方。本职起兵十万,遵照敕旨,先领兵二万,屯吉安府地方。各府知府等官各起兵快,约亦不下一万之数,共计亦有十一二万人马,尽已毂用。但得宁王早离江西,其中必有内变,因而乘机夹攻,为力甚易。为此今用手本备开缘由前去,烦请查照裁处。并将一应进止机宜,计议停当,选差乖觉晓事人员,与同差去人役,星夜回报施行,须至手本者。

(文见钱德洪《征宸濠反间遗事》与《平濠记》。)

报李士实书 <small>(正德十四年　一五一九年)</small>

承手教密示,足见老先生精忠报国之本心,始见今日之事迫于势不得已而然,身虽陷于罗网,乃心罔不在王室也。所喻密谋,非老先生断不能及此。今又得子吉同心协力,当万万无一失矣。然几事不密则害成，务须乘时待机而发乃可。不然，恐无益于国，而徒为老先生与子吉之累，又区区心所不忍也。况今兵势四路已合，只待此公一出，便可下手，但恐未肯轻出耳。昨凌、闵诸将遣人密传消息，亦皆出于老先生与子吉开导激发而然。但恐此三四人者皆是粗汉，易有漏泄，须戒令慎密，又曲为之防可也。目毕即付丙丁。知名不具。

（书见钱德洪《征宸濠反间遗事》与《平濠记》。）

府县报帖 （正德十四年 一五一九年）

都督许泰、邵永将边兵，都督刘晖、桂勇将京兵，各四万，水陆并进。南赣王守仁、湖广秦金、两广杨旦各率所部，合十六万，直捣南昌。所至有司缺供者，以军法论。

（帖见《明史·王守仁传》。）

祭宁都知县王天与文 （正德十四年 一五一九年）

呜呼痛哉！公何逝之速耶？公令宁都，宸濠之役，公与我谋，谓贼必擒，事必成。到如今，果如公筹。我之视公如手足，我之实大声宏，皆公之贶。胡天不慭，疾罹沉疴，旅栈漂漂，我心如剒，呜呼痛哉！虽然，我今鸣汝大功于朝，汝将为不朽矣，复何憾哉，复何憾哉！明江西巡抚余姚王守仁撰。

（文见《高布王氏族谱》。）

论心学文 （正德十四年 一五一九年）

圣人之学，心学也。宋儒以知识为知，故须博闻强记以为之；既知矣，乃行亦遂终身不行，亦遂终身不知。圣贤教人，即本心之明,即知;不欺本心之明,即行也。

（文见费纬祹《圣宗集要》卷六《王守仁》,题目今加。）

题唐子畏山静日长图玉露文 （正德十四年　一五一九年）

味子西此句,可谓妙绝。人能真知此妙,则东坡所谓"无事此静坐,一日如两日。若活七十年,便是百四十",所得不已多乎?

正德己卯冬日,阳明山人王守仁书。

（唐寅《山静日长图》并阳明题《玉露》文,见美国芝加哥大学出版《唐寅画册》。按唐寅此《山静日长图》真迹[十二幅]在佳士得香港有限公司二〇〇六年秋季艺术品拍卖会上出现,并在网上公布。今贵阳阳明祠存有阳明此题《玉露》文碑刻拓片[见《贵阳阳明祠》及《王阳明谪黔遗迹》],但文有颠倒。）

题唐子畏画 （正德十四年　一五一九年）

唐子畏为画中神品,其云林、木石、峡谷、人物,无一笔非古人,而纯以胸中一派天趣写之,故寸幅片楮,皆为当代什袭。斯卷为子畏得意之笔,具眼者自然鉴诸。阳明山人。

（此题画在中国嘉德拍卖有限公司"二〇一三年嘉德四季第三十六期拍卖会"上出现,并在"雅昌艺术拍卖网"上公布。）

钱硕人寿序 （约正德十四年　一五一九年）

懿恭之行,柔嘉之德,母仪妇轨,无所不具。虽纪传所载,亦无以加。（下阙）

（文见丰坊《真赏斋赋》卷上。）

罢兵济幽榜文（正德十四年　一五一九年）

伏以乾坤世界，沧海桑田，一日十二百刻时，自古有生有死；百年三万六千日，几多胡作胡为。论眼前谁不利己损人，于世上孰肯立纲陈纪？臣弑君，子弑父，转眼无情者多；富欺贫，强欺弱，经官动府者众。以身亡桎梏，而以命堕黄泉，故知君子小人，历年有几；盖为乱臣贼子，何代无之？往者难追，近者当镱。若宁王做场说话，幸我辈磊个根源。只图帝王高荣，不顾王基败坏。陷若干良善红楼富家女，何曾得见画眉郎；白面少年儿，未必肯为短命鬼，往往叫冤叫屈，荣荣（茕茕）无依无倚。三岁孩童哭断肝肠，难寻父母；千金财主创成家业，化为灰尘。侯门宰相也凄惶，柳巷花街浑冷落。浮生若大梦，看来何用苦奔忙；世事如浮云，得过何须尽计较。难免天□鉴察，何用罪孽可逃？木有根，水有源，谁念门中之宗祖；阳为神，阴为鬼，孰怜境上之孤魂？三年两不收，倾沟壑岂无饿殍；十去九不回，溺江湖亦有英雄。并山川草木之精灵，及贫穷鳏寡之孤独，怆惶凄惨，寂寞萧条。几个黄昏几个夜，吊祭有谁；一番风雨一番沙，超生无路。幸斋官建坛而修水陆，为汝等施惠而修斋，因重上君子堂，即请朝□于我佛，便是神仙境，何须更问妙严宫。一段因缘，无边光景。

（文见《王守仁罢兵济幽榜文等抄稿本》[一册]。该抄稿本由"孔夫子旧书网"上网公布，并在线拍卖。）

与刘仲贤书（正德十四年　一五一九年）

东征之役，执事赞襄之力居多，而绝不肯言功，岂常人所能？

（书见《乾隆庐陵县志》卷二十九《刘昭传》。）

祭袁德彰文 （正德十五年　一五二〇年）

嗚呼德彰！士而不知其学，其生也如醉梦，死则蜉蝣蠛蠓矣。德彰始钻研于辞章训诂，而疲劳于考索著述，矻矻然将终老矣。已而幡然有觉，尽弃旧习，如脱敝屣，锐志于圣贤之学。虽其精力既衰，而心志迥然不群矣。中道而殁，盖斯文之不吊，古所谓"朝闻道，夕死可矣"者，德彰其庶几哉。嗚呼！此心此理，万古一日，无分于人我，无间于幽明，无变于生死。故生而顺焉，没而宁焉，昭昭于其生，乃所以昭昭于其死也。嗚呼，德彰亦何憾乎！

（文见《康熙雩都县志》卷十四、《天启赣州府志》卷十六、《同治赣州府志》卷六十六。）

檄祀康斋乡祠 （正德十五年　一五二〇年）

吴公方其贵近之荐，固可见好德之同；及夫官爵之辞，尤足验先几之哲。盖宣和之疏，于龟山无嫌；而明堂之留，在汉儒为愧。出处不至于失己，学术何待夫立言？

（文见沈佳《明儒言行录》卷三《吴与弼》。）

敬斋白公墓志铭 （正德十五年　一五二〇年）

正德丁丑十月二十二日，右副都御史白公卒。戊寅秋，其子说、谊卜葬于邑乌龙冈之原，得庚辰二月之甲申，奉其母何淑人之命，具疏状走数千里来虔，请铭于守仁。昔公先公康敏君，京师与家君为比邻，及余官留都，又与公居密迩，说、谊皆尝及门，通家之好三世矣，铭而可辞？乃为之铭。按监察御史张鳌山状，公讳圻，字辅之，别号敬斋。系出秦大夫乙丙，宋末继升者始自洛阳来，居晋陵之三涡里，再徙城东采菱港。高祖均礼，曾祖思恭，祖大冶教谕珂，皆赠光禄大夫、柱国、太子太保、刑部尚书。父昂，刑部尚书，赠特进太保，谥康敏。妣四世皆赠封一品夫人。公生十八年，领成化癸卯应天乡荐，甲辰举进士。丙午授南京户部主事，司牧马草场，留守诸仓，奏起克税，岁五千余缗。癸丑升刑部员外郎，丙辰转郎中，以疾告。癸亥改户部，奉敕督漕运。时康敏致政家居矣，比疾卒，适便道省侍，得尝药视殓焉。丙寅服阕，补都水郎中。丁卯升浙江参议，分守浙东诸郡，值旱，请免常税十之四。时逆瑾用事，议开温、处矿，公极言其患无已，请以赎金充输，得报罢。所部豪民伪牒补吏，持官府弄法，公罢革三百余人，还政以人。日本使掠鄞少年，归后甥其国主。随使入贡，鄞人嫉其贿，奏留之，日本大噪。公以待夷宜恕以情，今弃一恶少，无损于编户，留之足以召衅，请薄责其使，弗治，朝议以为得体。金、衢、温、杭岁连歉疫，公前后极力赈恤，民获全活，又奏折其税。长兴有湖，没田万亩，重税殃民，悉为请免。庚午升福建左参政，汀、漳寇起，远近震摇，公檄兵进剿，贼散去。辛未升右布政使，癸酉转左山东。时流贼甫兴，岁蝗，公定税为九则，宽恤被盗州县，检奏妇女不受贼污者，表厥宅里，民用不病。冬迁应天府尹。康敏旧尝为府丞，公至，兴学校，举废坠，招流移，奏厘时政七事，复修康敏之绩，绍述有光焉。乙亥擢右副都御史，总督南京粮储。公以根本重地，而蓄积日耗，即有水旱兵乱，何以备？乃奏裁冗食，薄浮费，停不急之役。又疏条其非便者数事，剔蠹祛奸，翼善推暴，与权横大拂，然自是舆论益归。丁丑正月，太夫人将没，哀毁成疾，其冬病甚，遂卒，年五十二。有司以闻朝廷，赐祭营葬。公性孝友夷旷，虽生长贵游间，而能温恭谦抑，礼交天下之贤，终始无失色于人。家饶声乐园池之好，而能究心痛隐，屑于猥琐烦剧之务。以躬劳任职，可谓出乎其

习,同而不淆者矣。铭曰:

维白之先,自秦乙丙。奕祀缵闻,至于康敏。太保司寇,为邦之幹。公寔承体,聿敦弥阐。外省则惠,内台则塞。厥声世维,视祢有显。所逸无逸,居元而俯。德则不滔,年则匪引。年则匪引,厥嗣其衍。后有述者,吾铭是亶。

(文见朱大韶《皇明名臣墓铭》,屈万里《明代史籍汇刊》、周骏富《明代传记丛刊》皆收录,钱明《王阳明全集未刊散佚诗文汇编及考释》著录。)

青玉峡龙潭题名 (正德十五年　一五二〇年)

大明正德庚辰,阳明王守仁,同行御史伍希儒、谢源,参政徐琏,知府陈霖。

(文见吴宗慈《庐山志·艺文·金石目》。)

与邹谦之 (正德十五年　一五二〇年)

自到省城,政务纷错,不复有相讲习如虔中者。虽自己舵柄不敢放手,而滩流悍急,须仗有力如吾谦之者持篙而来,庶能相助更上一滩耳。

(书见钱德洪《阳明先生年谱》"正德十五年"下。阳明是年九月还南昌,此书作在九月间。)

与谢士洁书(五篇)

书一(正德十五年　一五二〇年)

承以功次见询,此正区区所欲一论者。近见兵部王公文移,其意重在分别奇功、头功、次功。今按察司所缴册内，既不依此开造，却又创立总理调度及倡义起兵事前事后等项名色，甚有未安。近日朝廷将各处总督官衔悉改为提督，则此总理之名正与总督字样相犯，不可不避。且我辈一时同事，孰非忠义勤王之人，今乃独以倡义起兵归之士洁与伍廉史，二君正系造报功次之人，而乃自相标揭如此，掩众美而独有之，非惟二君心有不忍，兼且众议不平，亦恐适来识者之诮，此亦不可不深自省艾也。凡言事前事后者，皆谓一事之外，前后别有两事。今宸濠叛逆正是一事，作乱之始是事之始，平乱之后是事之终，不可以事前事后言。今若以诸公来文之故，不得已止于功次项下开写，庶尚可通，况获功日月前后自见，何俟别开。今乃特于册前复创此项名目，却是画蛇添足。其于一万一千有奇之数，减去前后，即自相矛盾，而捷奏之言为虚妄矣。此在高明，必有的见，既承问及，不敢不尽。又诸乡宦协谋讨贼，其义甚高，今乃一概削而不录，何以劝善？我辈心亦何安？且与捷奏亦有不合，尤不可不处。封去册式，乃在省城时与诸公面议如此，今亦未敢便以为是，更望斟酌去取之。叨叨不罪。守仁拜手言。

书二 （正德十五年　一五二〇年）

近见士洁与时泰书，似疑区区有芥蒂之意，不觉失笑，何士洁视予之浅也。士洁试看区区平日，与人虽深仇极恨者，亦未尝藏怒蓄憾，每每务存忠厚，况与士洁平日道谊骨肉之爱？加以日来艰苦同分，忧患同心，纵今士洁一旦真有大怨大恚于我，我所以处之亦当与彼泛泛者有间。士洁曾有何憾于我，而我芥蒂于中耶？若士洁心直口快，言语之争，时或有之。此则虽在父子兄弟，旦夕久处，亦有不免。凡今朋友群居日久者，亦孰不然？若遂以此芥蒂，则尽父子兄弟，尽天下朋友，皆可怨可仇者矣！此人面兽心者之事，而士洁忍以待我耶？区区之心，士洁日后自见，本不俟言，因见士洁与时泰书，却恐士洁或有芥蒂，故辄云云。士洁见之，想亦付之大笑也。呵呵！守仁顿首。外缴呈稿奉览。

书三 （正德十六年 一五二一年）

别久，益想念。京师凡百，得士洁在，今汝真又往，区区心事当能一白矣。老父衰病日深，赏功后得遂归省，即所谓骑鹤扬州矣！诸老处，望为一一致恳。冀生事，闻极蒙留意，甚感甚感！今汝在，复遭此，不识诸君何以解之？此间凡百，王金略能道。适牙痛，临楮不能一一。守仁拜手，士洁侍御道契文侍。余空。

书四 （正德十六年 一五二一年）

冀惟乾事，承为之表暴扶持，乃不意其命之薄，一至于此！又承为之衣衾棺殓，皆仁者用心忠厚之道也。感刻感刻！其未审冤抑尚欲为之一洗。以区区出处未定之故，犹在迟疑间，必不得已而进京。俟到京日，更与诸君商议而行之。若遂归休之愿，终须一举，庶能少泄此心之痛耳。奈何，奈何！其丧事托王邦相与之区处，望始终为之周还。有不便者，须仆到京日图之亦可也。行李匆匆间，所欲言者不能一一，千万心照。守仁顿首，士洁侍御大人道契文侍。余素。

书五 （正德十六年 一五二一年）

吾子守道，屈志未伸，表扬宣白，此自公论所不容已。仆于凡今之人皆然，况在吾子之素爱且厚乎！若致书当道，则恐不能有益于吾子，而适足以自点矣。如何如何？凡居官行己，若皆顺意从志，则亦何难？惟当困心衡虑，而能独立不变，然后见君子之所守。孟子谓："动心忍性，增益其所不能。"吾子素有志于学，当此之时，顾非吾子用力之地耶？幸勉图之，以卒永业。世俗之荣辱，决非君子之所为欣戚也。伍太守书一纸至，望一送县，巡抚便间当道及，今亦未敢特致。亮之亮之！守仁再拜，士洁谢明府大人道契。

（五札手书真迹，今藏温州博物馆。徐定水《王守仁行书函札卷》[《文物》一九九四年十期]、钱明《王阳明全集未刊散佚诗文汇编及考释》均著录。）

天池寺题刻 （正德十五年　一五二〇年）

正德庚辰三月……（都察院副都御）史阳明（王守仁），同行参（政）徐琏，副使高雷令……知府（陈霖）相从。

（题刻见吴宗慈《庐山志·艺文志·金石目》。）

宗忠简公象赞 （正德十五年　一五二〇年）

此宗忠简公遗象也。守仁读史至公传，未尝不为之扼腕而流涕。广右廉访使朝用先生，公之苗裔，余同年友也，属为之赞。余悲公见抑于权奸，而积愤以死也，遂赞之曰：

天之义气，伟人受形。乃大雷电，以赫厥灵。宋帝蒙尘，惟公纯臣。百万义旅，一呼响臻。回銮之疏，二十四上。积愤而逝，风雨震荡。忠肝义胆，泰山莫撼。堂堂遗象，泪襟在览。丹青载见，目光如电。英姿飒爽，怒发思战。三呼渡河，一语无他。千载愤激，转谷盘涡。

姚江王守仁谨赞。

（赞见宗嘉谟《宗忠简公年谱》卷首、康熙丙戌刻本《宋宗忠简公全集》卷十一。）

庐山读书台摩崖题识（正德十五年　一五二〇年）

正德己卯六月乙亥，宁藩宸濠以南昌叛，称兵向阙，破南康、九江，攻安庆，远近震动。七月辛亥，臣守仁以列郡之兵复南昌。宸濠还救，大战鄱阳湖。丁巳，宸濠擒，余党悉定。当是时，天子闻变赫怒，亲统六师临讨，遂俘宸濠以归。于赫皇威，神武不杀。如霆之震，靡击而折。神器有归，孰敢窥窃。天鉴于宸濠，式昭皇灵，嘉靖我邦国。正德庚辰正月晦，提督军务都御史王守仁书。从征官属列于左方。

（摩崖题识即在庐山开先寺读书台，桑乔《庐山纪事》卷四著录。钱德洪《阳明先生年谱》"正德十五年"下有录。）

祭刘养正母文（正德十五年　一五二〇年）

嗟嗟！刘生子吉，母死不葬，爱及干戈。一念之差，遂至于此。呜呼哀哉！今吾葬子之母，聊以慰子之魂。盖君臣之义，虽不得私于子之身，而朋友之情，犹得以尽于子之母也。呜呼哀哉！

（文见钱德洪《阳明先生年谱》"正德十五年"下。）

奠杨士德文（正德十五年　一五二〇年）

呜呼！士德之资，精一之志，笃信往勇，真足以任重致远，亦既有闻矣。忽中道而夺之，天也，吾谁归咎乎？士德素多病，得去冬怀玉书，云"扶病还潮"，谓亦常耳。秋初，士鸣过赣，凶变适传，且疑且愕,谓为不信。既而尚谦报至,而果然矣。呜呼痛哉! 其之不幸,往岁曰仁之恸,吾已不忍其烈;今复恸吾士德,其何以堪之! 昔尚谦为吾言:潮有二凤,盖指士德昆季也。后皆相继为吾得,自以为斯文之瑞,而今失其一矣,呜呼伤哉! 士鸣归,聊附一奠。痛哉士德,今日已矣,复何言! 复何言!

（文见《饶平县志》卷二十。）

与霍渭先书（正德十五年　一五二○年）

若传习书史,考正古今,以广吾见闻则可;若欲以是求得入圣门路,譬之采摘枝叶,以缀本根,而欲通其血脉,盖亦难矣。

（书见钱德洪《阳明先生年谱》"正德十六年"下。）

复唐虞佐（正德十五年　一五二○年）

吾真见得良知人人所同,特学者未得启悟,故甘随俗习非。今苟以是心至,吾又为一身疑谤,拒不与言,于心忍乎? 求真才者,譬之淘沙而得金,非不知沙之汰者十去八九,然未能舍沙以求金为也。

（书见钱德洪《阳明先生年谱》"正德十五年"下。按《王阳明全集》卷四有《复唐虞佐》,与此书实为一书,不知何以删去此最重要论"良知"一段。）

批兴国县移易风俗申文（正德十五年　一五二○年）

钦差提督军务都察院右副都御史王批:据申,足见知县黄泗修举职业,留心教化,所申事理,悉照准拟施行。但政在宜俗,事贵近民,故良吏为治,如医用药,必有斟酌调停之方,庶得潜移善变之道。申缴。

(文见《乾隆兴国县志》卷十六《明文移》,《同治兴国县志》卷三十六《艺文》。)

辞爵赏救张鳌山疏(残句) <small>(正德十五年　一五二〇年)</small>

勤劳同功,而赏罚殊科。

(文见《同治安福县志》卷十《张鳌山传》,题今拟。)

游寄隐岩题刻 <small>(正德十五年　一五二〇年)</small>

正德庚辰清明日,阳明山人王守仁献俘自南都还,登此。时参政徐琏、知府何绍正同行,主事林豫、周昺、评事孙甫适至,因共题名,陶埜刻。

(题刻见陈蔚《齐山岩洞志》卷十五。按此刻在齐山寄隐岩。)

答陆原静书 <small>(正德十六年　一五二一年)</small>

理无动者也。常知常存,常主于理,即不睹不闻,无思无为之谓也。不睹不闻,无思无为,非槁木死灰之谓也,睹、闻、思、为一于理,而未常有所睹、闻、思、为,即是动而未常动也,所谓动亦定,静亦定,体用一源者也。

(书见日本昌平坂学问所藏嘉靖九年刻本《阳明文录》卷四,其题下原注云:“旧本无。”)

答时振书 <small>(正德十六年　一五二一年)</small>

阔别久,近想所造日益深纯,无因一面扣为快耳。教下士亦有能兴起者乎? 道之不明,世之教与学者,但知有科举利禄,至于穷理尽心，自己本领，乃反视为身外长物，有道者必尝慨叹于斯矣，何以救之？何以救之？区区病疏既五上，近尝得报，归遁有期，庶几尽力于此也。海内同志渐多，而著实能负荷得者尚少，如吾时振美质清才，笃志而不息，亦何所不到哉！偶张解元去便，略致企念之怀。冗次草草，不尽，不尽。寓洪都守仁顿首启，时振大提学道契兄文侍。《古本》、《定论》各一册。余空。

（书见陈焯《湘管斋寓赏编》卷二。）

又答时政书 （正德十六年　一五二一年）

珍果远及，劳人多矣。登受殊愧，羊酒仪则不敢当，附来人还纳。荷诸公深情，未能一一书谢。冗次草草，统希心照。寓洪都守仁拜手，大提学时政乡兄大人有道执事。贵僚诸公，同此致意。小书奉览。正月二日。余。

（书见陆心源《穰梨馆过眼录续录》卷五《元明名人尺牍册》。）

与邦相书 （正德十六年　一五二一年）

此等事如浮云粪土，岂至今日反动其心？凡百付之公论，听命于天而已，不必更有所希望也。至于人有德于我，而我报之者，此自是忠厚之道，但在今日便涉干求，断不可行耳。季生事却望极力与之扶持，非独区区师友之义有不容已，亦天理人心所在，行路之人皆知为之不平，况在邦相亦尝与之相识者乎！一应衣食盘缠之费，区区当一一补偿，勿令缺失，承嘱，承嘱！余情宗海想亦自有书。冗次不一一。阳明山人拜手，邦相宗弟契家。

省亲本若有旨，须遣人作急回报，恐前赏奏人或在路延迟耳。余。

（书见马锦《明人尺牍》上册《王守仁与邦相书》、《中国古代书画图目》[十六]。阳明此书真迹今藏山东青岛市博物馆。）

简施聘之 （正德十六年　一五二一年）

阳明病夫守仁顿首。别久，虽音问阔疏，然每思海内任道者之难得，千百之中而未能一二见，则如聘之者，能无时时往来于怀？忽辱书问，惠然有枉顾之兴，喜幸如何可言！稽山之下，鉴水之滨，敬当扫榻以俟也。承论情欲之际，未能脱然无累，向往之志，甚为所牵制。人苦不自知；亦或知之，而甘于自欺自弃耳，是以懵然终其身。吾兄吐露心事，明白洞达若此，真可谓任道之器，千百之中而未能一二见者也。敬呈。

吴门山水窟，是处足清游。深醉宁辞晚，微凉欲近秋。千年怜谢展，百尺仰陈楼。斜日悬高树，因君更少留。

（书真迹见茅一相《宝翰斋国朝书法》卷八《王守仁与聘之宪长书三通》。《湖州施氏宗谱》附录此书，多有误字。）

再与邹谦之 （正德十六年　一五二一年）

近来信得"致良知"三字，真圣门正法眼藏。往年尚疑未尽，今自多事以来，只此良知无不具足。譬之操舟得舵，平澜浅濑，无不如意，虽遇颠风逆浪，舵柄在手，可免没溺之患矣。

（书见钱德洪《阳明先生年谱》"正德十六年"下。）

吊孙忠烈文(残句) （正德十六年　一五二一年）

公为忠臣，公之令子为孝子。

（文见《元明事类钞》卷十三。）

寄薛尚谦 （正德十六年　一五二一年）

原中、宗贤、诚甫前后去，所欲言者，想已皆能口悉。士鸣、崇一诸友咸集京师，一时同志聚会之盛，可想而知。但时方多讳，伊川所谓"小利贞"者，其斯之谓欤？道不同不相为谋，而仁者爱物之诚，又自有不容已者，要在默而成之，不言而信耳。困心衡虑，以坚淬其志节；动心忍性，以增益其不能，自古圣贤，未有不如此而能有立于天下者也。闻已授职大行，南差得便，后会或有可期。因便草草，言无伦次。

（札见《阳明先生文录》[嘉靖十二年黄绾序刊本]卷二。）

吊蕙皋府君文 （正德十六年　一五二一年）

呜呼伯雨！胡宁止是？英妙之年，俊才高第。阔步长趣，俯视一世。构嫉中遭，幡然林壑。静养有方，锐志圣学。精微日臻，豁然大觉。吾道得人，同志是质。倏焉倾逝，天寔丧予。方有师旅，奔讣无期。临风一恸，痛也何如！呜呼痛哉！

（文见《余姚江南徐氏宗谱》[民国五年刊本]，王孙荣《王阳明散佚诗文九种考释》。）

寄顾惟贤手札 （正德十六年　一五二一年）

洪都相与几两年，中间疏缺多矣。而诸公相爱之情不一而足，别后益隆无替，感怍岂有尽也。荏苒岁月，忽复半百，四十九年之非，不可追复。方切悔叹，思有以自新，而使者远辱，重之以文辞，教之以仪物，是庆之者，适所以愧之也。又且惠及老父，悚汗愈不可言。使还，值冗结，未暇细裁，尚须后便，更悉鄙怀耳。十月九日,守仁顿首,惟贤宪长道契大人文侍。

（手札真迹今藏中国历史博物馆,计文渊《王阳明法书集》著录。）

寄余姚诸弟手札 （正德十六年　一五二一年）

此间家事,尚未停当,专俟弟辈来此分处,何乃一去许时,不见上来? 先人遗教在耳,其忍恝然若是耶! 田庄农务虽在正忙时节,亦须暂抛旬日,切不可再迟迟矣。正心、正思候提学一过,即宜上来。正恕、正愈、正惠先可携之同来。近日正思辈在此,始觉稍有分毫之益,决不可纵,今在家放荡过了也。此间良友比在家稍多,古人所谓"蓬生麻中,不扶而直",是真实不诳语。长兄伯安字白。三弟、四弟、六弟、八弟同看。伯叔母二位老孺人同禀此意。

（手札真迹今藏中国历史博物馆,计文渊《王阳明法书集》著录。）

祭张淑人文 （正德十六年　一五二一年）

维正德十六年,岁次辛巳,十二月己卯朔,越十日己丑,女婿南京兵部尚书王守仁谨以刚鬣柔毛之奠,敢告于岳母诸太夫人张氏曰:

呜呼! 生死常道,有生之所不免也,况如夫人寿考康宁,而子孙之众多且贤耶? 亦又何憾矣! 而儿女之悲,尚犹有甚割者,非情也哉! 死者以入土为安,弥月而葬,礼也。而群子姓之议,殊有所未忍。守仁窃以为宜勉从礼制。且岳父介庵公之藏,亦以是月壬寅卜迁于兆左,因而合焉。生死之礼无违,幽明之情两得,不亦可乎? 群子姓以为然。遂以是月庚寅举大事。日月不居,灵辄于迈,一奠告诀,痛割心膂。言有尽而意无穷,呜呼,尚飨!

（文见《姚江诸氏宗谱》卷六,叶树望《新发现的王阳明佚文六件》著录有考。张氏为阳明岳母。）

与宰辅书 （嘉靖元年　一五二二年）

册中所载,可见之功耳。若夫帐下之士,或诈为兵檄,以挠其进止;或伪书反间,以离其腹心;或犯难走役,而填于沟壑;或以忠抱冤,而构死狱中;有将士所不与知,部领所未尝历,幽魂所未及泄者,非册中所能尽载。今与其可见之功,而又裁削之,何以励效忠赴义之士耶!

（书见钱德洪《阳明先生年谱》"嘉靖元年"下。）

上公卿书 （嘉靖元年　一五二二年）

致仕县丞龙某等,或诈为兵檄,以挠其进止,坏其事机;或伪书反间,以离其心腹,散其党与。阴谋秘计,盖有诸将士所不与知;而辛苦艰难,亦有诸部领所未尝历……

（书见王曾永《类辑姚江学脉·经略》卷七。又与《王阳明全集》卷十二《辞封爵普恩赏以彰国典疏》多同。阳明集中多有就一事上书多人者,文字亦大体相近。）

与毛宪清书 （嘉靖元年　一五二二年）

守仁闻之,主辱臣死,亲犹君也。执事辱先君至此,守仁可以死矣。

（书见徐学谟《世庙识余录》卷一,黄景昉《国史唯疑》卷六。）

与友 （嘉靖元年　一五二二年）

先君初讳,号恸摧割,适承哀崩,毒弥深,未能匍匐走谢。倘蒙赐之惠临,幸得望见颜色,庶几复亲老亲之遗容,孤之愿也。荒无次。孤守仁稽颡。

（文见莫绳孙《圣朝越郡忠节名贤尺牍》,新编本《王阳明全集·补录七》著录。）

与友人 （嘉靖元年　一五二二年）

人间毒暑,正自无地可避,湖山中别有清凉世界,固宜贤者盘桓而不能舍矣。孤在忧病中,既不能往,儿辈又以尘俗之绊,复不能遣之往从,徒有怅望耳。还驾迟速,惟尊意所裁,不敢致期必也。守仁稽颡。

（文见鲁燮光《越贤尺牍存真》[清代稿钞本],新编本《王阳明全集·补录七》著录。）

倪小野突兀稿评点 （嘉靖元年　一五二二年）

世传倪小野为东坡后身,及观其文章气节,生平出处去就,亦略与东坡相似。

按:一作:世传东坡为倪小野前身,诇其文章节概展世,后先相当。

东坡洵才美,然未免出入于内典诸书,若吾小野,生平学问悉原本六经,讵非所谓粹然无瑕疵者耶?

按:一作:东坡虽曰奇才,未免吐纳内典诸书,若吾友倪小野,唯根柢六经,谓非纯粹以精者乎?

小野诗集不肯居陶、杜后,近若信阳何大复、庆阳李崆峒,视为大儿、小儿矣。

按:一作:宗正诗文逼陶、杜,近日何、李远不能逮。

(评语见《倪小野先生全集·别集》、邵国麟《倪文忠公传》、孙矿《倪宗正传》、《光绪余姚县志》卷二十三、钱德洪《突兀集跋》、《光绪余姚县志》卷十七等。)

与子宿司谏 (嘉靖元年 一五二二年)

守仁罪逆未死之人,天罚不令,加以人非,固其所也。乃以重累知己,为之匡扶洗涤,触冒忌讳而不顾,此昔之君子所难能也,愧负愧负!自去岁到家,即已买田筑室,为终老之计矣。遭丧以来,此意益坚,自是而后,惟山谷之不深、林壑之不邃是忧,一切人世事,当已不复与矣。然则今日之事,虽若覆其倾者,殆天将全其首领于牖下,而玉成之也已,敢不自勉,以求无负于相知之爱?衰绖茶苦中,未敢多控,赍奏人去,伏块草草,言无伦次。十一月初七日,孤子守仁稽颡,子宿司谏道契兄文侍。余空。

(札见古愚生《读阳明先生真迹》,《王学杂志》第一卷第十一号,明治四十年一月十五日明善学社刊行。钱明《王阳明全集未刊散佚诗文汇编及考释》著录。)

致严应阶书 (嘉靖元年 一五二二年)

孤不孝,延祸先子,远承吊慰,岂胜哀感。逆恶之人,未即殒灭,微功重赏,适多其罪,讵足以言贺耶!礼意敬复,诚不敢当。使者坚不可拒,登拜悚仄,荒迷中莫知所以为谢。伏块抆泪,草草不次。孤守仁稽颡疏,应阶严大人道契文侍。七月三日。余空。

（手迹刻石今存上虞市曹娥庙，真迹见王望霖《天香楼藏帖》卷一《王守仁与严应阶书》，计文渊《王阳明法书集》著录。）

答张汝立书（三篇）（嘉靖元年　一五二二年）

书一

君子之心，如青天朗月，虽风雨晦冥，千变万状，要在不失其清明皎洁。古之人顾諟明命，临深履薄，故升沉毁誉，外境递异，而本体恒一，由此道也。

书二

延平云："中年无朋友，几乎放倒。"所遇不必尽求胜己，但得人时，相切砺问难，工夫便自不同。古之人耕稼陶渔中安能得禹、契，然何莫非取善之境？故自成成物，原无二涂辙。

书三

谦之必得数相见，于此学必有切磋砥砺之益。幸及时相与，大进此道，以继往开来。

（三书见《邹守益集》卷十八《题会稽师训卷》。）

与王汝中（约嘉靖元年　一五二二年）

经者，径也，所由以入道之径路也。圣人既已得道于心，虑后人之或至于遗忘也，笔之于书，以诏后世。故六经者，吾人之记籍也。汉之儒者，泥于训诂，徒诵其言，而不得其意，甚至屑屑于名物度数之求，其失也流而为支；及佛氏入中国，以有言为谤，不立文字,惟只指人心以见性,至视言为葛藤,欲从而扫除之,其失也流而为虚。支与虚,其去道也远矣。

（文见《王畿集》卷十五《明儒经翼题辞》。）

与周道通书（五书）

（一）（嘉靖元年　一五二二年）

《古易》近时已有刻者,虽与道通所留微有不同,□□无大不相远。中间尽有合商量处,忧病中情思未能及,且请勿剧刊刻,俟二三年后,道益加进,乃徐议之,如何? 易者,吾心之阴阳动静也;动静不失其时,易在我矣。自强不息,所以致其功也。孔子云:"五十以学《易》,可以无大过矣。"今以道通之年计之,正（按:观上下文意,此"正"当是"非"字形误。）在学《易》之时,恐未宜汲汲于是也。道通在诸友中最为温雅近实,乃亦驰骛于此等不急之事,疑未之思欤? 盛价去,昏愦草草,莫既所怀,千万心亮! 守仁拜手,道通郡博道契文侍。

（二）（嘉靖三年　一五二四年）

得书,知养病之图,阖门母子兄弟之真诚,有足乐也。所论为学工夫,大略皆是,亦是道通平日用工得力处。但于良知二字,见得尚未透澈。今且只如所论工夫著实做去,时时于良知上理会,久之自当豁然有见,又与今日所论不同也。承令兄远寄乐,人危处草冗中,不亟别作书,并致此意。阳明山人守仁拜手,道通郡博道契文侍。

（三）(嘉靖三年　一五二四年)

所示《祭田记》，意思甚好，只是太着急，要说许多道理，便觉有补缀支蔓处。此是近来吾党作文之弊，亦不可不察也。欲慰吾生者，即日亦已告归。渠以尊堂寿图，索区区写数语，甚坚。因腹疾大作，遂疏其意，幸亮之！《记》稿改除数字，奉还。《新录》一册，寄览。六月朔日。

（四）(正德五年　一五一〇年)

所谓良知，即孟子所谓"是非之心，知也"。是非之心，人孰无有？但不能致此知耳。能致此知，即所谓充其是非之心，而知不可胜用矣。来书既云"良心发见"，而复云"不能辨理欲于疑似之间"，则所谓"良心发见"者果何物耶？"知行合一"之说，专为近世学者分知行为两事，必欲先用知之之功而后行，遂致终身不行，故不得已而为此补偏救弊之言。学者不能著实体履，而又牵制缠绕于言语之间，愈失而愈远矣。行之明觉精察处即是知，知之真切笃实处即是行。足下但以此语细思之，当自见，无徒为此纷纷也。所寄《答明公语》，颇亦无失。若见未莹澈，而辄有议论，反以晦道，不若此说之浑成，不失为真实语也。令弟归，草草不另。意惟勉学不怠，以慰所期。无次。守仁拜手，道通秋元道契文侍。

（五）(嘉靖六年　一五二七年)

今时同志中，往往多以仰事俯育为进道之累，此亦只是进道之志不专一，不勇猛耳。若是进道之志果能勇猛专一，则仰事俯育之事莫非进道之资。颜子当时在陋巷，不改其乐，亦正是箪食瓢饮之时。当时颜路尚在,安得无仰事俯育?固有人不堪其忧者矣。近闻道通处事殊落莫,然爱莫为助,聊以此言相警发耳。病笔不足。守仁拜手,道通长史道契文侍。

（五书真迹见日本天理图书馆藏《王阳明先生小像附尺牍》,杨天石尝据台湾《大陆杂志》第四十七卷第二期所录,标点整理发表于《中国哲学》第一辑,为《王阳明全集》所补录。）

与薛尚谦手札（二篇）

（一）（嘉靖二年　一五二三年）

所留文字,忧病中不能细看,略阅一二篇,亦甚有笔力,气格亦苍老,只是未免知在过之耳。且宜俯就时格,一第不令先也。如须题目,今写一二去,闲中试一作,春半过此带来一看,兄弟中肯同作尤好。"修身以道,修道以仁,人生而静,天之性也。""学要鞭辟近里。""论贺今上册立中宫表。""问圣人之心未尝一日忘天下。"及"夫子席不暇暖,而于沮溺、荷蒉丈人之贤皆有所未足,是可以知其本心矣。至其论太伯,则以为至德;论夷齐,则以为求仁得仁。""四子言志,三子在皆欲得国而治,夫子盖未尝有所许也。及曾点有风浴咏归之谈,几于（下阙）。"

（二）（嘉靖二年　一五二三年）

闻贵恙,即欲往候,顾几筵不得少离,驰念何可言。山间幽寂闲散,于学力不为无助,论者以雨后毒热,草木湿暑之气,大能中人,暂且移卧城中,近山小庵院,俟暑退复往,如何?为学功夫最难处,惟疾病患难。患难中意气感发,尚自振励;小疴薄瘵,犹可支持;若病势稍重,精神昏惫,又处羁旅,即意思惝恍无聊,鲜不弛然就瘵者。此皆区区尝所经历,不识贤者却如何耳。何鹊去不克偕,怅怅快快,珍摄自爱。守仁拜手,尚谦察院道契文侍。

(手札真迹为美国私人收藏,计文渊《王阳明法书集》著录。)

与某人书 (嘉靖二年　一五二三年)

儿辈来,闻贵恙,即欲往候,顾几筵不得少离,驰念何可言。然山间幽寂萧散,于学力不为无助。论者或以雨后湿暑,草木郁蒸之气亦能中人,不若暂且移卧城中,傍山小庵院,俟暑退复往,如何?为学工夫难得力处,惟患难疾病中,意气感发,尚自振励。小疴薄瘵,犹可支持;若病势稍重,又在逆旅,精神既惫,积累易牵,即意思惝恍无聊,鲜不弛然就靡者。此皆区区尝所经涉,不识贤者如何耳。越人去不克偕,怅快怅快!汝山偶过杭,今晚若到,明日更遣儿曹同候。千万珍摄自爱。守仁拜手。

(书见裴景福《壮陶阁书画录》卷十《明王阳明手札册》。是书所述,与前《与薛尚谦手札》之二多同,不知与何人。)

与黄宗贤书一 (嘉靖二年　一五二三年)

别去,得杭城寄回书,知人心之不可测,良用慨叹。然山鬼伎俩有穷,老僧一空无际,以是自处而已。讲学一事,方犯时讳,老婆心切,遂能缄口结舌乎?然须默而成之,不言而信,不量浅深,而呶呶多口,真亦无益也。议论欠简切,不能虚心平气,此是吾侪通患。吾兄行时,此病盖已十去八九,未审近来消释已尽否?谦之行便,草草莫既衷私,幸亮。

(书见《阳明先生文录》卷二。)

与薛子修书（嘉靖二年　一五二三年）

承远顾，忧病中别去，殊不尽情。此时计已莅任，人民社稷必能实用格致之力，当不虚度日月也。心之良知是谓圣，圣人之学，致此良知而已矣。谓良知之外尚有可致之者，侮圣言者也，致知为尽矣。令叔不审何时往湖湘？归途经贵溪，想得细论一番。廷仁回省，便辄附此致间阔。心所欲言，廷仁当能面悉。不缕。

（书见《阳明先生文录》卷二［日本九州大学文学部藏］，钱明《王阳明全集未刊散佚文汇编及考释》著录。）

与顾惟贤书（嘉靖二年　一五二三年）

近见礼论，足知日来德业之进。秦汉以来，礼家之说往往如仇，皆为不闻致良知之学耳。

（书见顾应祥《静虚斋惜阴录》。）

与欧阳崇一书（嘉靖二年　一五二三年）

吾所讲学，正在政务倥偬中，岂必聚徒而后为讲学耶？

（书见钱德洪《阳明先生年谱》"嘉靖五年"下。）

答欧阳崇一问致良知书（嘉靖二年　一五二三年）

良知非离见闻，惟以致知为主，则多闻多见皆致知之功；良知非断思虑，良知发用之思自是明白简易，无憧憧纷扰之患；致知非绝事，应实致良知，则行止，生死惟求自慊，而不为困；致知非为逆亿，致良知则知险知阻，自然明觉，而人不能罔。

（书见《国朝献征录》卷九《新建伯王文成公传》。）

回董山先生札 （嘉靖二年　一五二三年）

孤子王守仁稽颡疏复司空董山先生大人乡丈执事：守仁罪逆深至，去岁已卜葬先考浍。不意乃有水患，今冬复改卜。方兹举事，忽承手教，与奖过矣。宠然委使叙所著述，感怍惶悚，莫知所措。懵懵未死之人，且不知天地日月，又足以办此乎？虽然，《雅》《颂》之音，《韶》《英》之奏，固其平生所倾渴者。丧复之后，耳目苟不废，尚得请与乐章而共习之，其时固不敢当首序之僭，或缀数语于简末，以自附于吴季子之末论，万一其可也。窭人之室，虞有阙落，不可以居重宝，佳集且附使者奉纳，冀卜日更请，千万鉴恕。荒迷无次。嘉靖二年十二月初三日，孤子守仁稽颡上。

厚币决不敢当，敬返璧，幸恕不恭。倘不蒙见亮，复有所赐，虽简末数语，亦且不敢呈丑矣。方拟作答，忽头眩呕仆，不能手书，辄口占，令门人代笔，尤祈鉴恕。

（书见李堂《董山文集》前附录。）

赠新昌袭怡处士夫妇九秩庆寿图诗序
（嘉靖二年　一五二三年）

天之寿常清，地之寿常宁，人之寿常生。常清则气化行，常宁则品物亨，常生则事业成。气化行而后天享其高，品物亨而后地享其厚，事业成而后人享其圣且贤与夫富贵之类。故寿为箕畴五福之宗，而三才所赖，不可无者，但有数存焉，非可幸致。予尝以上寿望世人，而不数觏，适山阴包允诚欲寿其姁之父新昌王处士九秩，与内子章氏安人同德同寿。先期绘图，缀以诗歌，乞予文弁其首。予与王君有同宗谊，而允诚在江西宜黄莲幕时，有宦游之素，兼戚里也,不容辞。窃惟之物理,发源深者其流长,培之固者其植茂。闻公名铨,字以衡,别号袭怡。其先卜居南山之麓,以簪缨世其家,发源深矣,流得无长乎!公倜傥克幹,学识宏博,以庠生受恩典,身不尽享,家有余积。积金有余,贻子孙以衣食;积书有余,贻子孙以学植;积善有余,贻子孙以福泽。日夕盘旋桑梓间,乐恬旷,景与意适,豁如也。是所培者固矣,植岂无茂乎!生六丈夫子,五曰惟常,即允诚之娅也,任凤阳县幕官,以循良称。曾、玄数十辈,皆聪明英俊:曰京,藩府引礼舍人;曰香,参从都督府之末;曰世传,充儒学弟子员;曰世相,习举子业,发策抉科,倚马可待。德门袭庆,寿之固宜。今年夏五月二十三日,乃其悬弧之辰,亲友毕贺,子姓森列,若芝兰玉树,茁秀阶前,而公独翛然乎其间,虽不必诧广成子、安期生与夫商山、香山之老,真恍然神仙中人也。所享盛备如此,又岂与世之徒寿者伦哉!虽然,寿之道大矣,无私伪,为守一保真,天地得此而清宁,吾人得此而长生,家国得此而齐治,天下得此而太平,寿之道大矣。允诚方持此以寿王公,而予方欲以公之寿而祈以寿吾民,于是乎序。嘉靖癸未夏五月吉旦,赐进士、奉天翊卫推诚宣力守正文臣、特进光禄大夫、柱国、新建伯兼南京兵部尚书赞参机务阳明山人宗生守仁拜书。

（文见《新昌南屏王氏宗谱》卷首。）

答既白先生书（嘉靖二年　一五二三年）

侍生王守仁顿首拜,既白贤先生宗望:向者有事西江,久知贤桥梓亲贤乐善有年。兹承手札,所须拙笔,冗冗未暇为也,幸恕,幸恕!尚容寄奉。不备。守仁再顿首。

（书见《丽泽录》卷十七。）

答伍汝真金宪（嘉靖三年　一五二四年）

　　书来，见相念之厚，感愧，感愧！彼此情事，何俟于今日之言乎？士洁之怨，盖有不度于事理矣。数年忧居，身在井中，下石者纷然不已，己身且不敢一昂首视，况能为人辩是非乎？昔人有言："何以止谤？曰：无辩。"人之是非毁誉，如水之湿，如火之热，久之必见，岂能终掩其实者？故有其事，不可辩也；无其事，不必辩也。无其事而辩之，是自谤也；有其事而辩之，是益增己之恶而甚人之怒也；皆非所以自修而平物也。今主上圣明无比，洞察隐微，在位诸公皆兢兢守正奉法，京师事体与往时大有不同。故二君今日之事，惟宜安静自处，以听其来，顺受之而已耳。天下事往往多有求荣而反辱、求得而反失者，在傍人视之甚明，及身当其事，则冥行而罔觉，何也？荣辱得失之患交战于其中，是以迷惑而不能自定耳。区区非徒为此迂阔之言，而苟以宽二君之心者。二君但看数年来，区区所以自处者如何？当时若不自修自耐，但一开口与人辩，则其挤排戮辱之祸，将必四面而立至，宁独数倍于今日而已乎？当时诸君从傍静观其事势，岂不洞见诸君之事自与区区休戚相关？故今日之言，非独以致恻怛之爱于二君，实亦所以自爱也，幸以此意致之。士洁北行，且勿往为是，往必有悔矣。迫切之言，不罪不罪。

　　（书见嘉靖十二年黄绾序刊本《阳明先生文录》卷三。）

策问（约嘉靖三年　一五二四年）

　　问：自天子以至于庶人，自上古之圣神以至于后之贤士君子，未有不由师友能有成者。经传之载详矣，请试言之。夫师以传道授业，必贤于己者也？孔子之师，苌、郯之流也，果贤于孔子欤？无友不如己，而文王之友四人，果皆文王所不若欤？果文王所不若也，则四人者为友不若己矣。民生于三，事之如一；弟子于师，心丧三年，若子贡之徒于孔子是已，未闻孔子之丧苌、郯若是也。友不可以有挟，若献子之友五人者是已；而孔子于原壤，以杖叩胫焉，无乃近于有挟乎？不保其往，待物之洪，而取瑟之歌不已甚？犯而不较，与人之厚，而责善之道无乃亏？后世若操戈入室，己无足责；而施帐登堂者，于师生之道果无愧乎？挤井下石，已非所伦；而弹冠结绶者，于朋友之谊果已尽乎？立雪坐风，严和不同，而同称善教何居？分金投杖，避让不同，而同称善交何说？今师友之道沦废久矣，欲起而振之，以上有承于洙泗，下无忝于濂洛，若之何而可？诸君辱在不佞，方有责于师友之间，不可以不讲也。

（文见《新刊阳明先生文录续编》卷二《杂著》，永富青地《上海图书馆藏新刊阳明先生文录续编について》著录。）

与尚谦诚甫世宁书（嘉靖三年　一五二四年）

前日贱恙，深不欲诸君出，顾正恐神骨亦非久耐寒暑者。乃今果有所冒辛，而不至于甚，亦足以警也。自此千万珍重珍重！贱躯悉如旧，但积弱之余，兼此毒暑，人事纷沓，因是更须将息旬月，然后敢出应酬耳。味养之喻，已领盛意。守身为大，岂敢过为毁瘠，若疾平之后，则不肖者亦不敢不及也。所云私抄，且付之公论，未须深讲。"山静若太古，日长如小年。"前日已当面语，今更为诸君诵之。守仁白，尚谦、诚甫、世宁三位道契文侍。

（书见裴景福《壮陶阁书画录》卷十《明王阳明手札册》。）

祭孙安人文 （嘉靖三年　一五二四年）

嘉靖年月日，新建伯兼兵部尚书忝眷王守仁，谨以牲醴之奠致祭于封安人胡亲母孙氏之前曰：

于维安人，孝慈贞良。克相夫子，闺仪孔章。蠢我豚儿，实忝子婿。昏媾伊始，安人捐逝。虽遣儿曹，归奔从役。自以病阻，未由往哭。言念姻眷，意赫心恻。及兹永藏，必期执绋。事与愿违，徒增惭局。怅望乡山，娥江一线。欲济靡因，遥将一奠。淑灵洋洋，鉴兹苹焉。

（文见民国三年惇裕堂刊本《余姚柏山胡氏重修宗谱》卷首，王孙荣《王阳明散佚诗文九种考释》著录有考。）

答方思道佥宪 （嘉靖三年　一五二四年）

祝生来，辱书惠，勤勤爱念之厚，何可当也。又推许过情，以为能倡明正学，则仆岂其人哉？顾自忘其愚不肖，而欲推人于贤圣之域，不顾己之未免于俗，而乐人之进于道，则此心耿耿，虽屡被诋笑非斥，终有所不能已。海内同志苟知趋向者，未尝不往来于怀，况如思道之高明俊伟，可一日而千里也，其能已于情乎！子美、太白有造道之资，而不能入于贤圣者，词章绮丽之尚有以羁縻之也。如吾思道之高明俊伟，而词章绮丽之尚终能羁縻之乎？终能羁縻之乎？

（书见《阳明先生文录》卷二、《光绪开化县志》卷十一。）

草书次张体仁联句韵寄答宋孔瞻书（二篇）

（嘉靖三年　一五二四年）

书一

次张体仁联句韵

眼底湖山自一方，晚林云石坐而凉。闲心最觉身多系，游兴还堪鬓未苍。树梢风泉长滴翠，霜前岩菊尚余芳。秋江画舫休轻发，忍负良宵灯烛光。

山寺幽寻亦惜忙，长松落落水浪浪。深冬平野风烟淡，斜日沧江鸥鹭翔。海内交游惟酒伴，年来踪迹半僧房。相遇未尽清云话，无奈官程促去航。

问俗观山两剧匆，雨中高兴谅谁同？轻云薄霭千峰晓，老木沧波万里风。客散野凫从小艇，诗成岩桂发新丛。清词寄我真消渴，绝胜金茎吸露筒。

答宋孔瞻，九月廿七日。

别久，想念殊深。召公之政敷于陕右，其为乡邦之光多矣。令郎归，辱问惠，益深□感怍，承致敬品。卷中中丞之意，不肖何以能当之？所须草字，□□所不□□，亦已久不作此，然勤勤之意不忘，略书近作一二首，见千万鄙怀，目第一笑，掷之可也。人回，匆匆不尽。欲请千万心亮，孔瞻宋友人。

书二

慰此思守先圣之遗训，与海内之同志讲求切劘之，庶亦少资于后学，不徒生于圣明之朝。然蔽惑既久，人是其非，其能虚心以相听者鲜矣。若执事之德盛礼恭而与人为善，此诚仆所欲效其愚者。然又道里隔绝无因，匪握手一致其所倾渴，又如何可言耶？虽然，目系而道存，亦仆见执事之书，既已知执事之心，虽在千万里之外，固当有不言而信者。谨以新刻小书二册，奉以教正，盖鄙心之所欲效者，亦略具于其中矣。便间幸示一二□□。使还剧病，笔潦草，千万亮恕。

（书见宝晋斋所藏碑帖石刻，参见何福安《宝晋斋碑帖集释》。按：前两诗《王阳明全集》卷二十九《次张体仁联句韵》收录。）

批董萝石日省录 （嘉靖四年 一五二五年）

余日自省，惧其忘也，每录之以请，先师一一批示。

盖余素性乐交平直守分之人，但遇盛气者，不觉委靡退让，不能自壮；又遇多能巧言者，自觉迟钝，虽明知彼之非仁，而不能无自惭之意。此病何也？

此皆未免有外重内轻之患。若平日能集义，则浩然之气至大至刚，充塞天地，自然富贵不能淫，贫贱不能移，威武不能屈；自然能知人之言，而凡诐淫邪遁之词，皆无所施于前矣，况肯自以为惭乎！集义只是致其良知，心得其宜之谓义，致良知则心得其宜矣。

余因家弟粮役，手足至情，未免与之委曲捏成，后竟谋露家败，盖缘不老实之所致也。

谓之老实，须是实致其良知始得，不然，却恐所谓老实者，正是老实不好也。昔人亦有为手足之情受污辱者，然不至如此等事。此等事于良知亦自有不安。

余尝访友，座中有一老生卫姓者性质实，无机警。同辈每戏之，以为笑噱。余亦一时随众诳之，以取娱焉。心不能收，负数多矣。况此老尝路拾遗金还人，亦可为余师者。谨识之，以暴余之罪过。

余素慕廉洁之士，闻海宁县丞卢珂清贫之甚，在任三年，至无以御寒也。适友人惠余袜，遂作诗，持以赠之。既归，贴贴然自以为得。只此自以为得，恐亦不宜，如何？

知得自以为得为非宜，只此便是良知矣。民之秉彝也，故好是懿德。然多著一分意思不得。多著一分意思，便是私矣。

余于乡曲交游中，有一善可称者，必谨识之，以为请。

录善人以自勉，此亦多闻多见而识，乃是致良知之功。此等人只是欠学问，恐不能到头如此。若能到头如此，吾辈中亦未易得也。

余尝疑于先儒论性，无从质问。一日与男毅论之，遂有率意之对。尝令缮写以示月泉法聚，往复数四，意皆相反，并录以呈先师。

二子异同之论，皆是说性，非见性也；见性者，无异同之可言矣。他日聚子不非董子，董子不非聚子，则于见性也，其庶已乎！

（文见董沄《从吾道人语录·日省录》。此为阳明对董沄《日省录》之批语，按《王阳明全集》卷五有《答董沄萝石》，即从此批语变化而来，必是钱德洪将此批语润色修改为一篇答问书，编入阳明集中，而将批语多有删除。）

与友 （约嘉靖三年　一五二四年）

即日具小酌，聊叙间阔。昨已奉短柬，浼舍亲转达。隶人进速归报，若未有闻者，岂舍亲处遗忘之耶？惭惧，惭惧！终蒙不弃，望赐惠临。坐邀之诛，尚容面请。侍生守仁顿首，宪副老先生执事。即刻柬。

(文见莫绳孙《圣朝越郡忠节名贤尺牍》,新编本《王阳明全集·补录七》著录。)

与尚谦尚迁子修书 (嘉靖三年　一五二四年)

别去,即企望还朝之期,当有从容余月之留也。不意遂闻尊堂之讣,又继而遂闻令兄助教之讣,皆事变之出于意料之外者。且令兄助教之逝,乃海内善类之大不幸,又非特上宅一门之痛而已。不能走哭,伤割奈何？ 况在贤昆叔侄,当父子兄弟之痛,其为毒苦,又当奈何？ 季明德往,聊寄一恸。既病且冗,又兼妻疾,诸余衷曲,略未能悉。

(书见日本九州大学文学部藏《阳明先生文录》卷二,钱明《王阳明全集未刊散佚诗文汇编及考释》著录。)

与王公弼(二篇)

(一) (嘉靖三年　一五二四年)

王汝止来,得备闻政化之善,殊慰倾想。昔人谓："做官夺人志。"若致知之功能无间断,宁有夺志之患耶？ 欧阳崇一久不闻问,不审近来消息如何。若无朋友规觉,恐亦未免摧堕,便中望为寄声。此间朋友相聚,颇觉比前有益,欲共结庐山中,须汝止为之料理。而汝止以往岁救荒事系心,必欲辞去。今乃强留于此,望公弼一为解纷,事若必不可为,然后放令汝止归也。

(二) (嘉靖五年　一五二六年)

汝止去后,即不闻消息。迩惟政学日新为慰。汝止颇为救荒一事所累,不能久居于此,不审此时回家作何料理,亦曾来相见否?倘其事稍就绪,须促之早来为佳,此间朋友望渠至者,甚切,甚切!兼恐渠亦久累其间,不若且来此一洗涤耳。入觐在何时? 相见尚未有定,临纸怏怏。

（二札见《阳明先生文录》卷二,钱明《王阳明全集未刊散佚诗文汇编及考释》著录。）

方氏重修家谱序 （嘉靖三年　一五二四年）

兹因方氏年翁有讳曦字继明者,持家乘一帙,向余请序,以冠其首。余亦不揣固陋,于案牍之余而批阅之,不禁三致意焉。窃叹方氏先公,当日赐类之宏而远也,著姓之蕃而衍也,叙祖列宗之精而核也,记系纪世之详而贯也,亲亲贵贱之统丝丝入扣,既屡析而条分,源流上下之绪绵绵相承,复珠联而鱼贯,且有改徙于异地、宦寓于他方者,详其派目,并志其里居,俾后世子孙观谱时,了然识昭穆之有序,支派之有据,名讳字行之有合,虽他方非参商之远,异地皆兄弟之乡矣。更乐其贤嗣承祚,不忘继承祖武之志,为之纂其文序,绵其世泽,校订其旧,补葺其新,勿致后世有湮没之传者,不赖今日之一修哉! 是为序。大明嘉靖三年岁次甲申春月谷旦,赐进士第、光禄大夫伯安王守仁拜撰。

（序见《宁海方氏正学先生故里家谱》首。末署"赐进士第"未当,姑存疑。）

方孝孺像赞 （嘉靖三年　一五二四年）

靡躯非仁,蹈难非智。死于其死,然后为义。忠无二躯,烈有余气。忠肝义胆,声动天地。正直聪明,至今猛视。兹尔来代,为臣不易。

赐进士及第、光禄大夫王守仁拜撰。

(像赞见《宁海方氏正学先生故里家谱·绘图》。)

与王邦相书(三篇)

书一　(嘉靖三年　一五二四年)

南来事,向因在服制中,恐致迟误伊家岁月,已令宗海回报,令伊改图矣,不谓其事尚在也。只今道里远隔,事势亦甚不便。况者妻病卧在床,日甚一日,危不可测,有何心情而能为此? 只好一意回报,不可更迟误伊家也。况其生年、日、时远不可知,无由推算相应与否。近日又在杭城问得庚子一人,日、时颇可,今若又为此举,则事端愈多。平生心性只要安闲,不耐如此劳扰也。有负此人远来之意,可多多为我谢之。冬至后四日,阳明字拜邦相挥使宗契。欲做皂靴一双,寄去银九钱。又钱五分,卖上好琴弦。望因便早寄。

书二　(嘉靖四年　一五二五年)

过往士夫及乡里后生自杭城来,皆能备道东瀛老先生休休乐善好德之诚,侃侃秉正斥谗之议,不胜敬服,不胜心感! 后生浮薄狂悍,毁贤妒能者,闻东瀛之风,亦可以愧死矣;而尚略不知所惭沮,亦独何以哉? 家门不幸,区区之罪恶深重,近日祖墓复被掘毁,墓上天生瑞柏亦被斫伐,割心剺骨,痛何可言! 近方归此,修治园邑,论议纷纷,皆以为孙氏所为,区区亦未敢便以为信。孙氏父子素所亲厚,三子又尝从学,此等穷凶极恶之事,我何忍遂以加于孙氏？姑告行府县缉捕，盗贼之徒七十余人，踪迹难掩，不久必能缉获。幸而与孙氏无干，非惟我家得申不世之冤，而孙氏亦得以洗无实之恶。不然，则诚衣冠道谊之大不幸也！痛心，痛心！东瀛老先生坐是未能致谢，进见时，烦道恳苦。庐次，草草不尽。阳明病夫拜手邦相挥使。

书三 （嘉靖四年　一五二五年）

南京陈处亲事，得在今冬送至杭城，就在邦相家里住下，择日取过江来，甚好。若今冬缓不及事，在明春正月半边到杭，亦可。家下人多不停当，无可使者，须邦相处遣一的确人，到彼说知之。嫁装之类，皆不必办，到杭后自有处也。宗处人还，可多多上覆他。阳明字，致王邦相挥使宗契。十二月十八日。

（三书见王世杰、那志良、张万里编《艺苑遗珍法书》［第二辑第十三册］［香港开发股份有限公司，一九六七年版］，新编本《王阳明全集·补录七》著录。）

与郑邦瑞书（三札）（嘉靖四年　一五二五年）

（一）

修理圣龟山庙时，我因外祖及二舅父分上，特舍梁木，听社享将我名字写在梁上。此庙既系社享香火所关，何不及早赴县陈告？直待项家承买了，然后来说，此是享人自失了事机。我自来不曾替人作书入府县，此是人人所知，可多多上覆。二舅母切莫见怪，此庙既不系废毁之数，社享自可据情告理，若享人肯备些价钱取赎，县中想亦未必不听也。汝大母病势如旧，服药全不效。承二舅母挂念,遣人来看,多谢多谢!阳明字,寄宝一侄收看,社中享人亦可上覆也。

(二)

　　阳明字与郑宝一官贤侄:汝祖母所投帐目,可将文书逐一查出,与同去人照数讨完,封送祖母收贮,不得轻易使费。此汝祖母再四叮嘱之言,断不可违。汝祖母因此帐目必欲回家,是我苦苦强留在此,汝可体悉此意,勿使我有误汝祖母之罪,乃可。家中凡事谨慎小心,女孙不久还,差人来取,到此同住也,先说与知之。四月初三日,阳明字,与列位贤弟侄同看。

(三)

　　向曾遣人迎接二舅母,因病体未平复,遂不敢强。今闻已尽安好,故特差人奉迎,书到,即望将带孙女来此同住。其王处亲事,须到此商议停当,然后可许。一应事务,我自有处,不必劳心也。不一一。阳明书,致宝一侄收看,十月十六日。

　　(札见《中国书法全集》第五十二册,真迹长二十四厘米,宽三十九点八厘米,今藏美国普林斯顿大学美术馆,日本大阪市立美术馆编《海を渡つた中国の书》编入,计文渊《吉光片羽弥足珍》著录。)

寄伯敬弟手札 (嘉靖四年　一五二五年)

　　前正思辈回,此间事情想能口悉。我自月初到今腹泻不止,昨晚始得稍息。然精神甚是困顿,更须旬日,或可平复也。此间雨水太多,田禾多半损坏,不知余姚却如何耳。穴湖及竹山诸坟,雨晴后可往一视。竹山拦土，此时必已完，俟楚知县回日，当去说知。多差夫役拽置河下，俟秋间我自亲回安放也。石山翁家事，不审近日已定帖否？子全所处，未必尽是；子良所处，未必尽非。然而远近士夫乃皆归罪于子良。正如我家，但有小小得罪于乡里，便皆归咎于我也，此等冤屈亦何处分诉？此意可密与子良说知之，务须父子兄弟和好如常，庶可以息眼前谤者之言，而免日后忌者之口。石山于我有深爱，而子良又在道谊中。今渠家纷纷若此，我亦安忍坐视不一言之？吾弟须悉此意，亦勿多去人说也。八弟在家处事，凡百亦可时时规戒，俗语所谓"好语不出门，恶言传千里"也。六月十三日，阳明山人书，寄伯敬三弟收看。

（上书手札真迹今藏中国历史博物馆，《王阳明先生遗墨》、计文渊《王阳明法书集》皆著录。）

阳明九声四气歌法 （嘉靖四年　一五二五年）

九声半篇

㉿㉿㉿㉿㉿㊎㊎㊎个平个舒〇人折心悠〇有平仲折尼悠，㊉〇㊎自发将扬〇闻折见悠〇苦平遮折〇迷串。㊉㊎而串今串〇指平与舒〇真折头悠〇面叹，㊉〇㊎只平是舒〇良折知悠〇更振莫折疑悠。㊉〇㊎只平是舒〇良折知悠〇更振莫折疑悠。㊉㊉㊉。如连歌，止击玉一声，歌阕，方击玉三声。

四气半篇

个春之春，口略开。个春之夏，口开。人春之秋，声在喉。心春之冬,声归丹田。**有仲尼**亦分作春夏秋冬,而俱有春声。**自夏之春**,口略开。**将夏之夏**,口开。**闻夏之秋**,声在喉。**见夏之冬**,声归丹田。**苦遮迷**亦分作春夏秋冬,而俱有夏声。**而今指与真头面首**二字稍续前句,末三字平分,无疾迟轻重,但要有萧条之意。声在喉,秋也,亦宜春、宜夏、宜冬。**只冬之春**,声归丹田,口略开。**是冬之夏**,声归丹田,口开。**良冬之秋**,声在喉。**知冬之冬**,声归丹田,口略开。**更莫疑**上四字,至冬之冬时,物闭藏剥落殆尽。此三字,一阳初动,剥而既复。故第五字声要高,以振起坤中不绝之微阳。六字、七字稍低者,阳气虽动,而发端于下,则甚微也。要得冬时不失冬声,声归丹田,冬也,亦宜春、宜夏、宜秋。天有四时,而一不用,故冬声归于丹田,而口无闭焉。

九声全篇

　　㋀㋀㋀㋀㋀㋎㋎㋎何平者舒○堪折名悠席平上折珍悠? ㋏都发缘扬○当折日悠得平师折○真串。㋏㋎是串知串○佚平我舒○无折如悠○老叹, ㋏○㋎惟平喜舒○放折怀悠○长平似折春悠。㋏○㋎得平志舒○当折为悠○天平下折事悠, ㋏○㋎退发居扬○聊折作悠○水平云折○身串。㋏㋎胸串中串○一平点舒○分折明悠处叹, ㋏○㋎不平负舒高折天悠○不振负折人悠。㋏○㋎胸串中串○一平点舒分折明悠处叹, ㋏○㋎不平负舒○高折天悠○不振负折人悠。㋏㋏㋏。

四气全篇

即前半篇法而叠用之。

九声：曰⊙平，曰⊙舒，曰⊙折，曰⊙悠，曰⊙发，曰⊙扬，曰⊙串，曰⊙叹，曰⊙振。⊙平者，机主于出声，在舌之上齿之内，非大非小，无起无落，优柔涵蓄，气不迫促。　⊙舒者，即声在舌齿，而洋洋荡荡，流动轩豁，气度广远。　⊙折者，机主于入，而声延于喉，渐渐吸纳，亦非有大小起落，其气顺利活泼。　⊙悠者，声由喉以归于丹田，和柔涓涓，其气深长，几至于尽，而复有余韵反还。　⊙发者，声之豪迈，其气直遂而磊磊落落。　⊙扬者，声之昌大，其气敷张而襟怀畅达。

⊙串者，上句一字联下句二字，声仅成听，其气累累如贯珠然。⊙叹者，其声浅短，气若微妙剥落。　⊙振者，声之平而稍寓精锐，有消索振起之意。　凡声主于和顺，妙在慷慨，发舒得尽，以开释其郁结；涵泳得到，以荡涤其邪秽。如七言四句，其声用⊙平五出，无所出；用⊙舒三出，而不轻于出；用⊙折七入，无所入；用⊙悠六入，而不轻于入；用⊙发一⊙扬一，渐于粗厉，弘而含也；用⊙串三，而若一，而不至于间绝，微而缜也；用⊙叹一，以敛其气；用⊙振一，以鼓其机，抑而张也。慎其所出，节流滋原，重其所入，□归复命，广大精微，抽添补泄，阖辟宣天地之化机，屈伸昭鬼神之情状，舒卷尽人事之变态。歌者陶情适性，闻者心旷神怡，一道同风，沦肌浃髓，此调燮之妙用，政教之根本，心学之枢要，而声歌之极致也。

四气：曰春，曰夏，曰秋，曰冬。每四句分作春夏秋冬；而春夏秋冬中，又自有春夏秋冬。如第一句春，第二句夏，第三句秋，第四句冬，每句上四字各分作春夏秋冬，第一字春，第二字夏，第三字秋，第四字冬；下三字稍仿上四字，亦分作春夏秋冬。第三句首二字稍续上句，末三字各平分，不甚疾迟轻重，以第三句少变前二句，不叠韵而足听也。第四句第四字乃冬之冬，用藏已极，然阴不独胜，阳不终绝，消而必息，虚而必盈，所谓既剥将复，而亥子之间，天地人之至妙至妙者是也。故末三字当有一阳来复之义。第五字声要高，何也？闭藏已极，不有以振而起之，无以发其坤中不绝之微阳也。故以十月谓之阳月，每句每二字一断，庶转气悠扬，不至急促。第一字口略开，声要融和；第二字口开，声要洪大；第三字声返于喉，秋收也；第四字声归丹田，冬藏也。春而融和，夏而洪大者，达其气而泄之，俾不阏也。秋而收之，冬而藏之，收天下春而藏之肺腑也。其不绝之余声，复自丹田而出之，以涤邪秽，以融渣滓，扩而清之也。春之声稍迟，夏之声又迟，秋之声稍疾，冬之声又疾，变而通之，则四时之气备矣；阖而辟之，则乾坤之理备矣。幽而鬼神屈伸而执其机，明而日月往来而通其运，大而元会运世而统其全，此岂有所强而然哉？广大之怀，自得之趣，真有如大块噫气，而风生于寥廓；洪钟逸响，而声出于自然者。融溢活泼，写出太和真机；吞吐卷舒，妙成神明不测，故闻之者不觉心怡神醉，恍乎若登尧舜之堂，舞百兽而仪凤凰矣。

（文见张鼐《虞山书院志》卷四。）

与欧阳崇一（三篇）

（一）（嘉靖五年　一五二六年）

正之诸友下第归，备谈在京相与之详。近虽仕途纷扰中，而功力略无退转，甚难，甚难！得来书，自咎真切。论学数条，卓有定见，非独无退转，且大有所进矣。文蔚所疑，良不为过。孟子谓"有诸己之谓信"，今吾未能有诸己，是未能自信也，宜乎文蔚之未能信我矣。乃劳崇一逐一为我解嘲，然又不敢尽谓崇一解嘲之言为口给，但在区区，则亦未能一一尽如崇一之所解者，为不能无愧耳，固不敢不勉力也！文蔚天资甚厚，其平日学问功夫，未敢谓其尽是，然却是朴实头，有志学古者。比之近时徒尚口说，色取行违，而居之不疑者，相去远矣。前者承渠过访，惜以公务，不能久留，只就文义间，草草一说，鄙心之所愿致者，略未能少效，去后殊为怏怏。良知之说，近世朋友多有相讲一二年，尚眩惑未定者，文蔚则开口便能相信，此其资质诚有度越于人；只是见得尚浅，未能洞彻到得，如有所立卓尔，是以未免尚为书见旧闻所障。然其胸中渣累绝少，而又已识此头脑，加之笃信好学如是，终不虑其不洞彻也。因咳嗽正作，兼以人事纷沓，不暇写书，故迟。孙仓官久候。

（二）（嘉靖六年　一五二七年）

去冬十二月十二日未时，得一子，今已逾百日，或可望长成也。北上之说，信有之。圣主天高地厚之恩，粉身无以为报。今即位六年矣，徒以干进之嫌，不得一稽首门廷，臣子之心诚局蹐不安。近日又有召命，岂有谢恩之礼待君父促之而后行者？但贱躯咳患方甚，揆之人情，恐病势稍间，终当一行。来书所谓"如此人情，如此世道，何处着脚"，凡在吾党，所见略同，千里拳拳之念，何敢忘也！何敢忘也！道之不行，已知之矣。区区之心，固不敢先有意必，然亦自有不容已者耳。

（三）（嘉靖六年　一五二七年）

远劳问惠，甚愧。两广之任，岂病废所堪？但世事又若难避，俟恳辞疏下，更图进止耳。喻及持志养气，甚善。暴其气，亦只是不能持其志耳。释氏轮回变现之论，亦不必求之窈冥。今人不能常见自己良知，一日之间，此心倏焉而夷狄，倏焉而禽兽，倏焉而趋入悖逆之途，倏焉而流浪贪淫之海，不知几番轮回，多少变现，但人不自觉耳。释氏言语，多有簸弄精神者，大概当求之游方之外，得其意而已矣。淫声美色之喻，亦是吾儒作好作恶处，正须勘破此等病痛，方见廓然大公之本体也。

（三札见《阳明先生文录》卷三，钱明《王阳明全集未刊散佚诗文汇编及考释》著录。按：第一篇"文蔚天资甚厚"之前文字，与《王阳明全集》卷六《与欧阳崇一·丙戌》一文同。）

合族名行格言 （疑嘉靖五年　一五二六年）

贤良方正，祈天永锡。崇德广业，富有日新。

文成明达，茂先宏通。祖于鹤鸣，世肇景宣。

功□忠献，道学□阳。元迪□则，嗣乃克昌。

　　阳明山人王守仁题。

（文见《姚江历山张氏宗谱》卷四，王孙荣《王阳明散佚诗文九种考释》、钱明《王阳明全集未刊散佚诗文汇编及考释》著录。原题作"合族名行四言诗"，不当。）

柬友 （约嘉靖五年　一五二六年）

一个"尘"字，昏了诸多人，吾辈最忌此"尘"字不去，社名"扫尘"，已后心上尘、口上尘（一作眼前尘）、笔墨尘、世路尘，都要扫却。

（书见徐渭《古今振雅云笺》卷四、沈佳胤《翰海》卷十二。）

湖海集序 （嘉靖五年　一五二六年）

萝石董兄自海盐来越，年已六十有八矣，出其旧日诗，属余为之叙。予不工诗，安敢序？第萝石之心有呕呕者。歌诗自《三百篇》，均写忠君爱国，缠绵悱恻之忱，而次及于山川鸟兽，君子所谓"多识"者。今观萝石诗，其于山川景物、草木鸟兽则多矣，言情之什则亦众矣，当于忠君爱国间求之，则更上层楼矣。爰为序之以归之。

　　时在丙戌孟夏朔日，阳明王守仁序。

　　（序见董沄《湖海集》首。）

祭柴太安人文 （嘉靖五年　一五二六年）

　　嘉靖年月日，新建伯兼兵部尚书忝眷王守仁，谨以牲醴之奠致祭于封太安人胡太亲母柴氏之柩。维太安人，生于闻宗，归于名族。母仪妇道，乡邦所式。宪宪令子，外台司直。匪荣肬秩，允荣显德。溯泽于源，有封有锡。郁郁芝兰，烨烨桑梓。耄寿考祥，哀荣终始。复何恨哉，复何恨哉！守仁忝在姻末，当始讣闻，病莫奔哭。期兹归藏，必往执绋。先遣儿曹，匍匐归役。经旬雨雪，水泽腹坚。加以咳疾，触寒莫前。梗出意外，舟发复旋。天时人事，成此咎衍。百里江关，目极心瘁。薄奠申祖，临风怆愧。岂足将诚，只以告罪。

　　（文见民国三年惇裕堂刊本《余姚柏山胡氏重修宗谱》卷首，王孙荣《王阳明散佚诗文九种考释》著录。）

与聂双江先生书 （嘉靖六年　一五二七年）

　　远承手教，推许过情，悚怍何可当！兼承恳恳卫道之诚，向学之笃，其为相爱岂有既耶？感幸，感幸！道之不明，几百年矣，赖天之灵，偶有所见，不自量力，冒非其任，诚不忍此学昧昧于世，苟可尽其心焉，虽轻身舍生，亦所不避，况于非笑诋毁之微乎！夫非笑诋毁，君子非独不之避，因人之非笑诋毁而益以自省自励焉，则固莫非进德之资也。承爱念之深，莫可为报，辄以是为谢。闻北上有日，无因一晤语，可胜悬悬。足下行有耳目之寄矣，千万为此道此学珍摄，以慰交游之望。

二月十日，守仁顿首。

（书见《同治永丰县志》卷三十五。）

与黄宗贤书（嘉靖六年　一五二七年）

所委文字，以通家之情，重以吾兄道义骨肉之爱，更复何辞？向日之约，诚有不得已者。近来人事日益纷扰，每每自晨发至更余，无须臾稍闲，精神骤衰，往往终日自不得食。吾兄若见之，将亦自有不忍以此相责者矣。北来消息，昨晚始闻。承喻信然，所谓甚难行止者，恐亦毁誉之心犹在。今且只论纂修一事，为可耶？为不可耶？若纂修未为尽非，则北赴未为不可。升官之与差委事体，亦自不同。况议礼本是诸君始终其事，中间万一犹有未尽者，正可因此润色调停。以今事势观之，元山既以目疾，未能躬事；方、霍恐未即出。二君若复不往，则朝廷之意益孤，而元山之志荒矣。务洁其身者，杨氏为我之义，君子之心，未肯胫胫若此也。凡人出处，如人饮水，冷暖自知，非他人所能与，高明自裁度之。北行过越，尚须一面，不一一。

（书见嘉靖十二年黄绾序刊本《阳明先生文录》卷二。钱明《王阳明全集未刊散佚诗文汇编及考释》著录。）

与邹谦之书（嘉靖六年　一五二七年）

不可！吾党学问，幸得头脑，须鞭辟近里，务求实得，一切繁文

靡好,传之恐眩人耳目,不录可也。(下阙)

(书见钱德洪《刻文录叙说》。)

与钱德洪书（嘉靖六年　一五二七年）

所录以年月为次,不复分别体类者,盖专以讲学明道为事,不在文辞体制间也。

(书见钱德洪《刻文录叙说》及《阳明先生年谱》"嘉靖六年"下。)

与张罗峰(二篇)

(一)（嘉靖六年　一五二七年）

两承手教,深荷不遗。仆迂疏之才,口耳讲说之学耳。簿书案牍,已非其能,而况军旅之重乎? 往岁江西之役,盖侥幸偶集。近年以来,益病益衰,惟养疴丘园,为乡里子弟考正句读,使移向方,庶于保身及物亦稍效其心力,不致为天地间一蠹物。若必责之使出,自择其宜,惟留都之散部,或南北太常国学,犹可勉效其袜线,外是,举非所能矣。近日之举,虽过承缪爱,然投之以所不能,则亦适所以坏之也。恳辞之情,疏内亦有所不敢尽言者,奏下,望相与扶持曲成之。时事方亟,惟竭诚尽道,以膺天眷。不具。

(二)（嘉靖六年　一五二七年）

奏本人去,曾附小札。腐劣多病,已成废人,岂能堪此重任? 若恳辞不获,终不免为相知爱者之累矣。奈何,奈何! 东南小蠹,特皮肤疮疥之疾。若朝廷之上,人各有心,无忠君爱国之诚,谗嫉险伺,党比不已,此则心腹之病,大为可忧者耳。诸公方有汤药之任,盖天下莫不闻,不及今图所以疗治之,异时能辞其责乎? 不旬日间,木斋翁且启行。此老重望,其慎默镇定,终当与流辈不同,惜其精力则益衰矣。差来官守催甚恳迫,力遣许时,始肯还。病笔草草,未尽欲言,千万心亮。

(二札见《阳明先生文录》卷四,钱明《王阳明全集未刊散佚诗文汇编及考释》著录。)

与周道通答问书（嘉靖六年 一五二七年）

问: 为今日之学者,须务变化气习,而达之夫妇、父子、兄弟之间,以身修、家齐为极,则庶有巴揽以验其进,且为实学。不然,则恐存心稍宽,茫无涯岸,未易成立。况圣贤体用之学,不由齐家,虽于治国、平天下或有得力处,毕竟于天德王道未尽。但齐家一关,盘诘甚大,苟非内有至健之志,而外有至顺之容,恐未可以一二言也。如何,如何?

此段亦是好说话,只是欠下落。

问: 先生尝答问性云:"气即是性,性即是气。"则闻命矣。

此言是解说"生之谓性"一句。

然其间亦有难言者焉。佛氏明心见性之说,谓佛氏之所谓心性,非心性也,恐亦不可,然而所见疑有犯于程子论气不论性之戒;为吾儒之言者,往往又若专泥夫意之动为心,而以知觉运动属气,必欲于心气之外,别求见夫所谓理与性者,不又犯于程子论性不论气之戒乎? 二者疑皆失之,不能无问。

此段不消如此说得。

窃 以 为 受天地之中以生,而是中之属于人生言乎? 其初禀此□□□性言乎？其主于身，则谓之心；就心之条理而言，则谓之理。忘理与心，忘心与性，忘性与身，浑沦而言之，则通谓之气；抑就气而论其根源之地，灵明知觉吾其体，神妙不测吾其用。先民以其本来如是，此性之所由命名也；以一身之动，万感之应，必枢机于是，此心之所由命名也。又就其心性自然明觉，无所不知者，名之为智；就其本然自有权度，无所不宜者，名 之 为 义 ；就其凡皆有节有文，粲然条理者，名之为礼；就其□□生生不息，无物不体，无息不存者，名之为仁，此又理之所由命名也，而其实均是一气而已尔。

　　佛氏但窥见吾心吾性灵明知觉之旁烛者，而失究于本原之地，则不知有生生不息之体矣。故其为道，枢机不属于己，又安知有应变无穷、神妙不测之用乎？正如日月有明，佛氏止认夫容光之照无微不□，□以谓是日月也，而其堕于空寂之境也，又何疑□□□□， 知 足以周万物，而道实不足以济天下，岂知者过之之徒与？故吾圣人之学，曰执中，曰建极，曰不逾矩，皆指是枢机而言也。其所以恒是道者，曰思，曰兢兢业业，曰小心翼翼；而其示人求之之地，则曰独，曰良知，曰不睹不闻；其工夫则曰诚，曰敬，曰戒慎恐惧，曰不愧于屋漏，皆就今本原体认，以求自得□，无所容私于其间。然则在今日正不必论性，亦 不 必 论 心 ，□须得枢机在手，而不失其中正焉，自可弗畔于道矣。 然 否，然否？

　　　　只消说此两句，即前面许多话说皆□□说。

　　　　致良知便是。

　　　　此段所论，大略多有是处，只因致知工夫未得精明，是以多有夹杂。

儒者有言:"圣人之学,乾道也;贤人之学,坤道也。"冲疑之。《易》曰:"干知大始,坤作成物。"又曰:"知至至之,知终终之。"乾道坤道,恐不可析。但圣人工夫用得熟,便觉自然,无所容心。若贤人工夫,尚须强勉,有类坤作成物耳。然非知为之主,则□□□□□事,故乾道坤道,虽就贤人之学看,亦不可缺一,是否?

此说亦是正,不必如此分疏。

闲居中静观,时物生息流行之意,以融会吾志趣,最有益于良知。昔今康节、白沙二先生,故皆留情于此。但二先生又似耽著,有不欲舍之意,故卒成隐逸,恐于孔子用行舍藏之道有未尽合。

静观物理,莫非良知发见流行处,不可又作两事看。

白沙先生云:"学以自然为宗。"又云:"为学须从静中养□□□□有商量处。"此盖就涵养说,固是有理,但恐初学未从□□用工来,辄令如此涵养,譬诸行路之人,未尝跋历险阻,一旦遇险便怯,能保其不回道乎?窃记明道先生有言:"造诣得极,更说甚涵养。"云造诣,则克己在其中矣。须尝克己造诣上用工过来,然后志意坚忍,久而不变,此意如何?

知得致良知工夫,此等议论自然见得他有未尽处。

古圣相传心法之要,不过曰"执中"。然中无定体,难以□□□□,凭吾良知点检日用工夫,颇亦觉得稳当处,多□□□□□,非过即又不及,不能得常常恰好,诚欲择乎中庸,而固执之,如之何则可?

致良知便是择乎中庸的工夫,倏忽之间有过不及,即是不致良知。

世儒论学,才见人说就心性上用功,辄拒而不听,以其流为禅也。故其为学,必须寻几句书来衬贴此心,庶有依靠,此殆不能自立而然耳。先儒言心中不可有一物，若依靠□□□，□有物矣，安得此心虚明而应物无滞耶？盖能□□□□□书，一一凭我驱使。不能自立，虽读圣人之书，终身只服事得书。

此等意思，只晓得便了。

儒者论佛，往往不诛其立心之差，而反咎其用功之错，以谓不宜专求本心，而遂遗弃物理也。不知遗弃物理，正由其初立心上生起此病，不干其专求于心也。夫吾孔子□□□□□，为得其宗，传之思孟而止。然曾子之学，专用□□□□□□尾，只说得慎独。至孟子云："学问之道无他，求其放心而已。"故其论王道，一则曰心，二则曰义。佛氏之求心，夫何过哉？若吾儒之志于学，不于其初严审夫善利之间，徒欲矫佛而重于求物，轻于信心，则恐得罪于圣人之门，与佛氏公案虽不同，而同归于律，恶得以五十步笑百步也！

佛氏不累于物，与吾儒同；但吾儒不离于物，而能不累于物。若使佛氏不离于物，则不能不累于物矣。吾儒知所容心，而又知无所容其心；佛氏则欲尽归于无所容心而已矣。佛氏之明，如生铜开镜，乃用私智凿出；吾儒则如日月有明，一本其自然，故镜怕物障，日月不怕物障。

曾作《山阴县学记》，其间颇论儒释之同异，□孰其中细细□□□□□。

尝读《濂溪传》，至以名节自砥砺，妄疑其容心□□□□□，所系亦甚大，真吾□之藩篱也。冲自得五月十二日手教，遂自书"慎行惜名为今日第一义"数字，贴之坐处。自是志向渐觉专一，工夫渐觉勇猛，戒谨恐惧之意常若不离于心目之间，而胸中亦自洒落，则是向里之学，亦有资于外者然也。只孤立无助，恐中道作辍靡常，不能进步，以达天德，更 望 老先生一接引之。

致良知是今日第一[义]，□□□□□，则所谓慎行惜名□□□□□。

凡是有感斯应，其感自外至者，不必论也。澄心静虑之□无思无为，而有突然之感者，何欤？夫正感正应，邪感亦正应之，宜也。然有时乎正感而应之，忽入于邪者，岂其有所感而然耶？抑或涉于气欤？必欲吾心之神，常为万感之主，无动静而能定焉，当有何道？其道只是致良知，感应皆起于无[思]，无有自外至者，心无[思]，□□□□□。

良知真无待于一字加添，已自信得及，冲非□□□□□□□得如此，只如今一会客之间，惟尽吾心之诚，当揖而揖，当拜而拜，当言而言，当嚷而嚷，已是多少利便，多少自在，反会错谬，失东忘西，安能动容周旋中礼？又如凡作文字，才起思议，便走笔不动，每事体验得如此，信不容纤毫□□□□□□□用智之病，尚未能沙汰得尽，欲专留神于此沙汰，如何？

[吾]心一了之，百当[之]，有何疑？

今日致知之学，更无可疑。但这件工夫，固宜自力，还须常亲师友，讲得圆活通遍，到那耳顺处，方能触处洞然，周流无滞。不然，则恐固执太早，未免有滞心。以有滞之心而欲应无穷之变，其能事皆当理乎？良知即是天理，致良知即是当理，亲师友，讲贯□□□□□□，可别作一事□□□□。冲近今日用工夫，大率要在涤磨心病，使□□□□□□□江汉暴之以秋阳，干干净净，一似秋空明月，方始快乐。但恨体弱多病，精神不足，正好用功之候，而四体又觉疲倦思卧矣。虽事亲从兄之事，亦竟不能尽如其愿，奈何，奈何！今必不得已，只凭良知爱养精神，既养得精神，都只将来供应良知之用,是或处病之一道欤?

　　良知自能分别调停,只要□□□□□。良知知得当爱养精神,即爱养精神便是致知;知得当涤磨心病,即涤磨心病便是致知。养俭养方,只是一道,不可分作两事。

问:古者宗子之法,有百世不迁之宗,是为大宗,其□□祖□祭也,不嫌于禘欤? 大宗子死,族人虽已服尽,犹为服齐衰三月,其礼不已重欤? 夫谓宗法宜若是重也,《记》何以孔子曰"宗子为殇而死,庶子弗为后也"? 听宗法之废欤? 若谓庶子弗后,小宗言也,大宗而在,犹之可也;使大宗有绝,□□□□□,可继以为后否欤? 否则,疏远之族,谁其为□□□ □□□□之法,后世士庶人亦有可以义比附而立欤? 如或以为僭也,君子而有重本尊祖之心者,得无有未尽欤?

问:古者立庙之制,天子七,诸侯五,大夫三,适士二,官师一。诚以庙宇之多寡为制欤? 抑祖考之祭,视庙宇而杀欤? 如祖考之祭,视庙而杀,说礼者何以谓官师得祭祖? □□□□□□□,是则适士亦得祭曾祖。同是二庙,大夫亦得□□□,同是三庙矣,然欤? 说者又谓庶人祭祢于寝,然则汉以后庶人得祭三代,而今或祭及高祖者,僭而当事欤? 昔人有祭先祖者,或以为似祫而不敢祭,则古者大宗子之祭始祖似祫,亦在所废欤? 父母之丧,达于天子,无贵贱,一也。尊祖报本,亦□天理民彝之不可泯灭者,而独于贵贱拘焉。无□□□□□□□义,固有可推者欤? 君子无意于尊祖报本则已,使其有尊祖报本之心,则是恐不可以不之讲也。

　　宗法庙制,其说甚长,后世亦自有难行处。学者只是致其良知,以行其尊祖报本之诚,则所谓虽不中不远矣。忙中不及细讲说,然虽细讲说,亦空谈无益。

右冲病耳,艰于听教。且承老先生远别,恐路阻日修,就正益难。来途谨述所□□事,录□批斥是否,并求警发之言,以辟升堂入室之□□,得以循级而进,感恩何慨!

大□道通所问。良知信得及处,更自说得分晓,于良知信未及□□□□得支离。良知一也,有信得及处、信未及处,皆由致知之功未能精纯之故。今请只于此处用力,不必多设方略,别寻道路,枉费心力,终无益也。冗次,言不能尽。八月卅一日,守仁上。

(真迹见日本天理图书馆藏《王阳明先生小像附尺牍》一卷。该卷卷首题作"阳明教言",前有文徵明作阳明先生遗像,后为《与周道通答问书》,再次为《与周道通书》[五通],最后为吴昌硕所作跋。盖是卷明以后鲜见流传,一九二四年吴昌硕在上海偶获观此卷,以后流入日本。张立文曾将此卷中之《与周道通答问书》整理发表于《王阳明全集》前[红旗出版社,一九九六年]。)

与邹谦之书 (嘉靖六年　一五二七年)

骥相游甚久,学行兼优,其为志诸幽堂,以泄其无穷之哀。
(书见《邹守益集》卷二十二《静庵黄公墓志铭》。)

大学问总论 (嘉靖六年,一五二七年)

夫理无内外,性无内外,故学无内外。讲习讨论,未尝非内也;反观内省,未尝遗外也。夫谓学必资于外求,是以己性为有外也,是义外也,用智者也;谓反观内省为求之于内,是以己性为有内也,是有我也,自私者也。是皆不知性之无内外也。故曰:"精义入神,以致用也;利用安身,以崇德也。""性之德也,合内外之道也。"此可以知格物之学矣。格物者,《大学》之实下手处,彻首彻尾,自始学至圣人,只此工夫而已,非但入门之际有此一段也。夫正心、诚意、致知、格物,皆所以修身,而格物者,其所用力日可见之地。故格物者,格其心之物也,格其意之物也,格其知之物也;正心者,正其物之心也;诚意者,诚其物之意也;致知者,致其物之知也。此岂有内外彼此之分哉? 理一而已。以其理之凝聚而言则谓之性,以其凝聚之主宰而言则谓之心,以其主宰之发动而言则谓之意,以其发动之明觉而言则谓之知,以其明觉之感应而言则谓之物。故就物而言谓之格,就知而言谓之致,就意而言谓之诚,就心而言谓之正。正者,正此也;诚者,诚此也;致者,致此也;格者,格此也,皆所谓穷理以尽性也。天下无性外之理,无性外之物。学之不明,皆由世之儒者认理为外,认物为外,而不知义外之说,孟子盖尝辟之,乃至袭陷其内而不免,岂非亦有似是而难明者欤? 不可以不察也。

（文见万历年间百陵学山本《大学问》。按:此文实《大学问》之总论,隆庆刻本《王文成公全书》卷二十六所著录《大学问》遗漏此重要一段。）

寄正宪男手墨二卷（五札）（嘉靖六年　一五二七年）

书一

即日舟已过严滩。足疮尚未愈,然亦渐轻减矣。家中事凡百与魏廷豹相计议而行,读书敦行,是所至嘱! 内外之防,须严门禁;一应宾客来往,依所留告示,不得少有更改。四官尤要戒饮博,专心理家事。保一谨实可托,不得听人哄诱,有所改动。我至前途,更有书报也。九月廿三日严州舟次,父字,付正宪收。老奶奶及二老奶奶处可多多拜上,说一路平安。

书二

即日已抵常山两日,明早过玉山矣。九月卅日发。

书三

舟已过临江,五鼓与叔谦遇于途次,灯下草次报汝知之。沿途皆平安,咳嗽尚未已,然亦不大作。广中事颇急,只得连夜速进,南赣亦不能久留矣。汝在家中,凡宜从戒谕而行。读书执礼,日进高明,乃吾之望。魏廷豹此时想在家,家众悉宜遵廷豹教训,汝宜躬率身先之。书至,汝即可报祖母诸叔。况我沿途平安,凡百想能体悉我意,钤束下人谨守礼法,皆不俟吾喋喋也。廷豹、德洪、汝中及诸同志亲友,皆可致此意。

书四

聪儿近来抚育如何? 一应褓抱乳哺,不得过于饱暖。

书五

近两得汝书,知家中大小平安。且汝自言能守吾训戒,不敢违越,果如所言,吾无忧矣。凡百家事及大小童仆,皆须听魏廷豹断决而行。近闻守度颇不遵信,致抵牾廷豹。未论其间是非曲直,只是抵牾廷豹,便已大不是矣。继闻其游荡奢纵如故,想亦终难化导。试问他毕竟如何乃可? 宜自思之。守悌叔书来,云汝欲出应试。但汝本领未备,恐成虚愿。汝近来学业所进吾不知,汝自量度而行,吾不阻汝,亦不强汝也。德洪、汝中及诸直谅高明,凡肯勉汝以德义，规汝以过失者，汝宜时时亲就。汝若能如鱼之于水，不能须臾而离，则不及人不为忧矣。吾平生讲学，只是"致良知"三字。仁，人心也；良知之诚爱恻怛处，便是仁，无诚爱恻怛之心，亦无良知可致矣。汝于此处，宜加猛省。家中凡事不暇一一细及，汝果能敬守训戒，吾亦不必一一细及也。余姚诸叔父昆弟皆以吾言告之。前月曾遣舍人任锐寄书历，此时当已发回。若未发回，可将江西巡抚时奏报批行稿簿一册，共计十四本，封固付本舍带来。我今已至平南县，此去田州渐近。田州之事，我承姚公之后，或者可以因人成事。但他处事务似此者尚多，恐一置身其间，一时未易解脱耳。汝在家凡百务宜守我戒谕，学做好人。德洪、汝中辈须时时亲近，请教求益。聪儿已托魏廷豹，时常一看。廷豹忠信君子，当能不负所托。但家众或有桀骜不肯遵奉其约束者，汝须相与痛加惩治。我归来日，断不轻恕。汝可早晚常以此意戒饬之。廿二弟近来砥砺如何？守度近来修省如何？保一近来管事如何？保三近来改过如何？王祥等早晚照管如何？王祯不远出否？此等事，我方有国事在身，安能分念及此？琐琐家务，汝等自宜体我之意，谨守礼法，不致累我怀抱乃可耳。十二月初五日发。

（书卷见顾麟士《过云楼续书画记》卷二、《中国历代书法大观》[上][国际文化出版公司]及钱德洪《王阳明全集续编》之《寄正宪男手墨二卷》。然此致正宪书卷原本有五札，钱德洪只取三札[一、三、五]，且多有删改。）

梧山集序（嘉靖六年　一五二七年）

岭南厚街王氏，吾宗也。今上嘉靖之二年，南京户部尚书梧山先生卒于官。越三年，其孤国子监监丞宏久，自东莞诣余，乞为其先人集序。时余正奉命总制两广府署，距东莞一苇杭之尔。读先生集，恍然如畴昔晤对时，遂欲移舟仙里，览公平日钓游之旧，多事匆卒，未能也。忆弘治己未岁，余举进士，居京师，公时以给谏充安南册封使，于时先君子承乏秩宗，与同朝诸荐绅饯送都门，余始获钦仪丰采，见其温温恪恪，岸然有道之容，倘所谓和顺积中而英华发于外焉者耶？越十年，公累迁都宪，抚军郧阳，余亦抚南赣。洪都之变，公首设方略，为犬牙交控之势，以扼其冲。不逾年，逆濠成擒，天子得纾南顾忧者，公为之备也。今上鉴公累劳，御极之初，特晋大司徒，将拜台辅，而公转盻墓草，时甚悼焉。是集皆公历宦以来，忠勤大节，形之章疏中，虽或允行，或未奉允行，甚或抵触天怒，无所忌讳，要均可以前质古人，后示法于来者。间有闲吟别撰，非公经意为之，而其性真所发，笔兴并酬，则卓荦纡徐，不可以一格拘，其素所蕴积者厚也。嗟乎！古人后世而不朽者三，立言其一焉，如公之盛德、丰功，赫赫在人耳目，立言其奚以为？虽然，余尝式公之德矣，佩公之勋伐猷为矣，且十数年世讲宗盟，得亲公之謦欬风仪，非朝伊夕矣。今公往集存，每披寻展读之，辄幸得所凭籍，以见公之生平，而况天下之大，四海之广，且疏及遥遥几百载后，未识公之面貌，又不获俎豆公之书，而竹帛有湮，史册无据，其何以美而传，爱而慕，使夫闻风生感，懦夫立，贪夫廉，重为功于名教哉？故集存是公之存也，即公之立朝风烈文章及其匡居志趣，亦一一与之并存也。闻公之先大人淡轩先生守宝庆时，有《楚游草》传世，诗坛纸贵久矣，得公集廓而大之，于焉经世而行远，后有作者，王氏其弁冕乎？余不才，不得政通人和之暇，相与造公堂，酹公墓而告焉，窃对公之遗集，幸公之盛德、丰功并立言而不朽之三俱矣，遂书之以为序。

　　(文见王缜《梧山先生集》前。)

游端州石室题刻 （嘉靖六年　一五二七年）

嘉靖丁亥腊月之朔，新建伯余姚王守仁来游。

（题刻见《崇祯肇庆府志》卷三十五《艺文》十《古今题名石刻》，《高要县志》卷十四《金石略》。按：阳明此题刻在端州七星岩石室壁上。）

霍兀厓宫端书 （嘉靖六年　一五二七年）

每读章奏，见磊落奇伟之志，挺持奋发之勇，卓然非侪辈可望，深用叹服。果得尽如所志，天下之治诚可焕然一新。然其形势自有不能尽如人意者，要在宽以居之，仁以行之而已。高明既有定见，顾无俟于鄙劣者之喋喋。西樵书中，亦致芹曝之献，倘览及之幸，有一言示其可否也。田州事实无紧要，徒劳师费财。纷纷两年，重为地方之患。今于《谢恩疏》中，略陈愚见，须得朝廷俯从其议，庶可以图久安；不然，起伏之变，未有已也。赍奏人去，草草附问。地方之事，有可见教者，人还不惜示及。

（书见《阳明先生文录》卷四。钱明《王阳明全集未刊散佚诗文汇编及考释》著录。）

泗城土府世系考 （嘉靖七年　一五二八年）

宋皇祐间，侬智高寇扰粤西，杨畋等征讨久无功。四年九月，上命枢密襄公狄青为荆湖宣抚使，督诸军讨智高，以麒麟武卫怀远将军岑仲淑从，大破智高于邕州，智高窜奔广南。襄公还朝，仲淑善后。五年正月，仲淑平广南，智高复窜大理，遂死，函首至京师。仲淑驻镇邕州，建元帅府，都督桂林、象郡、三江诸州兵马，封粤国公。仲淑系出汉武阴侯岑彭后裔,原籍浙江绍兴府之余姚县人。仲淑镇邕,威惠并行,开拓疆土,抚绥蛮夷,大得民心。仲淑故,子自亭袭。时有流言,欲以叛逆中伤,自亭遂请谢邕州还朝。将束装,夷土拥众遮留不放。事闻,仍留镇抚。后累加金紫光禄大夫,沿边安抚使,来安路都总管。后遂迁入乔利,跨有牂牁,子孙世守边土。自亭生子二:长曰翱,次曰翔。翱袭,故绝,翔袭。翔生英,英生雄,雄生世兴,皆以原官袭。至元时,世兴以边功加总兵、万户侯。世兴生子五:长曰怒木罕,袭父职;次曰帖木儿,分封田州,是为田州始祖;三曰阿次兰,受封乔利,是为思恩土州始祖;四曰不花也仙,绝;五曰剌辛,受封东路,是为镇安始祖。怒木罕既袭父职,以侄伯颜入京谗谤,追夺封爵,改东路宣慰使。后复建功,封武德将军。怒木罕生福广,福广生善忠,皆袭宣慰使。至明洪武六年,改古勒峒为泗城土州,善忠改封土知州。

(文见《古今图书集成》第一千四百五十二卷《泗城府部·艺文》。)

答某人书(八篇) (嘉靖七年　一五二八年)

书一

改卫稿奉正,军政稿当已裁定,望掷去人。守仁顿首。

书二

适闻贵恙,殊切悬悬。先遣问候,少间,当躬诣也。守仁顿首拜问。

书三

贱恙怯风,数日不出。未能即拜,极怏怏。先人问候,幸心宽。即日,守仁顿首。

书四

及躬诣,幸心照。守仁顿首。

书五

即日虽雨,不可以虚前约,未刻拱俟,想能惠然也。守仁顿首。

书六

咨文已发差人,明日行矣,幸知之。守仁顿首。

书七

尊稿后参语,似略有未满处,恐亦事体当如是耶? 然大势扶持多矣,漫即之。

书八

改卫稿望斧正,掷去人。折粮奏疏并见示,尤荷。守仁顿首。

(八书见杨儒宾、马渊昌也《中日阳明学者墨迹》,其真迹由何创时书法艺术文教基金会收藏。)

历朝武机捷录序 (嘉靖七年　一五二八年)

语曰: 智周通塞,不为时穷;才经险夷,不为世屈。余自宸濠之变、田州土守之役,每顾诸青油所云偏裨者,时进而询所忧,白的赤茎,龙鳞鹤膝,则赳赳似矣;其于孙、吴、尉缭、司马,则愦愦如也。因示之曰:"一人敌,不足学;非不学也,不足专此学也。昔子房无三尺之躯,淮阴无屠少之雄,一能决胜千里之外,一能将多多益善之军,是宁一人敌耶? 纶巾羽扇,指顾而挫锋芒;只马单骑,谈笑以退戎虏,吾愿汝辈知之也。"然辕壁寂然,相视而愕,中不少有志之士,俯而问略,余曰:"非一言可尽也。承平日久,徒知纨绔,耳不闻金鼓,足不履战阵。白的龙鳞,技且高阁,岂特走孙、吴等于堂下乎? 不惮辑古名将事迹,合诸武经者,汇为一书,使各录一册熟之,此武经翼也。风雨关前,即是雪夜精骑;淆谷道上,讵异马陵妙算哉? 筑营固垒,塞井夷灶,皆是术也。用不同矣。"居月余,而习者乃不复吴下阿蒙。余因喜而志之,以俟后之学者。

余姚王守仁撰。

(序见《历朝武机捷录》卷首。)

与夏德润朱克明手札 <small>(嘉靖七年　一五二八年)</small>

舍人王勋来,尝辱手札,匆匆中未暇裁答,为愧。今此子已袭指挥使,头角顿尔峥然,而克明、德润未免淹滞于草野,此固高人杰士之所不足论,然世事之颠倒,大率类此,亦可发一笑也。因此子告还,潦草布问,不一一。守仁顿首,德润夏先生、克明朱先生二契家。凡相识处,特望致意。

(札见叶元封《湖海阁藏帖》卷二《与德润及克明书》、《中国书法大成》[五],《姚江杂纂》著录。)

南宁新建敷文书院记碑 （嘉靖七年　一五二八年）

嘉靖丙戌夏，官兵伐田，随与思恩，相比复煽，集军四省，汹汹连年。于是皇帝，忧悯元元，容有无辜，而死者乎？乃命新建伯、臣王守仁：曷往视师，勿以兵歼，其以德绥。乃班师撤旅，散其党翼，宣扬至仁，诞敷文德。凡乱之起，由学不明。人失其心，肆恶纵情。遂相侵暴，荐成叛逆。中上且然，而况夷狄？不教而杀，帝所不忍。孰近弗绳，而远能准。爰进诸生，爰辟讲室。决蔽启迷，云开日出。各悟本心，再从外得。厥风之动，翕然无远。诸夷感慕，如草斯偃。我则自威，帝不我珍。释干自缚，泣诉有泫。旬日来归，七万一千。濈濈道路，踊跃欢阗。放之还农，两省以安。昔有苗徂征，七旬来格。今未期月，而蛮夷率服。绥之斯来，速于邮传。舞干之化，何以加焉！明明天子，神武不杀。好生之德，上下乃格。神运无方，莫窥其迹。爰告思田，毋忘帝德。既勒山石，昭此赫赫；复识于此，俾知兹院之所始。

（碑记见林富、黄佐《嘉靖广西通志》卷二十六。）

答聘之书 （嘉靖七年　一五二八年）

匆匆别，竟不能悉所言，奈何，奈何！今秀卿好义而贫，已曾面及，此去，幸垂照。九月六日，守仁顿首，聘之大人道契文侍。

（真迹见茅一相《宝翰斋国朝书法》卷八《王守仁与聘之宪长书三通》，《明代尺牍》第二册[上海科学技术文献出版社]。）

寄何燕泉书 （嘉靖七年　一五二八年）

兵冗中久缺裁候，乃数承使问，兼辱嘉仪，重之以珍集，其为感愧,何可言也!仆病卧且余四月,咳痢日甚,淹淹床席间,耳聋目眩,视听皆废。故珍集之颁,虽喜逾拱璧之获,而精光透射,尚未得遽瞬目其间。候病疏得允,苟还余喘于田野,幸而平复,精神稍完,然后敢纳足玄圃之中,尽观天下之至宝,以一快平生,其时当别有请也。伏枕不尽谢私,伏冀照亮。

(书见《阳明先生文录》卷四,钱明《王阳明全集未刊散佚诗文汇编及考释》著录。)

与黄才伯书 （嘉靖七年　一五二八年）

明德只是良知,所谓灯是火耳。吾兄必自明矣。

(书见黄佐《庸言》卷九。)

与提学副使萧鸣凤 （嘉靖七年　一五二八年）

予祖纲,洪武初为广东参议,往平潮乱,至增江,遇海寇,卒为所害。其子赴难,死之。旧当有祠,想已久毁,可复建也。然询诸邑耆,皆无知者。乃檄知县朱道澜,即天妃庙址鼎建,祀纲及其子彦达。既竣事,守仁往诣。祀事毕,驻节数日,不忍去,召集诸生,讲论不辍。曰:"吾祖寓此,而甘泉又平生交义兄弟,吾视增城,即故乡也。"乃题诗祠壁曰:"海上孤忠岁月深,旧垄荒落杳难寻。风声再树逢贤令,庙貌重新见古心。香火千年伤旅寄,烝尝两地叹商参。邻祠父老皆仁里,从此增城是故林。"

(书见嘉靖三十九年黄佐编《广东通志》卷四十二《艺文》。)

重刻广东参议王公传碑后题 （嘉靖七年　一五二八年）

嘉靖七年,岁次戊子,冬闰十月吉,孝玄孙新建伯王守仁重刻,吏部辨印生钱君泽书。

（文见《嘉庆增城县志》卷十九《金石录》。）

武经七书评（弘治十二年　一四九九年）

〈一〉《孙子》

始计第一

○兵者，国之大事。

○"经之以五事，校之以计，而索其情。"校之以计而索其情，是兵家秘密藏，即下文所谓"权"也，"诡"也。

○道者，令民与上同意。

○将者，智、信、仁、勇、严。

○五者，知之者胜。

○势者，因利而制权。

○权，正对前"经"字而言。

○兵家之胜，不可先传。

○庙算胜者，得胜多。

●谈兵皆曰："兵，诡道也，全以阴谋取胜。"不知阴非我能谋，人不见人，自不能窥见我谋也，盖有握算于未战者矣。孙子开口便说"校之以计，而索其情"，此中校量计画，有多少神明妙用在，所谓"因利制权"、"不可先传"也。

作战第二

○兵众用繁如此，自不得久战于外。

○兵闻拙速。

○趋利者先远害。

○善用兵者,役不再籍。

○因粮于敌。

○智将务食于敌。

○胜敌而益强。

○智将,民之司命。

●兵贵"拙速",要非临战而能速胜也,须知有个先着在,"校之以计,而索其情"是也。总之,不欲久战于外以疲民耗国,古善用兵之将类如此。

谋攻第三

○用兵,全国为上。

○不战而屈人之兵。

○上兵伐谋。

○善用兵者,以全争于天下。

○将者,国之辅。

○辅周,则国必强。

○以虞待不虞者胜。

○将能而君不御者胜。

○五者,知胜之道。

●兵凶战危,圣人不得已而用者也。故孙子作《兵法》,首曰"未战",次曰"拙速",此曰"不战屈人兵",直欲以"全国"、"全军"、"全旅"、"全卒"、"全伍"。"全"之一字,争胜于天下。"上兵伐谋",第"校之以计"而制胜之道而已。"辅周则国必强",其在此将乎!

军形第四

○善战者,先为不可胜。

○胜可知,而不可为。

○善战者,自保而全胜。

○战胜而天下曰善。

○善战者,胜于易胜。

○善战者,无智名,无勇功。

○(善战者)立于不败之地。

○胜兵先胜而后战。

○善兵者,修道而保法。

○胜兵若以镒称铢。

○胜兵若决积水。

●"修道保法",就是"经之以五事"。其胜也,"无智名,无勇功",所谓"不战而屈人之兵"也。此真能先为"不可胜",以立于"不败之地"者,特形藏而不露耳。

兵势第五

○分数,形名。

○善出奇者,无穷如天地。

○战势不过奇正。

○奇正之变,不可胜穷。

○变动不居,周流六虚,此《易》理也。奇兵作用,悉本于此。

○善战者,势险节短。

○善动敌者,形之,而敌必从。

○善战者,择人而任势。

○动静方圆,奇而不杂于正。

●莫正于天地、江海、日月、四时,然亦莫奇于天地、江海、日月、四时者何?惟无穷,惟不竭,惟"终而复始",惟"死而复生"故也。由此观之,不变不化,即不名奇,"奇正相生,如环无端"者,兵之势也。任势,即不战而气已吞,故曰"以正合"、"以奇胜"。

虚实第六

○致人而不致于人。

○善战者,能使敌人自致。

○无形无声,为敌之司命。

○形人而我无形。

○形兵之极,至于无形。

○形兵应于无穷。

○兵形象水。

○因敌变化而取胜,谓神。

●苏老泉云:"有形势,便有虚实。"盖能为校计索情者,乃能知虚实;能知虚实者,乃能避实击虚,因敌取胜。"形兵之极,至于无形",微乎神乎,此乃其所以"致人而不致于人"者乎?

军争第七

○不知诸侯之谋者,不能豫交。

○不用乡导者,不能得地利。

○兵以分合为变。

○悬权而动。

○先知迂直之计者胜。

○鼓金旌旗，所以一人之耳目。

○三军可夺气。

○将军可夺心。

○治气，治心，治力。

●善战不战，故于军争之中，寓不争之妙。"以迂为直，以患为利"，"分合为变"，"悬权而动"，而必申之以避锐击惰。"以治"、"以静"、"无邀"、"无击"、"勿向"、"勿逆"等语，所谓"校之以计，而索其情"者，审也。匪直能以不争胜争，抑亦能不即危，故无失利。

九变第八

○通九变之利者，知用兵。

○九者，数之极；变者，兵之用。

○智者杂于利害。

○恃吾有以待之。

●从古有治人，无治法。国家诚得通于"九变"之将，则于"五利"、"五危"之几，何不烛照数计，而又何"覆军杀将"之足虞乎？"智者之虑，杂于利害"，此正通于"九变"处，常见在我者有可恃，而可以屈服诸侯矣。

行军第九

○黄帝所以胜四帝。

○相敌情，有如烛照，得之几先，非关揣摩。

○鸟集者虚，夜呼者恐。

○令之以文，齐之以武。

○令素行以教民,则民服。

○令素行者,与众相得。

●"处军相敌",是行军时事。"行令教民",是未行军时事。然先处军而后相敌,既相敌而又无武进,所谓"立于不败之地",而兵出万全者也。

地形第十

○能就地形趋避,而无蹈六败,则战必胜矣。

○六者,地之道。

○地形者,兵之助。

○料敌制胜,上将之道。

○知此而用战者,必胜。

○惟民是保,而利于主。

○知兵者,举而不穷。

○知天知地,胜乃可全。

●今之用兵者,只为求名避罪一个念头先横胸臆,所以地形在目而不知趋避,敌情我献而不为觉察。若果"进不求名,退不避罪",单留一片报国丹心,将苟利国家,生死以之,又何愁不能"计险厄远近"而"料敌制胜"乎?

九地第十一

○兵情主速。

○运兵计谋,为不可测。

○善用兵者,譬如率然。

○齐勇若一,政之道也。

○善用兵,携手若使一人。

○将事,静以幽,正以治。

○人情之理,不可不察。

○通局开阖,真如常山之蛇,首尾系应。

○兵事,在顺详敌意。

○几事不密则害成,此《易》理也。故夷关折符,无通其使。

○践墨随敌,以决事。

○处女,脱兔。

●以地形论战,而及"九地"之变。"九地"中独一"死地则战",战岂易言乎哉!故善用兵者之于三军,"携手若使一人",且如出一心,使人常有"投之无所往"之心,则战未有不出死力者,有不战,战必胜矣。

火攻第十二

○火攻有五。

○费留。

○明良合利而动。

○安国全军,便是常胜之家。

●火攻亦兵法中之一端耳,用兵者不可不知,实不可轻发。故曰:"非利不动,非得不用,非危不战。主不可以怒而兴师,将不可以愠而致战。"是为"安国全军之道"。

用间第十三

○不爱爵禄,捐金反间,是一要着。

○明君动而胜人。

○明君成功出众。

○明君成功,必取于人。

○三军莫亲于间。

○以上智为间,必成大功。

●用间与乘间不同,乘间必间自人主,用间则间为我用。知此一法,任敌之坚壁完垒,而无不可破,横行直撞,直游刃有余耳。总之,不出"校之以计,而索其情"一语。

〈二〉《吴子》

图国第一

○吴起儒服以兵机见。

○"占隐"、"察来"二语,便是兵机。

○明主修文治矣。

○国家教百姓而亲万民。

○国家先和而造大事。

○语合圣贤,兵机实不外此。

○起语腐。

○义者,所以行事立功。

○要者,所以保业守成。

○圣人绥之以道。

○圣人理之以义。

○圣人动之以礼。

○圣人抚之以仁。

○四德修之则兴。

○汤武举顺天人。

○制国治军,必以礼义。

○战胜易,守胜难。

○天下一胜者稀。

○五者之服,各有其道。

○料人、固国之道。

○明王谨君臣之礼。

○明王顺俗而教。

○明王简募良材,以备不虞。

○强国之君,必料其民。

○五者,军之练锐。

○守固、战胜之道。

○先自治而后治人,不谓吴起见亦及此。

○能得其师者王。

料敌第二

○安国家之道,先戒为宝。

○能审料此,可以击众。

○不卜而与敌战者八。

○不占而避之者六。

○用兵先审敌虚实。

治兵第三

○用兵之道,何先?

○先明四轻、二重、一信。

○兵以治为胜。

〇三者,所以任其上令。

〇三者,治之所由生。

〇与"兵贵拙速"合。

〇用兵之法,教戒为先。

〇能明此者,横行天下。

论将第四

〇总文武者,军之将。

〇将之所慎者五。

〇有此五慎,有生之乐,无死之忧矣。

〇兵有四机。

〇四机之中,事机尤要。

〇知此四者,乃可为将。

〇必先占其将而察其才。

应变第五

〇将勇兵强。

〇战无强敌,攻无坚阵。

〇务易,务隘。

〇大哉,圣人之谋。

〇操刀必割,是有杀手人。

励士第六

〇严刑明赏,足以胜。

〇三者,人主之所恃。

○精悍无前。

○一人足惧千夫。

○励士之功。

○激励之法，至此可不谓严明乎！

○令不烦，而威震天下。

●吴子握机揣情，确有成画，俱实实可见之行事，故始用于鲁而破齐，继入于魏而破秦，晚入于楚而楚霸。身试之，颇有成效。彼《孙子兵法》较《吴》岂不深远，而实用则难言矣。想孙子特有意于著书成名，而吴子第就行事言之，故其效如此。

〈三〉《司马法》

仁本第一

○古者，以仁为本。

○正不获意则权。

○战道，不违时。

○冬夏不兴师。

○总之"以仁为本"之意居多，其犹有周家忠厚之遗乎。

○六德以时合教。

○六德为民纪之道。

○先王顺天之道。

○先王圣德之至。

○王伯之所以治诸侯者六。

○即《周礼·大司马》九伐之法。

天子之义第二

○天子纯法天。

○天子观于先圣。

○士不先教,不可用。

○上贵不伐之士。

○教极省则民兴良。

○明君教化之至。

○礼固仁胜。

○其教可复,是以君子贵之。

○用兵之刃,在周已然,况近代乎!

○三王彰其德。

○军旅以舒为主。

○在国言文而语温。

○修己以待人。

○礼与法,表里。

○贤王明民之德。

○至德,至教,至威。

○得意则恺歌。

○示喜,示休。

●先之以教民,至誓师用兵之时,犹必以礼与法相表里,文与武相左右,即赏罚且设而不用,直归之克让克和,此真天子之义,能取法天地而观于先圣者也。

定爵第三

○凡战,因心之动。

○五虑。

○教惟豫，战惟节。

○凡事，因古则行。

○成基一天下之形。

○七政，四守。

严位第四

○气闲心一。

○战，敬则慊。

○大善用本。

○大善执略守微。

○说心效力。

用众第五

○战之道，用寡固，用众治。

○凡战，众寡以观其变。

〈四〉《李卫公问对》

问对卷上

○当奇而奇，是之谓正。

○诸葛正兵。

○真能用正者，是谓真奇。

○正兵古人所重。

○三者迭相为用。

○马隆得古法。

○圣武非学而能。

○先正而后奇。

○师以义举者，正。

○天意所属，偶然成功。

○霍去病暗与孙、吴合。

○奇正在人而推于天。

○战势不过奇正。

○临时制变，不可胜穷。

○《新书》非奇正本法。

○将所自出为奇。

○神圣，迥出古人。

○善用兵者，无不正，无不奇。

○善用兵者，使敌莫测。

○"无不正，无不奇"，即太宗所谓"以奇为正，以正为奇"。"使敌莫测"，即太宗所谓"吾正使敌视以为奇，吾奇使敌视以为正"。无二道也。

○吴术大率类此。

○古人临阵出奇。

○慕容垂一军独全。

○兵无不是机。

○奇正皆得，国之辅。

○握奇、握机，本无二法。

○奇正，在学者兼通。

○正如率然，首尾击应。

○陈势起于五，而终于八。

○古人秘藏此法。

○八陈本一,分为八。

○数起于五而终于八。

○黄帝立丘井制兵。

○数起于五人为伍,并分于四正、四奇为八家处之。

○智略能出阃阈。

○太公实缮其法。

○太公制师,以成武功。

○《司马法》本太公。

○管仲节制之师。

○兵法本于王制。

○诸葛亮王佐之才。

○诸葛亮自比管、乐。

○神圣,知人如此。

○管仲制齐之法。

○管仲皆太公之遗法。

○四种皆出《司马法》。

○张、韩不出三门、四种。

○《司马法》首序蒐狩。

○顺其时而要之以神。

○周礼最为大政。

○九伐之法以威不恪。

○天子不忘武备。

○百官象物而动。

○军政不戒而备。

○大率荀吴之旧法也。

○古法节制,可重。

○以何道经久,使得两全。

○善用兵者,先为不可测。

○只此,便见奇正之法。

○圣虑闻一知十。

○将臣权任无久责。

○教得其道,则士乐为用。

○庶乎成有制之兵。

○自然各任其势。

○奇正相生之法。

○点头服义。

○以蛮夷攻蛮夷,中国之势。

问对卷中

○兵书,无出孙武。

○孙武十三篇,无出虚实。

○用兵,识虚实之势。

○奇正相变之术。

○奇正,所以致敌虚实。

○推此三义而有六。

○常教士,分为三等。

○大将军察此三等之教。

○六花阵法,出何术?

○六花大率皆然。

○善用兵者,教正不教奇。

○兵法可以意授。

○曹公有战骑、陷骑、游骑。

○三者,其用在人。

○太公画地之法。

○军不习此五者,安可临敌?

○其实阴阳二义。

○奇正者,天人相变之阴阳。

○兵家自古诡道。

○兵家使贪使愚。

○兵家情状不可以一事推。

○《尚书》慎戒其终。

○《孙子》之法,万世不刊。

○萧王推赤心于人腹中。

○大忠不顾小义。

○如李卫公言,觉孙子为谲。

○周公大义灭亲。

○发必中节为宜。

○《六韬》,守御之具。

问对卷下

○用众在乎心一。

○安营据地,便于人事。

○太公所说,兵之至要。

○后世庸将,泥于术数。

○分聚兵,贵适宜。

○事迹为万代鉴。

○千章不出一句。

○用兵譬如弈棋。

○攻守二事，实一法。

○得一者，百战百胜。

○深乎，圣人之法。

○攻守，同归乎胜。

○攻心守气。

○攻守：君道，将法。

○知彼知己，兵家大要。

○分疏甚明，可作《孙子》注脚。

○含生禀气，鼓作争斗。

○用兵，必激胜气。

○李勣，忠义臣。

○太宗徐思处置。

○张良本为韩报仇。

○由张良借箸之谋。

○萧何漕挽之功。

○光武保全功臣。

○光武功臣不任吏事。

○光武善于将将。

○光武贤于高祖。

○圣人委寄以权。

○出师尽合古礼。

○二事为后世法。

○二事,其机一也。

○存其机于未萌。

○成功在人事。

○深乎,节制之兵。

○名将用其一二,成功。

○兵法孰为最深?

○孙武著书,三等皆具。

○道家忌三世为将。

●李靖一书,总之祖孙、吴而未尽其妙,然以当孙、吴注脚亦可。

〈五〉《尉缭子》

天官第一

○刑德可以百胜。

○黄帝,人事而已。

○豪士一谋。

○天官、时日不若人事。

兵谈第二

○三称,则内固外胜。

○胜备犹合符节。

○治兵,秘地邃天。

○治兵,若生于无。

○禁舍开塞。

○兵胜于朝廷。

○主胜将胜。

○方圆亦胜。

○木弩羊角。

制谈第三

○兵,制必先定。

○下莫能当其战。

○赏罚,动则有功。

○独出独入。

○独出独入者,王伯之兵。

○用天下之用以为用。

○非战无所得爵。

○农战而天下无敌。

战威第四

○兵以道胜。

○道胜、威胜、力胜。

○王侯知此,所以三胜。

○所以夺敌者五。

○五者,先料敌而后动。

○夺人而不夺于人。

○古者率民,必先礼信。

○战者必率身以励士。

○励士之道,因所生。

○民之生不可不厚。

○战者，卒伯如朋友。

○古者，本战之道。

○养民以守死。

○三者，先王之本务。

○本务者，兵最急。

○先王专兵，有五。

○先王能守能成。

○先王动，成其所欲。

○王国富民。

○举贤任能，不时日而事利。

○圣人贵人事。

○劳佚必以身同之。

攻权第五

○静胜专胜。

○将士，动静一身。

○民无两畏。

○知道者，先知畏侮之权。

○善将者，爱与威。

○兵有胜于朝廷。

○曲胜，全胜。

○明主不求战而胜。

○明主兵胜有法。

○兵有去备彻威而胜者。

○去备彻威，似纵而实操。

○明主权敌审将，而后举兵。

守权第六
○守者不失其险。
○诚为守法。

十二陵第七
○战在于治气。
○无困在于豫备。
○智在于治大。

武议第八
○是为王者之师。
○兵者，所以诛暴乱，禁不义。
○武议在于一人。
○兵不血刃，而天下亲。
○农战不索权。
○人主重将。
○主将赏功立名。
○君以武事成功。
○贤士有合，大道可明。
○将者，上不制于天，下不治于地，中不制于人。
○将者，无天无地。
○将者，无敌于前。
○雷霆，天下皆惊。

○胜兵似水。

○"性专触诚"四字,可悟兵机兵势。

○奇正,天下莫当。

○圣人谨人事。

○吴起不自高。

○一剑,非将事也。

将理第九

○理官,万物之主。

○尧舜不能关一言。

○万金不能用一铢。

●将为理官,专重审囚之情,使关联良民,亦得无覆盆之冤,可谓"直进虞廷钦恤"之旨。

原官第十

○官者,为事之本。

○一道,为政之要。

○文武,惟王二术。

治本第十一

○圣人埏埴以为器。

○圣人饮食无费。

○治者,天下一家。

○治者,使民无私。

○民无私,则天下为一家。

〇善政执其制。

〇善政使民无私。

〇反本缘理,出乎一道。

〇杂学不为通儒。

〇非通儒,不能为此言。

〇太上神化。

〇文成、武成。

●武禁文赏,要知文武二者不可缺一。

战权第十二

〇兵贵先胜于此。

〇精诚在乎神明。

〇战权在乎道之所极。

〇先王之所传者,任正去诈。

〇知道者,必先图不知止。

〇明视而高居。

重刑令第十三

〇刑重难犯,立法不有不如此。

〇先王明制度于前。

〇内畏外坚。

伍制令第十四

分塞令第十五

束伍令第十六

经卒令第十七
〇鼓如雷霆风雨。

勒卒令第十八
〇四者各有法。

将军令第十九
〇军无二令。

踵军令第二十
〇欲战先安内。

兵教上第二十一
〇劝赏,兵教之法。
〇正罚,所以明赏。
〇举功别德,明如白黑。
●习伏众,神巧者不过习者之门。兵之用奇,全自教习中来。若平居教习不素,一旦有急,驱之赴敌,有闻金鼓而色变,睹旌旗而目眩者矣,安望出死力而决胜乎?

兵教下第二十二
〇人君有必胜之道。
〇人君兴功致德。

○人君威服天下。

○兵有五致。

○兴师，必审内外之权。

兵令上第二十三

○兵事必有本。

○王者伐暴，本仁义。

○敌与将，犹权衡焉。

○善御敌者必胜之道。

○虚、实、秘者，兵之体。

兵令下第二十四

○兵之三胜。

○善兵者，威加海内。

○"杀士卒之半"，言太奇惨，而以归言之善用兵者，不已诬乎！

●《尉缭》通卷论形势而已。

〈六〉《三略》

上略

○主将务揽英雄之心。

○主将通志于众。

○兼此四者，而制其宜。

○四者扶成天威。

○如此谋者,为帝王师。

○圣人存之,以应事机。

○为国之道,恃贤与民。

○为国之道,策无遗。

○即揽英雄之术。

○英雄者,国之干。

○用兵之要,在崇礼而重禄。

○崇礼则智士至。

○将帅者,必与士卒同滋味。

○兵有全胜,敌有全因。

○有馈箪醪者,使投诸河。

○战之所以全胜者,军政。

○赏罚如天如地。

○良将恕己而治人。

○良将兵为天下雄。

○贤者所适,其前无敌。

○将者,国家之命。

○将能制胜,则国家安定。

○将者能思士如渴,则策从。

○将谋欲密,士众欲一。

○军有此三者,则计不夺。

○四者,将之明诫。

○礼者,士之所归。

○兴师之国,务先隆恩。

○良将之养士,不易于身。

〇三军如一心,则其胜可全。

〇用兵,必先察敌情。

〇用兵,察其天地。

〇先远佞臣,然后可以揽英雄。

〇主任旧齿,万事乃理。

中略

〇三皇无言而化流四海。

〇帝者,体天则地。

〇帝者,使臣有功。

〇王者,制人以道。

〇王者,四海会同。

〇王者,国定主安。

〇此军之微权。

〇圣王御世之制。

〇圣人体天。

〇智者师古。

〇人主深晓《上略》。

〇人主审治国之纪。

●皇、帝、王、霸四条,总是论君臣相与之道,而化工特带言之,中间直出"揽英雄之心"一语,末复以"罗英雄"一语结之。《三略》大义,了然心目矣。

下略

〇故泽及于民,则贤人归。

○泽及昆虫,则圣人归。

○圣人归,则六合同。

○求贤以德。

○圣人之政,降人以心。

○圣人降心以乐。

○人君者不失其和。

○有德之君以乐乐人。

○乐人者久而昌。

○佚政多忠臣。

○正己而化人者顺。

○五者一体。

○五者使人均平。

○明君舍近而取远。

○明君全功尚人。

○国安而众善至。

○民得其所,而天下宁。

○圣主化行而众恶消。

○明君求贤,必观其所致。

○圣人时至而动。

○圣人建殊绝之功。

○圣人道高而名扬。

○君子常惧而不敢失道。

○君子急于进贤。

●开口便曰:"泽及于民,贤人归之。"结尾仍曰:"君子急于进贤。"端的不出"务揽英雄"一语。

〈七〉《六韬》

（一）文韬

文师第一

○文王田于渭阳。

○君子乐得其志。

○钓有三权。

○情深可以观大。

○君子亲合而事生。

○仁人不恶至情。

○食饵牵缗。

○微哉！圣人之德诱。

○立敛何若而天下归？

●看“嘿嘿昧昧”一语，而“韬”之大义，已自了然。

盈虚第二

○贤圣，则国安而民治。

○贤君从事于无为。

○百姓戴君如日月。

国务第三

○为国之大务。

○驭民如子。

大礼第四

○君臣之礼，则天则地。

○高山仰止。

○神明之德，正静其极。

明传第五

○四者，道之所起。

六守第六

○人君有六守、三宝。

○三宝各安其处。

守土第七

○掘壑附丘。

○人君必从事于富。

○人君仁义之纪。

○顺者任之以德。

守国第八

○天地仁圣之道。

○圣人配天地经纪。

○仁圣至道。

○圣人之宝大。

○圣人因常视，则民安。

上贤第九

〇文王要去六贼七害,安得不怒下杀。

举贤第十

〇后世党锢之祸,正坐此弊。

〇以官名举人,可无旷官。

赏罚第十一

兵道第十二

〇兵道,莫过乎一。

〇一者,阶道机神。

（二）武韬

发启第十三

〇须知实无取民之心,亦非欲取固与之说。

〇道在不可见。

〇胜在不可知。

〇圣人将动,必有愚色。

〇大明发而万物皆照。

〇大兵发而万物皆服。

文启第十四

〇圣人何守?

〇圣人守此而万物化。

○天地不自明，故长生。

○圣人务静。

○贤人务正。

○圣人见始知终。

文伐第十五

○文伐有十二节。

○若果诡谲至此，则亦奸人之雄耳。毋论不入文王之耳，抑亦难出太公之口。

○十二节备，乃成武事。

●以此十二节为"文伐"，毋乃更毒于"武伐"乎？兵莫憯于志，安在其为文？文王圣人，不必言言矣；即尚父鹰扬，何遂阴谋取胜至此？明是后世奸雄附会成书。读者可尽信乎？

顺启第十六

○亦属肤浅庸谈。

三疑第十七

○凡谋之道，周密为宝。

（三）龙韬

王翼第十八

○王者有股肱，以成威神。

○举兵以将为命。

○王者随时以为纪纲。

○将有股肱以应天道。

论将第十九
○将有五材十过。
○勇、智、仁、信、忠。
○将者,先王之所重。

选将第二十
○王将,简练英雄。
○大明能见其际。
○知之有八征。

立将第二十一
○寒暑必同。
○事皆由将出。

将威第二十二
○将以诛大为威。
○刑上极,赏下通。

励军第二十三
○将有三胜。

阴符第二十四
○八符,主将秘闻。

阴书第二十五

○阴事大虑,当用书。

军势第二十六

○变生于两阵之间。

○奇正发于无穷之源。

○善战者,不待张军。

○胜敌者,胜于无形。

○上战无与战。

○事莫大于必克。

○用莫大于玄默。

○动莫大于不意。

○谋莫大于不识。

○圣人征于天地之动。

○善战者,居之不挠。

○智者从之而不失。

○知神明之道者无敌。

奇兵第二十七

○用兵大要何如?

○善战者,皆由神势。

○将者,人之司命。

○得贤将者,兵强国昌。

五音第二十八

○正声,万代不易。

○五行,天地自然。

○五行,微妙之神。

○五行,佐胜之征。

○五音,声色之符。

●上古无有文字,皆由五行以制刚强。今兵家亦知法五行相克以定方位日时;然而于审声知音,则概乎未有闻也。非聪明睿智神武而不杀者,其孰能与于斯?

兵征第二十九

●"望气"之说,虽似凿凿,终属英雄欺人。如所云"强弱征兆,精神先见",则理实有之。

农器第三十

○战攻守御之具。

○用兵之具,尽于人事。

○为国取于人。

●古者寓兵于农,正是此意。无事,则吾兵即吾农;有事,则吾农即吾兵。以佚待劳,以饱待饥,而不令敌人得窥我虚实,此所以百战而百胜也。

(四)虎韬

军用第三十一

●兵中器用之数,正不嫌于详,悉可备考。

三阵第三十二

疾战第三十三

必出第三十四

军略第三十五

临境第三十六

动静第三十七

金鼓第三十八
〇三军以戒为固。

绝道第三十九

略地第四十
〇如此,天下和服。

火战第四十一

垒虚第四十二
〇知天道、地理、人事。

（五）豹韬

林战第四十三

突战第四十四

敌强第四十五

敌武第四十六

鸟云山兵第四十七

鸟云泽兵第四十八
〇用兵之大要。
〇鸟云变化无穷。

少众第四十九

分险第五十

（六）犬韬

分合第五十一
〇三军分合之变。

武锋第五十二

练士第五十三

教战第五十四
〇大兵立威于天下。

均兵第五十五

武车士第五十六

武骑士第五十七

战车第五十八
〇三军同名异用。

战骑第五十九

战步第六十
　（按：王阳明《武经七书评》明以来多有刻本，今尚存刻本多种：一为明天启元年徐光启序、茅震东考订本［茅本；今藏美国亚历桑那大学图书馆］，二为明末申用懋序、据茅本重刻本，三为今藏澳大利亚国家图书馆之清刻本。此外，日本东北图书馆藏有明朱墨印本《武经七书评》，日人佐藤一斋亦藏有一部《武经七书评》，发表于《阳明学报》第一七〇号。诸本中，以茅本最为完备。苏成爱《批评武经七书校注》即为茅本之整理本，兹据其辑录《武经七书评》于此。）

大学古本傍释 （正德十三年　一五一八年）

序

《大学》之要，诚意而已矣。诚意之极，止至善而已矣。止至善之则，致知而已矣。正心，复其体也；修身，著其用也。以言乎己，谓之明德；以言乎人，谓之亲民；以言乎天地之间，则备矣。是故至善也者，心之本体也；动而后有不善，而本体之知未尝不知也。意者，其动也；物者，其事也。致其本体之知而动无不善，然非即其事而格之，则亦无以致其知。故致知者，诚意之本也。格物者，致知之实也。物格则知致意诚，而有以复其本体，是之谓"止至善"。圣人惧人之求之于外也，而反覆其辞，旧本析而圣人之意亡矣。是故不务于诚意而徒以革物者，谓之"支"；不事于格物而徒以诚意者，谓之"虚"；不本于致知而徒以格物、诚意者，谓之"妄"。"支"与"虚"与"妄"，其于至善也远矣。合之以敬而益缀，补之以传而益离。吾惧学之日远于至善也，去分章而复旧本，傍为之释，以引其义，庶几复见圣人之心，而求者有其要。噫！乃若致知，则存乎心悟。致知焉，尽矣。正德戊寅七月丙午余姚王守仁书。

大学之道，在明明德，在亲民，在止于至善。知止而后有定，定而后能静，静而后能安，安而后能虑，虑而后能得。物有本末，事有终始，知所先后，则近道矣。

亲，爱也。明明德、亲民，犹言修己安百姓。

明德、亲民无他，惟在止于至善。

至善者，心之本体，尽其心之本体，谓之至善。

知至善惟在吾心,则求之有定向。

古之欲明德于天下者,先治其国;欲治其国者,先齐其家;欲齐其家者,先修其身;欲修其身者,先正其心;欲正其心者,先诚其意;欲诚其意者,先致其知;致知在格物。物格而后知至,知至而后意诚,意诚而后心正,心正而后身修,身修而后家齐,家齐而后国治,国治而后天下平。自天子以至于庶人,壹是皆以修身为本。其本乱而末治者否矣,其所厚者薄,而其所薄者厚,未之有也。此谓知本,此谓知之至也。

明明德天下,犹《尧典》"克明峻德,以亲九族",至"协和万邦"。

致知,致吾心之良知也。格物,格正事物也。心者,身之主;意者,心之发;知者,意之体;物者,意之用。如意用于事亲,即事亲之事格之,必则吾心事亲之良知无私欲之间而得以致其知矣。知至,则意无所欺而可诚矣;意诚,则心无所放而可正矣。

格物,如格君之格,是正其不正以归于正。

其本则在修身。知修身为本,斯谓知本,斯谓知至。然非实能修身,未可谓之修身。

所谓诚其意者,毋自欺也。如恶恶臭,如好好色,此之谓自谦。故君子必慎其独也。小人闲居为不善,无所不至。人之视己,如见其肺肝然,则何益矣。此谓诚于中,形于外,故君子必慎其独也。曾子曰:"十目所视,十手所指,其严乎!"富润屋,德润身,心广体胖,故君子必诚其意。

修身惟在于诚意,故特揭诚意以示人修身之要。诚意只是慎独工夫,只在格物上用,犹《中庸》之"戒惧"也。

君子小人之分,只是能诚意与不能诚意。

言此未足为严,以见独之严也。

此犹《中庸》之"莫见莫显"也。

《诗》云:"瞻彼淇澳,绿竹猗猗。有斐君子,如切如磋,如琢如磨。瑟兮僩兮,赫兮喧兮。有斐君子,终不可谖兮!""如切如磋"者,道学也;"如琢如磨"者,自修也;"瑟兮僩兮"者,恂栗也;"赫兮谖兮"者,威仪也;"有斐君子,终不可谖兮"者,道盛德至善,民之不能忘也。《诗》云:"於戏前王不忘!"君子贤其贤而亲其亲,小人乐其乐而利其利,此以没世不忘也。

诚意工夫实下手处只在格物,引《诗》言格物之事。此下言格物。

惟以诚意为主,而用格物之工,故不须添一"敬"字。

《中庸》之"道问学","尊德性"。

犹《中庸》之"齐明盛服"。

《康诰》曰:"克明德。"《太甲》曰:"顾諟天之明命。"《帝典》曰:"克明峻德。"皆自明也。汤之《盘铭》曰:"苟日新,日日新,又日新。"《康诰》曰:"作新民。"《诗》曰:"周虽旧邦,其命惟新。"是故君子无所不用其极。

又说归身上。自明不已,即所以为亲民。

亲民之功至于如此,亦不过自明其明德而已。

格致以诚其意,则明德止于至善,而亲民之功亦在其中矣。

明德、亲民只是一事。

自明不已,即所以亲民。

孟子告滕文公养民之政,引此《诗》,云:"子力行之,亦以新子之国。”

《诗》云：“邦畿千里，惟民所止。”《诗》云：“缗蛮黄鸟，止于丘隅。”子曰：“于止，知其所止，可以人而不如鸟乎？”《诗》云：“穆穆文王，于缉熙敬止。”为人君，止于仁；为人臣，止于敬；为人子，止于孝；为人父，止于慈；与国人交，止于信。

> 君子之明明德、亲民岂有他哉？亦不过止于至善而已。止于至善岂有他哉？惟求之吾身而已。
>
> 又说归身上。

子曰：“听讼，吾犹人也，必也使无讼乎！”无情者不得尽其辞，大畏民志。此谓知本。所谓修身在正其心者，身有所忿懥，则不得其正；有所恐惧，则不得其正；有所好乐，则不得其正；有所忧患，则不得其正。心不在焉，视而不见，听而不闻，食而不知其味。此谓修身在正其心。

> 又即亲民中听讼一事，要在其极，亦本于明德，则信乎以修身为本矣。
>
> 又说归身上。

所谓齐其家在修其身者，人之其所亲爱而辟焉，之其所贱恶而辟焉，之其所畏敬而辟焉，之其所哀矜而辟焉，之其所敖惰而辟焉。故好而知其恶，恶而知其美者，天下鲜矣。故谚有之曰：“人莫知其子之恶，莫知其苗之硕。”此谓身不修不可以齐其家。

> 修身工夫只是诚意。就诚意中体当自己心体，常令廓然大公，便是正心。正心之功，既不可滞于有，亦不可堕于无。此犹《中庸》“未发之中”。

所谓治国必先齐其家者，其家不可教而能教人者，无之。故君子不出家而成教于国。孝者，所以事君也；弟者，所以事长也；慈者，所以事众也。《康诰》曰："如保赤子。"心诚求之，虽不中不远矣。未有学养子而后嫁者也。一家仁，一国兴仁；一家让，一国兴让；一人贪戾，一国作乱。其机如此。此谓一言偾事，一人定国。尧、舜率天下以仁，而民从之；桀、纣率天下以暴，而民从之。其所令反其所好，而民不从。是故君子有诸己而后求诸人，无诸己而后非诸人。所藏乎身不恕，而能喻诸人者，未之有也。故治国在齐其家。《诗》云："桃之夭夭，其叶蓁蓁。之子于归，宜其家人。"宜其家人，而后可以教国人。《诗》云："宜兄宜弟。"宜兄宜弟，而后可以教国人。《诗》云："其仪不忒，正是四国。"其为父子兄弟足法，而后民法之也。此谓治国在齐其家。

　　人之心体不能廓然大公，是以随其情之所向而辟，亲爱五者无辟，犹《中庸》"已发之和"。

　　能廓然大公而随物顺应者，鲜矣。

　　所谓平天下在治其国者，上老老而民兴孝，上长长而民兴弟，上恤孤而民不倍，是以君子有絜矩之道也。所恶于上，毋以使下；所恶于下，毋以事上；所恶于前，毋以先后；所恶于后，毋以从前；所恶于右，毋以交于左；所恶于左，毋以交于右。此之谓絜矩之道。《诗》云："乐只君子，民之父母。"民之所好好之，民之所恶恶之，此之谓民之父母。《诗》云："节彼南山，维石岩岩。赫赫师尹，民具尔瞻。"有国者不可以不慎，辟则为天下僇矣。

　　又说归身上。

　　亲民。

　　只是诚意。

　　又说归身上。

　　只是修身。

只是诚意。

宜家人兄弟，与其仪不忒，只是修身。

《诗》云："殷之未丧师，克配上帝。仪监于殷，峻命不易。"道得众则得国，失众则失国。是故君子先慎乎德。有德此有人，有人此有土，有土此有财，有财此有用。德者，本也；财者，末也。外本内末，争民施夺。是故财聚则民散，财散则民聚。是故言悖而出者，亦悖而入；货悖而入者，亦悖而出。《康诰》曰："惟命不于常！"道善则得之，不善则失之矣。《楚书》曰："楚国无以为宝，惟善以为宝。"舅犯曰："亡人无以为宝，仁亲以为宝。"

惟在此心之善否。

善人只是全其心之本体者。

《秦誓》曰："若有一介臣，断断兮无他技，其心休休焉，其如有容焉。人之有技，若己有之；人之彦圣，其心好之，不啻若自其口出。实能容之，以能保我子孙黎民，尚亦有利哉！人之有技，媢嫉以恶之；人之彦圣，而违之俾不通。实不能容，以不能保我子孙黎民，亦曰殆哉！"唯仁人放流之，迸诸四夷，不与同中国，此谓唯仁人为能爱人，能恶人。见贤而不能举，举而不能先，命也；见不善而不能退，退而不能远，过也。好人之所恶，恶人之所好，是谓拂人之性，菑必逮夫身。是故君子有大道，必忠信以得之，骄泰以失之。

此是能诚意者。

是不能诚意者。

仁是全其心之本体者。

生财有大道。生之者众，食之者寡，为之者疾，用之者舒，则财恒足矣。仁者以财发身，不仁者以身发财。未有上好仁而下不好义者也,未有好义其事不终者也,未有府库财非其财者也。

孟献子曰:"畜马乘,不察于鸡豚;伐冰之家,不畜牛羊;百乘之家,不畜聚敛之臣。与其有聚敛之臣,宁有盗臣。"此谓国不以利为利,以义为利也。长国家而务财用者,必自小人矣。彼为善之,小人之使为国家,灾害并至。虽有善者,亦无如之何矣!此谓国不以利为利,以义为利也。

又说到修身上。

工夫只是诚意。

亲民。

只是诚意。

亲民。

惟系一人之身。

跋

万象森然时亦冲漠无朕,冲漠无朕即万象森然。冲漠无朕者,一之父;万象森然者,精之母。一中有精,精中有一。正德戊寅秋七月丙午,后学余姚王守仁书。

（按:阳明《大学古本傍释》,今存上海涵芬楼影印隆庆本、《续修四库全书》影印万历本、哈佛大学汉和图书馆藏乾隆中刊刻、嘉庆十四年重校本。四本傍注详略不同,兹以隆庆本为底本,以另三本参校,得其完篇矣。此本虽题为正德十三年序、跋,实为正德十六年以后之修订本也。）

公移

公移一　巡抚南赣征剿横水桶冈等巢贼始末
共四十四条。是年九月奉敕提督军务

其八劳赏知府季敩指挥冯翔　七月初四日

据岭北道副使杨璋呈：将督营知府季敩、指挥冯翔等擒斩功次赏格开报到院。为照各官运谋设策，屡挫贼锋。各营将士俱能用命效力，奋勇擒斩。论绩计庸，相应劳赏，以励功能。为此牌仰本府官吏，即将发去赏功银两及银牌羊酒，遵照后开等第，照名给赏。其阵亡射伤兵夫，亦各依数查给优恤。各官务要益竭忠贞，协谋并勇，大作三军之气，共收万全之功。仍将给赏优恤过姓名数目具由回报，以凭查考。

其九批广东岭南道调用猺人呈　七月二十七日

据兵备佥事王大用呈称：贼首庞政深等积年稔恶，叛服无常。猺官徐璧等自愿统领新民及委百户麦贵等督同并力擒捕。看得该道兵快悉已调征，选募骁勇又皆未集，贼势复尔猖狂，据理岂宜坐视。照得所属向化猺人既已革心，当能效力。若使统驭得宜，亦与官兵何异。仰该道即将向化猺民悉行查出，选委胆略谙晓猺情属官，起集分统，量加犒赏，使知激励。仍行稍发机兵，遥为声势，指授方略，相机剿捕。虽固一时权宜，或亦可以济事。但事变无常，兵难遥度。该道自宜酌量缓急，须要措置得宜，以靖地方。其选募骁勇，一面上紧整理，务在速成，以济实用。呈缴。

其十批广东岭南道地理兵粮呈　七月二十八日

据兵备佥事王大用呈缴韶州府查过应剿应截贼巢及堪支钱粮合用兵夫等项，并南雄府画图贴说呈详。看得韶州府知府姚鹏所具贼巢地理兵粮事宜，皆有条理，颇得机要，足见本官平日既肯用心，临事又能缜密。仰该道即行本官悉照所议，一面整饬齐备，候三府会议，至日刻期行事。其南雄府不见开有贼巢要路，及兵粮事理亦欠分晓，该道仍要再与区画停当，并将商税银两尽与查算明白，并呈缴。

其十五案委江西分巡岭北道纪录功次　九月十九日

节该钦奉敕谕："生擒盗贼，鞫问明白，就行斩首示众。斩获贼级，行令各该兵备守巡官，即时纪验明白，备行江西按察司造册奏缴，查照升赏激劝。钦此。"钦遵。查得先准兵部咨，内开湖广、广东、江西三省起调官军兵快夹剿郴、桂、上犹等处峚贼，已该本院备将南赣二府兵粮事宜及合用本省巡按御史纪功等项缘由具奏去后。今照进兵在迩，各贼四散出掠，官兵擒斩，已有陆续解到。功次所据，纪录官员，若候命下前往，未免缓不及事。为此仰抄案回道，照依案验备奉敕谕内事理，行委兵备副使杨璋不妨本等职事，照旧军前赞画庶务，将陆续解到功次一面纪录，仍呈巡按衙门，查照本院具题事理，前往纪录施行。

其二十一牌行统兵官协谋搜剿

据参议云云。为此牌仰指挥郏文等，仍屯稳下，督同指挥冯翔，分领兵快，与知府伍文定协谋，合力搜剿稽芜等贼。知府季敩退屯义安，分兵守把沙村等隘，遥与聂都守隘推官徐文英声势相应,务遏诸贼南奔要路,相机搜剿。各官俱要励志奋勇,毋徒退缩以自全,毋以小挫而自馁。务奋渑池之翼,以收桑榆之功。如复仍前畏缩违误,军令具存,难再轻贷。

其二十三案行江西岭北道克期会剿

仰抄案回道,会同分守官,一面监督各哨兵马,即将未获贼徒行令务在十一月初一日移兵江西岭北等处,分布夹攻,一面备行湖广参将史春遵照原行进兵夹剿不得后期误事。倘致参错,责有所归。

其二十八案行湖广郴桂兵备摘兵搜扒

据知府邢珣云云。为此仰抄案回道,备呈抚镇等衙门查照施行。一面转行统兵参将史春,将原调官兵内摘拨三四千人,前来桂东连界大山内,逐一搜扒。必使各山果无噍类,然后班师。仍严饬前项官兵,止于连界大山搜扒,不得过境深入,重为地方之患。毋得违误。

其二十九犒赏湖广官兵　十一月十五日

据湖广兵备副使陈璧差舍人王廷玺禀称:该省土兵已于本月十一日俱至桂东。随据湖广守备、武冈、指挥王翰呈称,克期于十一月十三日进剿等因。参看得湖广官兵既已约定十一月初一日进剿,自合依期速进。今本省官兵攻破桶冈已将半月,始闻各兵前来。揆之初约,实已后期。但念各兵千里远涉,亦已劳顿。若能悉力搜剿,尚有可冀之功。且宜略弃小过,先行犒劳。及照郴桂地方原系本院所属相应差官押束,为此除差赣州卫指挥同知明德贲执令旗令牌前往监押外,牌仰郴州兵备道官吏,即将发去牛酒照数查给,用见本院慰恤犒劳之意。各官务要严饬兵众,遵照该省巡抚军门及本院号令约束,各于当境界内藏贼山坳去处搜扒。务使地方解倒悬之苦,百姓有安堵之休,共勒忠贞之节,以收廓清之功。如或参错乖缪,致有疏虞,国典具存,决不轻贷。仍取犒赏过缘由并各土兵头目人等姓名数目,各具依准,随牌缴来。

其三十牌行监军巡守官分屯把截　十一月十五日

访得桶冈峒残贼见今俱逃上章山内,若湖广官兵从彼四路并入,其势必复遁回所据。贼奔要路,惟茶寮、茶坑、竹瓦窑等处最当兵锋,除本院亲率帐下见屯茶寮,分遣守备指挥郏文督同指挥谢昶、冯廷瑞等屯新地,知府唐淳屯霹雳坑,知府邢珣屯胡芦洞,知县张戬屯竹瓦窑,县丞舒富屯茶坑,知府伍文定屯大水、小水,知府季斆屯聂都,各人严加把截,相机行事外,其茶坑、竹瓦窑等处,合遣方面重臣往彼监督,庶使兵威振扬,土兵不致生事。为此牌仰兵备副使杨璋、分守参议黄宏,即便前去地名茶坑、聂都等处监督。各项官兵,务要设奇埋伏,以邀奔贼。仍令厚集营阵,振扬兵威,以待湖广土兵。止令于连界贼遁各山搜扒,不得过境深入,重为民患,毋得违误,致有疏虞。国典具存,罪亦难逭。

其三十一犒恤统兵土舍　十一月二十一日

据兵备副使陈璧呈称:会同指挥王翰、知府何诏遵,将指挥明德赍到犒赏牛酒银两眼同给受。当即申明军门号令,严督本哨汉土官民军兵在于本省界内山箐深密岩寨去后,设法搜扒,期在尽绝。及禁束不许一兵一卒越过江西境界,并将本哨原领两江口土兵头目人等姓名开报到院。看得前项土兵头目人等赴夹攻之期虽亦稍迟，涉艰险之路则已甚远。宜录勤劳，量行犒恤。为此牌仰郴桂兵备道官吏，即便公同差去指挥明德，将本院发去牛酒银两查照后，开数目逐名分给，用宣本院慰劳之意，以勉各役报效之忠。仍各严加戒饬，务于本省界内贼遁大山搜扒，不得过境侵扰良民。获有多功，重赏不吝。苟违节制，军法具存。备开给赏过缘由缴牌。

其三十二牌行统兵知府伍文定把截奔贼抚处降民　十一月二十五日

照得湖广官兵见今攻剿朱广、鱼黄等处，贼必东奔，聂都地方正当冲要，先该本院行委知府季敩分兵把截。近因本官禀称朱雀等坑峚人何文秀等俱各告招，已经行令从宜处置，势难轻动。兼且贼奔要路，非止聂都一处，必须委官协把。又据百长朱文清禀称，新溪等巢告招峚人刘汝贵等三十二名自愿随兵杀贼立功，亦合委官抚处。为此牌仰知府伍文定，分兵前往聂都等处，督同推官徐文英严加把截，相机擒捕。一面拘集朱文清等乡兵，先将投招刘汝贵等从宜处置，督令杀贼立功。或将老幼妇女责令附近村寨领养，免致土兵人等杀害。候获有功次，通行开具花名，一并解赴军门，以凭议处安插。承委官员务要周悉详慎，区画停当，毋致疏虞。

其三十三牌行江西袁州府提问失期官员　十二月初九日

据袁州府萍乡县申称：知县高桂到任两月，查追各年未完钱粮，清理军伍。又称城垣倒塌，修补未完等项缘由，申报到院。卷查前事，已经调取高桂等前来军门领兵杀贼。随准兵部咨奏奉钦依各官之中敢有抗违者，即以军法从事。又经通行催取去后。今据前因，参看得知县高桂既奉明文调取杀贼，自合依期星夜前赴军门听用为当。乃敢故违军令,繁文抵捂。且本院于七月行县调取,抗违两月之上,不行前来。至十月初一日,本院亲督各哨进剿奉贼,本官已是违期,却至本月十六日方才具申遮饰。若使调用各官俱若高桂傲慢违抗,岂不有误军机。合就处以军法,但今师已克捷,姑从轻捉问,以警将来。为此牌仰本府官吏,即便行提犯人高桂正身到官,问拟应得罪名,具招申报发落,毋得容延,取罪不便。

其三十四犒赏统兵致仕宣慰彭世麒 十二月十六日

据哨探指挥明德报称:湖广、广东、鱼皇洛、平石等处贼巢悉破,地方已宁等因。照得统兵致仕宣慰彭世麒素称儒雅,久著勋劳。养高林下,犹深报国之诚;同苦行间,复建平徭之绩。合行犒奖,以励忠勤。为此今差舍人任光领赏后项礼物,前去本官处亲行犒劳,用见嘉乐之意。仍仰本官益敦邹鲁诗书之习,以为湖湘忠义之倡。惟为善之不替,庶永誉以无穷。

其三十五批广东岭南道调摘兵壮呈 闰十二月二十二日

据兵备佥事王大用呈:看得三省会剿调摘各处兵壮,盖亦事不容已。若使该县官吏果能先事为备,多方设法,在城在乡,俱行起集排门父子兵夫操演,振扬威声,盗贼闻风,自然不敢轻犯。今乃无事则袖手坐视,及至贼已入境抢掠,方才选兵。此亦何能有济?所据各该官吏俱合拏问,但既称正在用人之际,姑记其罪。仰该道急与查处,仍行邻道及附近府县,一体多方设法,严谨督捕,务期剿获,以赎前罪。如再因循怠慢,徒以兵少为辞,致有疏虞,定行从重拏究不恕。呈缴。

其三十六案行岭北道庆贺湖广镇巡司等官　闰十二月二十九日

照得湖广、郴、桂等处所辖峯贼连年纠合广东、江西贼众，劫掠乡村，攻打县堡。远近荼毒，神人痛愤。近因奏奉钦依三省各兵征剿，三月之内，巢穴扫荡，贼党尽擒，共收克捷之功，用树安攘之绩。是皆湖广巡抚监军怀远略而行之以慎密，出奇谋而镇之以安静，及各守巡兵备等官同心协力，竭忠奋勇之所致。自此各省人民悉解倒悬之苦，偕享衽席之安。推功仰德，礼宜行庆。为此仰抄案回道，即于赏功所动支后开银花彩段礼物，差官领赍前去湖广，送赴钦差巡抚都御史秦、镇守太监杜及巡按纪功监察御史王，并方布政、恽副使等官，少将本省庆贺之意，以见同舟共济之情。

其三十八批岭北道新设县治事宜呈

据副使杨璋备将横水事宜开款呈详：

一、大兵撤后，余孽不无再集。查得县丞舒富才颇有为，擒贼功多。合无将上犹、大庾、龙泉三县机兵打手乡兵各点集一千名，专委统领，于新立县所住札，将已破贼巢不时巡视。如有余党复集，即便擒拏。

看得横水虽建县治，工未易就。近照本院议于桶冈、横水两处先立隘所。行仰该道，将附近虚设隘夫及各村寨并通贼人户悉行查编隘夫各一千余名，计亦足以防剿余贼。若复于三县各点机快千名，不无粮饷费多，但欲委官往来巡视，亦须用兵防护。每县止点三百名，分作三班，跟随委官舒富于横水、桶冈等处巡视。遇有残党啸聚，即便兼督隘夫剿扑，有功照例升赏。机兵行粮，准于各县所余饷内支给，每日人各一升。候县治已建，地方宁谧，再行呈处。

一，建立县治虽候命下，而土木兴造必须委任得人。查得南安府推官徐文英在任年久,干事勤能。合无三县各拨人夫三百名,专委本官总督。采办木植,烧造砖瓦,会计城池衙门与夫工力匠作,逐一计处呈详。

看得地方兵困之余,量宜宽恤,而推官徐文英亦有公务相妨。查得横水见编隘夫一千余名,今盗贼新平,各夫未有追袭之役。合将三县人夫分作三班,委官统领。每县轮班两月,就委县丞舒富,不妨往来巡逻,兼督一应采办木植烧造砖瓦等役。就令本隘各夫相兼并作。况本官又有跟随机快三百名,无事之时,亦可通融役使。如此,则民不重困,事亦易集。

一,二府旧俗,田地自不耕种,皆佃与龙泉、泰和、万安等县流移人户。至于盗贼之兴,前项之人指引出劫,合伙分赃,害不可言者。合无痛加禁约,如田多人少者,止许佃与本地之人。如违,田主佃户一体坐罪发遣。

看得所议,深切时弊,实乃弭盗之源。仰即出给告示,严加禁绝。今后但有异府各县之人潜住本处村寨佃种者,即系奸细之徒。但有容留潜将田土佃种者,即系窝藏流贼奸细之人。体访得出,或被人告发,即便擒拏到官,断治如律。

一,新设县治界乎三县之中,道路俱被峯人凿峻,往来甚阻。合无三县各委官带人夫百名、石工数名,将前项道路开通。仍于适均去处先建公馆一所及铺舍各一座,庶车马流通,盗无所容。

看得所议委官起夫渐次开通,就委县丞舒富兼督。候道路既平,即将各夫解放。其设立公馆、铺舍等项,悉照详施行。

一,新设县治三县该剖图分,累年被贼搔扰占据,钱粮皆其包纳。其余人民俱以兵马之扰、搬运之劳,困苦已极。况今添设县治,未免仍于三县取办。合无将三县正德十二年该割图分,连正德十三年税粮差役尽行蠲免，候十四年一体纳粮当差。

看得所建县治未经奏准，各县钱粮纵复奏蠲，恐未允免。除合用人夫量行拨起外，其余不急事务，该道悉行查革，以苏民困。蠲免钱粮，候设县之后，另行议奏。

一，县治既设学校，当先合行提学副使，将三县之中见在增广，考其尤者，拨于新县，以充廪膳。起送民间俊秀，以充增附。

看得议选生徒良亦先务，然亦须兼存填实之意。仰先行提督学校官，于三学之内，但有愿于新设县治起盖房屋、占籍移居者，即便听拨新学。仍于其中略考文艺，以充廪膳增附之数。如此，则既庶既富，而学校之教可兴矣。

其四十牌行南安府抚缉新民　二月初八日

据县丞舒富禀：招抚过新民二百余徒，乞于横水、思顺等处安插，已经行仰照议施行外，看得招来新民安插渐多，恐有贪功谲诈之徒潜去，激诱生变，致乱大谋，合先禁约。为此牌仰知府季教，将该府招出新民自行时加抚缉，毋令得与外人交接，致有惊疑。其思顺、横水等处，尤要严禁所属一应官兵人等，不得辄往问讯，传递消息，造作语言。惟当专责县丞舒富悉心经理，一应事机，俱听从宜区处。敢有假以公差报效等项名色，擅去新民安插地方，有所规图者，定行挐赴军门，治以军法。该府行遵照施行。

其四十一奖劳广东兵备等官　七月初六日

据广东兵备佥事王大用等会呈：督领官兵前后擒斩贼犯高快马、李斌等共一千四百余名颗。及据岭东道佥事顾应祥等呈：督领官军前后俘斩贼犯吴佩等一千一百七十余名颗口到院。为照佥事王大用、顾应祥等备效勤劳,懋收克捷,可谓克称委任,不负所学。都指挥王英、欧儒及知府姚鹏、同知阮仲义、通判邹级、莫相、知县李增、李蓁,或领兵督哨,或进剿防截,类皆身亲行阵,且历险难。俱各奖劳,以表勤能。为此仰抄案回府,即便查照后开奖劳数目,动支商税银两,差人分送各官,用见本院嘉奖之意,以明师旅激扬之典。

其四十二批广东统兵都指挥等官留兵搜捕呈 七月十九日

据统兵官王英等呈:开各哨擒斩贼首龚福全、高快马、李斌、蓝友常等首从贼犯,及俘获贼属,夺回被虏男妇牛马器仗等项,除将获过功次查造,及督知府姚鹏等率兵缉探抚处看得。乐昌等处贼徒构祸连年,流毒三省。今兵备佥事王大用等,乃能身历险阻,设谋调度,数月之内,致此克平,论厥功劳,良可嘉尚。除具本奏报及一面先行犒奖外,所据各哨贼徒穴巢虽已底定,而漏殄难保必无。况闻湖兵撤后,各该巢穴多复啸聚,河源、龙川诸处残贼,亦复招群集党,连结渐多,逆其将来必复炽盛。今虽役久兵疲,且宜班师息众,但留兵搜捕,亦不可苟。毋谓斩木之不蘖,死灰之不然,苟涓涓之不塞,将江河之莫御。其狼兵既已罢散,难复追留。若机快乡兵之属,暂令归休,即可起集,为轮番迭出之计。务使搜剿之兵若农夫之耘耨,庶几盗贼之种,如莨莠之可除。该道仍备行搜捕,各官务体此意,悉拔根苗,无遗后患。批呈缴。

其四十四 钦奉升荫敕谕通行各属 七月初一日

六月二十九日节该钦奉敕谕:"尔奏上犹等县桶冈、横水、左溪等巢贼首蓝天凤、谢志山等盘据险阻,荼毒数郡,僭拟王号,图谋不轨,基祸种恶,已非一日。今幸奉行成算,督同兵备分守等官,调集官兵,分哨并进,擒斩首恶并从贼三千二百五十四名颗,俘获贼属男妇二千三百三十六名口,夺获被虏人口及头畜赃仗数多。渠魁皆已授首,党恶亦无遗类等因。朕惟蠢兹盗贼,恃险聚众,稔恶岁久。虽尝设法招抚,愈肆桀骜。及用兵攻剿,又未见成功。乃今仅两月之间,克殄此数十年未熄之患。自非尔运筹定议,亲临巢穴,申严号令,调度有方,何以致此捷奏来闻?朕心嘉悦,除有功官员人等命该部查议升赏外,兹特升尔前职,荫一子为锦衣卫,世袭百户。仍降敕奖励,以旌尔劳。尚念盗贼甫平,居民未尽安堵。尔尤宜竭心殚虑,从宜抚处,以靖地方。务使黔黎乐业,永保无虞,庶不负朝廷委任至意。钦此。"钦遵。拟合通行。为此仰抄案回司道,着落当该官吏,照依案验备,奉敕谕内事理,并行各道守巡兵备等官,转行府卫所州县等衙门,一体钦遵施行。

公移二　征剿浰头巢贼始末

其四牌行信丰县主簿等把截窜道　正月初八日

牌仰主簿谭聚琏,督同义官何廷珂、王绶、张岳谦、张穑、钟汉鼎等官兵,前去守把江尾、陂头、樟木等隘贼行要路。如遇奔贼,就便严督,相机截杀,获功解报。官兵人等敢有不遵军令、临阵退缩者,许令本官以军法从事。本官务要奋勇竭力,悉心守把。毋得怯懦怠忽,致令奔走,定依军法斩首,决不轻恕。

其五牌行督哨官　正月初十日

照得本院亲率诸军前去剿除龙南、龙川、浰头等处叛贼,除将各营官兵分布哨道指受方略,刻期进剿外,所据督哨官员拟合行,委为此牌。仰守备郏文、知府邢珣,即便前去浰头等处贼巢催督。

前项各营官兵，务要依期夹剿，不得违误。其所擒斩俘获并夺回男妇赃物牛马等项，俱仰先行解赴军门，以凭批发纪功，兵备实验纪录。各营官兵敢有临阵退缩、逗遛不进者，即以军法从事。各官务要悉心竭智，往来严督，图为万全之策，以收克捷之功。如或逡巡怠忽，致有疏虞，国典具存，罪难轻贷。

其六牌行督理粮饷官　正月十一日

牌仰委官主簿于旺，协同龙南县知县卢凤督理该县粮饷马夫一应军务，官吏里老隶卒义民总小甲人等，若有回抗不听约束者，就便遵照本院钦奉敕谕内事理，许以军法从事。仍仰知县卢凤励志虚心，协和干理。毋得因循怠忽及彼此参错，致有失误，罪不轻贷。

其七牌委参谋生员黄表　正月十三日

牌仰生员黄表，赍执令旗令牌前往上下坪等处，督同百长王受、谢钺、黄金巢并该地方义官里老总小甲谢俊玉、丘隆、谢鹏、李积玉等父子乡兵，守把贼奔要路，相机进剿。兵夫人等但有临阵畏缩退避者，仰即照本院钦奉敕谕内事理，许以军法从事。本生亦要悉心催督，不得违误，致有疏虞及因而扰人，罪不轻恕。

其八牌行指挥金英等把截窜道　正月十三日

牌仰指挥金英，即便统领石背兵夫三百名前去太平堡等处，督同阴阳官廖思钦等兵守把贼奔要路，相机进剿，获功解报。兵夫人等但有临阵畏缩退避者，仰即遵照本院钦奉敕谕内事理，许以军法从事。本官务要悉心竭力，毋得怠忽疏虞，自取军法重究。

其九牌行河源始兴翁源长乐四县官分探遁贼　正月二十日

查得河源、始兴等县地方俱系贼奔要路,已经牌仰委官把截,相机擒捕。近该本院亲率诸军克期进剿,前项巢穴悉已焚荡,首贼虽已尽擒,而余党尚多奔遁。探得皆逃河源、始兴等处藏躲。各县掌印捕盗巡司官吏平素因循怠弛,不行严加把截,本当拏赴军门,治以军法。但今紧关用人之际,姑且记罪督捕。为此牌仰该县官吏作急选差乖觉人役,分投爪探各贼潜遁何处,星夜前来禀报。一面严督官兵人等,不分远近,相机擒捕解报。务使根株悉拔,噍类无遗。如或坐视玩寇,贻患地方,定依军法拏赴军门斩首,决不轻贷。

其十奖劳知府陈祥邢珣等　二月二十八日

据知府陈祥、邢珣等呈:解拏斩涮头贼人贼级并俘获贼属赃仗等项数目开报,所据各官遵照方略,奋勇协攻。一月之间,渠魁授首,巢穴扫荡。忠勤备著,功劳可嘉,合行奖劳。为此牌仰惠州、赣州府官吏,即支在库官钱,买办后开仪物备用鼓乐,就差本府同知徐大用、夏克义率领官吏师生,送至惠州府知府陈祥、通判徐玑、龙川等县典史姚思衡、巡检张行、驿丞何春、赣州府知府邢珣、推官危寿等,以励敢勇之风。

其十一牌仰留屯官兵　二月二十八日

牌仰典史梁仪等,与同百户周芳、巡检张行、驿丞何春,管领留屯官兵人等守御涮头地方,务要申严号令,整肃行伍。关防出入,禁止侵扰,谨风火以备灾,除粪秽以防疾。如有残贼出没,就选精锐骁勇,相机擒捕,获功解报,不得贪利穷追。其余兵众仍须固守营场,不许轻率妄动。其白沙等处安插新民,务禁下人,不许惊扰。

若彼或有人来，即与慰劳。抚喻各兵，班满之际，务候本院差官前来点阅犒赏，或就彼放回，或引至赣州发遣。中间敢有拒抗，不听约束，轻则量照军令究治，重则绑解军门斩首。仍仰各官俱要协和行事，一应机宜，须听典史染仪照数收贮，扣查给散。事毕造册，通行缴报查考。

　　其十二牌行龙南县升奖百长王受等　二月二十九日

　　照得本院亲统官兵剿平浰贼，但恐撤兵之后，余党仍复啸聚，除浰头已留屯官兵，责仰卢珂等把守，为照牛冈、高砂、上蒙等隘，俱系贼行要路。查得老人叶秀芳等原在牛冈隘把截，近因临阵畏缩，致贼奔逃，当照军法究治革退。遂令伊弟叶秀聪顶替，充为百长，协同老人黄启济管领兵夫，仍在原隘守把。及照百长王受、谢钺、王金巢等，俱系诚心向善，出力报效，近复屡有战功。合将王受、谢钺升为千长，王金巢升为百长，以旌其功。就仰王受统领新民总甲刘逊、刘粗眉、温仲秀等兵夫，与同谢钺等在于高砂等隘把截，其刘逊等俱要禀听王受节制。中间若有不依约束者，轻则量行责治，重则绑解军门，治以军法。如遇残贼出没，各役务要密切约会卢珂等并力夹攻，获功解报，照例给赏。为此牌仰龙南县官吏，即便备行出给印信帖文，付与千长王受、谢钺、百长王金巢、老人黄启济、百长叶秀聪、总甲刘逊、刘粗眉、温仲秀等，各执照管束各手下兵夫新民，各照分地方住札守把，有警互相策应，毋分尔我，致有违误。仍加省谕，不许纵容下人生事。今后新民里老人等，俱不许擅受词状断理。敢有故违者，不论应否曲直，告者、受者悉行拏送军门，照依军法斩首。每月朔望，各具不违结状，赴县投递查考。仍行岭北道守巡兵备守备官查照施行。

其十三牌督惠州府建立县治巡司及留屯官兵　三月十五日

据副使杨璋、佥事朱昂会呈：于和平建立县治，浰头移设巡司，已经批仰设道会行各该府县，查照所议施行。今照本院住军浰头已将两月，前项工程尚未见委何官督理，其浰头巡司虽经本院亲督匠作起盖官厅，其余公廨营房等项皆未完备。及照卢珂等新民至今未见复业，陈英等兵夫至今未见解到。本院回军曾未两日，访得留屯各兵已渐逃回，止存赣州官军兵快在彼守御。今四出残贼难保必无，似此疏堕懈弛，万一乘间啸聚，虎兕出柙，谁任其咎？为此牌仰本府官吏，即将前项事情逐一上紧整理，毋得彼此相推，徒事文移往复，苟求遮饰。每月仍将建设县隘等项见委某官管理，曾否兴工筑造及浰头巡司公廨营房之类，有无添修完备，隘夫人等曾否编发着役，屯守各兵有无见在逃回，俱要备开申报，以凭查考。如再因循懈怠，纵无疏虞，定行拏治参究，决不轻贷。

其十四牌委赣州府推官危寿　三月初五日

照得本院近因浰贼猖炽，亲督诸军扫荡巢穴。而山深林密，漏殄残党，难保必无。已经行令各官计处防御去后。今照本院回军在迩，虽已分布有绪，必须调度得人。看得推官危寿，持身谨确，处事详慎。先经领兵剿贼，深入贼穴，擒斩数多。即今见署龙南县印，就合并委提调。为此牌仰本官，不妨县事，往来各隘经理整督。其叶秀聪等兵夫，务要拘集于南埠结屋屯札守把，不许仍在县城潜住。刘逊等兵夫，亦要随同王受等住札，不得四散分住，事无统纪。各隘兵夫不时常与点闸，间或犒赏，以示惩戒激励。如有残贼出没，即便督令各役并力夹剿。其招抚新民张仲全等见在白砂安插，亦要时常抚谕，务使诚心向化。遇有残贼，亦就督令出力报效，毋得自存猜忌,招致罪累。仍戒各隘兵夫,亦不得辄有侵扰,致生惊疑。该县通贼奸细磊积吞并之徒,罪在可诛,未尽查究。本官亦且暂行戒谕,容令改革。如有长恶不悛者,遵照军令,轻则量行责治,重则斩首示众。本官务要殚心竭力,以副委任。一应事机尚有计议未尽,悉听从宜区处,具由呈缴。

其二十五案行广东布按二司添设县治　十月十九日

准兵部备咨,该本院题该本部覆题设县治以保安地方事。卷查先经会同钦差巡按广东监察御史毛凤,各另具本奏请定夺。间续准户部咨内开烦为会同两广抚按,会委各道守巡等官,督同各该府县掌印正官,上紧亲诣前项地方,再行从公相度堪以营建处所。其工作人匠夫役等项责令何处出办,应用材木砖瓦等料动支何项银两收买,人匠工食于何处支给,坐委何衙门官员专一董理,务要查明议处稳便,具结回报。各抚按衙门另行会奏,以凭上请。其选官给印等项,候营建略有次第,备由咨来。本部具奏移咨吏、礼二部,铨官铸印施行等因。为照前项添设县治,已该兵部覆议相应,别无违碍,拟合通行。为此仰抄案回司,即行该道守巡等官,作急选委府县佐贰能干官员,先将添设县治事宜详加议处。原议竹木于和平、浰头各山采办,及于龙川县并河源县惠化都起夫应用外,其砖石灰瓦等料及各色匠作工食,备细估计,通该价银若干,扣除清出贼占典卖田价若干可支,余于惠州府库堪动官银补给,务要辏处停当,便就委官分理。速将城池、衙门、学校、仓厫、牢狱、铺舍、街道等项作急筑造,务使坚固经久,毋得虚应故事。其余分割都图及编金隘夫、添设隘所事宜,悉凭本院所奏,径自施行。先取该道委官职名估计数目呈报,以凭稽考。仍呈总督、总镇、镇守、巡按衙门知会。

其二十九案行福州等六府行十家牌法　二月十六日

本院奉命巡抚福建等处地方，思欲禁革奸弊，安养小民以期无负委托之重。顾才力短浅，知虑不及，虽切爱民之心，未有及民之政。照得本院旧抚南、赣、汀、漳等处，访得所属军民之家，多有窥图小利，寄住来历不明之人，同为奸宄。兼之有司训养无方，淫侈竞作，而民伪日滋，礼教不兴，而风俗日坏。顽梗之不率，贼盗之繁多，皆原于此。已经行仰各府所属各县在城居民，每家各置一牌，备写门户籍贯及人丁多寡之数，揭于各家门首，以凭官府查考。仍团编十家为一牌，开列各户姓名，背写本院告谕，日轮一家，沿门按牌审察动静，但有面目生疏之人，踪迹可疑之事，及违犯戒谕者，即行报官究理。或有隐匿，十家连罪。如此庶居民知所趋向，而奸伪无所潜容。施行既久，人所称便。所据福州等府属县，民俗大抵相同，应合通行编置。及照汀、漳二府虽已先行刊给晓谕，尤恐有司虚文搪塞，顽民罔知遵守，亦各再行申督禁谕。为此仰抄案回府，即行属县，分着落各该掌印官，将领去告谕依样翻刊，户给一张。及照十家牌式，逐巷随村，挨次编置，务在一月之内了事。仍于各县耆老中，推选年高有德为众所服者五六人，官府优加礼待，委令每日沿街晓谕，稽考不举行者，即时送官责治。该府亦要严加督察各属，期于着实施行，毋使虚应故事。仍令各将编置过缘由依限差人缴报，以凭查考。非独因事以别勤惰，且将旌罚以示劝惩。

其三十一牌委参随何图抚谕新民　四月初二日

访得和平地方居民因见招抚新民卢源等在彼安插，不思各民已是向化之人，却乃各将房屋毁弃，田地抛荒，挈带妻子投城住坐，以致新民各怀疑忌,欲行奔遁。该县官吏不闻禁约处置,又不申禀本院。本当究治,姑记查处。为此仰参随何图前去龙川县,会同掌印官,即便拘集前项居民,坐委佐贰官一员,公同押领前去原住地方,各令选择便利高要去处,结寨团住。仍各推保众所信服寨长一名,时常钤束寨丁,谨守法度,各务农耕,毋致失业,惊扰各寨。仍置大鼓一面,梆铃数付,每夜轮流寨丁支更巡逻,以防不测。及仰抚谕所招新民,诚心改行,各安生理,毋得妄生惊扰,彼此扇惑。如有故违,定行拏赴军门,治以军法,决不轻贷。

其三十二案行岭北道禁革商盐 四月十三日

准户部咨,该本院题该本部覆查。议得南、赣盗贼已平,而广东事情缓急未定。其前项龟角尾所立抽分,亦经题奉钦依裁革。合咨本官及咨都察院转行巡按江西、广东监察御史,将广东、海北二提举司盐许南赣二府发卖,其袁、临、吉三府不许辄擅行卖。如有违者,不拘有引无引,盐追入官,人犯照例问发。前项抽分商税去处,亦查照先奉钦依事理,即为停革,不许私税,以便客商。正德十四年二月初三日,太子少保户部尚书石等具题奉圣旨:"是。钦此。"钦遵。拟合就行。为此仰抄案回道,备云该部题奉钦依内整理,东西二河盐商所贩盐引,止许于南、赣发卖,不许违例越下袁、临、吉三府。如有犯者,着巡司地方人等挨拏,照例问罪没官。其抽分商税,凡在停革之例者,悉行查革。仍将禁革商盐缘由申报查考。

钦奉敕谕查处福州叛军 共二条

其一牌行福州等八府 六月初八日

照得当职节该钦奉敕:"福州三卫军人进贵、叶元保等胁众谋反,随该镇巡等官设法擒获。今特命尔不妨提督原任,前去彼处地方,将前项事情用心查议处置。军卫有司官员,平时不能抚处,通行查究。情轻者就便拏问,情重者差人解京问理,干碍方面官参奏提问,罚治事干镇巡官,指实陈奏。凡可以兼济军民,有益地方,行之久远无弊者,随宜斟酌施行。一应事宜,敕内该载不尽者,听尔便宜处置。钦此。"除钦遵外,为照福建所辖八府一州五十三县,道路辽远,一时未能通历所据地方利弊。各该守令在任既久,必能周知,合行采访,庶可从宜区处。为此牌仰本府官吏,即将本府并所属地方凡有利所当兴、弊所当革,可以行之久远者,务要用心咨访停当,从实简切开具印信揭帖,就仰掌印官亲赍,前赴省城都察院面议可否,以凭施行。毋得违延,取究不便。

公移三　平宁藩叛乱上 共八十八条

其二牌行南昌吉安袁州临江抚州建昌饶州广信南安九江南康瑞州十二府集兵策应

照得本院云云。为此仰本府官吏照牌事理,并行附近卫所,各要起集骁勇精壮父子乡兵机快军余人等,多备锋利器械,委官管领,操演武艺,固守城池,听候本院公文调发,相机防剿。仍一面多方差人,四散爪探缓急声息,飞报本院知会。毋得失误,罪及未便。

其四牌委福建都布按三司照处本地叛军 六月二十五日

照得本院于正德十四年六月初五日奉敕前往福建公干,已于本月初九日自赣州启行,由水路于本月十五日行至丰城县,地名黄土脑。节据地方总甲人等禀报,本月十四日江西省城突然变乱,及闻抚巡三司等官俱遭拘执杀害，人心十分汹汹。本院原未曾带有官军，势难轻进。除就近暂回吉安地方住札，一面分投差人爪探的确，及仰临江等府卫起集乡兵，固守城池，以候调发进剿外，所据兵部前后咨到福建一应事情公文，俱已查照，备写明白。若候抚临之日发行，未免迟误，拟合先行查处。为此牌仰都布按三司，即将发去后项公文，各仰遵照，作急查处停当，听候本院处置。江西地方稍有次第，前来覆议会奏施行，毋得违误。仍呈镇巡等衙门知会。

其六牌行赣州府调发官兵　六月二十一日

案照已经行仰赣州府，速将原操官兵取赴教场操练，听候调发去后，今照前因，合行调用。为此牌仰本府官吏，即将见在兵快人等，各带锋利器械，委官统领，就于官库钱粮支给行粮，并雇船装送，不分雨夜，兼程前赴军门调用。如或迟误，定以军法论处，决不轻贷。其余各县未到兵快，亦就分差催调，通赴教场操练，听候调遣，毋得迟误不便。

其八案行广东布政司共勤国难

节该云云。具奏外，仰抄案回司，会同都按二司，转行各道，并呈镇守抚按等衙门，各一体查照，知会施行。

其十案行福建漳南道预备赴调兵船

节该云云。济事。为此仰抄案回道，即将前项见在上杭教场操练精壮兵快人等，大约四五千名，并取漳州铳手李栋等一起，各带随身锋利器械，责委谋勇官员统领，就于汀、漳官库钱粮支给各兵行粮，计算日期，兼程不分雨夜，直抵本院住札吉安府，随兵进剿。仍备行瑞金县查支官钱，预先雇办船只，伺候装送。经过去处，敢有兵快人等擅取民间一草一木，或在途延缓及不听约束者，就仰领兵官照依军法论处。其用船只装送去处，若该县临期失误，亦就指名参呈，以凭拿赴军门斩首，决不轻贷。仍将支过各兵行粮、起程日期、委官职名，先行呈缴。

其十一咨巡抚湖广都御史秦吴共勤国难

节该云云。方克济事。为此合咨贵院，烦为选取骁勇精壮曾经战阵军兵，及土官素抱忠义不与逆党交通者，大约一二万名，选委谋勇胆略方面官员分领。仍烦贵院亲督，兼程前来，共勤国难。谅贵院素秉忠孝之节，久负刚大之气，闻此必奋袂而起，秉钺长驱。当在郭汾阳之先，肯居祖士远之后哉！纷扰之中，莫罄恳切，惟高明速图之。

其十二咨都御史李共勤国难

节该云云。奏外，照得南畿系朝廷根本重地。今宁府逆谋既著，北趋不遂，必将图据南都。若不早为之所，诚恐噬脐无及。为此合咨贵院，烦为选取所属骁勇精壮曾经战阵军兵及民间义勇约二三万名，选委谋勇胆略官员分领，会约邻近郡省，合势刻期，仍烦贵院亲督，兼程前来，共勤国难。谅贵院忠孝自许，刚大素闻，当兹主忧臣辱之时，必将奋袂而起，秉钺长驱，自有不容己者矣。纷扰之中，莫罄恳切，惟高明速图之。

其十五牌行南安府调发官兵　六月二十四日

案照已经行仰南安府起集骁勇兵快，委官管领操演，听候调发防剿，拟合行取。为此牌仰本府官吏，即将原开单内曾经战阵兵快及取峰山弩手一百余名，各备随身锋利器械，就于库内官钱给作行粮，行委推官徐文英统领。仍雇船装送，不分雨夜，兼程前赴军门，听候调用。此系急剿谋叛，事关宗社安危，非比寻常贼情。毋得稽迟时刻，断以军法处斩。兵快人等敢有在途延缓不听约束者，就仰遵照本院钦奉敕谕事理，即以军法从事。

其十六牌谕临江府知府戴德孺等合势进剿　六月二十五日

屡据差人禀报，足见本官忠诚为国。今逆党上悖天道，下失人心，勤王之师，四面已集。忠孝豪杰，愤激响应，成擒不久。仰府县整集兵马，听候本院指日东下，面授约束，合势进剿。军民人等，但有私通逆党阴来游说及违犯号令退缩观望者，仰照本院钦奉敕谕事理，即以军法从事。呜呼！主忧臣辱，主辱臣死。凡有血气，孰无是心。仍谕概县父老子弟，使各知悉，同举伐叛之师，共收勤王之绩。

牌行袁州知府徐琏等、瑞州通判胡尧元等、新淦知县李美等、奉新知县刘守绪等、丰城知县顾佖等、靖安知县万士贤等、新昌知县王廷等、抚州知县陈槐等、高安知县应恩等、万载知县张邦国等、宁州同知张伟等、进贤知县刘源清等同。

其十七示谕吉安府城内外居民　六月二十六日

示谕府城内外，但有南昌府县人民在此生理住居年久，邻里保管不致容留奸细者，听其照旧居住，毋得扰害。若有奸徒潜来投住，能擒拿送院者，即行给赏。地方人等受贿容隐者，治以军法。

其十九牌行吉安府拣练官兵　六月二十六日

近因江西省城变乱,已经发放该府行令庐陵、吉水等县,起集乡兵,保障地方。一面拣选精兵,委官管束,听调去后。今据各兵以次渐到,各行陆续调发。为此牌仰吉安府官吏,即将已到兵快人等通行拣阅操练,分委谋勇胆略官员统领,送赴军门,以凭陆续发往丰城、临江等处屯札防守,听候本院刻期进剿,毋得稽迟不便。

其二十一牌行吉安安福守御千户所调兵策应　六月二十七日

照得先因省城变乱,已经行仰吉安等府并各属县选调精兵,听候调用去后。今照前项兵快虽已陆续齐集,但恐分布不敷,必须添调策应。为此牌仰本所官吏,即将见在旗军拣选骁勇惯战之人,约吉安所六百,安福所五百名,各备鲜明器械,选委勇谋胆略官一员统领,就于该府安福县官库钱粮查给行粮,不分雨夜,兼程直抵军门,听候调遣。毋得稽迟时刻,定以军法从事。

其二十四牌行吉安府通判杨昉统兵策应丰城

据丰城县知县顾佖禀称,本县起调乡兵固守城池,惟恐兵力不敷,必须请兵策应,庶保无虞等因。看系地方重务,已经调发龙泉、安福、永新等县并吉安千户所机快军兵,陆续前去策应。照得发去官兵,必须选委谋勇胆略官员统领,庶几调度俱宜。为此仰通判杨昉即将后开军兵名数,督同千户萧英监统,协同知县顾佖等,计议攻守方略,相度险夷要害,远斥堠以防奸,勤训练以齐众。探知贼人入境,即便设奇布伏,以逸待劳,击其不意。务在先发制人,毋令乘间抵隙。军兵人等,务要严为约束,毋令侵扰。敢有违犯退缩,许以军法从事。各官尤要同心并力,协和行事,共效忠贞之节,以纾国家之难。如或执拗参错,观望逗遛,违犯节制,致有疏虞,军令具存,决难轻贷。

计开委官巡检刘福、莫庆,百户石鼎,义官一名,龙泉县兵二百名,安福县兵二百名,永新县兵四百五十名,安吉所军四百名,庐陵县一百八十四名。

其二十五牌行丰城县知县顾伾遵照方略 六月二十九日

据丰城县云云。为此牌仰本县官吏照牌事理,即行知县顾伾遵施行,毋得违错。

其二十七牌行广东龙川等县调取民兵 七月初二日

照得江西变乱,已经行仰吉安等府,及行湖广、福建等省,起调乡兵及土汉官兵去后。查得广东龙川等县所辖和平等处,义官陈英、郑志高、卢琢,及百长林义、关三,并新民卢源、陈秀坚、谢凤胜、吴富等寨,各有曾经战阵精兵。今兹逆党倡乱,民遭荼毒,亦合调取以赴国难。为此牌仰龙川县官吏,即将前项部下骁勇兵夫各行量调三分之一,共计二三千名,各备锋利器械,选委谋勇官员统领,就与县库官钱给与口粮,不分雨夜,兼程前赴军门,听候亲统征剿。此系征剿谋反重务,非比寻常贼情,毋得稽迟。仍仰委官严加约束,兵夫人等沿途不许扰民间一草一木,违者许以军法论处。

其二十八牌行赣州南安府宁都等县选募民兵 七月初三日

访得宁都、兴国、瑞金、雩都、信丰、南康等县,各有大家巨族,人丁众多,兼亦素有胆略。今兹逆党倡乱,民遭荼毒,正各民效忠奋义之日,亦合调取,以赴国难。为此牌仰本府官吏,即便分投差人,前去各该县分着落各掌印官,速于该县大族人家堪出人丁二百者,止令出五十。务选骁勇精壮,各备锋利器械,就于各户推选众所信服堪为百长总小甲者管领,各县查将在库官钱,给与行粮。另委相应谋勇官员总统,不分雨夜兼程,无拘前后,各另前赴军门,以凭调用。此系征剿谋反重务,非比寻常贼情。果能立有功劳,当即封官拜将,亦非比寻常赏格。敢有违抗,捏故推搪致误军机,定照军法论处,决不轻贷。

其三十一牌差百户杨锐督发建昌官兵　七月初六日

案经通行各府起集乡夫,保障地方,一面调选骁勇精兵,听候调发去后。为照所调官兵未到,尤恐行文未至,或道路阻塞,本院已于本月初八日领兵前往丰城、市汉等处住札,刻日进攻省城。若不差官督催,不无愈加迟误。为此牌仰百户杨锐前往建昌府着落当该官吏,即将本府并属调集兵快,务选骁勇惯战,各备器械,该府县掌印官亲自统领,于各官库不拘何项钱粮支作行粮,无分雨夜,兼程前进。期在本月十四、十五俱赴军门,面受约束,并势追剿。该府印信就能干佐贰官掌管行令,严加守御,毋致疏虞取罪。此系急剿谋逆重务,非比寻常贼情,不许时刻稽迟。兵快人等敢有违犯节制,观望不行前进者,就仰遵照本院钦奉敕谕内事理,即以军法从事,毋得姑息不便。

　　牌差百户任金善往饶州,百户刘泉往广信,百户刘雄往抚州同。

其三十二牌行统兵知府徐琏面受进剿方略　七月初六日

案照已经行袁州等府起调机快,前赴军门,听候征剿去后。今照官兵俱已齐集相应,委官监统。为此牌仰知府徐琏即将前项兵夫编成队伍，整搠器械，亲自统领，星夜前赴临江、丰城地方，以凭面受方略，刻期并进。仍详察险易，相度机宜，不得尔先我后，力散势分。及要多方差人爪探声息，不时飞报军门知会。其军兵及领兵官员人等，敢有逗遛观望、退缩误事者，仰照本院钦奉敕谕事理，即以军法斩首示众。仍谕下人，不得贪图升赏，妄杀平民，冒报功次。国典具存，法难轻贷。承委官员务要竭忠尽命，以效勤劳，苟或违误，罪亦难逭。

其三十三牌行通判陈旦往进贤等县督发民兵　七月初六日

据南昌府通判陈旦禀称：原蒙巡抚衙门委催拖欠钱粮在外，因闻前变，前赴军门投到等因。所据本官颇有干办，及照进贤等县各有骁勇义兵，尚未调用，合就行委起调。为此牌仰通判陈旦、知印熊环前去进贤等县，督同各县掌印等官。除调集在官兵快，仍仰各县官自行统领前来随征外，其城郭乡村内外尚有大家巨族，人丁众多，素被宁府侵害，思欲报仇泄愤者，谕令多选骁勇精壮子弟佃仆人等，或二三百名，或五六百名，每县大约计四五千名，各备锋利器械，选委谋勇官员分领，查支在库官钱给与行粮，就便督同各县掌印官一并督发，不分雨夜，兼程前赴丰城、市汊等处，面禀军门，约束刻期进攻，毋得稽违时刻。仍一面晓谕官吏、监生、生员、里老人等，各起父子乡夫固守城池，一面分投差人爪探，但有奸细之徒潜入境内，就便擒拿，遵本院钦奉敕谕内事理，即以军法从事。兵快及领兵人等敢有违犯节制，畏避退缩者，亦就论以军法处治。承委官员各要效忠竭力，以副委任。苟或故违，罪不轻贷。

其三十八牌行赣州府权处军粮　七月初十日

据赣州府申称：动调官兵进剿逆贼，费用钱粮浩大，本府再无

别项支用，欲借于民，尤恐激衅。乞查照原额，委官抽税，以救燃眉
之急，候征剿完日停止一节，实系目前三军存亡所关。况本院所属
南、赣、汀、漳、南、韶、惠、湖、郴、桂等处，原系盗贼渊薮，虽经调兵
剿除，而漏网窜伏，不时窃发。仓卒起调，将何供应。且今宁王逆
谋，已行北上。本院集兵一千余万，粘踪追袭，粮赏皆借各府支应。
中间多称仓库空虚，无从措办。随该本院具本奏闻，仍遵敕旨便宜
事理，于龟角尾照旧抽分外，为此仰抄案回府，即委佐贰能干官员
暂于原设厂内，将东西二关往来客商铁盐等项货物，查照原定则
例，照旧抽取税银，以助军饷支用。仍严禁吏书及隶快人等，不许
作弊生事，侵欺税银。亦不许客商私通桥子纵放船只，及听信奸诈
牙行包揽，赴厂投递报单，希图匿税。承委官员必须亲临验船大小
及货物多寡，令其从实开报纳税，毋得亏损，致生嗟怨。仍照旧规，
每五日开报稽考。仍通沿路巡检司等衙门，不得生事阻绝未便。

其三十九牌行吉安永新千户所解送军器　七月十一日

　　照得本院调集各处官军，亲统追剿逆贼，所有军中合用防牌弓
箭枪刀等项，访得吉安等千户所俱有收贮在官，拟合取用。为此牌
仰官吏，即将本所见在防牌弓箭枪刀等项器械，不拘制造解京之数
尽行查出，无分雨夜，差人解赴军门，以凭给用事毕，发回收贮，毋
得迟违时刻不便。

其四十牌行南赣吉临四府及万安泰和吉水新淦丰城五县预备
犒劳行军　七月十一日

　　照得近因宁府反叛，已该本院通行各处起调汉土官兵追剿，俱
由南安、赣州、万安、泰和、吉安、吉水、新淦、临江、丰城等处经过，

必须犒劳,以励人心。为此仰府县官吏即便查照先年用兵则例,支给在库官钱,预先买办牛酒等项,听候所调各处官兵到日,就行分别等第犒劳,毋得临期有误。

其四十一牌行指挥麻玺策应丰城 七月十一日

据丰城知县顾似禀称,兵力不敷,请兵策应。已经调发龙泉、安福、永新等县并及吉安千户所机快军兵,陆续防剿去后。今照发去官兵,必须选委谋勇胆略官员统领,庶几调度得宜。为此牌仰指挥麻玺即便前去,会同通判杨昉、督同千户萧英等,将防守军兵先行训饬操演。务要行伍整肃,号令严明,进退齐一,听候本院督临,克期分哨并进。军兵人等所过,毋令侵扰。敢有违犯退缩者,许以军法从事。各官仍要同心并力,协和行事,共效忠贞,以纾国家之难。

其四十二牌行通判谈储统领吉水官兵 七月十一日

牌仰通判谈储,即便统领吉水县调集官兵一千五百员名,跟随本院前去江西追剿逆贼。务要申严号令,整肃行伍。兵快敢有违犯节制,畏避退缩者,许照本院钦奉敕谕事内理,以军法从事。其该县印信,就仰县丞任礼署掌。严加防御,固守城池,俱毋违错。

计开领哨官:

义官三员:萧连朴、李尚礼、李良蔡。永丰巡检刘以贵,管理粮饷主簿何池。

其四十三牌行余干县知县马津预备战船 七月十二日

照得本院调集各处官军,前去追剿逆贼,所有装兵船只,止雇有民船,缘狭小,不堪水战。本院不久沿江前进,惟恐临期有误。

访得余干县所属龙津驿河埠湾泊,俱系运粮及民间大船,约有六七百号,在彼空闲,俱应起拨。为此仰知县马津等即便亲至前项河埠,尽将官民船只,责令各船运军船户装载调到军兵,跟随本院前往剿贼。中间若有运军不齐,亦听随宜雇募惯便水手代驾,仍各给与口粮。毋违时刻,定以军法论处。

其四十四牌行临江府戴德孺解送军器战船 七月十二日

照得本院调集各处官军追剿逆贼,所有装兵船只狭小,不堪水战。及照军中合用弓箭枪刀防牌等项器械,访得临江府所辖樟树埠头,俱有袁州等处运粮并民间船只数多,库内收有前项军器,应合取用起拨。为此仰临江府官吏即行知府戴德孺,速将在库军器不拘解京之数,尽行差人星夜送赴军门,给与各军应用。并将前项埠头湾泊官民船只,责令各船运军船户装载官兵,跟随本院前去剿贼。中间若运军不齐,亦听随宜雇募惯便水手代驾。仍拨小渔船百只,听候差用,仍各给与口粮。毋违时刻,定以军法处论。

其四十五牌行饶州府解送军器战船 七月十三日

照得本院调集各处官兵追剿逆贼,所有军前合用防牌枪刀弓箭器械及木铁等匠,应合取用。及照装兵船狭小,不堪水战。访得饶州府县收有前项军器及各色匠数,多并运粮新旧及民间船只约有六七百号,俱在河下空闲,亦合起拨。为此仰府官吏即行掌印官,速将见收军器无拘解京之数,尽行差人,不分雨夜,解赴军门,给军应用,事毕发回。仍拘惯造器械铁匠木匠等役各二三十名,各带随用家火,官办熟铁一二千斤,煤炭数十担,亦差的当人员管领。及另选委能干官员,速将官民船只通行责令运军,并各船户装载官兵,速到南昌省城,跟随本院前去沿江剿杀前贼。中间若各运军不齐,亦就雇募惯便水手代驾,各给口粮,毋得稽违时刻,定以军法论处。

其四十七牌差千户刘祥督发福建官兵 七月十五日

案照已于六月二十一日备行漳南道,即将见在上杭操练兵快,并取漳州铳手李拣等,委官统前赴本院,督发进剿,未报。续又牌仰布政司选募海沧打手,就仰布政席书、佥事周期雍,自行统赴军门,相机擒剿去后,亦未见到。合再立限督催。为此今差千户刘祥赍牌前去福建布政司,分巡该道着落官吏,即将前项见在兵快四五千名,并将海沧打手一二万名,作急调取到官,令其各带随身锋利器械等项,查取在库不拘何项钱粮给与行粮并雇募之资,就仰左布政使席书统领,毋分雨夜,定限本月二十九日直抵江西省城,随军前进。如违时刻,定以军法论处。此系叛逆谋危宗社重务,非比寻常贼情。军兵人等敢有违犯节制者,许以军法从事。其军中合用火药等项,亦仰支给官钱买办应用,不得临期失误。仍查本院差来本道,并布政司官舍的于何日到彼,有无在途延缓缘由,各另呈报。

其五十一牌行主簿余旺督运兵粮 七月十九日

牌仰部粮主簿余旺即回吉安府,速将原部宁都县粮里会元兴等九名原寄各府仓廒收囤兑准粮米七千七百石,尽数用船装载,无分雨夜,督同各役正身运赴江西省城河次,以凭支给官兵行粮等用。中间粮里人等敢有违延误事及不听约束者,就仰本官照依军法,轻则量情责治,重则绑赴军门斩首,决不轻贷。完日通行造册缴报。

其五十三牌行刘守绪把守武宁渡 七月二十一日

照得本院原调奉新县刘守绪统领民兵把守武宁渡，今因策应入城，抢掳妄杀，不无违犯军令，本当重治，姑记过类处。为此牌仰本官即便统领原管兵快，速赴前渡守把，不许一人一马擅自渡江入城。敢有潜躲在城，并一应违犯军令者斩首示众。牌具不违，依准并离城定营地方时刻，火速缴来。

其五十九牌行抚州府知府陈槐挈兵设伏 七月二十五日

据各哨探报，逆党近在地方王家渡屯住，去离江西程途不远。虽经本院先已督发官兵四路相机夹剿，但城守未备，而张疑设伏，亦为紧要。所据知府陈槐部下兵快合行挈取。为此牌仰本官即将原统兵快中，分一半挈入省城，以凭面授方略，别有指使。分挈之际，务在密迹潜形，毋得张皇，致有惊动。牌具依准缴来。

其六十牌行建昌府知府曾璵会兵夹剿 七月二十五日

牌仰知府曾璵即便挑选部下骁勇精兵一千余名，会同各哨官兵，相机夹剿叛贼，张疑设伏，候警急应，毋得违迟时刻，定以军法从事。军兵人等敢有临阵退缩，违犯号令，仰遵本院钦奉敕谕事理，照依军法斩首。

其六十一牌行进贤县知县刘源清会兵夹剿 七月二十六日

牌仰知县刘源清即便挑选部下精兵七八百名，星夜前去吴城等处，会同各哨官兵，相机夹剿逆贼，张疑设伏，候警急应，毋得稽迟时刻，定以军法从事。兵快人等敢有违犯节制及畏避退缩者，斩首示众。

其六十二牌行安义靖安二县知县焚烧坟厂

仰知县王轼、万士贤即便会兵前去，速将新旧坟、双岭二厂藏贼房屋树木等项，用火焚烧，以免逆贼复据。毋得违误时刻，定以军法从事。

其六十三咨总督两广右都御史杨停止原调官兵　七月二十六日

案照已经通行吉安等府调选官兵，委官统领督追叛逆。续该本院看得前项事情系国家大难，存亡所关，诚恐兵力不敷，随即备咨南京兵部及钦差总督两广都察院右都御史杨、钦差巡抚苏松等处都察院右都御史李、钦差巡抚湖广都察院右副都御史秦、吴，并福建三司等官，烦为选取骁勇兵快，选委谋勇官员监统，兼程前来，共勤国难去后。节据知县顾佖等差报，宁王已下南京，留有逆党万余固守城池。随该本院分布哨道亲督，刻期于七月二十日寅时攻破省城。各贼奔溃，分兵搜擒逆党以次审决。一面分哨四路并进，或当其前，或蹑其后。随于七月二十六日在于鄱阳湖大战，遂已擒获宁贼，逆党悉就剪平。除奏闻外，看得逆贼已获，逆党已尽，所据原调各省官兵应该停止。为此合行移咨贵院，烦为查照，希将起调军兵人等俱行停止。如已起行，即便差官追回施行。

　　咨巡抚应天、苏、松都御史李，咨巡抚湖广都御史秦、吴，咨南京兵部同。

其六十四案行福建按察司停止原调兵快

案照云云。为此仰抄案回司，即便遵照，速将所调兵快打手人等俱行停止，免致往返，徒劳跋涉，毋得违误。仍行巡按衙门知会。

　　案行福建漳南道，湔江布政司。牌行吉安府，转行邻界衡州等府同。

其六十五牌行知县刘源清杨材追剿逆党　七月二十七日

牌仰进贤、安仁二县刘源清、杨材，各统部下骁勇精兵，星夜前去进贤等处追剿逆党。陈贤、秦荣、屠典宝等务在日下名名获报，以靖地方，毋得稽迟时刻。兵快人等敢有违犯节制，畏避退缩者，仰照本院钦奉敕谕内事理，即以军法从事。承委各官务要竭忠效力，以副委任。苟或故违，致有疏虞，国典具存，罪不轻贷。

其六十六案行河间等府通州等州停止见调军兵　八月十三日

案照先因宁王图危宗社，兴兵作乱，已经具奏请兵征剿，及通行各该官司调兵，并势追袭去后。随该本院催督吉安、赣州等处官军分布哨道，亲督刻期于七月二十日攻破省城，当即发兵分路收南康、九江等处，一面设伏张疑，诱袭宁王。已于本月二十四日在鄱阳湖连日大战，至二十六日遂已擒获宁王，余党亦就诛戮。除具本奏捷外，近访得南北直隶顺天、应天、河间、通州、海州、涿州等处一带官司，即今仍起调军兵追袭，若不通行差人阻遏，非但徒劳跋涉，亦恐骚扰地方。为此仰抄案回府州，着落当该官吏，即便遵照，火速将见调军兵俱行停止，放散宁家，毋得拘留，妨误生业未便。

照会顺天府同。

其六十八牌行统兵各哨官查报功次　八月十五日

牌仰各哨统兵官，将哨下官军兵快人等前后擒斩功次，分别首从及各地名日期，并奉本院批发。随征报效人员，俱要查明开造草册，送院覆查相同，以凭转发类造，奏缴施行。毋得查造不实，及将非奉批发报效之人一概滥造在册。查究得出,定行照例追问如律,决不容恕。

计开:

二十日破城,二十四日战王家渡,二十五日战八字脑,二十六日战樵舍,二十七日战吴城,二十八日战沿江诸处。

吉安府知府伍文定,赣州府知府邢珣,临江府知府戴德孺,袁州知府徐琏,抚州府知府陈槐,饶州府知府林城,建昌府知府曾璵,广信府知府周朝佐,瑞州府通判胡尧元、童琦,赣州卫指挥俞恩,泰和县知县李楫,万安县知县王冕,奉新县知县刘守绪,安义县知县王轼,新淦县知县李美,吉安府通判谈储,吉安府推官王暐,吉安府通判邹琥,临川县知县傅南乔。

其七十牌行南昌府追征宁府私债　八月二十九日

据二哨领兵赣州府知府邢珣呈,将盘出宁府各县人民借去银两花户并保人姓名,开报到院。参照所开前银俱系没官之数,合行追究。为此拈单仰府官吏,即便行拘各民到官,照数追取足色银两还官,不许纵容欺骗,亦不许分外加增扰害。完日取具印信库收,并官吏不违,依准随牌缴报查考。

其七十三牌行南昌府委官护送许副使丧枢　九月

照得江西按察司副使许逵被宁贼杀害,续该本院统兵攻复省城,当给银两买棺装殓。随据伊男许某告称扶枢还乡,所据护送人员,拟合行委。为此仰南昌府官吏,即于见在府卫官内定委一员,送至原籍交割云云,毋得稽迟未便。

其七十四牌行上元县护送马主事丧枢　九月

据福建兴化府莆田县民马顺告称，伊父马思聪由进士任南京户部主事，本年六月内奉命差至江西催儹钱粮时，被宁王谋反拘执囚禁而死。后蒙将父尸买棺装殓。今欲扶枢回籍，缘路途窎远，况父家小见在原任，无力俱各不能还乡，告乞脚力口粮等因。看得本官因公奉差遭乱被执监故是实，除行南昌府县应付差人递送回籍外，仰上元县官吏即便照例起关应付本官脚力船只，差人护送还乡。其本官应得俸粮柴薪马夫等银，就使查明，照数给与。或应该金与长行水手，亦就查给，毋得稽滞。

其七十七案行江西布按二司官戴罪护印　九月初三日

照得江西省大务繁，都、布、按三司不可一日缺官掌理。今乱平之后，各官俱系戴罪，未经复职。其新除参议周文光考满，金事王崇仁尚未到司，所有各衙门印信钱粮并朝觐进表等项一应重务，缺官管理。除题知外，为此仰抄案回司，即行布政使胡濂、按察使杨璋，暂且戴罪护印，管理本司庶务。副使唐锦，戴罪仍行管理学校。金事王畴，戴罪暂且管理南昌道。各官不得以缘事之故，辄退避苟且，玩愒日月，隳废职务，反益罪愆。候参议官周文光等到任及有官之日，各将印信仓库等项交代，仍与左布政使梁宸、参议王纶、程杲、刘斐、副使贺锐、金事赖凤、潘鹏及首领等官，俱令本衙门知在，不许私自回籍。

其七十八案行江西都司官戴罪护印　九月初三日

照得云云。为此仰抄案回司，即行都指挥马骥暂且戴罪护印，管理本司事务。候有官之日，仍将印信交代。

其七十九案行知府郑瓛戴罪护印　九月初三日

仰抄案回司，即行知府郑瓛戴罪署掌印信，管理府事。候参奏明文至日施行，毋得懈怠苟且，隳废职业不便。

其八十一牌行抚州等府县选取督解官员　九月初三日

照得先因宁王云云。本院拟于本月十一日亲自督解赴阙，所据押解官员必须得人，拟合通行选取。为此牌仰本府着落当该官吏，即行后开官员，速备衣装，并带堪任信老成人役数名，查支在库官钱，照名给作往回盘费。定限本月初九日前赴军门。此系重务立等事理，毋得稽迟。

计取抚州府知府陈槐，进贤县知县刘源清，安义县知县王轼，广昌县知县余莹。

其八十四案行各府州县卫掌印官从宜发落罪犯　九月初四日

照得各府州县卫所奉有部院抚按二司等衙门委问勘合批词，或各衙门自理词讼，问有徒罪以上人犯，俱应申呈上司，参详发落。但省城乱平之后，抚按缺官，二司并巡守等官俱各戴罪，前项应详人犯无凭请夺，今但从宜处置通行。为此仰抄案回司，转行南昌等府县卫所，遇有申详人犯，除死罪充军、重犯监候请夺外，徒罪以下摆站、了哨、纳米，或折纳工价工食等项，俱行该府掌印官秉公持宪，详审发落。候有上司至日，类行照验，仍照旧规申呈详夺。其杖罪以下应该纳赎的决，各衙门径自发落。各不许倚法为奸，出入人罪，自取罪谴。

其八十五用手本御马监太监张　九月初六日

据南康府申奉钦差提督军务御马监太监张札，付内开访得宸濠已该都御史王擒获，克复南昌府城等语，不曾亲到江西，又无堪信文移，止是见人传说，遽难凭据。会同钦差提督军务平贼将军充总兵官左军督府左都督朱议照，系干反逆重情，况系宗藩人众，中间恐有拨置同谋逆党，尚有漏网未尽，抑恐前言虚传未的，将来为患非细等因，备申到职。卷查先为飞报地方谋反重情事云云。本职亲自量带官兵，径从水路，于本月十一日启行，解赴京师，及具本专差舍人金昇先期赴京奏知外，今申前因，为照宁贼果已就擒，同谋党恶果已尽获，余孽果已扫荡，其妃媵干碍眷属见今起解，家资钱粮并伪造军器等项，俱该本职公同原经奏留巡按两广监察御史谢源、伍希儒，及都布按三司并各该府县领兵筹官眼同封贮在府，听候命下之日定夺外，合用手本前去，烦请查照施行。

公移四　平宁藩叛乱下 共三十七条

其三牌委随行献俘各官　九月二十五日

仰推官陈辂、县丞王彦肃督领杀手人等，管押宁王水陆人夫船只轿马，并日逐饮食动静等项，务要昼夜严加防范，毋致伤损。及有疏虞，罪有所归。

仰知县余莹、千户王钦督领官兵管押郡王将军各水陆人夫船只轿马，并日逐饮食动静等项，务要昼夜严加防范，毋致伤损。及有疏虞，罪有所归。

仰知县刘守绪、指挥孟俊管押众犯各水陆人夫船只轿马，并日逐饮食动静等项，务要昼夜严加防范，毋致伤损。及有疏虞，罪有所归。

仰典史区澄、参随周祥、生员刘旦管押宫人各水陆人夫船只轿马，并日逐饮食等项。

仰指挥斯泰、该吏李景专一管理见解男妇衣服刑具等项，毋得违误。

仰主簿张恩专管马匹草料等项，毋得违误。

仰指挥高睿教官艾珪专管本院出入门禁宾客往来，及各官关文等项，毋得违误。

仰指挥陈伟、参随官龙光分拨本院随带参随官吏，并各重犯官兵人等夫船轿马，务要公平均一，毋得违误。

仰指挥刘镗与同承差刘昂专管旗号器仗及卷箱等项，毋得违误。

其四用揭帖知会御马监太监张　九月二十六日

准钦差提督赞画机密军务御用监太监张揭帖开称，今照圣驾亲率六师，奉天征讨，已临山东南直隶境界。所据前项人犯，宜合比常加谨防守调摄，待候驾临江西省下之日，查勘起谋根由明白，应否起解斩首枭挂等项，就便处分定夺。若不再行移文知会，诚恐地方官员不知事体，不行奏请明旨，那移他处，或擅自起解，致使临难对证，有误事机，难以悔罪等因，准此卷查先为飞报地方谋反重情云云。本职已将宁王并逆党亲自量带官兵，径从水路，照依原拟日期启行，解赴京师，已至广信地方外，今又准前因及该差官留本职并宁王及各党类回省。为照前项人犯先监，按察司责委官员人等，昼夜严加关防，有病随即拨医调治。数内谋党李士实、王春、刘养正等，已多医治不痊，俱各身故。随差官吏仵作人等前去相验，责付浅殡，拨人看守。其宁王及谋党刘吉等，俱系恶焰久张之人，设若淹禁不行解报，纵有官兵加谨防守，恐或扇诱，别生他奸。今若留回省城，中途疏虞，尤为可虑。兼且人犯多生疟痢，沿途亦即拨医调治。又有数内镇国将军拱槭并世子二哥，各行身故，又经差官相明置棺装殓，责仰贵溪县拨人看守。其余尚未痊可，若更往返跋涉，未免各犯性命，愈加狼狈，相继死亡，终无解京人犯。抑恐惊摇远近，变起不测。况本职亲解宁王先已奏闻朝廷，定有起程日期，岂敢久滞因循，不即解献，违慢疏虞，罪将焉逭？及照库藏籍册等项，未准揭帖之先，已会多官封贮在府，待命定夺。况新任按察使伍文定及戴罪三司官领兵各知府等官，俱各见任封识明白，别无可疑。除将宁王宸濠等各另差官分押，宫眷妇女行各将军府取有内使管伴，俱照旧亲自解京外，所有库藏等项，奉有明旨，自应查盘起解，就请公同三司并各该府等官，眼同径自区处。为此合用揭帖前去，烦请查照施行。

其六呈奉钦差总督军务钧帖　九月二十七日

正德十四年九月二十六日酉时，奉钦差总督军务钧帖云云。仰提督南、赣、汀、漳兼巡抚江西等处右副都御史王，照依制谕内事理，即便转行所属司府卫所州县驿递等衙门，一体钦遵施行等因。奉此卷查先为飞报地方谋反重情事，先该宁王图危宗社，兴兵作乱，当即具本奏闻，请兵征剿。随该本职看得宁王虐焰熏张，恐其径往南都，惊动京辅，当就退保吉安，设策牵制。一面调集各府官兵，亲自统领，于七月二十日攻破省城，本月二十四等日在鄱阳湖连日与贼大战，至二十六日，遂将宁王俘执，及其谋党李士实、刘养正、王春等，贼首吴十三、凌十一、闵念四、吴国七、闵念八等，俱已前后擒获。余党荡平，地方稍靖。已于本月三十等日具本奏捷，并行南京兵部内外守备等衙门，及沿途一带直抵北直隶各官司知会止兵去讫，续为献馘，以昭圣武事云云。本职拟于九月十一日亲自解赴阙下，随将前项缘由奏闻讫。后因传报大驾南征，京边各官军四路随进，地方愚民妄相惊扰逃窜，往往溺水自缢。本职屡次亲行抚谕，尚未能息。殊不知朝廷出兵专为除剿宁贼，救民水火之中。况统兵将帅，皆系素有威望老臣宿将，纪律严明，远近素所称服。纵使复来，亦自无扰害。况今宁贼已擒，地方已靖，京边官军亦岂肯无事远涉？愚民无知，转相惊惑，深为可悯。诚恐沿途一带居民，亦多听信传闻不实之言，而北来京军尚或未知宁王已就擒获，又于九月初四日分投差官各从水陆前去，沿途晓谕军民，及一面迎候北来官兵，烦请就彼转回。本职亦将宁王并逆党亲自量带官兵径从水路照依原拟日期启行，解赴京师，已至广信地方外。今奉前因，合就呈报通行。为此除依奉钧帖内事理施行外，今备缘由合行具呈，伏乞照验施行。

其七准答安边伯朱留查功次手本　九月二十七日

准钦差提督军务充总兵官安边伯朱手本开称：即查节次共擒斩叛逆贼首级若干内，各处原奏报有名若干，无名若干，有名未获漏网，并自首及得获马骡器械等项各若干，连获功官军卫所职役姓名，备查明白，俱各存留江西省城，听候审验。仍查宸濠余党有无奔溃，及曾否殄灭尽绝缘由，通行明白，作急开报，以凭遵奉钧帖，备由回奏，及督并各营官军粘踪袭剿施行等因。照得宁王宸濠及其余党李士实、刘养正、王春等，贼首凌十一、吴十三、闵念四、吴国七、闵念八等，已该本职调集官兵亲自统领追袭，前后俘执擒获，见今督解赴阙，以昭圣武。其余胁从之人，又该本职备奉钦降黄榜，晓谕俱赴所在官司投首安抚外，所有各哨擒斩首从贼人贼级并俘获赃仗马骡等项，俱经发送纪功巡按两广监察御史谢源、伍希儒审验,纪录造册,径自奏缴定夺去后。今准前因,合用手本前去,烦查照施行。

其十案行江西按察司交割逆犯知会兵部及钦差等官

照得云云审处。除行浙江按察司云云施行外,仰抄案回司,着落当该官吏一体查照,并呈本部,及钦差提督军务御马监太监张、钦差总督军务充总兵官安边伯朱,各知会施行。

其十一咨报兵部交割逆犯

照得云云审处。为此除行浙江按察司备呈钦差提督赞画机密军务御用监太监张烦请会同监军御史公同当省都布按三司,将见解逆首宸濠及逆党刘吉等各犯,并宫眷马匹等项,逐一查交明白,转解施行外,合咨知会施行。

其十二牌行副使陈槐督解逆犯　十月十一日

照得当职督解宁王等犯行至杭州地方,适遇钦差提督赞画机密军务御用监太监张奉命前来江西,体勘宸濠等反逆事情,及查理库藏宫眷等事。当准钧帖开称:宸濠等待亲临地方覆审明白具奏军门定夺等因。为照本职因疾从便在于杭州城内请医调治,候稍痊疴,仍回江西省城。或仍前进,沿途迎驾外,所据原解前项逆犯,虽经按仰浙江按察司备呈太监张,会同监军御史,公同该省都布按三司,将宸濠并其党类及各宫眷马匹等项查交明白,另委相应官员管押,带回省城,听候驾临之日,转解军门审处。但路途遥远,恐致疏虞,或生他变,必须才能风力官员相帮督押。今照江西按察司新任副使陈槐见在军门公干,合就行委兼同委官督解。为此将前项逆犯发仰兼同督押解回江西省城，听候转解军门定夺，毋得违误及疏虞未便。先将起程日期申报查考。

其十五案仰江西布按二司预备官军粮草

准钦差整理兵马粮草等项兵部左侍郎兼都察院左佥都御史王咨，为委官分理庶务事云云。拟合就行。为此仰布按二司，即将前项官军经过住札府州县地方合用粮料草束及廪给拽船人夫，作急坐委本司佐贰能干官员并行该道巡逻等官，分投前去整理，务要齐备，听候至日应用。如有不敷，亦就上紧设法，多方处置，毋致临期有误未便。

其十七咨整理兵马兵部侍郎王接济官军粮草

据江西按察司呈云云。查照先准户部咨内开题准将正德十三年兑运粮米俱准停留，如或用兵日久，本处军饷供亿不敷，前项粮米亦准动支应用外。为照豆料草束非江西地方所产，每年止籍湖、浙客商贩卖。近因宁府变乱，商贾不通，虽经节行布按二司设法给银，差人分买，尚果缺乏。今圣驾将临，军马众多，远近人心惶惶，事益难处。合行移咨贵职，烦为悯念残破之地疮痍重叠，势难复支。请即转行湖、浙等省，差能干官员上紧收买豆料草束，雇船装运江西省城，听候接济。待事毕之日，或设法追银解补，或准作正支销。如此则人心稍定，地方免召意外之虞。军饷有咨，军马得济，临期不乏。

其十八牌行江西按察司查收随军粮赏　十月十五日

照得本院督解宁王宸濠并其党与已至浙江杭州地方。适遇钦差提督赞画机密军务御用监太监张奉命前来江西，体勘宸濠反逆等情。当准揭帖,随将各犯案仰浙江按察司备呈太监张,就仰原委官兵解回江西省城,听候转解军门审处外,所据原带各项赏功银牌花红彩段及粮饷等项,应合随军解回。为此除差原解县丞等官龙光等,仍将前项银牌粮饷等项解回江西按察司,照数查收贮库,待候逆犯转解起程之日,随军支用。牌仰本司官吏,即便查照施行。仍具收过数目缘由、印信结状及库收随牌申缴。

其十九牌差千户杨基追回起运官兵粮米　十月十七日

令差百户杨基前往南直隶地方同原委主簿于旺,即将原运官兵人等日用粮米装回江西省城河下,听候官兵起解人犯之日,仍发随军支给。仍仰南昌、新建二县差人公同看守。

其二十案行江西布政司查报各卫充运遇变钱粮　十月二十七日

准钦差提督漕运都察院右副都御史臧咨,据南京留守中卫运粮甲余徐禄等状告:蒙派江西南昌等县兑改正粮四千九百石零,于本年五月二十二日官军四十七员名到吴城水次,至六月十四日兑完,各县粮米俱遗下耗米并行粮未曾兑领,在彼守兑。至六月十六日,忽被王府承奉熊太监带领流贼千余齐拥上船,就将指挥绑缚截回江西去讫。有禄等奔命躲避,乞赐怜悯,转达抢掳情苦等因。又据百户何钰呈旗甲梁承宗等状告跟随指挥盛勋领兑南昌等县粮一万九百九十石零,至六月十四日,先将兑完粮米起运,止留下载船装米八百石零,差委百户田荣带领承宗等守兑行粮及轻赍银两。至十六日午时,亦同留守中卫粮船被贼掳去官银一百四十三两四钱四分,南昌县轻赍银九百三十六两五钱零,进贤县行粮一千八十三石,并官军田荣等六员名,俱被抢掳去讫。止有承宗与董胜上岸逃命,乞赐转达等因。续据湖广蕲州卫指挥王骥呈报,黄州、武昌二卫兑领粮米入船,被贼劫虏。武昌左卫指挥丁钺呈,本卫百户高镕下运军被贼抢掳二十八名。沔阳卫指挥张铭呈,本卫军船遇贼截虏。武昌卫指挥李璁呈,本卫军船旗甲俱被虏去。九江卫指挥陈勋呈,本卫千户王济兑完金溪等县船粮,被贼绑打劫虏等情,各呈到院,议照案候间。今照江西首恶被擒,地方宁靖,诚恐各该领运官军或乘机侵欺,或在家延住,合行查催。为此备咨贵院,烦请分委廉幹官员,前去江西吴城等水次,严督原兑有司粮里并江西等总兑粮官军人等,查勘船粮掳劫若干,抢去轻赍银两若干,虏去运军余丁若干,数内侵欺乘机盗去若干,其见在仓粮截留听用若干,催赶前进若干,中间原被抢虏粮银有无见在,应否给领起运,通烦查处明白,备由咨报。又准钦差提督漕运镇守淮安地方总兵官镇远侯顾手本,为查催运粮事云云。烦行江西司府州县等官查明回示。案查先该本院看得前项粮米交兑,正是宁王反逆之时,节审被虏运军报称,中间有官军兑运已毕,稍泊吴城、湖口等处者,亦有粮长装粮在水次交兑未全者,多被贼党执虏等情。查究间续准户部覆题开称:强贼往来,大肆侵劫。所据京储重务相应议处,合无移咨巡抚并漕运等衙门,将正德十三年兑军已行装运贼势不相及者,即便差人严督,儧运赴京交纳。未曾交兑者暂免,赴运不远者,差人赶回,俱留彼处,坚完城内另厫收贮,极力防守。如用兵日久,本处军饷不敷,亦准动支应用。如有因而乘机侵埋者,抚按衙门准自查究施行,事宁之日,造册奏缴。仍造青册送部查考等因。题奉钦依备咨前来,已经案仰江西布政司钦遵,即行掌印并原委司府管粮监兑等官,速将各该粮米逐一清查要见何处水次,在前交兑已经装运起程若干,相应严督儧运。其未曾交兑者,暂免起运,准留本处收贮防守,收留之时,查照漕运则例,加耗折收。但恐未经筛晒并湿润等项,不无折耗,难以放支。合照旧规,每石再加湿润米一斗三升。其被虏粮米,亦要查系何府县粮米,该何卫所官军交兑,务要的实明白。定限一月以里,类造手册,呈报本院,以凭奏报。仍刊给告示,晓谕运粮官军并管粮等官及粮里等,不许乘机通同侵盗埋没,捏作被贼劫虏,如违,许令各该地方呈首拿问。首告之人,重加给赏。受贿买和并知而不举,事发一体重治不恕。去后,未报。今准前因拟合就行为此仰抄按回司作急委官催督查报,仍一面径自备呈漕运衙门,本院查照施行。如再违延,先将首领官吏提问,掌印官别议不恕。

其三十四案仰南昌湖东湖西九江各道颁行十家牌式　四月十五日

照得本院初抚南、赣地方,看得盗贼充斥,风俗弊坏。因念御外之策,必以治内为先;安民之术,须以化俗为本。遍访民情,博询物议,爰立十家牌式,行令二府所属各县,不论在城在乡军民,每家各置一牌,备写门户籍贯及人丁多寡之数,有无寄住暂宿之人,揭于各门首,以凭官府查考。仍编十家为一牌,开列各户姓名,背写本院告谕,日轮一家,沿门晓谕,因而审察各家动静。但有面目生疏之人,踪迹可疑之事,及违条犯教不听劝谕者,即行报官究理。或有隐匿,十家连罪。行之未久,盗贼稍息,人颇称便。今本院缪膺重寄兼抚是方。看得南昌等十一府所属,其间民风土俗虽与南、赣间有不同,但近经宁王之变,加以师旅饥馑之灾,盗贼繁兴,狡伪潜匿,究观流弊,亦不相远。前项十家牌式,合就通行编置。为此仰抄案回道,即行该管各府州县,着落各掌印官,照依颁去牌式,沿村逐巷,挨次编排,务在一月之内了事。该道亦严加督察,期于着实施行,毋得虚应故事。仍令各将编置过人户名姓造册缴院,以凭查考。非独因事以别勤惰,且将旌罚以示劝惩。

其三十八牌行通判林宽选委义勇

牌仰通判林宽,即于九姓良善之中,挑选义勇武艺,及沿湖诸处起集习水壮健之人,身自督领。密取各贼邻族随同知因乡道,四路爪探。或蹑贼踪,或截要路,或归防县治。张疑设伏,声东击西。一应事机,俱听从宜施行。合用粮饷,已行按察司量行给发。有功人员,从重给赏。本官务要悉心委命,杀贼立功,以靖地方。毋得轻忽缩懦,复致疏虞,军法具存,决难再逭。

公移五　提督军务兼理巡抚批行事宜 共五十条

其三案行湖西道处置丰城水患 六月初九日

为处置地方水患事。查得先据分巡南昌道副使顾应祥呈:丰城县申称被水冲倒地名毛家垱等处,系干重务,欲行动支官钱修理缘由,备呈到院。看得前项决堤,若不及时修筑,秋水再泛,民害益深。该道所议悉中事宜,已经批仰即先行该县知县顾佖动支见在库银,坐委县丞沈廷用专理其事。一面督工分投修筑,一面备行本府知府吴嘉聪亲诣该县查照所议,督同顾佖再加询访计议,务在周悉停当,备由呈报施行。近该本院抚临该县,督同巡守该道副使顾应祥、参议周文光、知县等官顾佖等,看得前项决堤渐侵县治,委系紧急民害。但正当水冲,欲便筑塞,必须依仿水帘桅之法,用大船数十装载砖石沙土,阻遏水势,方可施工。已将水帘桅等法面与知县顾佖等备细指说,督令遵照施行间,随据袁州卫运粮指挥余恭呈，为儧运粮储事，开称本卫原额运粮浅船一百九十二只内，除见运及已卖完粮并漂流船只外，见在不堪装运浅船一十四只，实难修舱。乞要变卖价银，以备钉造船只，下年装运等因。据此，为照丰城县即令见要破损大船塞阻水势，所据前项船只，合行查处变卖，以济急务。为此一仰江西分巡湖西道抄案，仰抄案回道，着落当该官吏，照依案验内事理，即便会同巡守南昌道官，将袁州卫不堪装运浅船查明的有若干，就便督同该卫官旗人等，从公估计每只值价若干，差官押解，前去该县装载沙石，修筑决堤。就行该县见贮官库银两内照数动支，给与各船旗军，以为钉造船只之费。如此则筑堤者易于兴工，而卖船者速于得价，以为彼此两得其济。所卖船只不许多估亏损，及容奸人作弊侵克。旗甲已卖运船曾否告鸣官司，卖银完粮，惟复私自变卖银两及漂流船只有无所在官司文凭可据，亦就通行开查，具由回报，俱毋违错。抄案官吏具依准呈来。

　　一、仰江西分巡南昌道，除行分巡湖西道会将袁州卫不堪装运浅船查明云云。开查具由回报外，仰抄案回道，着落当该官吏，照依案验内事理，即会本道分守官查照督理，上紧完报施行，俱毋违错。抄案官吏具依准呈来。

　　一、仰南昌府丰城县，除行分巡湖西道会同守巡南昌该道官将袁州卫不堪装运浅船云云，及容作弊侵克外，仰抄案回县，着落当该官吏照依案验内事理，即行知县顾㳈，速差能干官员，带领人夫前来樟树地方，接驾前项浅船到县。照依该道估守价值，于官库银内支给，各船旗军收领，取具领状附卷。就便择日起众，催督委官县丞沈廷用遵照本院面授水帘桅等法，兴工修筑，务将前船衔结勾连，多用串关扇束缚坚牢，足障水势，以便施工。毋为摧荡，虚费财力。俱毋违错。抄案官吏具依准呈来。

其十牌行岭北道集兵操练 闰八月二十七日

先该本院行仰本道,将原调上下轮班操演机快,各留该县委官管束,遵照本院原定伍法,时常操习武艺,看守城池,毋容懈弛。若奉本院明文调取,便就依期速赴军门,听候去后。今照所辖地方盗贼不时窃发,所据原散兵快人等,应该通取赴教场操演。为此牌仰本道官吏,即将宁都等各县原定上下班次兵快,通令整备鲜明器械,取赴赣州教场,大阅武艺,考较勤惰。俱限九月十五日齐到。敢有迟违,治以军法。

其三十三案行南昌道选拣兵士 正月三十日

照得南昌等处盗贼不时窃发,欲行起调各处军兵剿捕。但春作方兴,兼且往来道路,未免惊扰。所据羊房校尉籍左卫军旗人等,先因从逆投首,遇蒙恩宥释放。近经本院奏请,免其罪戮迁徙,见在省城屯住。相应选用,令其立功报效。为此仰抄案回道,即将前项军旗校尉人等,尽数查点,挑选膂力强壮者,送赴军门,指授操演,以凭调遣,杀贼立功赎罪。其军民人等中间,若有膂力胆略出众,愿从杀贼报效者,亦听拣选听用,毋得违错不便。

其四十牌行江西临江府赈恤水灾 正月初七日

据临江府新喻县申称,今年自春入夏,淫雨连绵。田地冲成江河,沙石积成丘陵。即今四野一空,秋成绝望,要将本县在仓稻谷赈济缘由。为照临江一府被水,县分恐亦非止新喻,合就通行。为此牌仰本府官吏,即便分委佐贰等官,及行所被水各县掌印佐贰等官,将在仓稻谷用船装载,或募人夫挑担,亲至乡村踏勘水灾。验果贫难下户,就便量给升斗,暂救目前之急。就各申严十家牌谕,通加抚慰开导，令各相安相恤。各官务要视民如子，务施实惠，不得虚文搪塞，徒费钱粮，无救民患。若其间事势可缓，或行或止，径自因时斟酌施行，不必拘定一议。

其四十二案行岭北道停革龟角尾抽分　五月二十日

照得先因南、赣等处盗贼生发，调兵征剿，而粮饷缺乏。随该本院奏奉钦依于龟角尾抽分厂，将东西二关往来客货，照例抽税，以助军饷续。准户部咨称，地方事宁，商税相应停止。已行岭北道遵照禁止讫。正德十四年六月内，为因江西反叛，本院驻兵吉安，通行各府州县调兵征剿，费用钱粮浩大。当即遵照钦奉敕谕一应军马钱粮事宜，俱听便宜区画事理，案行赣州府照旧委官抽分，以助军饷。今照反逆已平，盗贼亦颇停息。所据抽税，合且查革。若日后果有紧急军情，再行议处。为此仰抄案回道，即将龟角尾抽分自本年六月初五日为止，就行查革。仍出告示，晓谕客商人等知悉。其南安折梅亭抽分，系先年奏准事例，该府仍旧抽税，以助军饷。毋容侵克，务禁下人，不许骚扰客商。仍将赣州府自奉本院明文抽分起，并以前在库商税银两，通行查明。已用若干，见在若干，就拘银匠辨验成色，责令吏库人等秤封收贮，非奉本院明文，分文不许擅支。敢有故违，定行拿究，决不轻贷。

其四十六奉敕赴京案照　六月十六日

照得当职于正德十六年六月十六日奉敕行取赴京，即日起行。所有抚属大小衙门呈申一应公文，合行处置。为此仰抄案回司，凡遇所属府卫申呈及两京部院咨行公文，或差人领赍到来，即便收，候新任巡抚至日，类送查照。其福建、广东、湖广各官呈申，俱仰赍至赣州岭北道投下,亦候新任提督开送定夺。各给收照,付原差回销,俱毋违错。

其四十七案照江西都布按三司并南昌府　六月十八日

照得当职云云,启行。仰抄案回司府,即将本院未完事件及暂发监问人犯果有重大事情,就呈巡按衙门区处。若事情轻小,径自查审发落,毋令久禁人难。仍候提督巡抚至日,通行呈报查考。

其四十八牌行南昌府防守钱粮文卷　六月十九日

照得当职近奉敕旨行取赴京,所有本院衙门见有军机钱粮各项勘合词讼等项文卷,为因居住未定,陆续盘检乱杂,向未清理,即今暂收大厅左厢房内,及合用什物,亦收衙内。必须拨人防守,庶免疏失。为此牌仰本府官吏,即行南、新二县,各差地方总小甲或均徭皂隶数名,昼夜看守。仍差官不时巡察防范,及将应闭门户,亦即封锁停当。每日取各巡察官员并地方人等,不致违误疏失,结状在官,听候新任巡抚到日,查考施行。

公移六　总督两广平定思田始末　共八十七条

其二牌行江西都司操阅军马

照得本爵奉敕总制四省军务,征剿叛贼。所据各属军马钱粮,相应查处调发。为此牌仰本司官吏即行掌印官,督同领操官,将见在军门通行整搠齐备,听候本爵亲临视阅,以凭临时调发。军官人等敢有杂乱喧哗、违犯军令者,遵照敕谕事理,治以军法,决不轻贷。仍行镇巡衙门,至日俱赴教场,听候本爵督同阅视施行。

其三牌行江西布政司备办粮赏

照得云云。为此牌仰本司官吏,即查在库钱粮计有若干,务要尽数开报,以凭查支应用。仍先动支银两买办花红银牌等项,听候犒赏。至日供事大小员役,敢有杂乱喧哗、违犯节制者,遵照敕谕事理,治以军法,决不轻贷。

其四牌行江西按察司监视行罚　十月十二日

照得云云。为此牌仰本司官吏,即查在库钱粮计有若干,务要尽数开报,以凭查支应用。本司将带刑具监视行罚。至日供事员役,敢有杂乱喧哗、违犯节制者,遵照敕谕事理,治以军法,决不轻贷。

其七批吉安勤王有功张�等词　十一月初五日

据千百户丁纪、张�、陈炼、蒋溥等告称,自奉查功以来,俸粮未支。看得各官原在军门效力,勤王有功无罪。止因谗嫉,致令亏枉。仰该所即行遵奉诏书事理,各行支俸管事。词缴。

其十一案仰广东岭东岭南岭西海南海北及广西桂林苍梧左江右江等道行十家牌法　十一月二十一日

照得本院往年巡抚南、赣地方,看得盗贼充斥,风俗弊坏。因念御外之策,必以治内为先;安民之术,须以化俗为本。遍访民情,博询物议。爰立十家牌式,行令二府所属各县。不论在城在乡军民,每家各置一牌,备写门户籍贯及人丁多寡之数,有无寄住暂宿之人,揭于各家门首,以凭官府查考。仍编十家为一牌,开列各户姓名,皆写本院告谕。日轮一家,沿门晓谕,因而审察各家动静。但有面目生疏之人,踪迹可疑之事,及违犯教条不听劝谕者,即行报官究理。或有隐匿,十家连罪。行之未久,盗贼稍息,人颇称便。今本院缪膺重寄,兼抚两省。看得所属地方,其间民风土俗亦与南、赣相去不远,前项十家牌式,合就通行编置。为此仰抄案回道,即行该管各府州县着落各掌印官,照依颁去牌式,沿途逐巷,挨次编排,务在一月之内了事。该道亦要严加省察,期于着实施行,毋得虚应故事。仍令各将编置过人户姓名造册缴报,以凭查考。非独因事以别勤惰,且将旌罚以示劝惩。

一、仰广东南雄、广州、潮州、韶州、肇庆、雷州、廉州、惠州、浔州、平乐、琼州、高州十(二)府,广西梧州、桂林、柳州、南宁、庆远、太平(八)〔六〕府官照。

一、仰广西布按二司同。

其十三批岭西道税法呈　十一月二十四日

据佥事李香呈,看得立税征商,本非善政。从权济急,似可暂行。仰该道仍行各该地方,务须历访居民之意,备询行旅之情。若果于事无扰,于商有便,可照议施行。不然,则毋以一时之获,遂贻一方之怨,慎之慎之。

其十六批海南道策谋巢贼　十二月初二日

据副使范嵩呈,贼首王那整等,督令指挥徐爵密运谋策,计诱擒挐缘由。看得设守备以防奸,出奇谋以擒贼,固在经营有素,尤贵委任得人。依拟施行,务求实效。缴。

其十八批广州府起盖漏泽园申　十二月初九日

据广州府申称,起盖东门、北门二处漏泽园缘由。看得掩骸埋骶，仁政之一况。近奉恩诏，正宜举行。仰府照议动支银两。委官修理，事完缴报。

其二十牌差千户梅元辅省谕田州思恩 十二月十七日

今差千户梅元辅、舍人王义、百户邓瓒、舍人赵楠赍捧令旗令牌，并赍军门牌谕一封，前往田州、思恩地方，交付与土目卢苏、王受等，省令开读，与部下各兵夫知会。仰各官舍一到地方交付牌谕讫，当时即回，毋得在彼迟留，生事扰人。如违刻限，定依军法斩首，决不轻贷。仍仰所过有司驿递，即时应付马匹夫船口粮，星夜前去，毋致迟误，自取军法重究。

其二十三批湖州府预备军饷 十二月二十六日

据梧州府申，看得军士方殷而钱粮匮竭若此，诚为可虑。仰广东布政司即于库贮军饷银内，动支五万委官先解梧州府秤收贮库，以备军前支给。及照各军粮米每月不下数千，而梧州见在仓粮已称不满一万。仍仰该司备将各处收贮粮米尽数查出，陆续运送军门，以济目前之急。俱毋迟误，开数查考。缴。

其二十六牌行南康府收买回军马匹 嘉靖七年正月初二日

照得军门缺欠马匹，答应不敷。访得放回各处官舍头目人等，各将马匹货卖，经旬不售。相应收买，似于官民两便。为此牌仰本府，即便动支军饷银两，将见卖马匹尽行收买，非但接济回兵之缺乏，亦可少苏里甲之困苦。承委人员务要两平估买，毋致偏亏。仍将用过银两，买过马匹数目，开报查考。

其二十七牌行南宁府收买回军刀枪　正月初二日

照得军门随征官舍人等，防护器械，俱各缺乏。访得放回各处土舍头目人等，俱乏盘费，各有刀枪在市货卖，相应收买。为此牌仰本府官吏，即便动支军饷银两，将出卖刀枪尽行平价收买。及查该府见收在库器械，拣选锋利堪用者，解赴军门，以凭给发应用，毋得违误。

其三十一批桂林道称获贼首呈　正月二十一日

据参政龙诰呈获称贼首莫银等缘由。看得各官不费兵粮，计擒首恶，足见用心之勤，机事之密。除候事完具奏外，仰行布政司先支在库无碍官银，将各官每员具礼币羊酒银十两，行仰桂林府教官率领合属师生人等，送付各官收领，用见本院奖劳之意。其亦领牌领银，设法获功人役，悉准查照原许银数，通行给赏，毋靳小费，致失大信。开数缴报查考。

其三十二批放回富州广南屯兵呈　正月二十一日

据知府杨美瑛、云南右指挥同知苏昂呈调到土舍目兵缘由。看得所呈，足见该府卫勤劳王事、夹辅共济之义。其土舍头目人等，悉能奉命趋事，亦有可嘉。但思恩、田州地方渐就平复，两广狼达土汉官兵俱已放归复业，而富州、广南远在异省，各兵乃尚屯守不懈，其为劳苦尤为可念。况今春气萌动，东作方兴。公文至日，仰该府卫官即将各兵通行放回，及时耕种，毋废农作。地远事隔，各兵不能略加犒赏，以少慰其勤劳。该府卫官仍各谕以本院惓惓之意，批呈缴来。

其三十三牌行通判陈志敬约束归顺目民　正月二十四日

据武缘等处禀报，卢苏、王受等带领手下目民人等，出赴军门投抚。今已见在应墟等处住札，惟恐手下目民人等万一或有骚扰乡村，反致贻累苏、受。为此牌仰南宁府通判陈志敬，前去省谕卢苏、王受等，务要严束下人，经过地方，毋得侵犯人家一草一木。上紧星夜前赴军门，面听约束。毋得在途迟疑，惊动远近，自取罪悔。仍仰禁缉所过各乡村居民人等，亦毋得记恶，因而有所侵侮。别生事端，定以军法重治。

其三十五案行广西布政林富安插归顺目民　二月二十五日

先该礼部右侍郎方奏，节奉圣旨田州应否设都御史在彼云云。除具题外，为此案仰本官公同副总兵张佑，将前项复业各土目人等不时往来于思、田二府，加意抚恤省谕，令各及时修复生理。仍将该府城池廨宇等项，通行查估。堪修缉者即便修缉，应改移者即便改移，须创建者即便创建。合用木石砖瓦钉灰等项，各速买办措备。一面择日兴工，趁时修理，务在坚固经久。委用官员选择呈取人夫，照前催调打手人等应役，不必干预目民。仍要严禁下人，不许骚扰贻患。本官合用廪给及打手工匠人等口粮工食，俱于南宁府军饷粮米内支应，其余事情，俟命下之日施行。仍将土目人等复业日期缘由，并各夷情土俗，本爵料理不及、区画未尽应须呈禀者，俱仰密切呈报，毋得违错。

案行副总兵张佑同。俱二月二十五日

其三十六牌委化州知州安插归顺目民

照得思、田二府土目卢苏、王受等，率众数万俱赴军门，自缚投降。就经省发，各归复业。本院见临该府，看得城池廨宇等项，俱该修复，必须选委精力才干官员专理，庶克济事。看得广东高州府化州知州林宽识见通敏,心计周密,且精力强健,旧任江西南康通判,曾经军门委用,著有成效,合就行取。为此牌仰本州官吏,即行知州林宽,将该州印信暂行佐贰官掌管,选带跟随人役,不分星夜,兼程前赴军门,以凭委用施行。

其三十七牌委该道沿途督发湖广回兵

照得先因田州等处变乱,该前军门奏调湖广永顺、保靖二宣慰司官舍目兵,前来征剿。即今各夷自缚归降,地方悉已平复。况春气萌动,东作方兴,应合放回休息,及时耕种。但兵众在途,约束不严,未免骚扰。应合行委各道分巡官接程,督押出境。为此除委参政龙诰督至湖广交界地方,发遣各兵出境外,牌仰本官即便公同湖广统兵官,统督永、保二司宣慰官舍管领所部目兵,回还休息农种,在途各要严加钤束。各兵经过城市乡村,遵守朝廷法度、军门号令,不许纤毫骚扰人民。敢有违法,指实呈禀,以凭从重参奏处治。本官督至梧州,交与分巡苍梧道佥事李傑,督至广西省城,交与分巡桂林道佥事申惠,一体督至全州,发遣各兵出境,径就回还,各具回报先行各官,查照施行,俱毋违错。仍行巡按御史知会。

其三十八牌行南宁府犒赏湖广回兵

照得先因征调湖广永、保二司土官目兵,坐委佥事汪溱、都指挥谢佩统领,听调剿杀。今各夷自缚投顺,地方安妥,各官即目督兵回还。间关山海,王事勤劳,应合慰劳。其跟随人役,亦合一体犒赏。为此牌仰南宁府官吏,照依此处查计开数,于军饷银内支出,分送各官,少慰勤劳,及给与跟随人员收领,以充犒赏。

其四十批岭南道估修三水县城池呈　三月初八

据参政胡琏等呈勘估修理三水县城池缘由。看得本官综理精密，稽功省费。但其三次倾塌，皆由风雨，事出不测，至其修筑不坚之罪，亦居然难掩。该县既申称，各匠债负贫苦，姑准量增工食，每丈二钱。谕令从此加意坚筑，若再有倾塌，仍将所增工食追出还官。监工官不行用心督理，一体究治。批至，通将各匠决责二十，以警其怠。备行该县，查照施行。

其四十二批广东兵备议处新宁贼峒呈　三月十八日

据副使徐度呈：广海卫并新宁县矬峒都民彭道立等连名告，合无请乞调发狼兵数千，遣官督押前来，及行布政司暂发银三四千两应用。看得各处贼情，多因招抚稍定，即便弃置，不复乘时计处。俟其势熸复炽，却乃议抚议剿，急迫无措。此当今之通患也。仰该兵备官，即便会同该道守巡官，上紧再行议处。应抚应剿，火速施行。一面呈夺合用钱粮，亦准行布政司照数支取，开数查考。缴。

其四十四批岭西道呈　三月十九日

据佥事李香呈：各僮既有愿效之诚，宜如所议，将各僮量行犒赏，密加抚谕存恤，以连属其志。虽目今未即调用，而异时终有可资。该道所辖稔恶傜村，本院原有剿除之意。近该道呈申，各傜皆已分给告示欲出投抚。若复掩其不备，辄行剿扑，则亏失信义，后难行事。惟杀害李松一巢，自知罪大，不肯出投，亦不过五六千人。况住近沿江，若乘水涨之月相机袭捕，似亦非难。不必兴师动众，震惊远迩。该道且宜密切图之，别有机宜，密行呈禀。

其四十五批广西布政司呈 七年三月二十一日

据广西布政司呈：库内止有盐利折粮银各五千两，设若地方有警，将何支给。乞俯念边方支费浩大，将前项盐利银两，除湖兵支用外，其嘉靖四年起至六年止未发银四万八千八百余两，酌量于梧州府库支发，以备不足。看得岁额粮米，虽有停征之日，尚有可征之时。发补盐利，既为接济岁用不足，自听该司通融支费。况当军门连年兵耗之后，梧州库藏所余不满五万之数。今各道守巡兵备等官军饷缺乏，请给无时，费出不赀，尤难逆计。该司所呈银两，非但既往者已莫补支，虽于见在者尚难措给。如前所呈科举等费，自有额办，皆已准于南宁、梧州府库照数动支。今再准行梧州府盐利银内动支一万一千两，通将连年请给过银两开数缴报，以凭查考缴。

其四十七仰田州龙寄等各目分管各甲 初

照得思恩、田州二府各设流官知府，治以土俗。其二府原旧甲分城头，除割田州八甲分立土官知府，以存岑氏之后，其余悉照旧规，不必开图立里，但与酌量分析，各立土目之素为众所信服者以为土官巡检，属之流官知府，听其各以土俗自治，照旧办纳兵粮，效有勤劳，递加升授。其袭授调发，必皆经由于知府，其官职土地，皆得各传其子孙。除具题外，为照各甲城头既已分析，若不先令各目暂行分管，诚恐事无统纪，别生弊端。为此牌仰田州府土目龙寄等，遵照后开甲分每岁应该纳办官粮，查照开数，依期完纳出办，一应供役征调等项事情，悉听知府调度约束，本目仍要守法奉公，正己律下，爱养小民，保安境土。毋得放纵恣肆，逾分干纪，自取罪累，后悔无及。候奏请命下，仰各钦遵施行。

计开：

凌时甲

　　每年纳夏税秋粮米八十八石八斗七升七合

　　每调出兵三百八十四名

　　每年表笺用银三钱二分

　　须知册一本赴广西用银一钱一分

　　须知册二本赴京用银八钱八分

　　每年纳官猪等例银一十三两

　　每年纳官禾四十担重一百斤

　　每年供皂隶禾七担

完冠岇陶甲

　　每年纳夏税秋粮米六十九石一斗八升四合三勺

　　每调出兵三百三十八名

　　每年表笺用银二钱七分八厘

　　三年大贡用银八两四钱二分

　　须知册一本赴广西用银九分三厘

　　须知册二本赴京用银七钱五分五厘

　　每年纳官猪等例银一十四两三钱

　　每年纳官禾七十五担

　　每年供皂隶禾七担

腮水源坤宦位甲

　　每年纳夏税秋粮米六十九石一斗八升四合三抄

　　每调出兵三百四十名

　　每年表笺用银二钱七分五厘

　　三年大贡用银八两四钱二分

　　须知册一本赴广西用银九分三厘

　　须知册二本赴京用银七钱六分

　　每年纳官猪等例银一十四两三钱

　　每年纳官禾七十五担

　　每年纳供皂隶禾七担

岜答甲

　　每年纳夏税秋粮米四十九石四斗四升二合二抄

　　每年调出兵三百七十一名

　　每年表笺用银二钱

　　三年大贡用银六两零一分二厘五毫

　　须知册一本赴广西用银六分六厘二毫五丝

　　须知册二本赴京用银五钱三分二厘五毫

　　每年纳官猪等例银五两二钱

　　每年纳官禾三十担

　　每年纳供皂隶禾七担

廉州田子半甲

　　每年纳夏税秋粮米四十八石八斗八升三合九勺六抄

　　每调出兵一百七十八名

　　每年表笺用银二钱一分

　　三年大贡用银五两九钱五分

　　须知册一本赴广西用银七分

　　须知册二本赴京用银五钱六分

　　每年纳官猪等例银七两一钱五分

　　每年纳官禾三十五担

　　每年纳供皂隶禾三担半

　　　右仰凌时巡检司署土巡检事土目龙寄准此。

砦马甲

　　每年纳夏税秋粮米七十九石四斗一升二合八勺一抄

　　每调出兵四百四十八名

　　每年表笺用银三钱二分二厘

　　三年大贡用银九两六钱七分

　　须知册一本赴广西用银一钱零七厘

　　须知册二本赴京用银八钱五分

　　每年纳官猪等例银一十五两

　　每年纳官禾五十担

　　每年纳供皂隶禾七担

略甲

　　每年纳夏税秋粮米六千二石八斗九升五合

　　每调出兵三百名

　　每年表笺用银二钱五分六厘

　　三年大贡用银七两六钱六分

　　须知册一本赴广西用银八分四厘

　　须知册二本赴京用银六钱九分

　　每年纳官储等例一十三两

　　每年纳官禾五十担

　　每年纳供皂隶禾七担

温乞甲

　　每年纳夏税秋粮米八十八石八斗七升七合

　　每调出兵三百三十一名

　　每年表笺用银三钱三分

　　三年大贡用银一十两八钱二分

　　须知册一本赴广西用银一钱一分

　　须知册二本赴京用银八钱八分

　　每年纳官猪等例一十三两

　　每年纳官禾六十担

　　每年纳供皂隶禾七担

　　　右仰砦马巡检司署土巡检事土目庐苏准此

大田了甲

　　每年纳夏税秋粮米二百六十四石八斗一升五合

　　每调出兵九百一十名

　　每年表笺用银一两零九分

　　三年大贡用银三十六两一钱

　　须知册一本赴广西用银三钱六分

　　须知册二本赴京用银二两九钱

　　每年纳官猪等例银一十五两六钱

　　每年纳官禾八十担

　　每年纳供皂隶禾七担

那带甲

　　每年纳夏税秋粮米九十七石七斗六升二合七勺

　　每调出兵三百六十一名

　　每年表笺用银四钱二分

　　三年大贡用银一十两九钱

　　须知册一本赴广西用银一钱四分

　　须知册二本赴京用银一两一钱二分

　　每年纳官猪等例银一十四两三钱

　　每年纳官禾五十担

每年纳供皂隶禾七担

锦养甲

每年纳夏税秋粮米四十四石零一升五合

每调出兵一百六十九名

每年表笺用银一钱七分九厘

三年大贡用银五两三钱六分

须知册一本赴广西用银五分九厘

须知册二本赴京用银四钱九分

每年纳官猪等例银九两一钱

每年纳官禾七十五担

每年纳供皂隶禾七担

　　右仰大田巡检司署土巡检事土目黄富准此。

累彩田子轩忧甲

每年夏税秋粮米五十三石八斗七升五合五勺

每调出兵二百四十一名

每年表笺用银六两六钱

须知册一本赴广西用银七分五厘

须知册二本赴京用银五钱八分

每年纳官猪等例银一十一两七钱

每年纳官禾五十担

每年纳供皂隶禾七担

笃忻下甲

每年纳夏税秋粮米四十七石八斗八升九合四勺

每调出兵一百九十九名

每年表笺用银一钱九分

三年大贡用银五两八钱五分

须知册一本赴广西用银六分四厘

须知册二本赴京用银五钱二分

每年纳官猪等例银一十两四钱

每年纳官禾五十担

每年纳供皂隶禾七担

　　右仰累彩巡检司署土巡检事土目卢龙准此。

武龙烟负甲

每年纳夏税秋粮米五十九石八斗六升一合五勺

每调出兵三百六十四名

每年表笺用银二钱五分

三年大贡用银七两三钱五分

须知册一本赴广西用银八分五厘

须知册二本赴京用银六钱五分

每年纳官猪等例银一十三两

每年纳官禾五十担

每年纳供皂隶禾七担

里定甲

每年纳夏税秋粮米四十七石八斗八升九合四勺

每调出兵二百五十五名

每年表笺用银一钱九分

三年大贡用银五两八钱五分

须知册一本赴广西用银六分四厘

须知册二本赴京用银五钱二分

每年纳官猪等例银一十两四钱

每年纳官禾七十五担

每年纳供皂隶禾七担

右仰武龙巡检司署土巡检事土目黄笋准此。

万洞甲

每年纳夏税秋粮米六十三石二斗五升

每调出兵三百五十一名

每年表笺用银二钱六分九厘六毫二丝五忽

三年大贡用银七两七钱零二厘

须知册一本赴广西用银八分六厘二毫五丝

须知册二本赴京用银六钱八分二厘五毫

每年纳官猪等例银一十四两

每年纳官禾四十担

每年纳供皂隶禾七担

永宁甲

每年纳夏税秋粮米四十九石四斗四升二合二抄

每调出兵二百七十七名

每年表笺用银二钱

三年大贡用银六两零一分二厘五毫

须知册一本赴广西用银六分六厘二毫五丝

须知册二本赴京用银五钱三分二厘五毫

每年纳官猪等例银五两二钱

每年纳官禾三十担

每年纳供皂隶禾七担

右仰万洞巡检司署土巡检事土目陆豹准此。

阳院右邓甲

每年纳夏税秋粮米六十三石二斗五升

每调出兵四百一十九名

每年表笺用银二钱六分九厘六毫二丝五忽

三年大贡用银七两七钱零二厘

须知册一本赴广西用银八分六厘二毫五丝

须知册二本赴京用银六钱八分二厘五毫

每年纳官猪等例银一十四两

每年纳官禾四十担

每年纳供皂隶禾七担

葛罗彼甲

每年纳夏税秋粮米四十九石四斗四升二合二抄

每调出兵二百六十六名

每年表笺用银二钱

三年大贡用银六两零一分二厘五毫

须知册一本赴广西用银六分六厘二毫五丝

须知册二本赴京用银五钱三分二厘五毫

每年纳官猪等例银五两二钱

每年纳官禾三十担

每年纳供皂隶禾七担

右仰阳院巡检司署土巡检事土目林盛准此。

思郎那召甲

每年纳夏税秋粮米一百七十六石五斗四升二合

每年调出兵三百八十二名

每年表笺用银七钱二分

三年大贡用银二十一两二钱二分

须知册一本赴广西用银二钱四分

须知册二本赴京用银一两九钱二分

每年纳官猪等例银一十两四钱

每年纳官禾八十担

每年纳供皂隶禾七担

舍小田子憧甲

每年纳夏税秋粮米一百一十石三斗三升七合五勺

每调出兵三百二十二名

每年表笺用银四钱四分

三年大贡用银一十二两八钱

须知册一本赴广西用银一钱五分

须知册二本赴京用银一两一钱八分

每年纳官猪等例银六两伍钱

每年纳官禾二十四担

每年纳供皂隶禾七担

　　右仰思郎巡检司署土巡检事土目胡喜准此。

怕何甲

每年纳夏税秋粮米九十七石七斗六升二合七勺

每调出兵三百二十六名

每年表笺用银四钱二分

三年大贡用银一十一两九钱

须知册一本赴广西用银一钱四分

须知册二本赴京用银一两一钱二分

每年纳官猪等例银一十四两三钱

每年纳官禾五十担

　　每年纳供皂隶禾七担

　速甲

　　每年纳夏税秋粮米八十八石九斗七升七合

　　每调出兵三百二十三名

　　每年表笺用银三钱三分

　　三年大贡用银一十两八钱二分

　　须知册一本赴广西用银一钱一分

　　须知册二本赴京用银八钱八分

　　每年纳官猪等例银一十三两

　　每年纳官禾五十担

　　每年纳供皂隶禾七担

　　　右仰怕何巡检司署土巡检事土目罗玉准此。

　拱甲

　　每年纳夏税秋粮米四十九石四斗四升二合二抄

　　每调出兵三百二十六名

　　每年表笺用银二钱

　　三年大贡用银六两零一分二厘五毫

　　须知册一本赴广西用银六分六厘二毫五丝

　　须知册二本赴京用银五钱三分二厘五毫

　　每年纳官猪等例银五两二钱

　　每年纳官禾五十担

　　每年纳供皂隶禾七担

　白石甲

　　每年纳夏税秋粮米四十九石四斗四升二合二抄

　　每调出兵三百二十六名

每年表笺用银二钱

三年大贡用银六两零一分二厘五毫

须知册一本赴广西用银六分六厘二毫五丝

须知册二本赴京用银五钱三分三厘五毫

每年纳官猪等例银五两二钱

每年纳官禾三十担

每年纳供皂隶禾七担

　右仰拱甲巡检司署土巡检事土目邢相准此。

县甲

每年纳夏税秋粮米三十一石四斗四升七合五勺

每调出兵二百二十一名

每年表笺用银一钱二分八厘

三年大贡用银三两八钱三分

须知册一本赴广西用银四分二厘

须知册二本赴京用银三钱四分五厘

每年纳官猪等例银六两五钱

每年纳官禾无

每年纳供皂隶禾七担

环甫蛙可甲

每年纳夏税秋粮米五十六石六斗一升一合

每调出兵二百九十五名

每年表笺用银二钱七分八厘

三年大贡用银六两八钱九分

须知册一本赴广西用银七分五厘

须知册二本赴京用银六钱二分

每年纳官猪等例银一十一两七钱

每年纳官禾六十担

每年纳供皂隶禾七担

　右仰县甲巡检司署土巡检事土目罗宽准此。

篆甲

每年纳夏税秋粮米九十七石七斗六升二合七勺

每调出兵三百五十六名

每年表笺用银四钱二分

三年大贡用银一十一两九钱

须知册一本赴广西用银一钱四分

须知册二本赴京用银一两一钱二分

每年纳官猪等例银一十四两三钱

每年纳官禾四十担

每年纳供皂隶禾七担

炼甲

每年纳夏税秋粮米七十一石零九升五合

每调出兵三百一十九名

每年表笺用银三钱

三年大贡用银八两六钱五分

须知册一本赴广西用银一钱

须知册二本赴京用银八钱

每年纳官猪等例银一十四两四钱

每年纳官禾四十担

每年纳供皂隶禾七担

　右仰篆甲巡检司署土巡检事土目黄莱准此。

思幼东平夫捧甲

每年纳夏税秋粮米六十三石二斗五升

每调出兵二百九十八名

每年表笺用银二钱六分九厘六毫二丝五忽

三年大贡用银七两七钱零二厘

须知册一本赴广西用银八分六厘二毫五忽

须知册二本赴京用银六钱八分二厘五毫

每年纳官猪等例银一十四两

每年纳官禾五十担

每年纳供皂隶禾七担

潒喃甲

每年纳夏税秋粮米六十二石二斗四升九合

每调出兵二百四十七名

每年表笺用银二钱六分

三年大贡用银七两五钱七分

须知册一本赴广西用银八分

须知册二本赴京用银六钱四分

每年纳官猪等例银九两一钱

每年纳供皂隶禾七担

右仰思幼巡检司署土巡检事土目杨赵准此。

床甲

每年纳夏税秋粮米四十九石四斗四升二合二抄

每调出兵二百九十一名

每年表笺用银二钱

三年大贡用银六两零一分二厘五毫

须知册一本赴广西用银六分六厘二毫五丝

须知册二本赴京用银五钱三分二厘五毫

每年纳官猪等例银五两二钱

每年纳官禾三十担

每年纳供皂隶禾七担

砦例甲

每年纳夏税秋粮米四十九石四斗四升二合二抄

每调出兵二百七十八名

每年表笺用银二钱

三年大贡用银六两零一分二厘五毫

须知册一本赴广西用银六分六厘二毫五丝

须知册二本赴京用银五钱三分二厘五毫

每年纳官猪等例银五两二钱

每年纳官禾三十担

每年纳供皂隶禾七担

右仰床甲巡检司署土巡检事土目卢保准此。

娄凤甲

每年夏税秋粮米二百二十石六斗八升

每调出兵五百八十三名

每年表笺用银九钱一分

三年大贡用银二十六两六钱

须知册一本赴广西用银三钱

须知册二本赴京用银二两四钱

每年纳官猪等例银一十三两

每年纳官禾六十担

每年纳供皂隶禾七担

工尧降甲

每年纳夏税秋粮米八十八石二斗七升一勺八抄

每调出兵三百零五名

每年表笺用银三钱五分

三年大贡用银一十两零五分

须知册一本赴广西用银一钱二分

须知册二本赴京用银九钱四分

每年纳官猪等例银五两二钱

每年纳官禾二十八担

每年纳供皂隶禾七担

右仰婪凤巡检司署土巡检事土目黄陈准此。

下隆甲

每年纳夏税秋粮米七十五石四斗七升一合

每调出兵三百三十名

每年表笺用银三钱零七厘

三年大贡用银九两一钱九分

须知册一本赴广西用银一钱

须知册二本赴京用银八钱二分五厘

每年纳官猪等例银一十五两六钱

每年纳官禾一百担

每年纳供皂隶禾七担

甲周弼柳哥田子甲

每年纳夏税秋粮米六十二石八斗九升五合

每调出兵三百四十二名

每年表笺用银二钱五分六厘

三年大贡用银七两六钱六分

须知册一本赴广西用银八分四厘

须知册二本赴京用银六钱九分

每年纳官猪等例银一十三两

每年纳官禾一百担

每年纳供皂隶禾七担

　　右仰下隆巡检司署土巡检事土目黄对准此。

砦桑甲

每年纳夏税秋粮米八十八石二斗七升二勺

每调出兵三百零五名

每年表笺用银三钱五分

三年大贡用银一十两零五分

须知册一本赴广西用银一钱二分

须知册二本赴京用银九钱四分

每年纳官猪等例银五两二钱

每年纳官禾四十担

每年纳供皂隶禾七担

义宁江那半甲

每年纳夏税秋粮米四十四石一斗三升五合一勺

每调出兵一百五十二名半

每年表笺用银一钱七分五厘

三年大贡用银五两零五分五厘

须知册一本赴广西用银六分

须知册二本赴京用银四钱七分

每年纳官猪等例银二两六钱

每年纳官禾二十担

每年纳供皂隶禾三担半

　右仰砦桑巡检司署土巡检事土目戴德准此。

侯周怕丰甲

每年纳夏税秋粮米六十三石二斗五升

每调出兵二百七十九名

每年表笺用银二钱六分九厘六毫二丝五忽

三年大贡用银七两七钱零二厘

须知册一本赴广西用银八分六厘二毫五丝

须知册二本赴京用银六钱八分二厘五毫

每年纳官猪等例银一十四两

每年纳官禾五十担

每年纳供皂隶禾七担

　右仰侯周巡检司署土巡检事土目戴庆准此。

其四十八牌行田州土目暂管岑氏八甲

　为照田州八甲兵粮,议立岑氏之后,未奉明旨。必须选委土目,暂行管理,庶不有误办纳。为此牌仰土目黄宝、罗愿将后开八甲兵粮等项暂行管理,依期完纳。一应事情,悉听本府流官知府调度。候岑氏子孙授职之日,照旧交还,听其自行理办。仍赴本府交纳,悉听知府节制。其八甲旧朔勒砦英横懒归仁一甲亦就拨与本目,永远食用,照数办纳兵粮。本目务要守法奉公,不许逾分蹦等,别生弊端。但有变乱是非,违犯号令,就仰该府将拨与原食甲分革去,拿赴军门,治以军法,决不轻贷。

计开：

　拱田子戎剥荫半甲

　　每年纳夏税秋粮米一十三石二斗四升九合三勺

　　每调出兵四十六名

　　每年表笺用银五分

　　三年大贡用银一两四钱七分

　　须知册一本赴广西用银一分八厘

　　须知册二本赴京用银一钱四分

　甲周甲

　　每年纳夏税秋粮米六十三石二斗五升

　　每年调出兵二百五十四名

　　每年表笺用银二钱六分九厘六毫二丝五忽

　　三年大贡用银七两七钱零二厘

　　须知册一本赴广西用银八分六厘二毫五丝

　　须知册二本赴京用银六钱八分二厘五毫

　控沟画田子甲

　　每年纳夏税秋粮米六十三石二斗五升

　　每调出兵二百五十四名

　　每年表笺用银二钱六分九厘六毫二丝五忽

　　三年大贡用银七两七钱零二厘

　　须知册一本赴广西用银八分六厘二毫五丝

　　须知册二本赴京用银六钱八分二厘五毫

　罗博龙威甲

　　每年纳夏税秋粮米六十三石二斗五升

　　每调出兵二百五十四名

　　每年表笺用银二钱六分九厘六毫二丝五忽

　　三年大贡用银七两七钱零二厘

　　须知册一本赴广西用银八分六厘二毫五丝

　　须知册二本赴京用银六钱八分二厘五毫

凡耶共一甲

　　每年纳夏税秋粮米七十四石四斗七升一合

　　每调出兵二百九十名

　　每年表笺用银三钱零七厘

　　三年大贡用银九两一钱九分

　　须知册一本赴广西用银一钱

　　须知册二本赴京用银八钱二分五厘

洞里他双共一甲

　　每年纳夏税秋粮米六十三石二斗五升

　　每调出兵二百五十名

　　每年表笺用银二钱六分九厘六毫二丝五忽

　　三年大贡用银七两七钱零二厘

　　须知册一本赴广西用银八分六厘二毫五丝

　　须知册二本赴京用银六钱八分二厘五忽

水册槐并半甲

　　每年纳夏税秋粮米四十石

　　每调出兵一百五十六名

　　每年表笺用银一钱六分一厘

　　三年大贡用银四两八钱三分四厘

　　须知册一本赴广西用银五分三厘

　　须知册二本赴京用银四钱二分

怕牙那马甲

　　每年纳夏税秋粮米一百一十石三斗三升七合五勺

　　每调出兵一百八十二名

　　每年表笺用银四钱四分

　　三年大贡用银一十二两八钱

　　须知册一本赴广西用银一钱五分

　　须知册二本赴京用银一两一钱八分

　　每年纳官猪等例银六两五钱

　　每年纳官禾六十担

　　每年纳供皂隶禾七担

育半甲

　　每年纳夏税秋粮米四十四石一斗三升五合一勺

　　每调出兵九十二名半

　　每年表笺用银一钱七分五厘

　　三年大贡用银五两零二分五厘

　　须知册一本赴广西用银六分

　　须知册二本起京用银四钱七分

　　每年纳官猪等例银二两六钱

　　每年纳官禾二十担

　　每年纳供皂隶禾七担半

　　已上俱属州管理。

土目黄宝名下食

　　旧朔勒砦英一甲

　　每年纳夏税秋粮米四十九石四斗四升二合二抄

　　每调出兵二百名

　　　每年表笺用银二钱

　　　三年大贡用银六两零一分二厘五毫

　　　须知册一本赴广西用银六分六厘二毫五丝

　　　须知册二本赴京用银五钱三分二厘五毫

　　土目罗愿名下食

　　　横懒归仁一甲

　　　每年纳夏税秋粮米一十七石九斗五升九合三勺

　　　每调出兵六十七名

　　　每年表笺用银七分

　　　三年大贡用银二两零六分

　　　须知册一本赴广西用银二分四厘

　　　须知册二本赴京用银一钱八分

　　其四十九牌仰思恩府土目分管各城头

　　照得思恩、田州二府各设流官知府,治以土俗。其二府原旧甲分城头云云。其袭授调发,必皆经由于知府。其官职土地,皆得各传其子孙。除具题外,为照各甲城头既已分析,若不先令各目暂行分管,诚恐事无统纪,别生弊端。为此牌仰思恩府土目韦贤等,遵照后开甲分每岁应该纳办兵粮,查照开数,依期上紧完纳出办。一应供设征调等项事情,悉听知府调度约束。本目仍要守法奉公,正己律下,爱养小民,保安境土。毋得放纵恣肆,逾分干纪,自取罪累,后悔无及。候奏请命下,仰各钦遵施行。

　　计开:

　　　兴隆七城头兼都阳十二城头

　　　每年纳夏税秋粮米八百一石一斗

　　每调出兵四百一十二名

　　每年表笺用银二两七钱六分六厘九毫七丝

　　三年大贡用银七十七两四钱五分五厘七毫三丝

　　须知册一本赴广西用银九钱二分二厘四毫五丝

　　须知册二本赴京用银七两三钱七分八厘四毫六丝

　　每年春秋祭祀猪羊等物该银九两二钱二分四厘五毫

　　每年纳官禾

　　迎接诏赦使客往来供应廪给夫马等项出银三十八两

　　　右仰兴隆巡检司署土巡检事土目韦贵准此。

白山七城头兼丹良十城头

　　每年纳夏税秋粮米六百八十七石五斗五升

　　每调出兵三百六十名

　　每年表笺用银二两四钱七分五厘七毫一丝

　　三年大贡用银六十九两三钱二分三毫九丝

　　须知册一本赴广西用银八钱二分五厘三毫五丝

　　须知册二本赴京用银六两六钱零一厘七毫八丝

　　每年春秋祭祀猪羊等物用银八两二钱五分三厘五毫

　　每年纳官禾

　　迎接诏赦使客往来供给廪给夫马等项出银一十七两

　　　右仰白山巡检司署土巡检事土目王受准此。

定罗十二城头

　　每年纳夏税秋粮米九百九十七石五斗一升三合

　　每调出兵五百二十名

　　每年表笺用银一两七钱四分七厘五毫六丝

　　三年大贡用银四十八两九钱三分一厘四丝

须知册一本赴广西用银五钱八分二厘六毫

须知册二本赴京用银四两六钱六分八丝

每年春秋祭祀猪羊等物用银五两八钱二分六厘

每年纳官禾

迎接诏赦使客往来供给廪给夫马等项出银二十二两

　右仰定罗巡检司署土巡检事土目徐五准此。

安定六城头

每年纳夏税秋粮米八百四十五石七升

每调出兵四百五十名

每年表笺用银八钱七分三厘七毫八丝

三年大贡用银二十四两四钱六分六厘二丝

须知册一本赴广西用银二钱九分一厘三毫

须知册二本赴京用银二两三钱三分四丝

每年春秋祭祀猪羊等物用银二两九钱一分三厘

每年纳官禾

迎接诏赦使客往来供给廪给夫马等项出银一十二两

　右仰安定巡检司署土巡检事土目潘良准此。

古零通感那学下半四保四城头

每年纳夏税秋粮米四百四十三石一斗七升九合六勺

每调出兵二百四十名

每年表笺用银五钱八分二厘五毫二丝

三年大贡用银一十六两三钱一分六毫八丝

须知册一本赴广西用银一钱九分四厘二毫

须知册二本赴京用银一两五钱五分三厘三毫六丝

每年春秋祭祀猪羊等物用银一两九钱四分二厘

每年纳官禾

迎接诏赦使客往来供给廪给夫马等项出银八两

　　右仰古零巡检司署土巡检事土目覃益准此。

旧城十一城头

每年纳夏税秋粮米四百九十石八斗四升

每调出兵二百六十名

每年表笺用银一两六钱一厘九毫三丝

三年大贡用银四十四两八钱伍分四厘三毫八丝

须知册一本赴广西用银五钱三分四厘五丝

须知册二本赴京用银四两二钱七分一厘七毫四丝

每年春秋祭祀猪羊等物用银五两三钱四分五厘

每年纳官禾

迎接诏赦使客往来供给廪给夫马等项出银二十二两

　　右仰旧城巡检司署土巡检事土目黄石准此。

那马十六城头

每年纳夏税秋粮米一千八十六石八斗八升五合五勺九抄一圭

每调出兵五百九十三名

每年表笺用银二两三钱三分八丝

三年大贡用银六十五两二钱四分二厘七毫二丝

须知册一本赴广西用银七钱七分六厘八毫

须知册二本赴京用银六两二钱一分三厘四毫四丝

每年春秋祭祀猪羊等物用银七两七钱六分八厘

每年纳官禾

迎接诏赦使客往来供给廪给夫马等项出银三十二两

右仰那马巡检司署土巡检事土目苏关准此。

下旺一城头兼南海十城头

每年纳夏税秋粮米一百八十四石五斗

每调出兵一百名

每年表笺用银一两六钱一厘九毫三丝

三年大贡用银四十四两八钱五分四厘三毫八丝

须知册一本赴广西用银五钱三分四厘五丝

须知册二本赴京用银四两二钱七分一厘七毫四丝

每年春秋祭祀猪羊等物用银五两三钱四分五毫

每年纳官禾

迎接诏赦使客往来供给廪给夫马等项出银二十二两

右仰下旺巡检司署土巡检事土目韦文明准此。

都阳中团一城头兼顺山六城头

每年纳夏税秋粮米一百三十六石四斗六升五合

每调出兵六十五名

每年表笺用银一两零一分九厘四毫九丝

三年大贡用银二十八两五钱四分三厘五毫九丝

须知册一本赴广西用银三钱三分九厘八毫五丝

须知册二本赴京用银二两七钱一分八厘三毫八丝

每年春秋祭祀用猪羊等物用银三两三钱九分八厘五毫

每年纳官禾

迎接诏赦使客往来供应廪给夫马等项出银一十四两

右仰都阳巡检司署土巡检事土目黄留准此。

其五十五梧州府同知舒柏查理南宁府军饷银两

照得近来思、田二府攘乱,该前军门调发各处官兵,俱在南宁府驻札防守,各处解到军饷银两,俱发该府收贮支用。今照地方事已平复,军兵悉皆放回,合行委官清查。为此牌仰梧州府同知舒柏,速往南宁府吊取自嘉靖四年十月起至嘉靖六年十一月终止,一应文卷到官清查。要见旧管若干,新收解到若干,支给过若干,实在若干;又自十二月初起,今至四月终止,俱要清查明白,造册缴报,以凭施行。中间若有侵欺借贷,抵换隐瞒,事有可疑等项情弊,应拿问者,就便拿问;应参究者,呈来施行。承委官员务秉至公,毋得循情代为捏饰。有负委托,罪亦难逭。

其五十六 又仰同知舒柏查理宾州军饷银两

照得近来思、田二府攘乱,该前军门前后调发各处官兵,俱在宾州住札防守。其各处解到军饷银两,俱发该州官库收贮支用。今照地方事已平复,军兵悉皆发回,合行委官清查。为此牌仰梧州府同知舒柏,即便前去宾州,吊取自嘉靖四年十月起至嘉靖六年十二月二十六日止,一应文卷到官,逐一清查。要见旧管若干,新收各处解到若干,奉某衙门明文用过若干,实在若干;又自十二月二十七日本院抚临地方起,至今年六月二十二日止,俱要清查明白,造册缴报,以凭查对施行。中间若有侵欺借贷等项情弊,应拿问者,就便拿问;应参究者,呈来施行。承委官员务秉至公,以副委托。

其五十七 批海南道钤束立功官员呈

据副使范嵩呈称:立功官员俱发分守兵备等官,分发各处关隘立功,私逃者问罪。看得各处立功官员,类多用计逃避,有名无实,诚有如该道所议者,合准所议。今后立功官俱发各道兵备守备官处,统领钤束,听其酌量各官才能强弱,分发紧要关隘地方,督兵防守截捕,着实立功。仍要不时点闸,但有私逃回家及用计偷避者,即便提问,责令从新立功,庶几法不虚行,人知惩创。仍备行各该衙门知会施行。此缴。

其五十八批岭西道优处负户呈　四月二十一日

据参政应大猷呈称:福庆州陈山鸡等六户共粮五十石零,被贼杀占,抛荒递年,负累排年,李鉴替赔,要行全拆京银,以苏民困缘由。看得该州所申田粮既勘系贼占抛荒,负累排年,赔纳是实。准议备行布政司,将该州前米定折京价银两征解,仍行该州查照施行。缴。

其六十牌行同知桂鳌收贮军饷　五月初三日

牌仰思恩府署印同知桂鳌,即将发去军饷银一千两照数收贮库内,就便督同韦贵等用心经理一应军务,毋得怠堕。访得贼寨米谷甚多,若遇各处土民人等,或有挑担前来粜卖者,毋拘多寡,就量收买,储积思恩、上林等处,以备修理城池廨宇支用。仍要严禁下人,不得因而侵渔骚扰。通候事完之日,开报查考。

其六十三批平乐府计处贼情申　五月十八日

据平乐府申,荔浦县贼首闭公定、韦公护等,乞调兵征剿。看得前项贼情,先已屡行仰司及该道各官密切计处,相机行事去后。今复据申前因,仰该道守巡等官查照先今牌批事理,上紧密切行事。中间若有机宜,须禀报军门者,星夜火速飞报,毋得因仍坐视,畏难苟安,致有疏失,罪终有归。此缴。

其六十四牌行思明府官孙黄朝比例冠带　六月初七日

据左江道佥事吴天挺呈，据思明府族目黄志盛等状告，先蒙军门行取官男黄泽防守武缘，年老有疾，又蒙行取应袭官孙黄朝督兵前来南宁，听调更替。乞将黄朝给与冠带，庶使夷民知有定主等情。查得黄朝年壮循礼，亦经督兵征剿古田、思恩有功。若非宠异，无以示信。合请照依向武州黄仲金父在亦给冠带事宜，令替黄泽钤束目兵听调缘由，呈详到院。参看得黄朝比例冠带，既经该道查勘，相应合行给与。为此牌仰官男黄朝遵照本院钦奉敕谕内便宜事理，就便冠带，望阙谢恩。候该袭之时，另行具奏。本官男务要竭忠效命，以报国恩。毋得恃强凌弱，倚众暴寡。苟违法制，罪罚难逃。戒之敬之。

其六十五札付永顺宣慰司官舍田荣有成冠带督兵　六月初十日

据湖广上湖南道佥事汪溱呈：据宣慰司宣慰彭明辅并指挥彭飞呈称遵依会勘，得施溶州田贵身故，并无儿男，官舍田荣领兵随征，系田贵同祖亲堂兄弟。及审田家洞长官田有旺，先年调征田州，军前阵亡，别无儿男，官舍田有成领兵随征，系田有旺同父亲弟，别无违碍。前项知州长官应该各舍承袭，乞要比例赐给冠带，统束目兵。为照土官袭替，必经该管官司委官结勘，以杜诈冒。今各舍虽称应袭，未经结勘，但见今领兵杀贼，似亦相应俯从，呈详到爵。为照土舍田荣、田有成各领兵随调剿贼，勤劳王事，固朝廷之所嘉悦。况经该道查勘应袭之人，且近于浔州、平南诸处多有斩获，功劳可嘉。合就遵照本爵钦奉敕谕内便宜事理，给与冠带，一以便其行事，二以酬其劳绩。为此札仰永顺宣慰司施溶州官舍田荣、田家同，长官司官舍田有成先行冠带，望阙谢恩。仍须秉节持身，正己律下。申严约束，而使兵行所在，无犯秋毫。作兴勇敢，而使兵威所加，有如破竹。益竭忠真，以图报称。

其六十六札付保靖永顺宣慰司官舍彭飞远王相冠带 六月初十日

据湖广上湖南道佥事汪溱呈：据保靖宣慰司宣慰彭九霄及指挥张恩呈称，依奉查勘得随司办事长官彭昂，旧年奉调征进田州斩获贼级，解验班师，因患烟瘴身故。土舍彭飞远领兵随征，系彭昂嫡长男。及照宣慰彭明辅、指挥彭飞远呈称，查勘施溶洞长官汪胜霖，去年奉调田州，箭伤身故。土舍汪相领兵随征，系汪胜霖嫡长男，前项长官应该本舍应袭。为照土舍袭替，必经该管官司委官结勘，以杜诈冒。今各舍虽称应袭，未经结勘，但见今领兵听调杀贼。欲比照土舍彭宗舜事例，赐给冠带，似亦相应俯从，呈详到爵。为照土舍彭飞远、汪相各领兵随同宣慰彭九霄等，远来听调剿贼，勤劳王事，固朝廷之所嘉与。况又经该道审勘应袭儿男，且近于浔州、平南诸处，多有斩获，功劳可嘉。合就遵照钦奉敕谕内便宜事理，给与冠带，一以便其行事，一以酬其劳绩。为此札仰保靖宣慰司随司办事官舍彭飞远，永顺宣慰司施溶洞长官舍汪相，先行冠带，望阙谢恩。仍须正己律下，申严约束，使兵行所在，无犯秋毫，兵威所加，有如破竹。益竭忠贞，以图报称。

其七十六告谕宾州军民 七月二十五日

照得近因思、田二府多事，该前总镇等官奏调三省汉土官兵，前来宾州屯住防守。军民大小，男不得耕，女不得织。而湖兵安歇之家，骚扰尤甚。今虽地方幸已平靖，湖兵亦已放回，然疮痍未起，困苦未苏。况自三月不雨,至于五月,农田龟拆,布种大迟。即今正值青黄不接,民多缺食,诚可悯念。当委判官杨耀遍历城郭内外,查报停歇湖兵之家,大小共计一千四家,合就量行赈给。已经牌仰宾州官吏行委判官杨耀,将大家给米一石,小家给米六斗,就于该州仓贮军饷等米内照数支给,略见本院存恤之意。其余军民,不能遍及,须谕以本院心虽无穷,而钱粮有限。况今八寨既平,地方已无盗贼之患,比之丰亨豫大之日虽未足,而方之兵戈扰攘之时已有余。各宜安心生理,勤俭立家。毋纵骄奢,毋习游惰。务为守法良善之民,共享太平无事之乐。故谕。

其八十批宾州建立书院申　八月十三日

据宾州申称,张指挥宅居一所,厅房楼屋,宜作书院。看得该学诸生乞要建立书院,以为藏修之地。其一念进德向学之美,正宜鼓舞作兴,合就准行。但其间以师尊本院为辞,则吾岂敢当哉? 仰分巡该道再加议处施行。缴。

其八十六牌行广西副总兵李璋　更调土兵事宜

据镇守广西地方副总兵李璋呈开,广西省城偏僮密迩,屡年大征,皆系老弱就诛,而豪强窜伏。捷书方闻,警报随至。明验有征,覆辙当戒。顾今日之事,大征未敢轻议,而雕剿实所当行。除将见在官军打手整搠听候外,及照原拟防守省城东兰、南丹、那地三州土兵,今皆逃回。正参呈催调间,据广西布政司呈奉军门批据,将那地州土兵免其秋调,专在柳州听参将沈希仪调用,备行南丹州前赴广西省城听调杀贼。自今八月初一日为始,至下年八月初一日止,却调东兰州土兵依期更替等因。照得南丹一州兵力素弱,恐难济事。东兰每年出兵二千，更番防守省城。此系土官韦虎林先年告求实授，自愿报效，比与秋调不同。合无再令韦虎林精选三千前赴省城，听本职会同三司并该道守巡等官，从长酌量，相机雕剿。仍乞行桂林道守巡官监督军务，纪验功次。合用钱粮，乞于军饷银内量支发，仰布政司收贮听支，事完造册缴报等因到院。照得各州土兵征调频数，本非良法。非但耗费竭财，抑且顿兵锉锐。必须各州轮年调发，一以省供馈之费，一以节各兵之劳。庶几土人稍有休息之期，而官府亦获精锐之用。已经行仰该司遵照备行南丹州官族莫振享，即就拣选勇敢精锐目兵三千名，躬亲统领，照依克定日期，前赴广西省城，听调杀贼。果能输忠报效，立有奇功，即与具奏，准袭该州官职。自今八月初一日为始，至下年八月初一日止，却调东兰州土兵依期更替。自今各州目兵，军门断不轻易调发，致令奔疲劳苦，亦决不姑息隐忍，纵令骄惰玩弛。但有稽抗迟误，违犯节制，轻则量行罚治，重则拏究革去冠带，又重则贬级削地，又重则举兵诛讨，断不虚言。通行各土官兵目知悉，俱仰改心易虑，毋蹈前非，自贻后悔去后。今据所呈，为照本院军令既出，难再轻改，失信下人。但本官呈称雕剿缺兵，固亦一时权宜。况称原系本州先年自愿报效，不在秋调之数，亦合姑从所请，暂准取调。为此牌仰本官即便会同镇守太监傅伦，行仰该州土官韦虎林照数精选目兵，前赴省城，听各官调遣剿贼。待三两月间事毕，随即撤放回州。遵照军门批行事理，依期更班听调，不许久留失信。其所呈雕剿事宜，悉听会同三司掌印守巡兵备等官依拟施行。事完之日，通将获过功次，用过钱粮数目，开报查考，俱毋违错，仍行总镇总兵镇巡等衙门知会。

征剿八寨断藤峡

牌行永顺宣慰司统兵致仕宣慰使彭明辅进剿方略

据分守浔、梧等处左参将署都指挥佥事张经等会呈开称：断藤峡、牛肠、六寺、磨刀等处猺贼云云。合就遵奉敕谕事理，量调官军，协同湖兵乘衅剿扑。为此牌仰宣慰使彭明辅，即便统率所领目兵，分哨进剿牛肠诸贼。冠带荫袭官男彭宗舜，亲督头目彭明弼、彭傑等，领湖兵八百，随同领哨指挥马文瑞、千户李宗、武管等官兵二百五十名，用乡道黎散、陆英、黄方保引路，从龙村冲旧湾上岸四十五里，径冲牛肠贼巢前路而入。头目向未寿、严谨等领兵四百名，随同领哨指挥王勋、百户蒋纶、聂弘礼等官兵二百五十名，用乡道韦英、戴礼胜、钟赞等引路，从龙村埠上岸六十里，径冲贼巢后路而入。未至信地三日之前，停军中途，候约参将张经与同守巡各官议集。先将进兵道路之险夷远近、各巢贼徒之多寡强弱及所过良民村分之经由往复，面同各乡道人等备细讲明。务要彼此习识通晓，然后刻定日时，偃旗息鼓，寂若无人，密至信地，乘夜速发。务使迅雷不及掩耳，将各稔恶贼魁尽数擒剿，以除民害，以安地方。仍要禁约目兵人等，所过良民村分，毋得侵扰一草一木。有犯令者，当依军法斩首示众。本官素怀忠义，当兹委用，务要殚心竭力，以益输报国之诚。事完之日，通将功次解报纪功官收处纪验，以凭奏闻旌赏。俱毋违错，自贻悔累。

牌行保靖宣慰司宣慰彭九霄进剿方略

牌仰致仕宣慰使彭九霄，即便统率所领目兵分哨进剿六寺、磨刀等寨诸贼。就内分委头目彭志明等领兵二百，随同领哨指挥唐宏、百户胡仪等官兵二百五十名，用乡道李贤引路，至龙村埠上岸五十里，径冲六寺贼巢后路而入。又委头目彭九皋等领湖兵二百，随同原哨指挥卞琚、千户黄政等官兵二百五十名，用乡道韦扶锦引路，至龙村埠上岸四十五里，径冲六寺贼巢前路而入。又分委头目彭辅等领湖兵二百，随同领哨指挥张缙、千户邓瑛等官兵二百五十名，用乡道李芳引路，至龙村埠上岸五十里，径冲磨刀贼巢后路而入。又委头目李英等领湖兵二百，随同领哨千户刘宗本、百户王神儿等官兵二百五十名，用乡道黄云通引路，至龙村埠上岸四十五里，径冲磨刀贼巢前路而去。未至信地三日之前，停军中途，俟约参将张经与同守巡各官集议。先将进兵路道之险夷远近、各巢贼徒之多寡强弱及所过良民村分之经由往复，面同各乡道人等备细讲明。务要彼此习熟通晓，然后克定日期，偃旗息鼓，寂若无人，密至信地，乘夜速发。务使迅雷不及掩耳，将各稔恶贼魁尽数擒剿，以除民害，以安地方。仍要禁约目兵人等，所过良民村分，毋得侵扰一草一木。有犯令者，当依军法斩首示众。本官素怀忠义，当兹委用，务要殚心竭力，以益输报国之诚。事完之日，通将功次解报纪功官处纪验，以凭奏闻旌赏。俱毋违错，自贻悔累。

牌行湖广督兵佥事汪溱都指挥谢珮

牌仰督兵佥事汪溱，会同都指挥谢佩及广西左江道守巡守备等官，监督永顺宣慰彭明辅统兵进剿牛肠诸贼云云。当依军法斩首示众。本官既有监督责任，兼复素怀忠义。随地报效，乃其本心，岂分异省，有所不尽。当兹委托，是务大展才猷，以祛患安民。一应机宜牌内未尽者，公同各官计议，从便施行。事完之日，通将获过功次开报纪功官处纪验，以凭奏报。俱毋违错。

牌行左江道守巡官布发旗号 三月二十三日

牌仰左江道守巡官,即将发去号色旗号等项,公同参将张经收发各哨官兵人等及各良民村分应用。俱候事完之日,照数取回,差人解赴军门交纳,以备别用,毋违。

计开:

黄布号色八千六百,良民村分旗一百,军令五百张,黄招安旗一百。

牌行南宁府支给粮饷 四月十九日

照得本院见委柳州府同知桂鏊前去思恩等处督兵剿除流贼,所有粮饷合行支给。为此牌仰本府官吏,即于军饷银内动支六百两秤付本官收领,前去军前支用。就仰本官即便星夜前往督促各兵,务将各寨稔恶贼徒尽数剿灭,以绝祸根。毋得容情放纵,致贻后患。就将解到贼徒贼级即与纪验明白,事完之日,通送纪功御史衙门覆验奏报,俱毋违错。

牌行指挥孙继武搜捕逋贼

牌仰指挥孙继武等督率该所土舍梁甫、韦玠、韦锦、覃洪、覃璋,各起集士兵人等,前去洛春、高径、大潘等处搜捕各贼。仍行晓谕各良善云云,毋自取悔。

牌仰千户丁文盛等搜捕逋贼

牌仰千户丁文盛督率招至马廷器等,起集管下兵款人等,前去渌里等处搜捕各贼。仍行晓谕各良善云云,毋自取悔。各官及舍目兵夫人等获有功次,俱仰解送右江道兵备官处纪验明白,一体给赏。

牌仰委官季本 五月初九日

牌仰原任监察御史今降揭阳县主簿季本,赍执令旗令牌,前去会同总兵监军等官,公同署思恩府事同知桂鏊、身督领兵头目王受等阅视各营。但有云云,决不虚言。

牌行宾州预处兵屯 六月十五日

照得本院不日进驻宾州督调军马,诚恐该州居民房屋稀少,跟随官兵无处屯住。为此牌仰本州官吏,即于州城内外宽平稳便去处量搭营房,多或百余间,少数十间,听侯本院至日分拨官兵人等屯住,毋得违误。

牌行署田州府事知州林宽给发军赏

牌仰署田州府事知州林宽,即便会同南宁府掌印官,将该府见贮鱼盐军饷粮米内照依后开数目分给各目收领食用,以见本院体恤之心。仍开给散过数目,缴报查考。

（按：以上"移文",辑自明嘉靖刻本《阳明先生别录》[国家图书馆藏,《原国立北平图书馆甲库善本丛书》第七三四册]及明嘉靖三十四年闾东序刊本《阳明先生文录》[日本早稻田大学图书馆藏]。最早由日永富青地辑录,尚有遗漏。）

语录

语录杂辑

按：阳明语录散佚甚钜，今人之辑阳明散佚语录，主要有佐藤一斋《伝习录栏外书》，陈荣捷《王阳明传习录详注集评》，水野实、永富青地《阳明先生遗言录訳注》，《阳明先生要书における王守仁の遗言について》，《诸儒理学语要所收阳明先生语要の基础的研究》，《先进遗风における王守仁の遗言遗事考》，水野实、三泽三知夫《诸儒语要的王守仁逸言考》，陈来、永富青地《龙溪王先生全集所见阳明先生语录辑释》，陈来等《明儒学案所见阳明言行录佚文》，陈来《王龙溪邹东廓等集所见王阳明言行录佚文辑录》等。今在诸家之外，再辑得阳明散佚语录一编，著录于下。

阳明先生昔平逆濠，恭俟乘舆，舣舟皖口者七日，予尝请益焉。公谓："格物为正物。"予谓："如正心何？"公又谓："格物而如朱子所训，如初学何？"予谓："如公所论，欲求之心也，正唯初学所未能也。"公亦以为然。予又谓："格之致之虽在物在知，然所以格所以致却在心。"公亦以为然。至论天理人欲之判，凿凿分明。予领其义，而知公聪明才辨，不独文章事业高出于人也。却未言及良知。公谓："四十、五十而无闻，为闻道。"予亦以为然。公谓："陆氏非专尊德性。"予谓："朱子非专道问学。然颜子不曰'博我以文,约我以礼'邪?"公亦以为然。予又谓："象山元不学禅,学象山便是禅。"公亦以为然。而泾野吕子、渭厓霍子则曰："象山正是禅。"（胡缵宗《愿学编》卷下。）

　　癸未冬,予册封道杭,会同窗梁日孚,谓："阳明仰子。"予即往绍兴见之。公方宅忧,拓旧仓地,筑楼房五十间,而居其中。留予七日,食息与俱。始谈知行合一,予曰："知以知此,行以成此,《中庸》两言一也,信矣。"因指茶中果曰："食了乃是味,犹行了乃是知,多少紧切。"予曰："知,目也;行,足也。洵知公居足以步,目一时俱到,其实知先行后。"公曰："尊兄多读宋儒书。"予曰："'知之非艰,行之唯艰',岂宋儒耶?"曰："《书》意在王忱不艰,可见行了乃是知。"予曰："知之未尝复行也。使知不在先,恐行或有不善矣。"公默然,俄谓曰："南元善昨送赋用'兮','兮',噫叹辞也,岂可诵德?"予曰："《淇澳》诵德亦用'兮',似不妨。"公复默然。自是论征浰头诸贼,待以不杀,并及逆濠事甚悉,予曰："濠离豫章,犹曹操离许,使英雄如公捣虚,汉不三国矣。"公叹曰："直谅多闻,吾益友也。"最后出《大学古本》,予曰："明明德于天下,仁也;慎独,则止于至善矣。意诚志仁,无恶也;无恶,犹有过。廓然大公,无心过,心正矣;物来顺应,无身过,身修矣。家国天下,举而措之。"公喜,即书夹注中。濒行,诣予舟,谓："主一在此,不学无益,托日孚携之归广。"复论御狄治河缕缕,乃别,始知公未尝不道问学也。比平八寨驻广,予已金臬江右,时开讲,官师士民毕集。先有简托祝公叙招予,予往见,大喜曰："昔论良知,知尊兄谓圣人于达道达德,皆责己未能当,言明德则良能可兼,已作敷文书院对联矣,曰:'欲求明峻德,惟在致良知。'"予致谢而已,且曰:"天下皆悦吾言矣。"予曰:"颜渊无所不悦,冉有则勉强谓非不悦尔,恐人各自有夫子。"公笑曰:"是也,非尊兄不闻此言。"予见其面色黧悴,时咽姜蜜以下痰,劝之行,公以为然。季、薛二子拉予往受业,予荒遁山中。公行,复简予曰:"明德只是良知,所谓灯是火耳,吾兄必自明矣。"予始终与公友,其从善若此。(黄佐《庸言》卷九。)

嘉靖改元,始封新建伯,兼南京兵部尚书,寻去位。五年,复起征思、田,时驻节武林。余为诸生,心景慕之,约同侪数人廷谒公,得觇风仪。神骨清朗,步履矫捷,翩翩如鹤。求其指示,但云:"随事体认,皆可进步。为诸生,诵习孔、孟,身体力行,即举子业,岂能累人哉!所患溺于口耳,无心领神会之益,视圣贤为糟粕耳。"余聆公言,至今犹一日也。(张瀚《松窗梦语》卷四《士人纪》。)

明德亲民之说,往岁谒阳明先生于绍兴,如"知行"、"博约"、"精一"等语,俱蒙开示,反之愚心,尚未释然。最后先生或语云:"古人只是一个学问,至如'明明德'之功,只在'亲民'。后人分为两事,亦失之。"某愕然,请问。先生曰:"'民'之通乎上下而言,欲明'孝'之德,必亲吾之父;欲明'忠'之德,必亲吾之君;欲明'弟'之德,必亲吾之长。亲民工夫做得透彻,则己之德自明,非亲民之外,别有一段'明德'工夫也。"某又起请曰:"如此,则学者固有身不与物接时节,如'戒谨乎其所不睹,恐惧乎其所不闻','相在尔室,尚不愧于屋漏'。又如《礼记》'九容'之类,皆在吾身不可须臾离者,不待亲民,而此功已先用矣。先生谓'明德工夫只在亲民',不能无疑。"先生曰:"是数节,虽不待亲民时已有此,然其实所以为亲民之本者在是。"某又请曰："不知学者当其不睹不闻之必戒谨恐惧，屋漏之必不愧于天，手容之必恭，足容之必重，头容之必直等事，是著实见得自己分上道理合是如此，工夫合当如此，则所以反求诸身者，极于幽显微细，而不敢有毫发之旷阙焉。是皆自明己德之事，非为欲亲民而先此以为之本也。如其欲亲民而先以此为之本，则是一心两用，所以反身者必不诚切矣。故事父而孝，事君而忠，事长而弟，此皆自明己德之事也。必至己孝矣、忠矣、弟矣，而推以之教家国天下之为人子、为人臣、为人弟者，莫不然矣，然后为亲民之事。己德有一毫未明，固不可推以亲民，苟亲民工夫有毫发未尽，是亦自己分上自有欠阙，故必皆止于至善，而后谓之《大学》之道，非谓明德工夫只在亲民。必如老先生之言，则遗却未与民亲时节一段工夫，又须言所以为亲民之本以补之，但见崎岖费力，圣贤平易教人之意，恐不如是也。"先生再三镌诲曰："此处切要寻思。公只为旧说缠绕耳，非全放下，终难凑泊。"（张岳《小山类稿》卷六《与郭浅斋宪副》。）

　　四明张邦奇将归省，验封阳明王子赠之曰："古之君子有所不知，而后能知之；后之君子无所不知，是以容有不知也。"邦奇矍然而作，曰："善哉！无所不知者，乃其所以为无所知也。请为吾阳明子极言：知之道，以祛今之惑，虽然，吾何敢言知乎哉？至神者，天也；至明者，人也；至微者，心也。吾皆未得而知之，吾何敢言知乎哉？"阳明子曰："何谓至神者天？"曰："天之道，明善夫天下而无视，聪善夫天下而无听，是故天之道微显而阐幽，非微显而阐幽也，□于天下无显无幽也。有声，天闻之矣；无声，天闻之矣。有形，天见之矣；无形，天见之矣，其何显微之间之有？人□限于耳目者，自其所不见闻而谓之幽，天恶其若此也，故从而阐之而微之，斯其损益盈虚之理耳。""然则何谓至明者人？"曰："其以耳目见闻者，愚人也；达者之见闻，则同乎天矣。是故是非善恶，愚者疑而达者觉矣，觉者辨而疑者释矣，而天下皆觉矣。是故天下之事，久而无不定。""何谓至微者心？"曰："念虑萌乎中，非至精者弗察也；弗察，则不能知吾心；不能知吾心，则不能知人；不能知人，则不能知天。不知天，则不知所以畏天；不知人，则不知所以畏人；不知心，则不知所以畏心。心，吾心也，而畏之犹未也，况又不知所以畏，吾何敢言知乎哉？颜氏之子有不善，未尝不知，其自知若是之明也；唯孔子知之，曰其心'三月不违仁'，其知人若是之微也。古之君子曷为其无不知若此，知远之近也，知风之自也，知微之显也，知之始也，及其知也，质诸鬼神而无疑，百世以俟圣人而不惑。"阳明子蘧然而作，曰："善哉！至神者天，祸福系之矣；至明者人，予夺系之矣；至微者心，诚伪系之矣。吾子将进于知矣夫，其诲我以知之矣夫！"（张邦奇《张文定公纾玉楼集》卷四《别阳明子序》。）

　　按：参见《王阳明全集》卷七《别张常甫序》。

　　光谓德洪曰：昔夫子写杨公火牌将发时，雷济问曰："宁王见此恐未必信。"曰："不信，可疑否？"对曰："疑则不免。"夫子笑曰："得渠一疑，彼之大事去矣。"既而叹曰："宸濠素行无道，残害百姓，今虽一时从逆者众，必非本心，徒以威劫利诱，苟一时之合耳。纵使奋兵前去，我以问罪之师徐蹑其后，顺逆之势既判，胜负预可知也。但贼兵早越一方，遂破残一方民命。虎兕出柙，收之遂难。为今之计，只是迟留宸濠一日不出，则天下实收一日之福。"（钱德洪《征宸濠反间遗事》。）

德洪昔在师门，或问："用兵有术否？"夫子曰："用兵何术？但学问纯笃，养得此心不动，乃术尔。凡人智能相去不甚远，胜负之决不待卜诸临阵，只在此心动与不动之间。昔与宁王逆战于湖上时，南风转急，面命某某为火攻之具。是时前军正挫却，某某对立矍视，三四申告，耳如弗闻。此辈皆有大名于时者，平时智术岂有不足？临时忙失若此，智术将安所施？"（同上）

又尝闻陈惟濬曰：惟濬尝闻之尚谦矣。尚谦言：昔见有待于先生者，自称可与行师。先生问之，对曰："某能不动心。"曰："不动心可易言耶？"对曰："某得制动之方。"先生笑曰："此心当对敌时且要制动，又谁与发谋出虑耶？"又问："今人有不知学问者，尽能履险不惧，是亦可与行师否？"先生曰："人之性气刚者，亦能履险不惧，但其心必待强持而后能。既强持，便是本体之蔽，便不能宰割庶事，孟施舍之所谓守气者也。若人真肯在良知上用功，时时精明，不蔽于欲，自能临事不动。不动真体，自能应变无言。此曾子之所谓守约，自反而缩，虽千万人吾往者也。"（同上）

又尝闻刘邦采曰：昔有问："人能养得此心不动，即可与行师否？"先生曰："也须学过。此是对刀杀人事，岂竟想可得？必须身习其事，斯节制渐明，智慧渐周，方可信行天下。未有不履其事而能造其理者，此后世格物之学所以为谬也。孔子自谓军旅之事未之学，此亦不是谦言。但圣人得位行志，自有消变未形之道，不须用此。后世论治，根源上全不讲及，每事只在半中截做起，故犯手脚。若在根源上讲求，岂有必事杀人而后安得人之理？某自征赣以来，朝廷使我日以杀人为事，心岂割忍，但事势至此，譬之既病之人，且须治其外邪，方可扶回元气，病后施药，犹胜立视其死故耳。可惜平生精神，俱用此等没紧要事上去了。"（同上）

阳明公又平宸濠归越，始决意师事焉。及还姚，公率同志数十人龙泉中天阁，请阳明公升座开讲。阳明公曰："观是何人，理非外得。知乃德性之知，是为良知，非知识也。良知至微而显，故知微可与入德。唐虞授受，只是指点得一微字，《中庸》不睹不闻，以至无声无臭，中间只是发明得微字。"众闻之跃然有悟。（吕本《期斋吕先生文集》卷十二《绪山钱公墓志铭》。）

丙戌，与龙溪同举南宫，不就廷试而归。文成迎会，笑曰："吾设教以待四方英贤，譬之市肆主人开行以集四方之货，奇货既归，百货将日积，主人可无乏行之叹矣。"自是四方来学者日益云集。（周汝登《圣学宗传》卷十四《钱德洪传》，过庭训《圣学嫡派》卷四《钱德洪传》。）

挚友柴墟储公巏与予书曰："近日士大夫如王君伯安，趋向正，造诣深，不专文字之学，足下肯与之游，丽泽之益，未必不多。"予因而慕公，即夕趋见。适湛公共坐室中，公出与语，喜曰："此学久绝，子何所闻而遽至此也？"予曰："虽粗有志，实未用功。"公曰："人惟患无志，不患无功。"即问："曾识湛原明否？来日请会，以订我三人终身共学之盟。"明日，公令人邀予至公馆中，会湛公，共拜而盟。（黄绾《阳明先生行状》。）

密撰此奏，盖体统利害事。草具，袖而过边博士。会王主事守仁来，王遽目予袖而曰："有物乎？必有谏草耳。"予为此，即妻子未之知，不知王何从而疑之也。乃出其草示二子，王曰："疏人，必重祸。"又曰："为若筮，可乎？然晦翁行之矣。"于是出而上马并行,诣王氏,筮得"田获三狐,得黄矢,贞吉"。王曰:"行哉,此忠直之繇也。"乃疏入,不报也。(李梦阳《空同集》卷三十九《上孝宗皇帝书稿·秘录附》。)

余尝以反求诸己为问,先师曰:"反求诸己者,先须扫去旧时许多谬妄、劳攘、圭角,守以谦虚,复其天之所以与我者。持此正念,久之,自然定静,遇事之来,件件与他理会,无非是养心之功,盖事外无心也。所以古人云:若人识得心,大地无寸土。此正是合内外之学。"(董沄《从吾道人语录·日省录》。)

嘉靖乙酉八月二十三日,从先师往天柱峰,转至朱华麓。麓有深隩,水木萦纡,石径盘曲,更深邃处,寂无喧嚣,人迹罕到。中有一人家,楼阁森耸,花竹清丽,其家曾央侩者出卖于先师,以其地遥,未即成券。是日睹之甚悦,既而幡然省曰:"我爱而彼亦爱之,有贪心而无恕心矣。"于是再四自克,屡起屡灭,行过朱华岭四五里余,始得净尽,归以语之门人。余时在座,不觉惕然。(同上)

"季文子三思后行",横渠以为圣人深美之词,若曰:"再思可矣,况能三邪?"阳明先师以为圣人不许之词,曰:"文子虽贤,再思可矣,恐未能三也。"二夫子之言,不约而同,以见人肯三思者之难得也。(董沄《从吾道人语录·把卷录》。)

一日,先师谓余曰:"吾昨因处骨肉之间,觉得先儒著书有未尽者。且如舜'父顽母嚚'一节,以余意观之,舜'父顽母嚚象傲',舜则能谐之以孝,烝烝然,自进于善,未尝正彼之奸。久之,瞽叟亦信顺之矣。俱在自家身上说,若有责善之意,则彼未必正而是非先起矣。甚哉,骨肉之难处也。"愚谓先师此言,真是实受用处。(同上)

余自嘉靖乙酉秋随侍先师游广孝寺,舟中闻先师云:"以道自乐,不知而不愠者,其王蘋乎!"余时懜然失问,及今病中,小儿自外获其语录归,得而观之,足以知先师之叹者信矣。(董沄《从吾道人语录·后录·题王著作先生语录后》。)

阳明王公起自绝学,亟示之曰:"《大学》致知,乃致吾之良知,非专外也。"一时豪杰响应,而独称欧阳先生为盛。先生始学近空寂,而从政疑于思索,乃以书质诸公,公答以"自私用智,丧失良知"之语,先生遂悟良知。(胡直《欧阳南野先生文选序》。)

尝闻先师有云:"本体要虚,功夫要实。"(欧阳德《欧阳德集》卷五《答曾双溪》。)

师尝云:"无有作好作恶,方是心之本体;有所忿恚好乐,则不得其正。"(同上卷五《答聂双江》。)

先师阳明公阐慎独之训,而为之言曰:"独知也者,良知也;戒慎恐惧,毋自欺而求自慊,所以致之也。"(同上卷三《答彭云根》。)

阳明先生曰:"学患不知要;知要矣,患无笃切之志。既知其要,又能立志笃切,循循日进,自当有至。譬之饮食,其味之美恶,食者当自知之,非人之能以美恶告之也。"(李栻《困学纂言》卷一。)

阳明先生曰:"躁于其心者,其动妄;荡于其心者,其视浮;欺于其心者,其气馁;忽于其心者,其貌惰;傲于其心者,其色矜。五者,心之不存也;不存者,不学也。"又曰:"浮气者,其志不确;心粗者,其造不深;外诱者,其中日陋。"(同上,卷二。)

人不可一时不精明,如举动言语,应事接物,当疾而徐,当徐而疾,皆不精明之过也。(同上)

人收敛警醒，则气便清，心自明；才惰慢，便心事散乱，精神昏愦，书愈难读，理愈难穷矣。（同上）

阳明先生曰："君子与人，惟义所在，厚薄轻重已无所私焉，此所以为简易之道。世人之心杂于计较，毁誉得丧交于中，而眩其当然之则，是以处之愈周，计之愈悉，而行之愈难也。"（同上，卷四。又见《王阳明全集》卷二十一《答储柴墟》一文中。）

阳明先生曰："先生（章懋）专一主敬。国子祭酒时，年逾七十三，疏得请。逆瑾擅权，名卿多遭斥辱，而翁已先机去矣。"（章懋《枫山语录·行实》。）

丁亥冬（梧山书院）落成，姚公致政去。新建伯阳明王先生奉命总制四省军务来代，实倡正学，风厉多士，其言曰："诚意为圣门第一义，今反落第二义；而其知行合一之说，于博文多识，若有不屑，学者疑焉。"芳解之曰：知以利行，行以践知，此学者之常谈，不假言也。先生之说，启扃钥以救流弊，探本之论也。夫学也者，非以进德修业乎？《乾》之九三言"进德"，曰"忠信"，"居业"，曰"修辞立诚"，是固主于行矣。其曰"知至至之"，决其几也，故曰"可与言几"；"知终终之"，坚其守也，故曰"可与存义"。然皆忠信为主焉，而学聚问辨，程子亦以为进德之事，非行与知合，奚乎？圣门四教，学文为主，如非忠信，则驰骛泛滥而无所益。《中庸》知为达德，而诚以行之，□有明训，故君子之学未尝不博，其博也乃在于人伦日用之实，而益致夫精择固守之功。盖存诚者，大本之所以立；精义者，达道之所以行也。率是而进之，夫然后学者有定本，而日跻乎美大圣神之域。若如后世之所谓学，忘其本真，而务杂情以广知，非惟不足以望游、夏；而沉溺文艺，无所发明，其所知者，固有君子之所不必知，适以济夫骄吝之私，长其浮诞之习而已，亦将何所成乎？故言诚，则知在其中；言知，则诚犹有间。执德不一，学将焉用？此君子所以遗其本也。愚以是质诸先生，先生然之。（《嘉靖广西通志》卷二十六黄芳《梧山书院记》。）

王文成平思、田事，后多遗议。翁仁父云：公将薨时，对某言："田州事，非我本心，后世谁谅我者？"盖为辅臣而发。（《雍正广西通志》卷一百二十七引《西事珥》，《古今图书集成》卷一千四百五十二。）

王新建对人，每论人皆可以为尧舜。一日，令苍头辟草阶前，有客问曰："此辟草者，亦可尧舜耶？"答曰："此辟草者纵非尧舜，使尧舜辟草，当不过此。"（郑仲夔《玉麈新谈》卷二《清言》。）

阳明王公为刑部主事，决囚南畿。有陈指挥者，杀十八人系狱，屡贿当道，十余岁不决。王公至，首命诛之，巡抚御史反为立请，而王公竟不从。陈临刑呼曰："死而有知，必不相舍！"公笑曰："吾不杀汝，十八人之魂当不舍吾。汝死，何能乎？"竟斩于市，市人无不啮齿称快。（都穆《都公谭纂》卷下。）

阳明先生曰："为善自是士人常分，今乃归身后福取报，若市道然，吾实耻之。使无祸福报应，善可不为耶？"（林有麟《法教佩珠》卷一，又卷二；王象晋《清寤斋心赏编》。）

一士人尝动气责人，王阳明儆之曰："学须反己，勿徒责人。能反己，方见己有许多未尽处，何暇责人。舜能化象，其机括只是不见象的不是。若要正他奸恶，则文过掩慝，乃恶人常态，反去激他恶性起来，如何感化得他？若能于己用功，则恶人自化，何动气之有？"（郑瑄《昨非庵日纂》三集卷十。）

阳明先生云："今学者之学圣人，于圣人之所能知者未能学而知之，而顾汲汲焉求知圣人所不知者以为学，无乃失其所以希圣之方欤？"（王崇简《冬夜笺记》。）

王文成公初第，上安边八策，世称为诪谟。晚自省曰："语中多抗励气，此气未除，而欲任天下事，其何能济！"筮仕刑曹，言于大司寇，禁狱吏取饭囚之余豢豕，或以为美谈。晚自愧曰："当时善则归己，不识置堂官同僚于何地？此不学之过。"（黄文焌《古今长者录》卷八《王守仁》。）

始与永会，故事，中贵人专中席，公不欲一人，即握永手，问寝息何地，遂入其室，命设榻左右，对谈曰："兵事烦冗，不得视寝息，主人罪也。"永亦心衔之，曰："宁藩昔分封及聚敛民间金宝颇多，不知何在？"公曰："然诚多，当城破，即命数员官驰视，得其册籍。兵兴费固多，而辇入京打点诸衙门亦多。"永语塞，反相契合。永发瑾奸，安社稷，公与有力焉。（王同轨《耳谭类增》卷四十一。）

嗣寅应氏曰：先生之学，诚能救时，而先生竟欲扫去，谓："道自茂叔、明道而后，言愈详，道愈晦，此与斥吾之父母祖先何异？吾不忍听也。"（沈佳《明儒言行录》卷八《王守仁》。）

先师尝云:"人在功名路上,如马行淖泥中,脚起脚陷,须有超逸之足,始能绝尘而奔。得意场中,能长人意气,亦能消灭人善根。"(瞿式耜《愧林漫录》,郑瑄《昨非庵日纂》三集卷十三。)

阳明先师领南赣之命,见黄轝子。黄轝子欲试其所得,每撼激之不动,语人曰:"伯安自此可胜大事矣,盖其平生经世之志于此见焉。"其后黄轝子殁,阳明先师方讲良知之学,人多非议之,叹曰:"使黄轝子在,吾言必相契矣。"(季本《季彭山先生文集》卷三《王司舆传》。)

田江之滨有怪石焉,状若一龟,卧于衍石之上……维田始祸,石实衅之,具以怪状闻,且曰:"自王师未旋,石靡有宁,田人惴惴守之如婴,今则亡是恐矣。愿公毁此,以宁我田。"公曰:"其然,与若等往观之。"既观,曰:"汝能怪乎?吾不汝毁而与决。"取笔大书其上曰:"田石平,田州宁,千万世,巩皇明。"明年春,公使匠氏镌之,遂以为田镇。(费宏《田石平记》。)

乃托为投江,潜入武夷山中,决意远遁。夜至一山庵投宿,不纳。行半里许,见一古庙,遂据香案卧。黎明,道士特往视之,方熟睡。乃推醒曰:"此虎狼穴也,何得无恙?"因诘公出处,公乃吐实。道士曰:"如公所志,将来必有赤族之祸。"公问:"何以至此?"道士曰:"公既有名朝野,若果由此匿迹,将来之徒假名以鼓舞人心,朝廷寻究汝家,岂不致赤族之祸?"公然其言。尝有诗云:"海上曾为沧水使,山中又拜武夷君。"(黄绾《阳明先生行状》。)

十月初十日,复上疏乞骸骨,就医养病,因荐林富自代。又一月乃班师。至大庾岭，谓布政使王公大用曰："尔知孔明之所以付托姜维乎？"大用遂领兵拥护，为敦匠事。廿九日至南康县，将属纩，家僮问何所嘱，公曰："他无所念，平生学问方才见得数分，未能与吾党共成之，为可恨耳！"遂逝。（同上）

　　往岁获见执事于杭城，款领道论……自知夫体用一原之学……执事于其每言而疵之曰："此禅家语。"谨亦安敢自文也哉？……执事述程子之意，谓："才说性时，便已不是性。孟子所谓性善，是继之者，非本然之性也。"是诚足以破释氏知觉是性说。（《光绪开化县志》卷十一吾谨《与王伯安先生书》。）

　　王阳明先生曰："勿以无过为圣贤之高，而以改过为圣贤之学；勿以其有所未至者为圣贤之讳，而以其常怀不满者为圣贤之心。"（程达《警语类抄》卷五。）

　　阳明先生论动静二字不相离："天地之化，非是动了又静，静了又动。动静合一，静只在动中。且如天地之化，春而夏而秋而冬，而生长收藏，无一息之停，此便是动处；或春或夏，或寒或暖，或生长收藏，开花结子，青红绿白，年年若是，不差晷刻，不差毫厘，此便是静的意思。今人不知，谓动了又静，静了又动者，非是。"此说隆（王世隆）闻之彭伯蓂，云："先生在广中时，其论若此。"（湛若水《泉翁大全集》卷七十七《金台答问录》。）

　　阳明先生谓："所谓圣者，即金银之足色也，而大小不同者，亦其分两不同然耳。故曰：伯夷圣之清，伊尹圣之任，柳下惠圣之和，而人皆可以为尧舜者，盖谓此也。"（同上）

魏师说给事论救南台诸公系狱,时隆往候之曰:"公今系狱时,此心何如?"师说曰:"亦是坚忍而已。'凡遇患难,须要坚忍。譬如烹饪硬物,火到方熟,虽圣人遇事亦如此。不然,大舜圣人岂不能即格顽父、嚚母、傲弟?然亦必须有许多坚忍节次,方得彼感格,以此知坚忍之功,虽圣贤不可无也。'"隆深以为然。后师说与隆会同志诸公,联辔道中,隆因话及此,为之叹赏,师说曰:"此非予之言,阳明老先生之言也。"(同上)

隆问阳明先生曰:"神仙之理恐须有之,但谓之不死则不可。想如程子修养引年者,则理或然耳。"先生曰:"固然,然谓之神仙须不死,死则非神仙矣。"隆闻此语时,先生年已三十九矣,不知后来定论如何。(同上)

吴伯诗问阳明先生:"寻常见美色,未有不生爱恋者,今欲去此念未得,如何?"先生曰:"此不难,但未曾与著实思量其究竟耳。且如见美色妇人,心生爱恋时,便与思曰:'此人今日少年时虽如此美,将来不免老了,既老则齿脱发白面皱,人见齿脱发白面皱老妪,可生爱恋否?'又为思曰:'此人不但如此而已,既老则不免死,死则骨肉臭腐虫出,又久则荡为灰土,但有白骨枯髅而已,人见臭腐枯骨,可复生爱恋否?'如此思之,久久见得,则自然有解脱处,不患其生爱恋矣。"(同上)

阳明先生寓辰州龙兴寺时,主僧有某者方学禅定,问先生。先生曰:"禅家有杂、昏、惺、性四字,汝知之乎?"僧未对,先生曰:"初学禅时,百念纷然杂兴,虽十年尘土之事,一时皆入心内,此谓之杂;思虑既多,莫或主宰,则一向昏了,此之谓昏;昏愦既久,稍稍渐知其非,与一一磨去,此之谓惺;尘念既去,则自然里面生出光明,始复元性,此之谓性。"僧拜谢去。(同上)

　　往时阳明先生在辰州府龙兴寺讲学,时世隆与吴伯诗、张明卿、董道夫、汤伯循、董粹夫、李秀夫、刘易仲、田叔中俱时相从,每讲坐至夜分。一夕讲及好色者,众咸曰:"吴伯诗、张明卿恐难免此。"先生曰:"若一向这里过来,忽然悔悟,亦自决烈;若不曾经过,不能谨守,一旦陷入里面,往往多不能出头。尝见前辈有一二人,平时素称不饮酒,不好色,后来致仕家居,偶入妓者家饮酒,遂至倾家资与之,至老无所悔。此亦是不曾经过,不能谨守之故也。以此知人于此须是大段能决烈谨守,乃可免此耳。"(同上卷七十六《金陵答问》。)

　　阳明在广,对先生门人则曰:"随处体认天理,与致良知一般。"向别人则又云:"随处体认天理,是义袭而取之。"前后不同。(同上卷七十《新泉问辩录》。)

　　吾(嘉靖)元年同方西樵、王改斋过江吊丧,阳明曾亲说:"我此学,途中小儿亦行得,不须读书。"想是一时之言乎?未可知也。亦是吾后来见其学者说此,吾云:"吾与尔说好了,只加学问思辩笃行,如此致之便是了。"(同上卷七十二《新泉问辩续录》。)

　　吾于金台得阳明王子焉,吾于金陵得古庵毛子焉。而余昔与阳明究此天理于长安之邸,阳明曰:"如是如是。"继余与古庵究此天理于新泉之涘,古庵曰:"唯唯!唯唯。"古庵固阳明礼闱之门弟也,遗阳明之书曰:"吾近得宗指焉,吾得于甘泉子之随处体认天理矣,至矣!"阳明曰:"良知哉!体认天理,吾犹惑乎其外。"古庵曰:"天理外乎?心乎?体认之者,心乎?外乎?"益自信。(同上卷五十七《祭黄门毛古庵先生文》。)

　　　按:湛若水《毛古庵墓志铭》云:"告阳明子曰:'吾谅焉,吾途得甘泉子随处体认天理,学而得力焉,至矣!虽复有闻,蔑以加矣！'"（同上卷六十。）

兄之训"格"为"正"，训"物"为"念头之发"，则下文"诚意"之"意"，即念头之发也，"正心"之"正"，即格也，于文义不亦重复矣乎？……兄之"格物"训云："正念头也。"则念头之正否，亦未可据……吾兄确然自信而欲人以必从，且谓"圣人复起，不能易"者，岂兄之明有不及此？……陈世傑书报吾兄疑仆"随处体认天理"之说"为求于外"，若然，不几于义外之说？……（同上卷九《答阳明王都宪论格物》。）

王文成守仁初见宸濠，佯言售意，以窥逆谋。宴时，李士实在座，濠指斥朝政，外示愁叹，士实曰："世岂无汤、武耶？"阳明曰："汤、武亦须伊、吕。"濠曰："有汤、武，便有伊、吕。"阳明曰："若有伊、吕，何患无夷、齐？"自是始知濠逆谋决矣。（张怡《玉光剑气集》卷二《臣谟》。）

　　按：湛若水《阳明先生墓志铭》云："夫阳明逆知宸濠有异志，刘养正来说：'必得公乃发。'公应之曰：'时非桀、纣，世无汤、武，臣有仗节死义耳。'其犹使冀元亨往与之语者，实欲诱其善，不动干戈，潜消莫大之祸也。"

文成谪龙场时，过常德。蒋督学信，字道林，以诗谒之，云："安排毕竟非由我，燮理从来自属人。堪笑世人浑不识，九还丹里苦偷生。"文成一见，惊曰："此人有志。"（张怡《玉光剑气集》卷十三《理学》。）

　　按：江盈科《雪涛阁集》卷十四《蒋道学》云："吾乡先辈

有蒋信者,号道林,生而纯粹近道。王阳明谪龙场,道经武陵,信往谒之。阳明曰:'蒋生资质,可作颜子。'"

尝记一人送文字求正于阳明,阳明评曰:"某篇似左,某篇似班,某篇似韩、柳。"其人大喜。或以问阳明,阳明曰:"我许其似,正谓其不自做文而求似人也。童子戴假面,挂假须,伛偻謦咳,俨然老人,人且笑之,又何敬焉!"(同上卷二十三《诗话》。)

阳明王先生守仁少负奇气……乃独得不传之绪,喟然叹曰:"'致良知'三字符,不可易也。"(同上卷十三《理学》。)

新建伯文成王先生筮仕刑曹,适轮提牢,睹诸吏豢豕,恻然惎曰:"夫囚以罪系者,犹然饭之,此朝廷好生浩荡恩也。若曹乃取以豢豕,是率兽食人食矣,如朝廷德意何!"欲督过之,群吏跪伏请宽,且诿曰:"相沿例也,亦堂卿所知。"先生曰:"岂有是哉?汝曹援堂卿以自文耳。"即白堂卿,堂卿是其议。先生遂令屠豕,割以分给诸囚。狱吏到今不豢豕之。先生晚年在告家居,同里有官刑部主政管姓者,习其事,一日,侍先生,喟然咨叹曰:"先生平生经世事功亡论诸掀揭之大,即筮仕刑部时,屠豕事至今脍炙人口云。"先生闻已,蹙蹙然曰:"此余少年不学,作此欺天罔人事也。兹闻之,尚有余惭,子乃以为美谈,诪我耶?"管不达曰:"上宣朝廷之德惠,下轸囹圄之罪人,本至德事也。先生顾深悔之,以为罪过,何也?"先生复蹙然曰:"比时凭一时意见,揭揭然为此,置堂卿于何地耶?只此便不仁矣。"(金汝谐《新编历代名臣芳躅》卷下《王守仁》。)

澄(陆澄)又疏诋考兴献之非,投劾归。赴补得礼部,时张、桂新用事,复疏颂璁、萼正论云:"以其事质之师王守仁,谓:'父子天伦不可夺,礼臣之言未必是,张、桂之言未必非。'恨初议之不经,而懊悔无及。"疏下,吏部尚书桂萼谓澄事君不欺,宜听自新。(沈德符《万历野获编》卷二十《陆澄六辨》。)

　　先是太监张忠、安边伯朱泰、左都督朱晖劝上亲征,既闻守仁已擒濠,甚不喜,盖不以其擒叛为功,而以不待上亲征辄擒濠为擅。守仁发自南昌,将往金陵,至广信遇忠等,乃欲使守仁纵宸濠鄱阳中,待上至亲擒示武。守仁曰:"一日纵敌,数世之患。谁敢以叛藩戏?"忠等怒。守仁夜渡玉山,遇太监张永于杭州,守仁浮慕永,永喜,仁因语永曰:"仗祖宗之灵,逆藩就缚,忠等犹领军至彼,恐江西民不堪重毒。足下胡不早赴,稍约束之,其犹有苏乎?"永曰:"吾出此,正欲监制群小,使不得肆,如足下言耳。"守仁曰:"足下此时与其赴江西,何不听守仁以濠相付,借足下诣阙献俘?忠等闻俘已献,久驻师无名,将遂班师,则江西之民阴受足下赐多矣。"永深喜,遂从守仁受濠。(江盈科《江盈科集·皇明十六种小传》卷三《王守仁计破群奸》。)

　　阳明先生曰:"自喜于一节者,不足以进于全德之地;求免于乡人者,不可语于圣贤之途。"(李材《困学纂言》卷一。)

　　阳明先生曰:"语言无序,亦足以见心之不存。"(同上卷四。)

　　阳明先生曰:"要当轩昂奋发,莫恁地沉埋在卑随凡下处。"(同上卷一。)

　　阳明先生曰:"大世界不享,却要占个小蹊小径子;大人不做,却要为小儿态,惜哉!"(同上)

　　阳明先生曰:"巢鸡终日萦萦,无超然之意。须是一刀两断,何

故縈縈如此,縈縈地讨个甚么!"(同上)

一日寓寺中,有郡守见过,张燕行酒,在侍诸友弗肃。酒罢,先生曰:"诸友不用功,麻木可惧也。"友不达,先生曰:"可问王汝止。"友就汝止问,汝止曰:"适太守行酒时,诸君良知安在?"众乃惕然。(张萱《西园闻见录》卷七《道学》。)

江西罗钦顺尝寓书守仁,谓其名实尽已出人,只除却讲学一事足瑴一生。守仁答之曰:"诸皆余事,守仁平生唯有讲学一节耳。"故其属纩之际,家僮问:"何所嘱?"乃应之曰:"我他无所嘱,平生学方才见得,犹未能与吾党共成之,为可恨耳!"(同上)

尝游阳明洞,随行在途中偶歌,先生回顾,歌者觉而止。至洞坐定,徐曰:"吾辈举止,少有骇人处,便非曲成万物之心矣。"(同上)

在留都,人传谤书心动,自讼曰:"终是名根消释未尽,愧矣乎!"(同上)

赣贼(平)后,语门弟曰:"吾每登堂行事,心体未能如友朋相对时,则不安。"或问宁藩事,曰:"当时只令如此觉来,尚有挥霍微动于气所在,使今日处之,更别也。"(同上)

先生居里,谤议日炽。一日,谓门弟子曰:"吾道非耶?何为如此?"在侍者或谓先生功盛位崇,媢嫉者谤;或谓学驳宋儒,泥同者谤;或谓有教无类,未保其性,或以身谤。先生曰:"莫不有之,顾吾自知尤切也。盖吾性往往名根未能尽脱,尚有乡愿掩护意在。今一任吾良知,真是真非罔有覆藏,进于狂矣。"(同上)

唐虞佐龙劝先生撤讲择交,先生报书,喻"为金淘沙,不能舍沙求金"云。(同上)

先生又尝曰："变化气质，居常无所见，惟当利害经变故，遭屈辱，平时忿怒者，到此能不忿怒，忧惶失措者，到此能不忧惶失措，始是能有得力处，亦便是着力处。"（同上。按：此语又见《王阳明全集》卷四《与王纯甫壬申》一文。）

先生晚年颇自悔，尝云："朱元晦学问醇实，毕竟还让他。"又语门人曰："吾讲致良知原自有味，却被诸君敷衍，今日讲良知，明日讲良知，就无味了，且起人厌。诸君今后务求体认，勿烦辞说。"（同上）

阳明先生曰："君子之学，贵于得悟。悟门不开，无以征学。入悟有三：有从言而得者，有从静而得者，有从人情事变炼习而得者。得于言者，谓之解悟，拟议触发，未离言诠，譬之门外宝，非己家珍；得于静坐者，谓之澄悟，收摄保众，犹有待于境，譬之浊水初澄，浊根尚在，才遇风波，易于淆动；得于炼习者，谓之彻悟，磨砻洗涤，到处逢源，愈震动愈凝寂，不可得而澄清也。根有大小，故蔽有浅深，而动有难易，善学者之所至，以渐而入，及其成功一也。夫悟与迷对，不迷所以为悟也。百姓日用而不知，迷也；贤人日用而知，悟也；圣人亦日用而不知，忘也。学至于忘，悟其几矣。"（同上）

阳明先生曰："孟子三自反，后比妄人为禽兽，此处似尚欠细。盖横逆之来自谤讪怨詈，以至于不道之甚，无非是我实受用得力处，初不见其可憎，所谓山河大地尽是黄金，满世界皆药物者也。"（张萱《西园闻见录》卷十六《处谤》。）

近斋朱先生（朱得之）说：阳明老师始教人存天理，去人欲，他日谓门人曰："何谓天理？"门人请问，师曰："心之良知是也。"他日又曰："何谓良知?"门人请问,师曰:"是非之心是也。"(尤时熙《尤西川先生拟学小记》卷六《纪闻》。)

近斋自言得自亲闻老师云:"诸友皆数千里外来此,人当谓有益于朋友,我自觉我取朋友之益为多。"又云:"我自得朋友聚讲,所以此中日觉精明,若一二日无朋友,气便觉自满,便觉怠惰之习复生。"(同上)

近斋说:老师尝云:"学者须有个嘉善而矜不能的心。"又云:"须是遁世无闷,不见是而无闷。"(同上)

近斋说:老师逢人便与讲学,□人疑之,老师叹曰:"我如今譬如一个食馆相似,有客过此,吃与不吃,都让他一让,当有吃者。"(同上)

近斋说:老师尹庐陵时,庐陵旧俗健讼,老师作两柜,锁封之,窍其盖,合可受投书,题其上一曰"愿闻己过",一曰"愿闻民隐"。夜置衙前,旦则收视。其于己过,有则改之,无则加勉;其于民隐,详察而慎图之。数月,庐陵无讼。甘泉先生尝曰:"阳明子卧治庐陵。"(同上)

近斋说:老师在南都时,有私怨老师者诬奏师,极其丑诋。老师始见其疏草,颇怒,即自省曰:"此不得放过。"即掩卷自反自抑,俟心平气和,再展看。又怒,又掩卷自反自抑,直待心平气和如常时,视彼诋诬真如飘风浮霭,略无芥蒂怨尤。是后虽有大毁谤,大利害,皆不为动。老师尝告学者曰:"君子之学,务求在己而已。毁誉荣辱之来,非惟不以动其心,且资以为切磋砥砺之地,故君子无入而不自得,正以无入而非学也。"(同上)

近斋说:老师每及门人游山,童冠云从。遇佳胜处,师盘坐,冠者列坐左右,或鸣琴,或歌诗,或质疑,童子在后,俯伏潜听,真机

活泼,蔼然"吾与点也"之意。(同上)

一日,因论"巧言令色鲜矣仁",近斋曰:昔侍坐先师,一友自言:"近觉自家工夫不济,无奈人欲间断天理何!"师曰:"若用汝言,工夫尽好了,如何说不济?我只怕你是天理间断人欲耳。"其友茫然自失。(同上)

予昔官国学,一日,同乡许虢田者,函谷先生家嗣也,谓我曰:"闻君讲阳明学。"予未有对,虢田曰:"阳明与先人在同年中最厚,且同志。后相别数年,及再会,先人举旧学相证,阳明不言,但微笑,良久曰:'吾辈此时只说自家话罢,还翻那旧本子作甚!'盖先人之学本六经,阳明则否。"(同上)

近斋说:阳明老师年逾五十未立家嗣,门人有为师推算,老师喻之曰:"子继我形,诸友有得我心者,是真子也。慨自兴兵以来,未论阵亡,只经我点名戮过者甚多,倘有一人冤枉,天须绝我后。我是以不以子之有无为意。"(同上)

实夫问:"心即理,心外无理,不能无疑。"师曰:"道无形体,万象皆其形体;道无显晦,人所见有显晦。以形体而言,天地一物也;以显晦而言,人心其机也。所谓心即理也者,以其充实氤氲而言谓之气,以其脉络分明而言谓之理,以其流行赋畀而言谓之命,以其禀受一定而言谓之性,以其物无不由而言谓之道,以其妙用不测而言谓之神,以其凝聚而言谓之精,以其主宰而言谓之心,以其无妄而言谓之诚,以其无所倚著而言谓之中,以其无物可加而言谓之极,以其屈伸消息往来而言谓之易,其实则一而已。今夫茫茫堪舆,苍然隤然,其气之最麄者欤?稍精则为日月、星宿、风雨、山川;又稍精则为雷电、鬼怪、草木、花卉;又精而为鸟兽、鱼鳖、昆虫之属；至精而为人，至灵至明而为心。故无万象，则无天地；无吾心，则无万象矣。故万象者，吾心之所为也；天地者，万象之所为也；天地万象，吾心之糟粕也。要其极致，乃见天地无心，而人为之心。心失其正，则吾亦万象而已；心得其正，乃谓之人。此所以为天地立心，为生民立命，惟在于吾心。此可见心外无理，心外无物。所谓心者，非今一团血肉之具也，乃指其至灵至明、能作能知者也，此所谓'良知'也。然而无声无臭，无方无体，此所谓'道心惟微'也。以此验之，则天地日用，四时鬼神，莫非一体之实理；不待有所彼此比拟者。古人之言合德合明、如天如神、至善至诚者，皆自下学而言，犹有二也；若其本体，惟吾而已，更何处有天地万象？此大人之学所以与天地万物一体也。一物有外，便是吾心未尽处，不足谓之学。"此乙酉十月与宗范、正之、惟中闻于侍坐时者，丁亥七月追念而记之，已属渺茫，不若当时之释然，不见师友之形骸，堂宇之限隔也。（朱得之辑《稽山承语》。）

歌诗之法，直而温，宽而栗，刚而无虐，简而无傲。歌永言，声依永而已。其节奏抑扬，自然与四时之叙相合。（同上）

嘉靖丁亥，得之将告归，请益。师曰："四方学者来此相从，吾无所界益也，特与指点良知而已。良知者，是非之心，吾之神明也。人皆有之，但终身由之而不知者众耳。各人须是信得及，尽着自己力量，真切用功，日当有见。六经四子，亦惟指点此而已。近来学者与人论学，不肯虚心易气，商量个是当否，只是求伸其说，不知此已失却为学之本，虽论何益？又或在此听些说话，不去切实体验，以求自得，只管逢人便讲；及讲时又多参以己见，影响比拟，轻议先儒得失。若此者，正是立志未真，工夫未精，不自觉其粗心浮气之发，使听者虚谦问学之意反为蔽塞，所谓轻自大而反失之者也。往时有几个朴实头的,到能反己自修,及人问时,不肯多说,只说我闻得学问头脑只是致良知,不论食息语默,有事无事,此心常自炯然不昧,不令一毫私欲干涉,便是必有事焉,便是慎独,便是集义,便是致中和。又有一等渊默躬行,不言而信,与人并立,而人自化,此方是善学者,方是为己之学。"(同上)

杨文澄问:"意有善恶,诚之将何稽?"师曰:"无善无恶者心也,有善有恶者意也,知善知恶者良知也,为善去恶者格物也。"曰:"意固有善恶乎?"曰:"意者心之发,本自有善而无恶,惟动于私欲而后有恶。惟良知自知之,故学问之要曰致良知。"

或问三教同异。师曰:"道大无外,若曰各道其道,是小其道矣。……其初只是一家,去其藩篱,仍旧是一家。三教之分,亦只似此。"(同上)

丙戌春末,师同诸友登香炉峰,各尽足力所至,惟师与董萝石、王正之、王惟中数人至顶。时师命诸友歌诗,众皆喘息不定。萝石仅歌一句,惟中歌一章,师复自歌,婉如平时。萝石问故。师曰:"我登山,不论几许高,只登一步。诸君何如?"惟中曰:"弟子辈足到山麓时,意已在山顶上了。"师曰:"病是如此。"(同上)

或问:"裴公休序《圆觉经》曰:'终日圆觉而未尝圆觉者,凡夫也;欲证圆觉而未极圆觉者,菩萨也;具足圆觉而住持圆觉者,如来也。'何如?"曰:"我替他改一句,终日圆觉而未尝圆觉者,凡夫也;欲证圆觉而未极圆觉者,菩萨也;具足圆觉而住持圆觉者,罗汉也;终日圆觉而未尝圆觉者,如来也。"(同上)

董萝石平生好善恶恶甚严,自举以问。阳明先生曰:"好字原是好字,恶字原是恶字。"董于言下跃然。(《明儒学案》卷二十五

《明经朱近斋先生得之》。)

有称阳明者曰："古之名世，或以文章，或以政事，或以气节，或以勋烈，公皆兼之，独除却讲学一节，便是全人。"阳明笑曰："某愿从事讲学一节，尽除却四者，亦是全人。"（刘鳞长《浙学宗传·阳明先生语录》。按：邹守益《阳明先生文录序》亦收录此语。）

此学如立在空中，四面皆无倚靠，万事不容染着，色色信地本来，不容一毫增减，若涉些安排，着些意思，便不是合一工夫。（同上）

阳明曰："求圣贤之遗言于简册，不若求圣贤之遗言于吾心，简册其糟粕，吾心其精微也。糟粕者，精微之所在也，学者因言以求心，心得而精微尽，则吾心即圣贤之心也。"（李呈祥《古源山人日录》卷七《知行分合》。）

江西万安县有一士人姓刘者，忧贫不能置义田以济族人，拳拳对其诸友言之。一日，又以问于阳明，阳明曰："吾恐汝义田未举，而心田先坏矣。"既而又曰："凡立言，贵不偏，吾言适偏矣。力可济，则济之；力不可济，则已。不必以此累心。"（同上卷八《泛论》。）

或问于阳明曰："予平生未尝为奸淫之事。"阳明曰："汝不是身奸，恐心奸之矣。"其人毛竦汗出，如有所失。（同上）

王伯安曰："客与主对，让尽所对之宾，而安心居于卑末，又能尽心尽力供养诸宾，有失错又能包容，此主气也。惟恐人加于吾之上，惟恐人怠慢我，此是客气。"（许自昌《樗斋漫录》卷四。）

王阳明儿时，客令举令。公言欲《论语》有"譬"字一句，乃举"能近取譬"一语。客易之，各举"譬如北辰"、"譬诸草木"等语。公各罚一觥，曰："儿譬从下出，诸公乃从上出乎？"此时已鼓弄诸人于掌握之上矣。（同上卷六。）

寓京，以书尽规门弟，至抵牾有违言，自省曰："不能积诚反躬，而徒腾口说，吾罪也。"（俞廷佐《儒宗约旨》卷十《阳明先生考》。）

寻转考功司郎中，门人稍益进，谓王司成云凤曰："仁，人心也。体本弘毅，识仁，则弘毅自不容已。"（同上）

王文成言："吾儒并包二氏，后儒不察，仅得一偏。犹之一室三间，割左以与释，割右以与老，不知三间俱是我一室所有。"（谢文洊《程山先生日录》卷三。）

（阳明）遂献俘，偕予行。上遣许泰、张忠辈率师直捣江西，而阳明由浙江以达，迎驾献俘。时上已差张永由镇江入浙，以要众囚，至广信，张忠差人奉命取囚，予与阳明论，请付囚与诸将，与之同见行朝，则功成于我者，皆朝廷成命所致，不可抗也。不听。时鹅湖费公家居，余往谒鹅湖相告，是余言，而往说阳明，不允。竟趋浙，而张永已到杭州相邀矣。阳明乃以囚委余为去就，偕张永行，而己留于杭。从此张忠、许泰之飞语诬阳明，上达武宗，赖张永敷陈诚款，以一家保，阳明且曰："往年真镨反，今年宸濠反，天下王府、将军、中尉七千余家，安保无今日事？王守仁一人受诬得罪，他日谁肯向前平乱？"幸上信其言，自后谗谤无从而入也。（陈槐《闻见漫录》卷上。）

　　嘉靖丁亥四月,时邹谦之谪广德,以所录先生文稿请刻。先生止之曰:"不可。吾党学问,幸得头脑,须鞭辟近里,务求实得,一切繁文靡好,传之恐眩人耳目,不录可也。"谦之复请不已,先生乃取近稿三之一,标揭年月,命德洪编次……明日,德洪掇拾所遗复请刻。先生曰:"此爱惜文辞之心也。昔者孔子删述六经,若以文辞为心,如唐、虞、三代,自《典》、《谟》而下,岂止数篇?正惟一以明道为志,故所述可以垂教万世。吾党志在明道,复以爱惜文字为心,便不可入尧、舜之道矣。"德洪复请之不已。乃许数篇,次为附录,以遗谦之,今之广德版是也。(钱德洪《刻文录叙说》。)

　　先生读《文录》,谓学者曰:"此编以年月为次,使后世学者,知吾所学前后进诣不同。"又曰:"某此意思赖诸贤信而不疑,须口口相传,广布同志,庶几不坠。若笔之于书,乃是异日事,必不得已,然后为此耳。"又曰:"讲学须得与人人面授,然后得其所疑,时其浅深而语之。才涉纸笔,便十不能尽一二。"(同上)

　　或问:"先生所答示门人书稿,删取归并,作数篇训语以示将来,如何?"先生曰:"有此意。但今学问自觉所进未止,且终应酬无暇。他日结庐山中,得如诸贤有笔力者,聚会一处商议,将圣人至紧要之语发挥作一书,然后取零碎文字都烧了,免致累人。"(同上)

　　昔武宗南巡,先生在虔,奸贼在君侧,间有以疑谤危先生者,声息日至,诸司文帖,络绎不绝,请先生即下洪,勿处用兵之地,以坚奸人之疑。先生闻之,泰然不动。门人乘间言之,先生姑应之曰:"吾将往矣。"一日惟濬亦以问,先生曰:"吾在省时,权竖如许,势焰疑谤,祸在目前,吾亦帖然处之。此何足忧?吾已解兵谢事乞去,只与朋友讲学论道,教童生习礼歌诗,乌足为疑?纵有祸患,亦畏避不得。雷要打，便随他打来，何故忧惧？吾所以不轻动，亦有深虑焉尔。"又一人使一友亦告急，先生曰："此人惜哉不知学，公辈曷不与之讲学乎？"是友亦释然，谓人曰："明翁真有赤鸟几几气象。"（同上）

甲戌，升南京鸿胪卿……谓陆澄曰："义理无定在，无穷尽，未可少有得即自足。尧、舜之上善无尽，今学者于道若管窥天，少有所见，遂傲然居之不疑，与人言论不得其终，而先怀轻忽非笑心，詜詜之声音颜色，有道者侧观之，方为之悚息汗颜，而彼且悍然不顾，略无省悔，可哀已。"澄问："论道者往往不同，何如？"曰："道无方体，即天也。人尝言天，实未知天，若解道即天，何莫非道？彼局于一隅之见，以为道止如此，若解向里寻求，见得自己心体，即无处不是此道，亘古亘今，无始无终，更何同异？盖心即道，道即天，知心，则知道、知天矣。欲见此道，须从此心上体验始得。"又曰："心不可以动静分体用，动静时也，即体而言，用在体；即用而言，体在用。谓静可见体，动可见用，则得。精神言动，大率以收敛为主，发散是不得已。天地人物皆然。圣人到位天地，育万物，从喜怒哀乐未发之中养来，后儒不明格物之说，见圣人无不知、无不能，乃于初学入门时欲讲求得尽，岂有此理？"（耿定向《耿天台先生文集》卷十三《新建侯文成先生世家》。）

王阳明先生评《目莲曲》，曰："词华不似《西厢》艳，更比《西厢》孝义全。"亦神道设教意也。（《民国南陵县志》卷四《舆地》，茆耕如《目莲资料编目概略》。）

（王襞）九岁时，随先公读书于文成公家。一日，大会绅士夫，不啻千人。公命童子歌，众皆歉，独先生高歌自如。文成公呼视之，知为先公子也，乃讶之曰："吾说吾浙中无此子也。"甚奇之。又一日，入公府，值数十犬丛吠之，先生拱立不动，神色自如。公见益奇之，告于众曰："此子气宇不凡，吾道当有寄矣。"居十年方归娶耳。（王襞《新镌东厓王先生遗集》卷下《东厓先生行状》。）

予旧曾以持话头公案质于先师，谓："此是古人不得已权法。释迦主持世教无此法门，只教人在般若上留心。般若，所谓智慧也。嗣后，传教者将此事作道理知解理会，渐成义学。及达磨入中国，不立文字，直指人心，见性成佛，从前义学，尽与刊下。传至六祖以后，失其源流，复成义学。宗师复立持话头公案，顿在八识田中，如嚼铁酸馅，无义路可寻讨，无知解可凑泊，使之认取本来面目，圆满本觉真心。因病施药，未尝有实法与人，善学者可以自悟矣。"（《王畿集》卷六《答五台陆子问》。）

宋子命诸生歌诗，因请问古人歌诗之意，先生曰："……《礼记》所载'如抗如坠，如槁木贯珠'，即古歌法，后世不知所养，故歌法不传。至阳明先师，始发其秘，以春夏秋冬、生长收藏四义，开发收闭为按歌之节，传诸海内，学者始知古人命歌之意。先师尝云：'学者悟得此意，直歌到尧舜羲皇，只此便是学脉，无待于外求也。'……"（《王畿集》卷七《华阳明伦堂会语》。）

（魏良弼）为王文成高弟，文成每于坐上目先生曰："担当世道，力行所知，将在此子。"（魏良弼《太常少卿魏水洲先生文集》卷首《理学名臣水洲魏先生文集序》，卷六《魏水洲先生行略》。）

阳明先生自立志后，群少复来戏游，先生曰："吾已为圣人徒矣，岂从子辈游？"群小自此退去，而先生行始卓。（刘宗周《刘宗周全集》第二册《语类》三《人谱杂记》二。）

佛氏本来面目，即吾圣人所谓良知。工夫本体，大略相似，只佛氏有个自私自利之心，所以不同。佛氏外人伦，遗物理，固不得谓之明心。（同上第三册《文编》三《答王金如三》。）

阳明尝曰："吾起初为学，尚未力，后来被朋友挟持，遂放倒不得。是故为善未有独成者，总是不专心致志。专心致志，自能求助于君子，不为小人所惑。"（同上第五册《孟子师说》卷六。）

阳明先生教人，其初只是去人欲、存天理。或问："何者为天理？"曰："去得人欲，便是天理。"大抵使人自悟而已。他日，则曰："元来只有这些子，连这些子亦形容不得。"辄健羡不已者久之。其后乃有"良知只是独知"之说，既不费形容，亦不须健羡。（同上第二册《语类》十二《学言》。）

（阳明）先生奚废书乎？昔者郭善甫见先生于南台，善甫嗜书者也，先生戒之曰："子姑静坐。"善甫坐余月，无所事，复告之曰："子姑读书。"善甫憝而过我曰："吾滋惑矣。始也教庆以废书而静坐，终也教庆废坐而读书，吾将奚适矣？"侃告之曰："是可思而人矣。"（薛侃《研几录》。）

予尝载酒从阳明先师游于鉴湖之滨，时黄石龙亦预焉。因论戒慎不睹、恐惧不闻之义，先师举手中箸示予曰："见否？"则对曰："见。"既而以箸隐之桌下，又问曰："见否？"则对曰："不见。"先生微哂。予私问之石龙，石龙曰："此谓常睹常闻也。初亦不解，后思而得之。盖不睹中有常睹，故能戒慎不睹；不闻中有常闻，故能恐惧不闻。此天命之于于穆不已也。故当应而应，不因声色而后起念;不当应而不应,虽遇声色而能忘情。此心体所以为得正,而不为闻见所牵也。"石龙名绾,后号久庵。(季本《说理会编》卷三。)

良知良能本一体也。先师尝曰:"知良能,是良知;能良知,是良能。此知行合一之本旨也。"(同上,卷四。)

先师曰:"日间工夫,觉懒看书,则且看书,此胜怠之苦功也。不如是,则惰不警。"又曰:"无事时,将好货、好色、好名等私逐一追究,搜寻出来,定要拔去病根,永不复起,此检身之密功也。不如是,则慝不修。"(同上,卷五。)

先师尝言:"才略、谋略、方略、经略,古人皆谓之略,略则简而不烦,可胜大事。因略致详,随时精进而已,何难之有!若务于详,鲜有能略者。盖不患不能详,而患不能略也。"(同上,卷七。)

阳明先生解《大学》"明明德于天下"云:"明我之明德于天下,合知篇首在明明德,则谓明我之明德于凡天下国家,日用应酬,无适而非明德之著。"(王栋《一庵王先生遗集》卷上《会语正集》。)

王文成曰:"朋友之交,以相下为益。或议论未合,要在从容涵育,相感以诚,不得动气求胜,长傲遂非,务在默而成之,不言而信。其或矜人之长,攻人之短,粗心浮气,矫以沽名,讦以为直,挟胜心而行愤嫉,以圮族败群为志,则虽日讲时习于此,亦无益矣。"(詹景凤《詹氏性理小辨》卷十五。按:此段文字《王阳明全集》卷八《书中天阁勉诸生乙酉》收录。)

王文成曰:"曾子病革而易箦,子路临绝而结缨,横渠撤虎皮而使其子弟从讲于二程,惟天下之大勇无我者能之。"(同上)

人臣居功最难。昔王文成既擒宸濠于江上,访一老者,为道所以擒获方略。老者曰:"公祸且立至,何方略之云云。"文成惊问:"何谓?"曰:"君但围困宸濠,使不得逃遁,而待大军至,功归大军,此上策也。即不得已而擒之,且勿献捷,待大军至而后献,此中策也。今大军方来且近,君不能待而急于擒获献捷,此下策也。君由下策,彼大军至,将以何为? 彼且以为专功而祸君矣,君其能焉?"文成再拜称服。未几,果被口语。(同上卷三十一。)

人问王阳明曰:"圣人果以相助望门弟子否?"阳明曰:"亦是实话。圣人之言,本是周遍,但有问难的人,胸中滞碍,圣人被他一难,发挥的愈加精神。若颜子胸中了然,如何得问难? 故圣人亦寂然不动,无所发挥。"(智旭《四书蕅益解·先进篇》。)

永至浙江,宣书曰:"上令仗钺抚臣不得抗礼。"阃中门者累日。守仁一日直入馆中,坐永卧榻上。永惊异之,已聆守仁言议忠慨,且稍持其阴事,益靡然,顾尚持气岸曰:"公何为国苦辛如是? 盍早投我怀中?"守仁曰:"岂有投人王节使耶? 公投我怀中,则可共成国事耳。"永曰:"我故非负国者,公不见我安化事乎?"守仁曰:"公不负国,何为令主上南征?"永曰:"南征何害?"守仁曰:"宁藩图衅,江左久虚。顷继以军兴,郊郭数千里间,亡不折骸而炊,易子而食。余孽窜伏江湖,尚觊时候,王师果南,非值此辈乘间,即百姓不支,且揭竿起矣。"永大悟,则曰:"公所槛与俱来者,不可不归我。"守仁曰:"我安用此?"则以俘归永。永至南京,见上具言守仁忠。(何乔远《名山藏列传·宦者记·张永传》。)

阳明子曰:"理无动者也,循理则酬酢万变,而未尝动;不则虽槁心而未尝静。良知之体,本自宁静,却添求宁静;本自生生,却添个欲无生,非独圣门致知不如此,佛氏之学亦未必如此。将迎意必也,只是致良知,彻首彻尾,即是前念不灭,后念不生。今欲前念易灭,后念不生,是佛所谓'断灭种性'也。"(方以智《药地炮庄》卷五。)

王阳明先生云:"人之诗文,先取真意。譬如童子垂髫肃揖,自有佳致。若带假面伛偻,而装须髯,便令人生憎。"(袁枚《随园诗话》卷三。)

贼众号数十万,舟楫蔽江,声言欲犯留都。且分兵北上,而万里告急,又不可遽达于九重。公慨然叹曰:"事有急于君父之难者乎? 贼顺流东下,我苟不为牵制之图,沿江诸郡万有一失焉,旬月之间必且动摇京辅。如此则胜负之算未有所归,此诚天下安危之大机,义不可舍之而去也。"遂徇太守伍君文定之请,暂住吉安,以镇抚其军民。且礼至乡宦王公与时、刘公时让、邹公谦之、王君宜学、张君汝立、李君子庸辈,与之筹画机宜。(费宏《费宏集》卷十四《贺大中丞阳明王公讨逆成功序》。)

正德丁丑之春,信丰复告急于巡抚都御史王公伯安。伯安召诸县苦贼者数十人,问何以攻之。皆谓非多集狼兵弗济,又谓狼兵亦尝再用矣,竟以招而后定。公曰:"盗以招蔓,此顷年大弊也,吾方惩之。且兵无常势,奚必狼而后济耶? 若等能为吾用,独非兵乎?"乃与巡按御史屠君安卿、毛君鸣冈,合疏以剿请。又请重兵权,肃军法,以一士心。(同上卷八《平浰头记》。)

酋长谢志珊就擒，先生问曰："汝何得党类之众若此？"志珊曰："亦不容易。"曰："何？"曰："平生见世上好汉，断不轻易放过，多方钩致之，或纵其酒，或助其急，待其相德，与之吐实，无不应矣。"先生退语人曰："吾儒一生求朋友之益，岂异是哉？"（钱德洪《阳明先生年谱》"正德十二年十一月"下。）

先生大征，既上捷，一日，设酒食劳诸生，且曰："以此相报。"诸生瞿然问故，先生曰："始吾登堂，每有赏罚，不敢肆，常恐有愧诸君。比与诸君相对久之，尚觉前此赏罚犹未也，于是思求其过以改之。直至登堂行事，与诸相对时，无少增损，方始心安。此即诸君之助，固不必事事烦口齿为也。"诸生闻言，愈省各畏。（同上"正德十四年九月"下。）

先生在吉安，守益趋见，曰："闻濠诱叶芳兵夹攻吉安。"先生曰："芳必不叛。诸贼旧以茅为屋，叛则焚之。我过其巢，许其伐钜木创屋万余。今其党各千余，不肯焚矣。"益曰："彼从濠，望封拜，可以寻常计乎？"先生默然良久，曰："天下尽反，我辈固当如此做。"益惕然，一时胸中利害如洗。次早复见曰："昨夜思之，濠若遣逮老父，奈何？""已遣报之，急避他所。"（同上"正德十四年六月"下。）

先生在赣时，有言万安上下多武士者。先生令参随往纪之，命之曰："但多膂力，不问武艺。"已而得三百余人。龙光问曰："宸濠既平，纪此何为？"曰："吾闻交阯有内难，出其不意而捣之，一机会也。"后二十年，有登庸之役。（同上"正德十五年七月"下。）

进贤舒芬以翰林谪官市舶，自恃博学，见先生问律吕，先生不答。且问元声，对曰："元声制度颇详，特未置密室经试耳。"先生曰："元声岂得之管灰黍石间哉？心得养则气自和，元气所由出也。

《书》云'诗言志',志即是乐之本;'歌永言',歌即是制律之本。永言和声,俱本于歌,歌本于心,故心也者,中和之极也。"芬遂跃然拜弟子。(同上"正德十五年九月"下。)

邹守益、薛侃、黄宗明、马明衡、王艮等侍,因言谤议日炽。先生曰:"诸君且言其故。"有言先生势位隆盛,是以忌嫉谤;有言先生学日明,为宋儒争异同,则以学术谤;有言天下从游者众,与其进不保其往,又以身谤。先生曰:"三言者诚皆有之,特吾自知诸君论未及耳。"请问。曰:"吾自南京已前,尚有乡愿意思。在今只信良知真是真非处,更无掩藏回护,才做得狂者。使天下尽说我行不掩言,吾亦只依良知行。"请问乡愿、狂者之辨。曰:"乡愿以忠信廉洁见取于君子,以同流合污无忤于小人,故非之无举,刺之无刺。然究其心,乃知忠信廉洁所以媚君子也,同流合污所以媚小人也,其心已破坏矣,故不与入尧、舜之道。狂者志存古人,一切纷嚣俗染,举不足以累其心,真有凤凰翔于千仞之意,一克念即圣人矣。惟不克念,故阔略事情,而行常不掩。惟其不掩,故心尚未坏而庶可与裁。"曰:"乡愿何以断其媚世?"曰:"自其议狂狷而知之。狂狷不与俗谐,而谓生斯世也,为斯世也,善斯可矣,此乡愿志也。故其所为皆色取不疑,所以谓之'似'。三代以下,士之取盛名于时者,不过得乡愿之似而已。然究其忠信廉洁,或未免致疑于妻子也。虽欲纯乎乡愿,亦未易得,而况圣人之道乎?"曰:"狂狷为孔子所思,然至于传道,终不及琴张辈而传曾子,岂曾子亦狷者之流乎?"先生曰:"不然。琴张辈狂者之禀也,虽有所得,终止于狂。曾子中行之禀也,故能悟入圣人之道。"(同上"嘉靖二年二月"下。)

中秋月白如昼,先生命侍者设席于碧霞池上,门人在侍者百余人。酒半酣,歌声渐动。久之,或投壶聚算,或击鼓,或泛舟。先生见诸生兴剧,退而作诗,有"铿然舍瑟春风里,点也虽狂得我情"之句。明日,诸生入谢。先生曰:"昔者孔子在陈,思鲁之狂士。世之学者,没溺于富贵声利之场,如拘如囚,而莫之省脱。及闻孔子之教,始知一切俗缘,皆非性体,乃豁然脱落。但见得此意,不加实践以入于精微,则渐有轻灭世故、阔略人物之病。虽比世之庸庸琐琐者不同,其为未得于道一也。故孔子在陈思归,以裁之使入于道耳。诸君讲学,但患未得此意。今幸见此,正好精诣力造,以求至于道,无以一见自足而终止于狂也。"(同上"嘉靖三年八月"下。)

心之良知,是谓圣。圣人之学,惟是致此良知而已。自然而致之者,圣人也;勉然而致之者,贤人也;自蔽自昧而不肯致之者,愚不肖者也。(《传习则言》。)

(薛)俊遂执弟子礼,问行己之要。阳明曰:"自尚谦与予游,知子笃行久矣,试自言之。"俊曰:"俊未知学,但凡事依理而行,不敢出范围耳。"阳明曰:"依理而行,是理与心犹二也。当求无私行之,则一矣。"自是所学日进。(《光绪海阳县志·薛俊传》。)

"张文定公齐贤戒子曰:'慎言浑不畏,忍事又何妨?国法须遵守,人非莫举扬。无私仍克己,直道更和光。此个如端的,天应降吉祥。'"阳明王伯安先生教小儿语云。(陈全之《蓬窗日录》卷八《诗话二》。)

阳明先生尝与冀暗斋先生说:"一日,在龙场静坐到寂处,形骸全忘了。偶因家人开门警觉,香汗遍体。"谓:"释家所谓'见性'是如此。"(蒋信《蒋道林先生桃冈日录》。)

　　向见阳明先生,问学,阳明说:"习静之学,自濂溪以下,口口相传。周子说'定之以中正仁义而主静'。明道则终日端坐,如泥塑人。伊川见人静坐,便叹其善学。李侗受学于罗从彦,曰:'先生静坐,侗入室中亦静坐。先生每令侗于静中看喜怒哀乐未发作何气象。'只初学时,不可强要心静,只把当闲事干,久之,光景自别。"(同上)

　　寻转考功司郎中,门人稍益进,谓王司成云凤曰:"仁,人心也,体本弘毅;识仁,则弘毅自不容已云。"(俞廷佐《儒宗约旨》卷十《阳明王先生考》。)

　　入栖西樵,惟与方、湛二公往来讲学。时王阳明先生巡抚南赣,闻之,喜曰:"英贤之生同时共地,良不易得。乘此机会,毋虚岁月,是所望也。"(霍韬《石头录·石头录原编》。)

　　公论当世人物曰:"魏子才之诚,王伯安之才,两者兼之,可以为全人矣。"阳明闻之,曰:"渭先谓我未诚,不知何事欠诚?"(同上)

　　无事时固是独知,有事时亦是独知,只是一个工夫。人若不知于此独知之地用力,只在人所共知处修为,只是作伪。此独知处,便是诚的萌芽。此处不论善念恶念,更无虚假,一是百是,一错百错,正是王霸义利诚伪界头,于此一立立定,便是立诚,便是端本澄源之学。(《湖北文物典》六《书画》。)

　　按：此为罗洪先书王阳明语录手迹，今藏湖北省博物馆，题款："嘉靖戊申八月朏，后学吉水罗洪先书于彭□□中。"考阳明《传习录》卷一中有是语录，但句多有异，或是罗洪先从初版《传习录》中抄录，故今仍辑录于此。

　　癸酉，升南京太仆寺少卿，值留坰多暇……训后学，随方而答，必畅本原，恒语诸生曰："不患外面言诱，唯患诸生以身谤。拳拳以孝悌礼让为贵，即闾阎小竖咸歆向慕，思有所表，则欲殊于俗，滁水之上洋洋如也。"（雷礼《南京太仆寺志》卷十五《王守仁》。）

　　阳明曰："此学更无他，只是这些子了，此更无余矣。"又曰："连这些子亦无放处。"（彭绍升《儒门公案拈题》。）

　　三五刘先生阳，字一舒，安福人……遂专如虔……旦日，见王公，称弟子。王公视其修干疏眉，飘飘然世外之态，顾谓诸生曰："此子当享清福。"已又谓先生曰："若能甘至贫至贱者，斯可为圣人。"先生跪受教。（王时槐《御史刘先生阳传》，《国朝献征录》卷六十五。）

　　欧阳瑜，字汝重，安福人……从阳明先生学，雅见器重。将别，请益，先生曰："常见自己不是，此吾六字符也。"（王时槐《四川布政司参议欧阳公瑜传》，《国朝献征录》卷九十八。）

　　（正德十五年）十二月，先生官中稍暇，即静坐。龙光外侍，问曰："外间有何闻?"曰："无有。"光喜，得间造膝曰："后主未立，光辈报恩无地。"先生曰："天地生人，自有分限。吾亦人耳，此学二千年来不意忽得真窍，已为过望。今侥幸成此功，若又得子，不太完全乎？汝不见草木，那有千叶石榴结果者？"光闻之悚然。(《大儒学粹》卷九《阳明先生》。)

尝语学者曰："我此良知，苍蝇停脚不得。"盖言微乎其微，学者须用力而自得之，不可以言传，而亦不能以言传也。(同上)

先生大征，既上捷，一日，设酒食劳诸生，且曰："以此相报。"诸生瞿然不安，问故，先生曰："始吾登堂，每有赏罚，不敢放肆，常恐有愧诸君，自谓无过举矣。比与诸君相对久之，尚觉前此赏罚犹未也。于是思求其过以改之。几番磨擦，直至登堂行事，与诸君相对时，无少增损，方心安然，已不知费多少力气矣。此即诸君教诲所在，固不必事事烦诸君口齿为也。"诸生闻言，愈益有畏。(同上。按：《王阳明全集》卷三十二《年谱一》"正德十三年九月"下著录此条，文字稍异。)

阳明云："文公晚年，知向时定本之误，是其不可及处。力量大，一悔便转。可惜不久即去世，平日许多错处，皆不及改正。"(郑善夫《少谷集》卷二十二《子通论道》。)

朱应钟，字阳仲，号青城山人……闻王阳明先生倡道东南，趋而就学。先生器重之，语曰："以子之沉重简默，庶几近道。予方以圣贤之徒期汝，文人之雄，非所望也。"(《光绪遂昌县志》卷八《朱应钟传》。)

闻渊，字静中，号石塘……渊与张文定邦奇通举同志，王文成守仁尝谓崔诜曰:"圣虽学作,允赖于资。如明山二子,其希圣也何有?"(《康熙鄞县志》卷十六《闻渊传》。)

　　(王艮)既入豫章城,服所制冠服,观者环绕市道。执"海滨生"刺以通门者,门者不对,因赋诗为请。诗曰:"孤陋愚蒙住海滨,依书践履自家新。谁知日月加新力,不觉腔中浑是春。闻得坤方布此春,告违艮地乞斯真。归仁不惮三千里,立志惟希一等人。去取专心循上帝,从违有命任诸君。磋磨第愧无胚朴,请教空空一鄙民。"阳明公闻之,延入,拜亭下。见公与左右人,宛如梦中状。先生曰:"昨来时,梦拜先生于此亭。"公曰:"真人无梦。"先生曰:"孔子何由梦见周公?"公曰:"此是他真处。"先生觉心动,相与究竟疑义,应答如响,声彻门外。遂纵言及天下事。公曰:"君子思不出其位。"先生曰:"某草莽匹夫,而尧、舜君民之心,未尝一日忘。"公曰:"舜居深山,与鹿豕木石游,居终身忻然,乐而忘天下。"先生曰:"当时有尧在上。"公然其言,先生亦心服公。稍稍隅坐,讲及致良知,先生叹曰:"简易直截,予所不及。"乃下拜而师事之。辞出,就馆舍,绎思所闻,间有不合,遂自悔曰:"吾轻易矣。"明日,复入见公,亦曰:"某昨轻易拜矣。"请与再论。先生复上坐,公喜曰:"善。有疑便疑,可信便信,不为苟从,予所甚乐也。"乃又反复论难,曲尽端委。先生心大服,竟下拜执弟子礼。公谓门人曰:"吾擒宸濠,一无所动,今却为斯人动。"居七日,告归省,公曰:"孟轲奇寡母居邹,游学于鲁,七年而学成。今归何亟也?"先生曰:"父命在,不敢后期。"先生既行,公语门人曰:"此真学圣人者。疑即疑,信即信,一毫不苟。诸君莫及也。"门人曰:"异服者与?"曰:"彼法服也。舍斯人,吾将谁友?"先生初名"银",公乃易之名"艮",字

"汝止"。(董燧《王心斋先生年谱》。)

　　刘潜,字孔昭,城西坊人……闻王文成公守仁讲学于虔,乞归就道,铜陵人士环泣遮留,不得。及归里,会守仁誓师鹿江,潜趋谒行,间闻致良知之说,而学益精。守仁曰:"刘君所学,实措诸行事,犹程子令晋城也,惜未遇吕公,不得大展所学耳。"(《同治赣县志》卷三十四《刘潜传》。)

　　欧阳阅,字崇勋,泰和人,文庄公之族兄也。从王文成游。宸濠有异志,进曰:"以时事论,将有汉七国之变,计将安出?"三问文成不应,而密诏之曰:"书生何容易谭天下事? 可读《易》洗心。"一句沉思有悟。(《涌幢小品》卷十一《两欧阳》。)

　　罗琛,字松坪。十二岁为弟子员,闻王守仁讲学章贡,往师之。一日,侍守仁招提,守仁问:"钟声何如叩之即应?"答曰:"钟空则鸣,心虚则灵。一物实其中,钟声必不应;一欲横于中,则心必不明。"守仁大然之。(《光绪吉水县志》卷三十六《儒林》。)

　　(博学于文)"此所谓文,躬行实践中,无过不及,有天理之节文,与'博我以文'相同,非'则以学文'之文与'文莫吾与'之文也。于五常百行,每求其无私心而合天理,谓之博文。礼者,理也。文而可观,总谓之礼。文虽不同,礼无二致,万殊而一本也。故事亲可观,事亲中乎礼矣;从兄可观,从兄中乎礼矣;以至凡事皆然。虽《诗》、《书》、六艺,博学详说,亦皆以资益身心为主,而无夸多斗靡为名为利之心,使之尽归宿于此。礼谓之约礼,如此,庶乎不背于理,故曰'亦可以弗畔矣夫'。若夫记诵文词之间,其亦异乎颜子之学矣。"愚闻于先师阳明者如此。(《董汉阳碧里后集·疑存》。)

(默而识之)阳明先生曰:"识,当音失,谓心通也。心之精微,口不能言,下学上达之妙,在当人自知。不言者,非不言也,难言也。存诸心者,不待存也,乃自得也,此之谓默识。"(同上)

(温故而知新)窃尝闻于阳明:"身体力行,谓之学。口耳闻见,非学也。"(同上)

(吾有知乎哉)尝闻之阳明先生曰:"无知,是圣人之本体。未接物时,寂然不动。两端,乃是非可否之两端。叩者,审问也。设有鄙夫来问,此时吾心空空如也。鄙夫所问虽寻常之事,必有两端不定之疑,我则审问其详,是则曰是,非则曰非,可则曰可,否则曰否。一如吾心之良知以告之,此心复归于空,无复余蕴,故谓之竭。"先师面授者如此。(同上)

何廷仁,初名秦,字性之,别号善山……王公守仁节镇虔台,四方学者多归之,廷仁曰:"吾恨不及白沙之门,阳明子,今之白沙也。"遂裹粮入郡……追至南康拜之。时廷仁有继母之丧,斩然以礼自持,守仁见之,叹曰:"是可谓不学以言,而学于躬也。"(《康熙雩都县志》卷九《何廷仁传》。)

何春,字元之……王公守仁开府虔南,春谓弟廷仁曰:"此孔门嫡派也,吾辈当北面矣。"乃偕弟师事焉……阳明子语及同门曰:"何元之功夫,真所谓近里着己也。"一日,问于阳明子曰:"心有动静,道无间于动静。故周子谓'动而无静,静而无动,为物';谓'动而无动,静而无静,为神'也。且夫不睹不闻,静也,起念戒惧,则不可谓之静;隐见微显,动也,极深研几而心不放,则不可谓之动。故邵子曰：'一动一静之间，天地人之至妙至妙者与？'以此观之，人者，天地之心；性情者，天地之动静也。浑合无间，君子可以时以地而分用其功乎？分用其功，分用其心矣。天理间断，人欲错杂，精一之学，恐不如此。"阳明子亟肯曰："得之矣，得之矣！"（同上《何春传》。）

管登，字弘升，义泉其别号也……闻阳明先生论学虔中，语何廷仁、黄弘纲曰："昔伊洛渊源，实肇此地。今日圣道绝续之关，其在斯乎？"乃偕何、黄诸子而受业焉。阳明子一见，即语及门曰："弘升，盛德君子也。"语以格致之要，恍然有悟，如久歧迷途而始还故乡也……阳明子曰："弘升可谓通道极笃、入道极勇者也。"（同上《管登传》。）

阳明先师独揭良知，以开群迷。其言曰："世儒之支离外索于刑名器数之末，以求其所谓物理者，而不知吾心即物理，而无假于外也；佛老之空虚，遗弃其人伦物理之常，而明其所谓吾心者，而不知物理即吾心，不可得而遗也。"（黄弘纲《重修罗田岩濂溪阁记》，《康熙雩都县志》卷十四。）

是岁，从先生游者遇比多中式，而钱楩、魏良政发解江、浙两省焉。士官司理者恨为职业所萦，无暇为学。先生曰："凡学官先事，离事为学，非吾格致旨也。即以听讼言，如因其应对无状而作恶，因其言语圆融而生喜，因其请托而加憎，因有借援而曲狥；或以冗剧而怠，或以浸潜而消，皆私弊也。惟良知自知之，细自省克，不少偏枉，方是致知格物也。"（《国朝献征录》卷九《新建伯王文成公传》。）

　　愚尝亲闻于阳明曰:"要知前世因,今生受者是;要知来世果,今生作者是。尽之矣!"二十三言,历历在耳,阳明岂欺我哉!(董谷《碧里达存》卷下《性论》。)

　　(方泉公曰)余弱冠时,游阳明夫子之门,因论学而及举业。阳明夫子云:"两浙发科之最多者,莫如余姚;而倡之者,先君海日翁也。翁云:'唐宋以文章取士,首之以诗,次之以赋,终之以策。我朝则兼取并用之。然头场七篇犹诗也,贵清淡。次场论表,犹赋也,贵对偶。而典丽三场,则宋之策问也,贵通古今,而达时务。主考以是取士,为之中式,不可越也。'老儒不知此义,七篇多取古书,而剿之己意,以称其博,其言愈多,意愈晦,而中式愈远。"(徐霈《东溪先生文集》卷三《薛进士窗稿序》)

续传习录

　　耳目口鼻四肢,身也。非心,安能视听嗅食运动?心欲视听言动,无耳目口鼻四肢,亦不能。故无心则无身,无身则无心。但指其充塞处言之,谓之身;指其主宰处言之,谓之心;指心之发动处,谓之意;指意之灵明处,谓之知;指意之涉着处,谓之物。只是一件。意未有悬空的,必着事物,故诚欲意,则随意所在某事而格之,去其人欲而归于天理,则良知之在此事者,无蔽而得致矣。

　　九川问:"近年因厌泛滥之学,每要静坐,求屏息念虑,非惟不能,愈觉扰扰,如何?"先生曰:"念如何可息? 只是要正。"曰:"当自有无念时否?"先生曰:"实无无念时。"曰:"如此,却如何言静?"曰:"静未尝动,动未尝静。戒谨恐惧,即是念,何分动静?"曰:"周子何以言'定之以中正仁义而主静'?"曰:"无欲故静。是静亦定、动亦定的'定'字,主其本体也。戒惧之念,是活泼泼地,此是天机不息处,所谓'维天之命,于穆不已'。一息便是死。非本体之念,即是私念。"

人须在事上磨炼做功夫,乃有益。若只好静,遇事便乱,终无长进。那静时功夫,亦差似收敛,而实软弱也。

在虔,与于中、谦之同侍。先生曰:"人胸中各有个圣人,只自信不及,都自埋倒了。"

先生曰:"这些子看得透彻,随他千言万语,是非诚伪,到前便明,合得的便是,合不得的便非。如佛家说心印相似,真是个试金石、指南针。"

先生曰:"人若知这良知诀窍,随他多少邪思枉念,这里一觉,都自消融,真个是灵丹一粒,点铁成金。"

又曰:"知来本无知,觉来本无觉。然不知,则遂沦埋。"

先生曰:"大凡朋友,须箴规指摘处少,诱掖奖劝意多,方是。"后又戒九川云:"与朋友论学,须委曲谦下,宽以居之。常快活,便是功夫。"

须是勇。用功久,自有勇。故曰"是集义所生"者,胜得容易,便是大贤。

九川问:"此功夫却于心上体验明白,只解书不通。"先生曰:"只要解心。心明白,书自然融会。若心上不通,只要书上文义通,却自生意见。"

有官司之事,便从官司的事上为学,才是真格物。如问一词讼,不可因其应对无状,起个怒心;不可因他言语圆转,生个喜心;不可恶其嘱托,加意治之;不可因其请求,屈意从之;不可因自己事务烦冗,随意苟且断之;不可因旁人潜毁罗织,随人意思处之。这许多意思皆私,只尔自知,须精细省察克治,惟恐此心有一毫偏倚,枉人是非,这便是格物致知。簿书讼狱之间,无非实学。若离了事物为学,却是着空。

后世学者博闻多识,皆滞胸中,皆伤食之病也。

先生曰:"圣人亦是学知,众人亦是生知。"问曰:"何如?"曰:"这良知人人皆有,圣人只是保全,无些障蔽,竞竞业业,矗矗翼翼,自然不息,便也是学;只是生的分数多,所以谓之生知安行。众人自孩提之童莫不完具此知,只是障蔽多,然本体之知自难泯息,虽问学克治也只凭他;只是学的分数多,所以谓之学知利行。"

人心是天渊。心之本体无所不该,原是一个天,只为私欲障碍,则天之本体失了;心之理无穷尽,原是一个渊,只为私欲窒塞,则渊之本体失了。如今念念致良知,将此障碍窒塞一起去尽,则本体已复,便是天渊了。

先生曰:"圣贤非无功业气节,但其循着这天理,则便是道,不可以事功气节名矣。"

"发愤忘食",是圣人之志,如此真无有已时;"乐以忘忧",是圣人之道,如此真无有戚时。恐不必云得不得也。

问"知行合一"。先生曰:"此须识我立言宗旨。今人学问,只因知行分作两件,故有一念发动,虽是不善,然却未曾行,便不去禁止他。我今说个知行合一,正要人晓得一念发动处,便即是行了。发动处有不善,就将这不善的一念克倒了他,须要彻根彻底,不使那一念的不善潜伏在胸中。此是我立言宗旨。"

圣人无所不知,只是知个天理;无所不能,只是能个天理。圣人本体明白,故事事知个天理所在,便去尽个天理;不是本体明后,却于天下事物都便知得、便做得来也。

　　至善者,心之本体。本体上才过当些子,便是恶了。不是有一个善,却又有一个恶来相对也。故善恶只是一物。

　　动静只是一个。那三更时分,空空静静的,只是存天理,即是如今应事接物的心。如今应事接物的心,亦是循此天理,便是那三更时分空空静静的心。故动静只是一个,分别不得。知得动静合一,释氏毫厘差处,亦自莫掩矣。

　　人只有许多精神,若专在容貌上用功,则于中心照管不及者多矣。有太直率者。先生曰:"如今讲此学,却外面全不检束,便又分心,与事为二矣。"

　　文字去思索亦无害,但作了常记在怀,则为文所累,心中有一物矣。此则未可也。

　　凡作文字,要随我分限所及。若说得太过了,亦非修辞诚矣。

　　问"有所忿懥"一条。先生曰:"忿懥几件,人心怎能无得? 只是不可有耳。凡人忿懥着了一分意思,便怒得过当,非廓然大公之体了。故有所忿懥,便不得其正也。如今于凡忿懥等件只是个物来顺应,不要着一分意思,便心体廓然大公,得其本体之正了。且如出外见人相斗,其不是的,我心亦怒。然虽怒,却此心廓然不曾动些子气。如今怒人,亦得如此,方才是正。"

　　先生尝言:"佛氏不着相,其实着了相;吾儒着相,其实不着相。"请问。曰:"佛怕父子累,却逃了父子;怕君臣累,却逃了君臣;怕夫妇累,却逃了夫妇。都是为个君臣、父子、夫妇着了相,便须逃避。如吾儒有个父子,还他以仁;有个君臣,还他以义;有个夫妇,还他以别,何曾着父子、君臣、夫妇的相?"

　　黄勉叔问:"心无恶念时,此心空空荡荡的,不知亦须存个善念否?"先生曰:"既去恶念,便是善念,便复心之本体矣。譬如日光被云来遮蔽,云去光已复矣。若恶念既去,又要存个善念,即是日光之中,添燃一灯。"

初下手用功,如何腔子里便得光明? 譬如奔流浊水,才贮在缸里,初然虽定,也只是昏浊的。须俟澄定既久,自然渣滓尽去,复得清来。

先生曰:"吾教人致良知在格物上用功,却是有根本的学问,日长进一日,愈久愈觉精明。世儒教人事事物物上去寻讨,却是无根本的学问。方其壮时,虽暂能外面修饰,不见有过;老则精神衰迈,终须放倒。譬如无根之树,移栽水边,虽暂时鲜好,终久要憔悴。"

问"志于道"一章。先生曰:"只'志道'一句,便含下面数句功夫,自住不得。譬如做此屋,志于道是念念要去择地鸠材,经营成个区宅;据德却是经画已成,有可据矣;依仁却是常常住在区宅内,更不离去;游艺却是加些画采,美此区宅。艺者,义也,理之所宜者也。如诵诗读书弹琴习射之类,皆所以调习此心,使之熟于道也。苟不志道而游艺,却如无状小子,不先去制造区宅,只管要去买画挂做门面,不知将挂在何处。"

只要良知真切,虽做举业,不为心累,总有累,亦易觉,克之而已。且如读书时,良知知得强记之心不是,即克去之;有夸多斗靡之心不是,即克去之。如此,亦只是终日与圣贤相对,是个纯乎天理之心。任他读书,亦只是调摄此心而已,何累之有?

此学不明,不知此处担阁了几多英雄汉。

先生曰:"良知犹主人翁,私欲犹豪奴悍婢。主人翁沉疴在床,奴婢便敢擅作威福,家不可以言齐矣。若主人翁服药治病,渐渐痊可,略知检束,奴婢亦自渐听指挥。及沉疴脱体,起来摆布,谁敢有不受约束者哉? 良知昏迷,众欲乱行;良知精明,众欲消化,亦犹是也。"

问："'生之谓性',告子亦说得是,孟子如何非之?"先生曰:"固是性,但告子认得一边去了,不晓得头脑;若晓得头脑,如此说亦是。孟子亦曰'形色天性也',这也是指气说。"又曰:"凡人信口说,任意行,皆说此是依我心性出来,此是所谓'生之谓性',然却要有过差。若晓得头脑,依吾良知上说出来,行将去,便自是停当。然良知亦只是这口说,这身行,岂能外得气,别有个去行去说? 故曰'论性不论气,不备;论气不论性,不明'。气亦性也,性亦气也,但须识得头脑是当。"

又曰:"诸君功夫最不可助长。上智绝少,学者无超人圣人之理。一起一伏,一进一退,自是功夫节次。不可以我前日用功夫了,今却不济,便要矫强,做出一个没破绽的模样。这便是助长,连前些子功夫都坏了。此非小过。"

又曰:"人若着实用功,随人毁谤,随人欺慢,处处得益,处处是进德之资。若不用功,只是魔也,终被累倒。"

一友常易动气责人。先生警之曰:"学须反己。若徒责人,只见得人不是,不见自己非。若能反己,方见自己有许多未尽处,奚暇责人?"

黄勉之问:"'无适也,无莫也,义之与比。'事事要如此否?"先生曰:"固是事事要如此。须是识得个头脑乃可。义即是良知,晓得良知是个头脑,方无执着。"

问："'思无邪'一言,如何便盖得《三百篇》之义?"先生曰:"岂特《三百篇》,六经只此一言便可该贯。以至穷古今天下圣贤的话,'思无邪'一言也可该贯。此外更有何说? 此是一了百当的功夫。"

问"道心人心"。先生曰："率性之谓道，便是道心；但着些人的意思在，便是人心。道心本是无声无臭，故曰'微'；依着人心行去，便有许多不安稳处，故曰'惟危'。"

一友问："读书不记得，如何？"先生曰："只要晓得，如何要记得？要晓得，已是落第二义了。只要明得自家本体。若徒要记得，便不晓得；若徒要晓得，便明不得自家的本体。"

问："'逝者如斯'，是说自家心性活泼泼地否？"先生曰："然。须要时时用致良知的功夫，方才活泼泼地，方才与他川水一般。若须臾间断，便与天地不相似。此是学问至极处，圣人也只如此。"

问："叔孙、武叔毁仲尼，大圣人如何犹不免于毁谤？"先生曰："毁谤自外来的，虽圣人如何免得？人只贵于自修，若自己实实落落是个圣贤，纵然人都毁他，也说他不着，却若浮云掩日，如何损得日的光明？若自己是个象恭色庄、不坚不介的，纵然没一个人说他，他的恶慝终须一日发露。所以孟子说'有求全之毁，有不虞之誉'。毁誉在外的，安能避得？只要自修如何尔。"

刘君亮要在山中静坐。先生曰："汝若以厌外物之心去求之静，是反养成一个骄惰之气了。汝若不厌外物，复于静处涵养，却好。"

圣人之学不是这等捆缚苦楚的，不是妆做道学的模样。

先生语陆元静曰："元静少年亦要解五经，志亦好博。但圣人教人，只怕人不简易，他说的皆是简易之规。以今人好博之心观之，却似圣人教人差了。"

问："'不睹不闻'，是说本体；'戒慎恐惧'，是说功夫否？"先生曰："此处须信得本体原是不睹不闻的，亦原是戒慎恐惧的。戒慎恐惧，不曾在不睹不闻上加得些子。见得真时，便谓戒慎恐惧是本体,不睹不闻是功夫,亦得。"

先生曰:"仙家说到虚,圣人岂能虚上加得一毫实?佛氏说到无,圣人岂能无上加得一毫有?但仙家说虚从养生上来,佛氏说无从出离生死苦海上来,却于本体上加却这些子意思在,便不是他虚无的本色了,便于本体有障碍。圣人只是还他良知的本色,更不着些子意在。良知之虚,便是天之太虚;良知之无,便是太虚之无形。日月风雷山川民物,凡有貌象形色,皆在太虚无形中发用流行,未尝作得天的障碍。圣人只是顺其良知之发用,天地万物俱在我良知的发用流行中,何尝又有一物超于良知之外,能作得障碍?"

或问:"释氏亦务养心,然要之不可以治天下,何也?"先生曰:"吾儒养心,未尝离却事物,只顺其天则自然,就是功夫。释氏却要尽绝事物,把心看做幻相,渐入虚寂去了,与世间若无些子交涉,所以不可治天下。"

或问异端。先生曰:"与愚夫愚妇同的,是谓同德;与愚夫愚妇异的,是谓异端。"

问夭寿不贰。先生曰:"学问功夫,于一切声利嗜好俱能脱落殆尽,尚有一种生死念头毫发挂带,便于全体有未融释处。人于生死念头本从生身命根上带来,故不易去。若于此处见得破,透得过,此心全体方是流行无碍,方是尽性至命之学。"

先生曰:"无知无不知,本体原是如此。譬如日未尝有心照物,而自无物不照。无照无不照,原是日的本体。良知本无知,今却要有知;本无不知,今却疑有不知,只是信不及耳!"

问:"孔子所谓'远虑',周公'夜以继日',与'将迎'不同,何如?"先生曰:"远虑不是茫茫荡荡去思虑,只是要存这天理。天理在人心,亘古亘今,无有终始。天理即是良知,千思万虑,只是要致良知。良知愈思愈精明，若不精思，漫然随事应去，良知便粗了。若只着在事茫茫荡荡去思，教做远虑，便不免有毁誉得丧人欲搀入其中，就是将迎了。周公终夜以思，只是戒慎不睹，恐惧不闻的功夫，见得时，其气象与将迎自别。"

问："'一日克己复礼，天下归仁。'朱子作效验说，如何？"先生曰："圣贤只是为己之学，重功夫不重效验。仁者以万物为体，不能一体，只是己私未忘。全得仁体，则天下皆归于吾。仁就是八荒皆在我闼意，天下皆与，其仁亦在其中。如在邦无怨，在家无怨，亦只是自家不怨，如'不怨天，不尤人'之意。然家邦无怨，于我亦在其中，但所重不在此。"

七情有着，俱谓之欲，俱为良知之蔽。然才有着时，良知亦自会觉。觉即蔽去，复其体矣。此处能勘得破，方是简易透彻功夫。

问："乐是心之本体，不知遇大故于哀哭时，此乐还在否？"先生曰："须是大哭一番了方乐，不哭便不乐矣。虽哭，此心安处，即是乐也，本体未尝有动。"

"古人为治，先养得人心和平，然后作乐。比如你在此歌诗，你的心气和平，听者自然悦怿兴起，只此便是元声之始。"

先生曰："学问也要点化，但不如自家解化者，自一了百当。不然，亦点化许多不得。"

孔子气魄极大，凡帝王事业，无不一一理会也，也只从那心上来。

今人于吃饭时，虽无一事在前，其心常役役不宁，只缘此心忙惯了，所以收摄不住。

琴瑟简编，学者不可无，盖有业以居之，心就不放。

先生叹曰："世间知学的人，只有这些病痛打不破，就不是善与人同。"（崇一曰）："这病痛只是个好高，不能忘己尔。"

所恶于上，是良知；毋以使下，即是致知。

问："古人论性各有异同，何者乃为定论？"先生曰："性无定体，论亦无定体。有自本体上说者，有自发用上说者，有自源头上说者，有自流弊处说者。总而言之，只是这个性，但所见有浅深尔。若执定一边，便不是了。"

先生曰："用功到精处，愈着不得言语，说理愈难。若着意在精微上，全体功夫反蔽泥了。"

已后与朋友讲学，切不可失了我的宗旨：无善无恶是心之体，有善有恶是意之动，知善知恶的是良知，为善去恶是格物。只依我这话头，随人指点，自没病痛。此原是彻上彻下功夫。

先生曰："先儒解格物为'格天下之物'，天下之物如何格得？且谓'一草一木亦皆有理'，今如何去格？纵格得草木来，如何反来诚得自家意？我解格作'正'字义，物作'事'字义，《大学》之所谓身，即耳目口鼻四肢是也。欲修身，便是要目非礼勿视，耳非礼勿听，口非礼勿言，四肢非礼勿动。要修这个身，身上如何用得功夫？心者，身之主宰。目虽视，而所以视者，心也；耳虽听，而所以听者，心也；口与四肢虽言动，而所以言动者，心也。故欲修身，在于体当自家心体，常令廓然大公，无有些子不正处。主宰一正，则发窍于目，自无非礼之视；发窍于耳，自无非礼之听；发窍于口与四肢，自无非礼之言动，此便是修身在正其心。然至善者，心之本体也，心之本体那有不善？如今要正心，本体上何处用得工？必就心之发动处，才可着力也。心之发动不能无不善，故须就此处着力，便是在诚意。如一念发在好善上，便实实落落去好善；一念发在恶恶上，便实实落落去恶恶。意之所发既无不诚，则其本体如何有不正的？故欲正其心在诚意。工夫到诚意，始有着落处。然诚意之本，又在于致知也。所谓'人虽不知，而己所独知'者，此正是吾心良知处。然知得善，却不依这个良知便做去，知得不善，却不依这个良知便不去做，则这个良知便遮蔽了，是不能致知也。吾心良知既不能扩充到底，则善虽知好，不能着实好了；恶虽知恶，不能着实恶了，如何得意诚？故致知者，意诚之本也。然亦不是悬空的致知，致知在实事上格。如意在于为善，便就这件事上去为；意在于去恶，便就这件事上去不为。去恶固是格不正以归于正；为善则不善正了，亦是格不正以归于正也。如此，则吾心良知无私欲蔽了，得以致其极；而意之所发，好善去恶，无有不诚矣。诚意工夫，实下手处在格物也。若如此格物，人人便做得，人皆可以为尧舜，正在此也。"

或疑知行不合一，以"知之匪艰"二句为问。先生曰："良知自知，原是容易的；只是不能致那良知，便是知之匪艰，行之惟艰。"

门人问曰："知行如何得合一？且如《中庸》言'博学之'，又说个'笃行之'，分明知行是两件。"先生曰："博学只是事事学存此天理；笃行只是学之不已之意。"又问："《易》'学以聚之'，又言'仁以行之'，此是如何？"先生曰："也是如此。事事去学存此天理，则此心更无放失时，故曰'学以聚之'；然常常学存此天理，更无私欲间断，此即是此心不息处，故曰'仁以行之'。"又问："孔子言知及之，仁不能守之，知行却是两个了。"先生曰："说及之已是行了，但不能常常行，已为私欲间断，便是仁不能守。"又问："心即理之说，程子云'在物为理'，如何谓心即理？"先生曰："在物为理，在字上当添一'心'字。此心在物则为理，如此心在事父，则为孝；在事君，则为忠之类。"先生因谓之曰："诸君要识得我立言宗旨。如今说个心即理是如何,只为世人分心与理为二,故便有许多病痛。如五伯攘夷狄,尊周室,都是一团私心,便不当理。人却说他做得当理,只心有未纯,往往悦慕其所为,要来外面做得好看,却与心全不相干。分心与理为二,其流至于伯道之伪而不自知。故我说个心即理,要使知心理是一个,便来心上做工夫,不去袭义于外,便是王道之真。此我立言宗旨。"又问:"圣贤言语许多,如何却要打做一个?"曰:"我不是要打做一个,如曰'夫道一而已矣',又曰'其为物不二,则其生物不测',天地圣人皆是一个,如何二得?"

但要晓得一念动处,便是知,亦便是行。如人在床上思量去偷人东西,此念动了,便是做贼;若还去偷,那个人只到半路转来,却也是贼。

先生曰:"舜不遇瞽瞍,则处瞽瞍之物无由格;不遇象,则处象之物无由格;周公不遇流言忧惧之变,则流言忧惧之物无由格。故凡动心忍性以增益其所不能者,正吾圣门致知格物之学,正不宜轻易放过,失此好光阴也。知此,则夷狄患难将无入而不自得矣。"

心不是一块血肉,凡知觉处便是心。如耳目之知视听,手足之知痛痒,此知觉便是心也。

人必要争个心有内外,原是不曾实见心体。我今说个无内外,尚流在有内外;若说有内外,则内外益判了。况心无内外亦不是我说的,明道《定性书》云:"且以性为随物于外。"则当其在外时,何者为内? 此一条最痛快。

以方问曰:"据人心所知,多有误欲作理、认贼作子处,何处乃见良知?"先生曰:"尔以为何如?"曰:"心所安处,才是良知。"曰:"固是。但要省察,恐有非所安而安者矣。"

"易则易知",只是一个天理,便自易知。

以方自陈喜在静上用功。先生曰:"静上用功固是好,但终自有敝。人心自是不息底,虽在睡梦,此心亦是流动。如天地之化,本无一心之停,然其化生万物各得其所,却亦自静也。此心虽是流行不息,然其一循天理,却亦自静也。若专来静上用功,恐有喜静恶动之敝。动静只是一个。"

以方问:"直固知静中自有个知觉之理,但伊川一段可疑。伊川问吕学士:'贤且说静时如何?'曰:'谓之有物则不可,然自有知觉处。'曰:'既有知觉,却是动也,怎生言静?'"先生曰:"伊川说还是。"以方因详伊川之言,是分明以静中无知觉矣,如何谓伊川说还是?考诸晦翁亦曰:"若云知寒觉暖,便是知觉已动。今未曾著于事物,但有知觉在,何妨其为静,不成静坐,只是瞌睡。"晦翁亦是疑伊川之说,盖知寒觉暖,则知觉著在寒暖,且著在事物,便是已发了。但有知觉,只是有此理,不曾着在事上,故还是静。然瞌睡也有知觉,故能作梦,且一唤便醒矣。槁木死灰,无知觉,便不醒了。恐伊川所谓"既有知觉,却是动也,怎生言静",正是说个静而无静之意,不是说静中无个知觉也。故先生曰"伊川说还是"。

以方问:"戒慎恐惧,是致和,还是致中?"先生曰:"是和上用功。"以方曰:"《中庸》言'致中和',如何不致中,却来和上用功?"先生曰:"中和只是一个,内无所偏倚,少间发出,便自然乖戾了。故中和只是一个,但本体上如何用得功,必就他发处才着得力,故就和上用功。然致和便是致中,万物育便是天地位。"以方未能释然。先生曰:"不消去文义上泥。中和是离不得底,如面前只火之本体是中,其火之照物处便是和,举着火其光便自照物,火与照如何离得?故中和只是一个。近儒亦有以戒惧即是慎独,非两事者,然不知此以致和即便以致中者。"崇一尝谓以方曰:"未发是本体,本体自是不发底。如人可怒，我虽是怒他，然怒不过当，却也是这个本体未发了。"后以崇一之说问先生。先生曰："如此说，却是说成功处。子思说个发与未发，正要在发时用功。"又与焕吾论及此，焕吾曰："尝见《文公语类》有一段，亦以'喜怒哀乐之未发'二句顶上文，用工得来，不是泛说。人人有个中和，与老先生之意亦合，不知文公后来何故从今说。"

以方问曰："先生之说格物，凡《中庸》之慎独及集义、博约等说，皆为格物之事。"先生曰："非也。格物即慎独，即戒惧。至于集义、博约工夫只一般，不是以那数件都做格物底事。"

以方问"尊德性"一条。先生曰："道问学即所以尊德性也。晦翁言：'子静以尊德性诲人，某教人岂不是道问学处多了些子。'是分尊德性、道问学作两件。且如今讲习讨论，下许多工夫，无非只是存此心，不失其德性而已。岂有尊德性只空空去尊，更不去问学；问学只是空空去问学，更与德性无关涉？如此，则不知今之所以讲习讨论者更学何事？"问"致广大"二句。曰："尽精微即所以致广大也，道中庸即所以极高明也。盖心之本体，自是广大底。人不能尽精微，则便为私欲所蔽，有不胜其小者矣。故能细微曲折，无所不尽，则私意不足以蔽之，自无许多障碍遮隔处，如何广大不致？"又问："精微还是念虑之精微，是事理之精微？"曰："念虑之精微即事理之精微也。"

以方问："颜子择中庸是如何择？"先生曰："亦是戒谨不睹，恐惧不闻，就己私之动处，辨别出天理之善来，得一善即是得了这个天理。"后又与正之论颜子"虽欲从之末由也已"是如何，正之曰："先生尝言：'此是见得个道理如此。如今日用凡视听言动，都是这个知觉，然知觉却在那里捉定不得，所以说"虽欲从之末由也已"。颜子见得个道体后,方才如此说。'"

问:"'物有本末'一条,旧说似与先生不合,愿启其旨。"先生曰:"以明德、亲民为二物,岂有此理?譬如二树在此,一树有一树的本末,岂可一树为本,一树为末?明德、亲民总是一物,只是一个工夫,才二之,明德便是空虚,亲民便是袭取矣。物有本末云者,乃指定一物而言,如有实孝亲之心,而后有孝亲的仪文节目;事有终始云者,亦以实心为始,实行为终。故必始焉有孝亲的心,而终焉则有孝亲的仪文节目。事长事君,无不皆然。自意之所著,谓之物;自物之所为,谓之事。物者,事之物也;事者,物之事也,一而已矣。"

先生曰:"朋友相处,常见自家不是,方能默化,得人之不是。若只觉自家为是,便怀轻忽之心,漫然不知病痛,畜之渐长,害不可言。善者固吾师,不善者亦吾师。且如见人多言,吾便自省亦多言否;见人好高,吾便自省亦好高否。这便是相观而善,处处得益。"

问理、气、数。先生曰:"以理之流行而言,谓之气;以气之条理而言,谓之理;以条理之节次而言,谓之数。三者只是一统事。"

问:"声色货利,恐良知亦不能无。"先生曰:"固然。但初学用工,却须扫除荡涤,勿使留积,则适然来遇,始不为累,自然顺而应之。良知只在声色货利上用工,能致得良知精精明明,毫发无蔽,则声色货利之交无非天则流行矣。"

先生曰:"人之本体,常常是寂然不动的,常常是感而遂通的。未应不是先,已应不是后。"

只在有睹有闻上驰骛,不在不睹不闻上着实用功。盖不睹不闻是良知本体,戒慎恐惧是致良知的工夫。学者时时刻刻常睹其所不睹,常闻其所不闻,工夫方有个实落处。久久成熟后,则不须着力,不待防检,而真性自不息矣,岂以在外者之闻见为累哉!

问:"先儒谓'鸢飞鱼跃'与'必有事焉'同一活泼泼地。"先生曰:"亦是。天地间活泼泼地,无非此理,便是吾良知的流行不息。致良知便是必有事的工夫,此理非惟不可离,实亦不得而离也。无往而非道,无往而非工夫。"

一友自叹:"私意萌时,分明自心知得,只是不能使他即去。"先生曰:"你萌时,这一知处便是你的命根,当下即去消磨,便是立命功夫。"

先生尝语学者曰:"心体上着不得一念留滞,就如眼着不得些子尘沙。些子能得几多,满眼便昏天黑地了。"又曰:"这一念不但是私念,便好的念头亦着不得些子。如眼中放些金玉屑,眼亦开不得了。"

至诚能尽其性,亦只在人物之性上尽。离却人物,更无性可尽得。能尽人物之性,即是至诚致曲处。致曲的功夫,亦只在人物之性上致,更无二义,但比至诚有安勉不同耳。

顷与诸老论及此学,真圆凿方枘。此道坦如大路,世儒往往自加荒塞,终身陷荆棘之场而不悔,吾不知其何说也!

古先圣人许多好处,也只是无我而已。无我,自能谦。谦者,众善之基;傲者,众恶之魁。

问:"许鲁斋言:'学者以治生为首务。'先生不以为然,何也?且士之贫,岂可坐守,不经营耶?"先生曰:"但言学者治生上尽有工夫做,则可;若以为治生是首务,使学者汲汲营利,断不可也。且天下首务孰有急于讲学耶?然治生亦是讲学中事,但不可以治生为首务,徒启营利之心。果能于此处调停得心体无累,虽终日做买卖,不害为圣为贤,何妨于学?学何二于治生?"

先生曰:"气质,犹器也;性,犹水也。均一水也,有得一缸者,有得一桶者,有得一瓮者,局于器也。气质有清浊、厚薄、强弱之不同,然为性则一也。能扩而充之,器不能拘矣。"

或问:"致良知的工夫,恐于古今事变有遗。"先生曰:"不知古今事变从何处出?若从良知流出,致知焉,尽之矣。原来古今只是这一个。"

又曰:"古人讲学,头脑须只一个,却是因人以为浅深。譬如这般花,只好浇一瓶水,却倒一桶水在上,便浸死了。从目所视,妍丑自别,不作一念,谓之明;从耳所听,清浊自别,不作一念,谓之聪;从心所思,是非自别,不作一念,谓之睿。"

颜子欲罢不能,是直见得道体不息,无可罢得时;若功夫有起有倒,尚有可罢时,只是未曾见得道体。

先生曰:"孔子无不知而作,颜子有不善未尝不知。此是圣学真血脉路。"

先生云:"某十五六岁时,便有志圣人之道。但于先儒格致之说若无所入,一向姑放下了。一日寓书斋,对数茎竹,要去格他理之所以然,茫然无可得。遂深思数日,卒遇危疾,几至不起。乃疑圣人之道恐非吾分所及,且随时去学科举之业。既后心不自已,略要起思,旧病又发。于是又放情去学二氏,觉得二氏之学比之吾儒反觉径捷,遂欣然去究竟其说。后至龙场,又觉二氏之学未尽,履险处危,困心衡虑,又豁然见出这头脑来,直是痛快,不知手舞足蹈。此学数百年想是天机到此也,该发明出来了,此必非某之思虑所能及也。"

学问最怕有意见的人,只患闻见不多。良知闻见益多,覆蔽益重,反不如不曾读书的人,更容易与他说得。

先生曰:"虽小道,必有可观。如虚无、权谋、器数、技能之学,非不能超脱世情，直于本体上得所悟入，俱得通入精妙。但其意有所着，移之以治天下国家，便不能通了。故君子不用。"

一友侍坐，眉间若有忧思。先生觉之，顾语他友曰："人一身不得爽快，不消多大事。只一根头发钓着，满身便不快活了。"是友闻之，矍然省惕。

知者，良知也，天然自有，即至善也。物者，良知所知事也。格者，格其不正以归于正也；格之，斯实致之矣。

（阳明门人编有《续传习录》，向来不为人所知，今从邵永春《皇明三儒言行要录》中发现《续传习录》，揭开此一久被湮没之秘。按：《皇明三儒言行要录》刻于隆庆二年，前有邵永春《新刊皇明三儒言行要录序》署云："隆庆二年季夏吉日，赐同进士出身、河南道监察御史、蒲阳后学仰遽邵永春顿首拜书于超然亭上。"据此，《续传习录》当编于嘉靖中。考王宗沐《传习录序》云："《传习录》，录阳明先生语也。四方之刻颇多，而江右实先生提戈讲道处，独缺焉。沐乃请于两台，合《续本》凡十一卷，刻置学宫。"王宗沐嘉靖二十三年进士，嘉靖三十五年任江西提学副使，修王阳明祠，建正学书院、怀玉书院，于白鹿洞聚诸生讲学，其合刻《传习录》置于学宫即在是年。所谓《续本》，即指《续传习录》，盖乃曾才汉所编也。钱德洪《传习录后跋》云："嘉靖戊子冬，德洪与王汝中奔师丧，至广信，讣告同门，约三年收录遗言。继后同门各以所记见遗。洪择其于问正者，合所私录，得若干条。居吴时，将与《文录》并刻矣，适以忧去未遂。……去年〔按：嘉靖三十四年〕，同门曾子才汉得洪手抄，复旁为采辑，名曰《遗言》，以刻行于荆。洪读之，觉当时采录未精，乃为删其重复，削去芜蔓，存其三之一，名曰《传习续录》，复刻于宁国之水西精舍。今年[按：嘉靖三十五年]夏……乃复取逸稿，采其语之不背者，得一卷；其余影响不真，与《文录》既载者，皆削之，并易中卷为问答语，以付黄梅尹张君增刻之。"可见《续传习录》[《遗言》]有四编三刻：嘉靖十四年[按：钱德洪丁忧在是年]初编于钱德洪；嘉靖三十四年二编于曾才汉，初刻于荆；同年三编于钱德洪，二刻于水西精舍；嘉靖三十五年四编于钱德洪，三刻于黄梅。嘉靖十四年钱德洪所编《遗言》，即今存《阳明先生遗言录》，题作"门人余姚钱德洪纂辑，门人泰和曾才汉校辑"。嘉靖三十四年曾才汉所编《遗言》，即郜永春《新刊皇明三儒言行要录》中之《续传习录》，王宗沐刻于江西学宫之《续本》，即此《续传习录》[据此，《续传习录》亦有四刻]。嘉靖三十五年钱德洪所编《传习续录》，即今《传习录》之卷下[第三卷]也。试以《传习录》卷下与此《续传习录》比较，二书语录多同，但详略有别，次序不同，亦有异字异句，特别是《续传习录》约有二十五条语录为《传习录》卷下所无，尤有重要价值。如"某十五六岁时"一条，意义重大，钱德洪竟删之，匪夷所思。大致曾才汉编《续传习录》多有取于黄直[以方]所记语录，而钱德洪多删之，尤未当也。曾才汉字明卿，号双溪，泰和人，阳明门人。）

阳明先生遗言录

阳明先生遗言录上　门人金溪黄直纂辑，门人泰和曾才汉校辑

门人有疑知行合一说。黄以方语之曰："知行自是合一的。如

人能行孝了,方唤做知孝;能行弟了,方唤做知弟。不成只晓得个孝字与个弟字,遽谓之知。"先生曰:"尔说固是。但要晓得一念动处便是知,亦便是行。如人在床上思量去偷人东西,此念动了,便是做贼。若还去偷,那个人只到半路转来,却也是贼。"

林致之问先生曰:"知行自合一不得。如人有晓得那个事该做,却自不能做者,便是知而不能行。"先生曰:"此还不是真知。"又曰:"即那晓得处,也是个浅浅底知,便也是个浅浅底行,不可道那晓得不是行也。"后致之多执此为说:"人也有个浅浅的知行,有个真知的知行。"以方曰:"先生谓浅的知便有浅的行,此只是迁就尔意思说。其实行不到处还是不知,未可以浅浅底行,却便谓知也。"致之后以问先生,先生亦曰:"我前谓浅浅底知便有浅浅底行,此只是随尔意思。"

颜子不迁怒,非谓怒于甲者不移于乙,盖不为怒所迁也。

"心不在焉"句,谓正心之功不可滞于有,亦不可堕于无。

或问曾子一贯,先生曰:"想曾子当时用工也不得其要,如三省及《礼记》问礼诸处之类可见。'惟'字只是应辞,非说他悟道之速,应而无疑也。"

人须有个嘉善而矜不能底意思,才方是学。否则虽学亦不济事。

先生尝云:"深造以道,道即志道之道,非谓进为之方也。深造之以道,谓于当然之道而深造之也。于道而深造,便自得了。道非外物,故于道深造乃为自得。"又论"登东山"一章:"若谓东山为言圣道之大,下条为大而有本,此不可通。言道之大便自有本了,天下岂有无本之大?'观水'条,正是言学之者必以其本。'流水'一节,正承'观水有术'二句,以明上言学所以必以其本之意。"又言:

"'明于庶物'即是'察于人伦'。"

人心一刻纯乎天理,便是一刻的圣人。终身纯乎天理,便是终身的圣人。此理自是实。人要有个不得已底心,如货财不得已乃取,女色不得已才近。如此则取货财、近女色乃得其正,必不至于太过矣。

学莫先于立志。志之不立而曰学,皆苟焉以自欺者也。譬之种树,志其根也。根之不植,未有能生者也。今之学者孰肯自谓无志?其能有如农夫之于田,商贾之于货,心思之所计量,且暮之所勤劳,念念在是者乎?不如是,谓之无志亦可矣。故志于货者,虽有亏耗,乃终有息;志于田者,虽有旱荒,乃终有稔。笃志若是而未之成者,吾或见之矣;志之不立而能有成者,吾未之见也。

立志如下种。种而蒉稗则蒉稗矣,种而嘉谷则嘉谷矣。学问之功所以立其志,犹栽培耘耨所以植其根也。其在《大学》则为格致,在《论语》则为博约,在《中庸》则为慎独,在《孟子》则为集义,其功一也,要在存存而不忘耳。耕而不获者有矣,未有不耕而获者矣。

董萝石以反求诸己为问。先生曰:"反求诸己者,先须扫去自己旧时许多缪妄劳攘圭角,守以谦虚,复其天之所以与我者。持此正念,久之自然定静。遇事物之来,件件与他理会,无非是养心之功,盖事外无心也。所以古人有云:'若人识得心,大地无寸土。'此正是合内外之学。"

颜渊喟然叹曰:"始吾于夫子之道,但觉其高坚前后,无穷尽无方体之如是也。继而夫子循循善诱,使我由博约而进。至于悦之深而力之尽,如有所立卓尔。"谓之"如"者,非真有也;谓之"有"者,又非无也。卓然立于有无之间,欲从而求之则无由也已。所谓无穷尽无方体者,曾无异于昔时之见。盖圣道固如是耳,非是未达一间之说。

"君子深造之以道",言以道而深造也。自得之妙、口耳皆丧方是深造。王信伯云:"自得处无分毫得。"

一友问:"天地位、万物育,何如?"先生曰:"贤却发得太早。汝且问戒惧慎独何如而深致其功,则位育之效自知矣。如未用戒惧慎独工夫,纵听得位育说话虽多,有何益处?如人要到京畿,必须束装买舟,沿途问人行将去,到得京畿,自知从某门而入矣。若未买舟而行,只讲求京畿九门从何处入,直是说梦。"听者皆有省。

孟子三自反后比妄人为禽兽,此处似尚欠细。盖横逆之来,自谤讪怒骂以至于不道之甚,无非是我实受用得力处,初不见其可憎。所谓"山河大地尽是黄金,满世界皆药物"者也。

先生谓董萝石曰:"吾昨因处骨肉之间,觉得先儒注书有未尽者。且如舜父顽母嚚一节,以余意观之,舜父顽母嚚象傲,舜则能谐之以孝,烝烝然自进于善,未尝正彼之奸。久之,瞽叟亦信顺之矣。俱在自家身上说。若有责善之意,则彼未必正,而是非先起矣。甚哉!骨肉之难处也。"

"季文子三思后行",横渠以为圣人深美之词,若曰再斯可矣,况能三邪!伊川以为圣人不许之词,曰文子虽贤,再斯可矣,恐未能三也。二先生之言,不约而同,以见人肯三思者之难得也。

"盖有不知而作之者",圣人以为盖有不由良知而作之者,我无是也。若以多闻多见为知,乃其次耳。天然是非之心,乃真知也。

"朝闻道",一旦有悟也;"夕死可矣",通乎昼夜而知也。故曰:"知而信者为难。"先儒信不过,嫌于近禅,而以穷究物理为闻,并失程子之意矣。

"君子所贵乎道者有三美焉",盖诚能闻道,则貌也、色也、词也,三者无不善也。"笾豆之事,则有司存",非所急矣。

"君子居之,何陋之有",盖无入不自得之意。若曰"所居者化",则于中国有碍。

"吾有知乎哉?"人皆以圣人为多知,而不知圣人初不从事于知识也。故曰:"无知也。有鄙夫问于我,我只空空而已。"但于所问,只举是非之两端,如此而为是,如此而为非。一如吾心之天理以告之,斯已矣。盖圣功之本,惟在于此心纯乎天理,而不在于才能。从事于天理,有自然之才能;若但从事于才能,则非希圣之学矣。后人不知此意,专以圣人博学多知而奇之,如商羊、萍实之类,以为圣人不可及者在此,尽力追之,而不知圣人初不贵也。故曰:"君子多乎哉? 不多也。"又曰:"赐也,汝以予为多学而识之者欤? 非也。"

夫道固不外于人伦日用,然必先志于道而以道为主,则人伦日用自无非道。故志于道,是尊德性主意也;据于德,是道问学工夫也;依于仁者,常在于天理之中;游于艺者,精察于事为之末。游艺与学文俱是力行中工夫,不是修德之外别有此间事也。盖心气稍麤则非仁矣。故《诗·书》六艺等事,皆辅养性情而成其道德也。以志道为主,以修德为工,全体使之纯诚,纤悉不容放过,此明德之事也。

阳明先生遗言录下 门人余姚钱德洪纂辑,门人泰和曾才汉校辑

问:"至诚之道何以能前知。"先生曰:"圣人只是一个良知,良知之外更无知也,有甚前知? 其曰'国家'云云者,亦自其能前知

者而言。圣人良知精精明明，随感随应，自能敷衍出去，此即是神。”

问“知及仁守”一章。先生曰：“只知及之一句，便完全了，无少欠缺。自其明觉而言谓之知，自其明觉之纯理而言谓之仁，便是知行合一的工夫。譬如坐于此物乃是知及，若能常在此乃是仁守。不能久而守之，则是此智亦不及而必失之矣。亦有大本已立，小德或逾，不能庄以莅之；或一时过当，条理欠节次处，要皆未为尽善也。大抵此章圣人只是说个讲学的规模，智及之一句便完全了。”

问“理、气、数”。先生曰：“有条理是理，流行是气，有节次是数，三者只是一统的事。”

先生曰：“天地之化是个常动常静的，何也？盖天地之化自始至终，自春至冬，流行不已者，常动常静。天地亘古亘今，不迟不速，未尝一息之违者，常动常静也。自其常静而言之谓之体，自其常动而言之谓之用。动中有静，静中有动；体中有用，用中有体。故曰‘动静一机，体用一源’。推之事物，莫不皆然。”

先生曰：“汝辈在此讲致知格物之说，恐多未明其旨。不知却有毫厘之差、千里之谬在。须在这头脑上勘破用工，方有下落。先儒谓‘求之文字之中，索之讲论之际’，分明是向外求讨。天下事物无穷，不知何时求讨得？若能向头脑上用工，则先儒数说皆在其中。不识诸君能勘得破否？”谢弘之曰：“求之文字，也只是此心去求；索之讲论，也只是此心去索。总是明此心之天理而已，何有未明？”先生曰：“亦未甚明白。不免将心与物歧而二之，可乎？深思之，当自得之矣。”

先生曰：“感发兴起是诗，有所执持是礼。和顺于道德而理于义者，只是一统事。”又曰：“良知之纯一无间是仁，得宜曰义，条理曰礼,明辨曰智,笃实曰信,和顺是乐,妙用是神。总只是一个良知而已。”

先生曰:“舍却本根,去枝枝叶叶上求个条理,决不能复入本根上去。虽勉强补缀得上,亦当遗落。若能常用水去灌溉,总不理会枝叶,久久生理敷衍,自有枝叶发将出来。后人在事事物物上用工,正是枝叶上去灌溉。”

问:“先生尝云‘心无善恶者也’,如何解‘止至善’,又谓是心之本体?”先生曰:“心之本体未发时,何尝见有善恶? 但言心之本体原是善的。良知不外喜怒哀乐,犹天道不外元亨利贞。至善是良知本体,犹贞是天之本体。除却喜怒哀乐,何以见良知? 除了元亨利贞,何以见天道?”

一友问:“中何以能为天下之大本?”先生因指扇喻之曰:“如将此扇去扇人、扇尘、扇蝇、扇蚊等用,是此扇足为诸用之本矣。有此扇,方有此用。如无此扇而代之以手,则不能为用矣。汝且体认汝心未发之中气象何似,则于天下之大本当自知之矣。”

先生曰:“‘书不尽言,言不尽意’,学者善观之可也。若泥文著句,拘拘解释,定要求个执定的道理,恐多不通。盖古人之言,惟示人知所向求而已。至于因所向求而有未明,当自体会方可,譬犹昔人不识月者,问月何在? 有人以指向上示之,其人却不会月在天上,就执指以为月在是矣。及见人有捧笛吹者,却又曰月在是也。今人拘泥认理何以异? 是故狮子啮人,狂狗逐块,最善喻。”

先生曰:“乐是心之本体。顺本体是善,逆本体是恶。如哀当其情,则哀得本体,亦是乐。”时一友在傍,问:“圣人本体不动,何得又有失之?”曰:“吾解得四个字之义如此明白,怎的泥文若此? 须仔细自去体认,当自见得。”

又曰:"古人讲学,头脑须只一个,却是因人以为浅深。譬如这般花只好浇一瓶水,却倒一桶水在上,便浸死了。"

问:"佛家言寂灭,与圣人言寂然不动,何以异?"先生曰:"佛氏言生生灭灭,寂灭为乐。以寂灭为乐,是有意于寂灭矣。惟圣人只是顺其寂灭之常。"

尝有数友随先生游阳明洞,偶途中行歌。先生回至洞坐定,徐曰:"我辈举止,少要有骇异人处,便是曲成万物之心矣。"德洪深自省惕。又曰:"当此暑烈,行走多汗,脱帻就凉,岂不快适! 但此一念放去便不是。"

明道曰:"某写字甚敬,非是要字好,只此是学。"既是非要字好,所学又是甚事? 知此可以知格物之学矣。

先生云:"某十五六岁时,便有志圣人之道,但于先儒格致之说若无所入,一向姑放下了。一日寓书斋,对数茎竹,要去格他理之所以然,茫然无可得。遂深思数日,卒遇危疾,几至不起。乃疑圣人之道恐非吾分所及,且随时去学科举之业。既后心不自已,略要起思,旧病又发。于是又放情去学二氏,觉得二氏之学比之吾儒反觉径捷,遂欣然去究竟其说。后至龙场,又觉二氏之学未尽。履险处危,困心衡虑,又豁然见出这头脑来,真是痛快,不知手舞足蹈。此学数千百年,想是天机到此,也该发明出来了。此必非某之思虑所能及也。"

知者,良知也。天然自有,即至善也。物者,良知所知之事也。格者,格其不正以归于正也。格之,斯实致之矣。

稽山承语　虚生子朱得之述

朱得之序曰:"传于师,习于心,是故书绅之士,已非得意忘言者伍矣，矧兹又出书绅之下乎？惟予衰眊，莫振宗风，追述之，永心丧也。"

问："正其不正，以致其良知于事物相接之时，其工夫则有著落矣。事物未相接时，如何用功？"师曰："只是谨独。"

问："格物以致其良知，谓之学，此知行合一之训也。如学而不思则罔，思而不学则殆，何如？"曰："正言知行不一之弊。""《中庸》言道之不明不行，亦言知行不一之故乎？"曰："然。故曰'人莫不饮食也，鲜能知味也'。"

师曰："千圣传心之要，只是一个'微'字。所谓'不睹不闻'也，是所谓道心也。'惟精惟一'，只是存此致此而已。"

《中庸》论"前定"，只是良知不昧而已。

董萝石平生好善恶恶之意甚严，自举以问。师曰："好字原是好字，恶字即是恶字。"董于言下跃然。

天地皆仁之泽。天下归仁，万物皆备于我也。

"修道之谓教"以下许多说话，工夫只是"修道以仁"。

良知无动静。动静者，所过之时也。不论有事无事，专以致吾之良知为念，此学者最要紧处。

实夫问："心即理，心外无理，不能无疑。"师曰："道无形体，万象皆其形体；道无显晦，人所见有显晦。以形体而言，天地一物也；以显晦而言，人心其机也。所谓心即理也者，以其充塞氤氲而言谓之气，以其脉络分明而言谓之理，以其流行赋畀而言谓之命，以其禀受一定而言谓之性，以其物无不由而言谓之道，以其妙用不测而言谓之神，以其凝聚而言谓之精，以其主宰而言谓之心，以其无妄而言谓之诚，以其无所倚著而言谓之中，以其无物可加而言谓之极，以其屈伸消息往来而言谓之易，其实则一而已。今夫茫茫堪舆,苍然隤然,其气之最粗者欤?稍精则为日月、星宿、风雨、山川,又稍精则为雷电、鬼怪、草木、花卉,又精而为鸟兽、鱼鳖、昆虫之属;至精而为人,至灵至明而为心。故无万象则无天地,无吾心则无万象矣。故万象者,吾心之所为也;天地者,万象之所为也。天地万象,吾心之糟粕也。要其极致,乃见天地无心,而人为之心。心失其正,则吾亦万象而已;心得其正,乃谓之人。此所以为天地立心,为生民立命,惟在于吾心。此可见心外无理,心外无物。所谓心者,非今一团血肉之具也,乃指其至灵至明、能作能知者也,此所谓良知也。然而无声无臭,无方无体,此所谓'道心惟微'也。以此验之,则天地、日用、四时、鬼神莫非一体之实理,不待有所彼此比拟者。古人之言合德合明、如天如神、至善至诚者,皆自下学而言,犹有二也。若其本体,惟吾心而已,更何处有天地万象? 此大人之学所以与天地万物一体也。一物有外,便是吾心未尽处,不足谓之学。"此乙酉十月与宗范、正之、惟中闻于侍坐时者,丁亥七月追念而记之,已属渺茫,不若当时之释然,不见师友之形骸、堂宇之限隔也。

"诚者天之道",言实理之本体。"思诚者,人之道",圣贤皆谓之思诚,惟有工夫,则人道也。

问:"志道、据德、依仁、游艺。"曰:"艺即义也。即事曰艺,即心曰义。即孔子自序志学之旨也。"

"择不处仁",非择里也。

以约失之者鲜,凡事豫则立也。

一友自负无私意。适其从兄责仆人于私寓,自悔深切,入以告于师,且请教。此友在傍微哂。师顾曰:"此非汝之私意乎? 见兄之有过,幸己之无败露,私意重矣。"此友方知私意是如此。

心之良知谓之圣。

良知无有不独，独知无有不良。

问乾坤二象。曰："本体要虚，工夫要实。"

合著本体，方是工夫；做得工夫，方是本体。又曰："做得工夫，方见本体。"又曰："做工夫的，便是本体。"

师设燕以投壶乐宾，诸友请教。曰："今此投壶，俱要位天地、育万物。"众皆默然。投毕宾退，实夫不悟，以问正之。正之曰："难言也。"曰："此会何人得位育意？"正之曰："惟弘纲三矢，自此而出。"明旦众入谢燕，实夫起问。师曰："昨日投壶，惟正之三矢得此意。"实夫凛然。

天理人欲甚精微，自家工夫不可放过，不可影过，不可混过。

一日师曰："四方英贤来此相依，共明此学，岂非此生至乐！然某见一人来，心生一喜，又添一忧。喜在吾道之远及，忧其人或言之未莹以启人之疑，行之未笃以来人之谤。疑谤一兴，阻丧向善之诚者多矣。诸君宜相体以求自立也。"

问喜怒哀乐。师曰："乐者，心之本体也。得所乐则喜，反所乐则怒，失所乐则哀。不喜不怒不哀也时，此真乐也。"

杨文澄问："意有善恶，诚之将何稽？"师曰："无善无恶者心也，有善有恶意也，知善知恶者良知也，为善去恶者格物也。"曰："意固有善恶乎？"曰："意者心之发，本自有善而无恶，惟动于私欲而后有恶也。惟良知自知之，故学问之要曰致良知。"

或问三教同异。师曰："道大无外，若曰各道其道，是小其道矣。心学纯明之时，天下同风，各求自尽。就如此厅事，元是统成一间，其后子孙分居，便有中有傍。又传渐设藩篱，犹能往来相助。再久来渐有相较相争，甚而至于相敌。其初只是一家，去其藩篱仍旧是一家。三教之分,亦只似此。其初各以资质相近处学成片段,再传至四五则失其本之同,而从之者亦各以资质之近者而往,是以遂不相通。名利所在,至于相争相敌,亦其势然也。故曰:'仁者见之谓之仁,知者见之谓之知。'才有所见,便有所偏。"

一友问:"某只是于事不能了。"师曰:"以不了了之,良知。"又曰:"所谓了事,也有不同。有了家事者,有了身事者,有了心事者。今汝所谓了事,盖以前程事为念,虽云了身上事,其实有居室产业之思在,此是欲了家事也。若是单单只了身事,言必信、行必果者,已是好男子。至于了心事者,果然难得。若知了心事,则身家之事一齐都了。若只在家事、身事上著脚,世事何曾得有了时?"

人之材力自是不同,有能洪大者,有能精详者。精详者终不能洪大,如史称汉高帝雄才大略。大可以该小,略可以该详可也,谓能提纲挈领也。不然,迂疏而已,反不如精详者,虽小,自有实用。

一友初作尹,问曰:"为尹之道,不可轻听人言,不能不听人言。逆诈亿不信,既非君子之道,如舜之好问好察,何以知人之不我欺也?"师曰:"只要自家主意明白,主意坚定,在我一以爱民为心,诚然如保赤子。凡以爱民之言欺我,我即用之,欺我者乃助我者也。凡以殃民之言欺我,与我主意不合,必不肯听,又何患听言之难也。"

古人琴瑟简编莫非是学,板筑鱼盐莫非作圣之地。且如歌诗一事,一歌之间直到圣人地位。若不解良知上用功,纵歌得尽如法度,亦只是歌工之悦人耳。若是良知在此歌,真是瞬息之间邪秽荡涤、渣滓消融,直与太虚同体,方是自慊之学。

歌诗之法,直而温,宽而栗,刚而无虐,简而无傲。歌永言,声依永而已。其节奏抑扬,自然与四时之叙相合。

丙戌春末，师同诸友登香炉峰，各尽足力所至，惟师与董萝石、王正之、王惟中数人至顶。时师命诸友歌诗，众皆喘息不定。萝石仅歌一句，惟中歌一章，师复自歌，婉如平时。萝石问故。师曰："我登山，不论几许高，只登一步。诸君何如？"惟中曰："弟子辈足到山麓时，意已在山顶上了。"师曰："病是如此。"

客有论虑患不可不远者。师曰："见在福享用不尽，只管经营未来，终身人役而已。"

或问："犯而不校与不报无道，何以不同？"师曰："有意无意耳。"又曰："犯而不校，非是不与人校长短。且如《大明律》，不曾不罪，悬法设科，人自犯之，乃犯也。设使彼有九分九厘罪过，我有一厘不是，均是犯法，非彼犯我也。圣门之教，只是自反自责，故曰不校。必是我全无不是，彼全无是处，然后谓之犯，如此而又不校，受敬调停之心不倦不厌，方是好学。"

甘于盘问："学终日只依良知而行，不觉常有出入之病。"曰："只是不恳切。"又曰："且如于盘登此楼，初登时只是一楼；既登，见其款制；坐定，见其精粗，又见有何物在中；少顷，又见物之精粗，尚有未见未知者。至于外人闻说此楼，欲见者，但望之而已，何由知其中之委曲？此犹致良知之学也。虽云浅深有得，亦岂便能尽良知之蕴？须是盘桓精察，日久日见，日得其乐，至于左右逢源，方是良知用事。"

问："举业有妨于为学，何如？"曰："梳头吃饭亦妨于为学否？即此是学。举业只是日用间一事，人生一艺而已。若自能觉，破得失、外慕之毒，不徒悦人，而务自慊，亦游艺适情之一端也。"

问："举业必守宋儒之说，今既得圣贤本意而勘破其功利之私，况文义又不可通，则作文之时，一从正意，乃为不欺也。今乃见如此而文如彼,何如?"曰:"论作圣真机,固今所见为近。然宋儒之训乃皇朝之所表章,臣子自不敢悖。且如孔、颜论为邦,行夏时、乘殷辂,岂即行其言乎?故师友讲论者,理也;应举之业,制也。德位不备,不敢作礼乐,吾从周,无意必也。惟体古训以自修可也。"

嘉靖丁亥,得之将告归,请益。师曰:"四方学者来此相从,吾无所界益也,特与指点良知而已。良知者,是非之心,吾之神明也。人皆有之,但终身由之而不知者众耳。各人须是信得及,尽著自己力量,真切用功,日当有见。《六经》、《四子》,亦惟指点此而已。近来学者与人论学,不肯虚心易气,商量个是当否,只是求伸其说,不知此已失却为学之本,虽论何益?又或在此听些说话,不去实切体验,以求自得,只管逢人便讲,及讲时又多参以己见,影响比拟,轻议先儒得失。若此者,正是立志未真,工夫未精,不自觉其粗心浮气之发,使听者虚谦问学之意反为蔽塞,所谓轻自大而反失之者也。往时有几个朴实头的,到能反己自修,及人问时,不肯多说,只说'我闻得学问头脑只是致良知',不论食息语默,有事无事,此心常自炯然不昧,不令一毫私欲干涉,便是必有事焉,便是慎独,便是集义,便是致中和。又有一等渊默躬行,不言而信,与人并立而人自化,此方是善学者,方是为己之学。"

问:"责善朋友之道,意何如?"师曰:"相观而善,乃处友之道。相下则受益,相上则损。才责善,便忘己而逐人,便有我胜于彼之意。孟子此言为章子,子父责善,不善用其好善之心,故云然。盖谓责善在朋友中犹可用,若父子兄弟之间绝不可用,非谓朋友专以责善为道也。故曰:'忠告而善道之,不可则止。''朋友数,斯疏矣。'""然则朋友中有过而不觉不改,奈何?"曰:"以善服人者,未有能服人者也;以善养人,然后能服天下。"

一日师曰:"长途饭肆,望见行旅,便出道中要留,欲饭之。其饥者则乐从,饱者则恶其留。虽多憎口,留客之意终是不厌不息,是有所利也。某今所为实似之,见有过者强留之、强饭之。我之取于诸友者多矣。既业饭肆,亦自不能已于强客也。"

孔子殁,门人以有若似夫子,请以所事夫子事之。曾子虽不可,某窃有取于其事。未论有若之德何如,但事有宗盟,则朋友得以相聚相磨,而当年同志之风不息,庶乎学有日新之几,亦无各是其是之弊。

诸君闻吾之言,未能领悟者,只作乱说,不必苦求通晓,苦求记忆。且只切己用功,见善即迁,知过即改,常令此心虚明不滞,后日当有不待思索,自然契合,自然记忆者。

或问:"裴公休序《圆觉经》曰:'终日圆觉而未尝圆觉者,凡夫也;欲证圆觉而未极圆觉者,菩萨也;具足圆觉而住持圆觉者,如来也。'何如?"曰:"我替他改一句:终日圆觉而未尝圆觉者,凡夫也;欲证圆觉而未极圆觉者,菩萨也;具足圆觉而住持圆觉者,罗汉也;终日圆觉而未尝圆觉者,如来也。"

（按:以上《阳明先生遗言录》、《稽山承语》二语录,据水野实、永富青地、三泽三知夫校注、张文朝译《阳明先生遗言录稽山承语整理》著录,见《中国文哲研究通讯》第八卷第三期。）

附录一　异文

梦谒马伏波庙题辞题诗 (成化二十二年　一四八六年)

拜表归来马伏波,早年兵法鬓毛皤。云埋铜柱雷轰折,六字铭文永不磨。

（诗见董谷《董汉阳碧里后集·杂存·铜柱梦》。《王阳明全集》卷二十《梦中绝句》作"卷甲归来马伏波,早年兵法鬓毛皤。云埋铜柱雷轰折,六字题文尚不磨"。）

九华山赋并序 (弘治十五年　一五〇二年)

九华为江南奇特之最,而《史记》所录,独无其名,盖马迁足迹之所未至耳。不然,当列诸天台、四明之上,而乃略而不书耶? 壬戌正旦,予观九华,尽得其胜。已而有所感遇,遂援笔而赋之。其辞曰:

循长江而南下,指青阳以幽讨。启鸿蒙之神秀,发九华之天巧。非效灵于坤轴,孰构奇于玄造。迁《史》缺而弗录,岂足迹之所未到? 白诗鄙夫九子,实兹名之所肇。予将秘密于崔嵬,极玄搜而历考。涉五溪而径入,宿无相之窈窕。访王生于邃谷,掬金沙之清潦。陵风雨乎半霄,登望江而远眺。步千仞之苍壁,俯龙池于深宕。吊谪仙之遗迹,跻化城之缥缈。饮钵盂之朝露,见莲花之孤标。扣云门而望天柱,列仙舞于晴昊。俨双椒之辟门,真人驾云而独跷。翠盖平临乎石照,绮霞掩映乎天姥。二神升于翠微,九子临于积稻。炎歊起于玉甑,烂石碑之文藻。回澄秋于枕月,建少微之星旒。覆瓯承滴翠之余沥,展旗立云外之旌纛。下安禅而步岩峣,览双泉于松杪。逾西洪而憩黄石,悬百丈之灏灏。濑流觞而萦纡,遗石船于涧道。呼白鹤于云峰,钓嘉鱼于龙沼。倚透碧之嵃屼,谢尘寰之纷扰。攀齐云之巉峭,鉴琉璃之浩瀁。沿东阳而西历,餐九节之蒲草。樵人导余以冥搜,排碧云之瑶岛。群峦翳其缪霭,失阴阳之昏晓。垂七布之沈沈,灵龟隐而复佻。履高僧而屦招贤,开白日之杲杲。试胡茗于春阳,吸垂云之渊湫。陵绣壁而据石屋,何文殊螺髻之蟠纠。梯拱辰而北盼,赪遗光于拾宝。缁裳迂于黄匏,休圆寂之幽悄。鸟呼春于丛篁,和《云·韶》之嚘嚘。唤起促予之晨兴,落星河于檐橑。护山嘎其惊飞,怪游人之太早。揽卉木之如濯,被晨晖而争姣。静镵声之剥啄,幽人剧参蔽于冥杳。碧鸡哆于青林,白鹇翻云而失皓。隐捣药于樛萝,挟提壶饼焦而翔绕。凤凰承盂冠以相遗,饮沆瀣之仙醪。羞竹实以嬉翱,集梧枝之袅袅。岚欲雨而霏霏,鸣湿湿于荸葆。蹑三游而转青峭,拂天香于茫渺。席弘潭以濯缨,浮桃泻而扬缟。淙渐渐而络荫,饮猨猱之捷狡。睨斧柯而升大还,望会仙于云表。以上上声篆韵,为前段。

闷子京之故宅,款知微之碧桃。倏金光之闪映,睫异景于穿坳。弄玄珠于赤水,舞千尺之潜蛟。并花塘而峻极,散香林之回飙。抚浮屠之突兀,泛五钗之翠涛。袭珍芳于绝巘,袅金步之摇摇。莎罗踯躅芬敷而灿耀,幢玉女之妖娇。搴龙须于灵窦,堕钵囊之飘飘。开仙掌之嶔嵌,散清磬之迢迢。披白云而跕崇寿,见参错之僧寮。日既夕而山冥,挂星辰于巉嶤。宿南台之明月,虎夜啸而罴嗥。鹿麋群游于左右,若将侣幽人之岑寥。回高寒其无寐,闻冰鼞之洞箫。溪女厉晴泷而曝术,杂精苓之春苗。邀予觞以仙液,饭玉粒之琼瑶。溘辞予而远去,飒霞裾之飘飘。复中峰而怅望,或仙踪之可招。乃下见陵阳之蜿蜒,忽有感于子明之宿要。逝予将遗世而独立,采石芝于层霄。虽长处于穷僻,乃永离乎厬嚣。彼苍黎之缉缉,固吾生之同胞。苟颠连之能济,吾岂靳于一毛。矧狂寇之越獗,王师局而奔劳。吾宁不欲请长缨于阙下,快平生之郁陶?顾力微而任重,惧覆败于或遭。又出位以图远,将无诮于鹓鹩。嗟有生之迫隘,等灭没于风泡。亦富贵其奚为,犹荣蕣之一朝。旷百世而兴感,蔽雄杰于蓬蒿。吾诚不能同草木而腐朽,又何避乎群喙之呶呶?已矣乎!吾其鞭风霆而骑日月,被九霞之翠袍。抟鹏翼于北溟,钓三山之巨鳌。道昆仑而息驾,听王母之云璈。呼浮丘于子晋,招句曲之三茅。长遨游于碧落,共太虚而逍遥。以上平声萧韵,为后段。

乱曰:蓬壶之邈邈兮,列仙之所逃兮。九华之矫矫兮,吾将于此巢兮。匪尘心之足搅兮,念鞠育之劬劳兮。苟初心之可绍兮,永矢弗挠兮。乱用篆萧两韵,间而相叶。

(赋见《乾隆池州府志》卷八、《光绪青阳县志》卷十、《民国九华山志》卷七、陈蔚《九华纪胜》卷六、《古今图书集成》卷九十一《九华山部》等。《王阳明全集》卷十九有《九华山赋》,然无序,且句多有异,并缺"迁《史》缺而弗录"以下一段。)

胡公生像记 （弘治十五年　一五〇二年）

弘治十年,胡公孟登以地官副郎谪贰兴国。越二年,擢知州事。公既久于其治,乃奸锄利植,而民以太和。又明年壬戌,擢浙之臬司佥事以去,民既留公不可,则相率像公祀之,以报公德。先学宫之北有叠山祠，以祀宋臣谢君直者，敝矣，卜于左方，撤而新之，其士曰：“合祀公像于是。呜呼！吾州自胡元之乱以入于皇朝，虽文风稍振，而陋习未除，士之登名科甲以显于四方者，相望如晨天之星，数不能以一二。盖至于今，遂茫然绝响者，凡几科矣。公斩山购地，以恢学宫，洗垢磨钝，以新士习，然后人知敦礼兴学，而文采蔚然于湖湘之间，荐于乡者，一岁而三人。盖夫子之道大明于兴国，实自公始。公之德惠，固无庸言；而化民成俗，于是为大。祀公于此，其宜哉！”民曰：“不可。其为公别立一庙。公之未来也，外苦于盗贼，内残于苛政，鱼课及于滨山之民，输赋者，担负走二百里之外。自公之至，而盗不敢履兴国之界，民离猛虎危鳌之患，而始释戈而安寝，徙仓廪之地，免于跋涉。公之惠泽，吾独不能出诸口耳。於戏！公有大造于吾民，乃不能别立一庙，而使并食于谢公，于吾心有未足也。”士曰：“不然。公与谢公，皆以迁谪而至吾州。谢公以文章节义为宋忠臣，而公之气概风声相辉映，祀公于此，所以见公之庇吾民者，不独以其政事；吾民之所以怀公不忘者，又有在于长养恩恤之外也。其于尊严崇重，不兹为大乎？”于是其民相顾喜曰：“果如是，吾亦无所憾矣！然其谁纪诸石而传之？”士曰：“公之经历四方也久矣，四方之人其闻公之贤，亦既有年矣。然而屡遭谗嫉，而未畅厥猷，意亦知公深者难矣。公尝令于余姚，以吾人之知公，则其人宜于公为悉。”乃走币数千里而来请于守仁，且告之故。守仁曰：是姚人之愿，不独兴国也。公之去吾姚已二十余年，民之思公如其始去。每有自公而来者，必相与环聚，问公之起居饮食，及其履历之险与夷，丰采状貌须发之苍白与否，退则相传告以为欣戚。以吾姚之思公，知兴国之为是举，亦其情之有不得已也。然公之始去吾姚，既尝有去思之碑以纪公德，今不可以重复其说。如兴国之绩,吾虽闻之甚详,然于其民为远,虽极意揄扬之,恐亦未足以当其心也。姑述其请记之辞,而诗以系之。公名瀛,河南之罗山人,有文武长才,而方向未用。诗曰:

于维胡公,允毅孔直。惟直不挠,以来兴国。惟此兴国,实荒有年。自公之来,辟为良田。寇乘于垣,死课于泽。公曰吁嗟,兹惟予谪。勤尔桑禾,谨尔室家。岁丰时和,民谣以歌。乃筑泮宫,教以礼让。弦诵诗书,溢于里巷。庶民谆谆,庶士彬彬。公亦欣欣,曰惟家人。维公我父,维公我母。自公之去,夺我恃怙。维公之政,不专于宽。雨旸谁节,时其燠寒。维公文武,亦周于艺。射御工力,展也不器。我拜公像,从我父兄。率我子弟,集于泮宫。愿公永年,于百千祀。公德既溥,公寿曷涘。父兄相谓,毋尔敢望。天子国公,训于四方。

(文见《嘉靖湖广图经志书》卷二。《王阳明全集》卷二十三有《兴国守胡孟登生像记》,即此记,但字句出入甚大。)

乡思二首次韵答黄舆 (弘治十五年　一五〇二年)

百事支离力不禁,一官栖息病相寻。星辰魏阙江湖迥,松竹茆茨岁月深。合倚黄精消白发,由来空谷有余音。曲肱已醒浮云梦,荷蒉休疑击磬心。

独夜残灯梦未成,萧萧窗竹故园声。草深石屋鼪鼯啸,雪静空山猿鹤惊。漫有缄书招旧侣,尚牵缨冕负初情。云溪漠漠春风转,紫菌黄芝日又生。

(诗真迹见《中华文物集粹·清玩雅集收藏展》[Ⅱ],鸿禧美术馆编,端方《壬寅消夏录·王阳明诗真迹卷》著录。按《王阳明全集》卷二十有《冬夜偶书》,即此诗一,作在正德九年在南京时;

又有《夜坐偶怀故山》,即此诗二,作在正德十三年在赣时。)

泰山高诗碑 （弘治十七年　一五〇四年）

欧生诚楚人,但识庐山高。庐山之高犹可计寻丈,若夫泰山,仰视恍惚,吾不知其尚在青天之下乎,其已直出青天上？我欲仿拟试作《泰山高》,但恐丘垤之见,未能测识高大,笔底难具状。扶舆磅礴元气钟,突兀半遮天地东。南衡北恒西有华,俯视伛偻谁雌雄？人寰茫昧乍隐见,雷雨初解开鸿蒙。绣壁丹梯,烟霏霭霄,海日初涌,照耀苍翠。平麓远抱沧海湾,日观正与扶桑对。听涛声之下泻,知百川之东会。天门石扇,豁然中开。幽崖邃谷,聚积隐埋。中有遁世之流,龟潜雌伏,飧霞吸秀于其间,往往怪谲多仙才。上有百丈之飞湍,悬空络石穿云而直下,其源疑自青天来。岩头肤寸出烟雾,须臾滂沱遍九垓。古来登封,七十二主。后来相效,纷纷如雨。玉检金函无不为,只今埋没知何许？但见白云犹复起封中,断碑无字,天外日月磨刚风。飞尘过眼倏超忽,飘荡岂复留其踪！天空翠华远,落日辞千峰。鲁郊获麟,岐阳会凤。明堂既毁,閟宫兴颂。宣尼曳杖,逍遥一去不复来,幽泉呜咽而含悲,群峦拱揖如相送。俯仰宇宙,千载相望。堕山乔岳,尚被其光。峻极配天,无敢颉颃。嗟予瞻眺门墙外,何能仿佛窥室堂？也来攀附摄遗迹,三千之下,不知亦许再拜占末行？吁嗟乎！泰山之高,其高不可极,忽然回首,此身不觉已在东斗傍。

弘治十七年甲子九月既望,余姚阳明山人王守仁识。

（诗碑见孙星衍《泰山石刻记》、汪子卿《泰山志》卷三、《乾隆泰安县志》卷九。《王阳明全集》卷十九有《泰山高次王内翰韵》,即此诗,但句多有异,且无后题。）

游灵岩次苏颖滨韵 （弘治十七年 一五〇四年）

客途亦幽寻，宿案穿谷底。尘土填胸臆，到此乃一洗。仰视剑戟峰，巉屼颎如泚。俯窥岩龙窟，匍伏首若稽。异境固灵秘，兹游实天启。梵语过岩壑，檐牙相角骶。山僧出延客，经营设酒醴。导引入云雾，峻陟历堂陛。石田惟种椒，晚炊仍有米。临灯坐小轩，矮榻便倦体。清幽感畴昔，陈李两兄弟。侵晨访遗迹，碑碣多荒莽。

（诗见《光绪长清县志》卷之末下《灵岩志略》、《山东通志》卷三十五之一上。《王阳明全集》卷二十五有《雪岩次苏颖滨韵》，即此诗，但误作"雪岩"，且诗句差异亦甚大。）

书扇赠扬伯 （弘治十八年 一五〇五年）

扬伯慕伯阳，伯阳竟安在？大道即吾心，万古未尝改。长生在求仁，金丹非外待。缪矣三十年，于今吾始悔。

诸扬伯有希仙之意，吾将进之于道也。于其归，书扇为别。阳明山人伯安识。

（书扇真迹今藏日本定静美术馆，计文渊《王阳明法书集》著录。按《王阳明全集》卷十九有此诗，置于弘治十八年诗中，题作《赠阳伯》，但无后题。）

朱张祠书怀示同游 （正德三年 一五〇八年）

客行长沙道，山川郁稠缪。西探指岳麓，凌晨渡湘流。逾冈复陟巇，吊古还寻幽。林壑有余采，昔贤此藏修。我来实仰止，匪伊事盘游。衡云闲晓望，洞野浮春洲。怀我二三友，《伐木》增离忧。

何当此来聚，道谊日相求。灵杰三湘会，朱张二月留。学在濂洛系，文共汉江流。

（诗见《石鼓志》卷五。钱明《王阳明散佚诗文续补考》著录此诗，将后四句单独集为一诗。按：《王阳明全集》卷十九有《陟湘于迈岳麓是尊仰止先哲因怀友生丽泽兴感伐木寄言二首》，其一即此诗，然缺最后四句。）

何陋轩记（正德三年　一五〇八年）

昔孔子欲居九夷，人以为陋。孔子曰："君子居之，何陋之有？"守仁以罪谪龙场。龙场，古夷蔡之外，于今为要绥，而习类尚因其故。人皆以予自上国而往，将陋其地，弗能居也。而予处之旬月，安而乐之，求其所谓甚陋者而莫得。独其结题鸟言，山栖羝服，无轩裳宫室之观、文仪揖让之缛，然此犹淳庞质素之遗焉。盖古之时，法制未备，则有然矣，不得以为陋也。夫爱憎面背，乱白黝，浚奸穷黠，外良而中螫，诸夏盖不免焉。若是而彬郁其容，宋甫鲁掖，折旋矩矱，将无为陋乎？夷之人乃不能此，其好言恶詈，直情率遂，则有矣。世徒以言辞物采之眇而陋之，吾不谓然也。始予至，无室以止，处于丛棘之间，则郁也。迁于东峰，就石穴而居之，又阴以湿。龙场之民，老稚日来视予，喜不予陋，益孚比。予尝圃于丛棘之后，民谓予之乐也，相与伐木阁之材，就其地为轩以居予。予因而翳之以桧竹，莳之以卉药。列堂阶，辨室奥，琴编图史，讲诵游适之道略具。学士之来游者，亦稍稍而集，于是人之及吾轩者，若观于通都焉，而予亦忘予之居夷也，因轩扁曰"何陋"，以信孔子之言。嗟夫！诸夏之盛，其典章礼乐，历圣修而传之，夷不能有也，则谓之陋固宜。于后蔑道德而专法令，搜抉钩繠之术穷，而狡匿谲诈,无所不至,浑朴尽矣。夷之民方若未琢之璞,未绳之木,虽粗砺顽梗,而椎斧尚有施也,安可以陋之? 斯孔子所谓"欲居"也欤? 虽然,典章文物则亦胡可以无讲? 今夷之俗,崇巫而事鬼,渎礼而任情,不巾不笄,卒未免于陋之名,则亦不讲于是耳。然此无损于其质也。诚有君子而居焉,其化之也盖易。而予非其人也,记之以俟来者。

　　　　弟守仁谪居龙场,久而乐之,聊寄此以慰舜功年丈远怀。

　　(文真迹见《书迹名品丛刊》二十二册[明一]。今《王阳明全集》卷二十三有《何陋轩记》,但句有异,且缺最末一段。)

与辰中诸生　(正德五年　一五一〇年)

　　谪居两年,无可与语者。归途乃幸得诸友。悔昔在贵阳举知行合一之教,纷纷异同,罔知所入。兹来乃与诸生静坐僧寺,使自悟性体,顾恍恍若有可即者。

　　(书见钱德洪《阳明先生年谱》"正德五年"下。按《王阳明全集》卷四有《与辰中诸生》一书,然开首"谪居两年,无可与语者"下竟无"悔昔"一大段最重要文字。又《王阳明全集》于《与辰中诸生》题下注"己巳"作,亦误。)

答徐成之　(正德六年　一五一一年)

　　汝华相见于逆旅,闻成之起居甚悉。然无因一面,徒增悒怏。吾乡学者几人,求其笃信好学如成之者谁欤? 求其喜闻过,忠告善道如吾成之者谁欤? 过而莫吾告也,学而莫吾与也,非成之思而谁思欤? 嗟吾成之,幸自爱重! 自人之失其所好,仁之难成也久矣。向吾成之在乡党中,刻厉自立,众皆非笑,以为迂腐,成之不为少变。仆时虽稍知爱敬,不从众非笑,然尚未知成之难得如此也。今知成之之难得,则又不获朝夕相与,岂非大可憾欤! 修已治人,本无二道。政事虽剧,亦皆学问之地,谅吾成之随在有得。然何从一闻至论,以洗凡近之见乎? 爱莫为助。近为成之思进学之功,微觉过苦。先儒所谓志道恳切,固是诚意,然急迫求之,则反为私己,不可不察也。日用间何莫非天理流行,但此心常存而不放,则义理自熟,孟子所谓"勿忘勿助,深造自得"者矣。学问之功何可缓,但恐着意把持振作,纵复有得,居之恐不能安耳。成之之学,想亦正不如此。以仆所见,微觉其有近似者,是以不敢不尽。亦以成之平时之乐闻,且欲以是求教也。廷禧先生,吾乡之善人长者,先达中极为难得。同处客乡,亦为成之之一乐也。行次草率,不奉状,相见望道情。

(书见《阳明先生文录》[中国人民大学图书馆藏]卷一。按《王文成公全书》卷四著录此书不全,缺"廷禧先生"以下一段。)

紫阳书院集序原稿 (正德七年　一五一三年)

豫章熊君世芳之守徽也,既敷政其境内,乃大新紫阳书院,以明朱子之学,萃士之秀而躬教之。于是七校之士惧政之弗继也,教之或湮也,而程生曾集书院之故,复弁以白鹿之规,遗后来者,使知所敦。刻成,毕生珊来,致其合语,请一言之益。予惟为学之方,白鹿之规尽矣;警劝之道,熊君之意勤矣;兴废之详,程生之集备矣。又奚以予言为乎? 然吾闻之:德有本而学有要,不于其本而泛焉以从事,高之而虚寂,卑之而支离,流荡而失宗,劳而靡所得矣。是故君子之学,惟以求得其心,虽至于位天地,育万物,未有出于是心之外也。孟氏所谓"学问之道无他,求其放心而已"者,一言以蔽之。故博学者,学此也;审问者,问此也;慎思者,思此也;明辨者,辨此也;笃行者,行此也。心外无事,心外无理,故心外无学也。是故于父子尽吾心之仁,于君臣尽吾心之义,言吾心之忠信,行吾心之笃敬,惩心忿,窒心欲,迁心善,改心过,处事接物,无所往而非求尽吾心以自慊。譬之植焉,心,其根也;学也者,其培壅而灌溉之者也,扶卫而删锄之者也,无非有事于根焉尔已。朱子白鹿之规,首之以五教之目,次之以为学之叙,又次之以修身之要,又次之以处事之要,接物之要,若各为一事而不相蒙者,斯殆朱子平日之意,所谓"随时精察而力行之,庶几一旦贯通之妙也"欤?然而世之学者,往往遂失之支离琐屑,色庄外驰,而流入于口耳声利之习。故吾因诸士之请,而特原其本以相勖,庶乎操存讲习之有要,亦所以发明朱子未尽之意也。

（文见戴铣《朱子实纪》卷十一。今《王阳明全集》卷七有《紫阳书院集序》,即此文,但字句出入颇大,尤缺自"程生曾集书院之故"至"予惟为学之方"一段。）

矫亭说原稿 (正德九年　一五一四年)

君子之行,顺乎理而已,无所事于偏。偏于柔者,矫之以刚,然或失则傲;偏于慈者,矫之以毅,然或失则刻;偏于奢者,矫之以俭,然或失则陋。凡矫而无节,则过;过则复为偏。故君子之论学也,不曰矫,而曰克,克以胜其私,无过不及矣。矫犹〔未〕免于意、必也,意、必亦私也。故言矫者,未必能尽克己也。矫而复其理,亦克己之道矣。行其克己之实,而以矫名焉,何伤乎?古之君子也,其取名也廉;后之君子,实未至而名先之,故不曰克而曰矫,亦矫世之意也。秋卿方君时〔举〕以"矫"名亭,尝请家君为之说,辄为书之。

阳明王守仁识。

（手迹纸本今藏上海博物馆，计文渊《王阳明法书集》著录。《王阳明全集》卷七有《矫亭说》，作于正德十年，与此文大异，比较二文，可见阳明此文为原稿，阳明集中文为后来修改定稿。）

阳明先生与晋溪书(十五篇)

（一）（正德十二年　一五一七年）

侍生王守仁顿首再拜启上太保、大司马晋溪老先生大人尊丈执事：明公德学政事高一世，守仁晚进，虽未获亲炙，而私淑之心已非一日。乃者承乏鸿胪，自以迂腐多疾，无复可用于世，思得退归田野，苟存余息。乃蒙大贤君子不遗葑菲，拔置重地，适承前官谢病之后，地方亦复多事，遂不敢固以疾辞。已于正月十六日抵赣，扶疾莅任。虽感恩图报之心无不欲尽，而精力智虑有所不及，恐不免终为荐举之累耳。伏惟仁人君子器使曲成，责人以其所可勉，而不强人以其所不能，则守仁羁鸟故林之想，必将有日可遂矣。因遣官诣阙陈谢，敬附申谢私于门下，伏冀尊照。不备。

（二）（正德十二年　一五一七年）

守仁近因峚贼大修战具，远近勾结，将遂乘虚而入，乃先其未发，分兵掩扑。虽斩获未尽，然克全师而归，贼巢积聚亦为一空。此皆老先生申明律例，将士稍知用命，以克有此。不然，以南赣素无纪律之兵，见贼不奔，亦已难矣；况敢暮夜扑剿，奋呼追击，功虽不多，其在南赣，则实创见之事矣。伏望老先生特加劝赏，使自此益加激励，幸甚！今各巢奔溃之贼，皆聚横水、桶冈之间，与郴、桂诸贼接境,生恐其势穷,或并力复出;且天气炎毒,兵难深入远攻,乃分留重卒于金坑营前,扼其要害,示以必攻之势,使之旦夕防守,不遑他图。又潜遣人于已破各巢山谷间,多张疑兵,使既溃之贼不敢复还旧巢,聊且与之牵持。候秋气渐凉,各处调兵稍集,更图后举。惟望老先生授之以成妙之算,假之以专一之权,明之以赏罚之典。生虽庸劣,无能为役,敢不鞭策驽钝,以期无负推举之盛心。秋冬之间,地方苟幸无事,得以归全病喘于林下,老先生肉骨生死之恩,生当何如为报耶! 正暑,伏惟为国为道自重。不宣。

(三)(正德十二年 一五一七年)

前月奏捷人去,曾渎短启,计已达门下。守仁才劣任重,大惧覆㻬,为荐扬之累。近者南赣盗贼虽外若稍定,其实譬之疽痛,但未溃决;至其恶毒,则固日深月积,将渐不可瘳治。生等固庸医,又无药石之备,不过从旁抚摩调护,以纾目前。自非老先生发针下砭,指示方药,安敢轻措其手,冀百一之成? 前者申明赏罚之请,固来求针砭于门下,不知老先生肯赐俯从,卒授起死回生之方否也? 近得拳中消息,云将大举,乘虚入广。盖两广之兵近日皆聚府江,生等恐其声东击西,亦已密切布置,将为先事之图。但其事隐而未露,未敢显言于朝。然又不敢不以闻于门下。且闻府江不久班师,则其谋亦将自阻。大抵南赣兵力极为空疏,近日稍加募选训练,始得三千之数。然而粮赏之资,则又百未有措,若夹攻之举果行,则其势尤为窘迫。欲称贷于他省,则他省各有军旅之费;欲加赋于贫民,则贫民又有从盗之虞。惟赣州虽有盐税一事,迩来既奉户部明文停止,但官府虽有禁止之名,而奸豪实窃私通之利。又盐利下通于三府,皆民情所深愿,而官府税取其什一,亦商人所悦从。用是辄因官僚之议,仍旧抽放。盖事机窘迫,势不得已。然亦不加赋而财足,不扰民而事办,比之他图,固犹计之得者也。今特具以闻奏,伏望老先生曲赐扶持,使兵事得赖此以济,实亦地方生灵之幸。生等得免于失机误事之诛,其为感幸尤深且大矣。自非老先生体国忧民之至,何敢每事控愬若此?伏冀垂照。不具。

(四)(正德十二年 一五一七年)

生于前月二十日,地方偶获微功,已于是月初二日具本闻奏。差人既发,始领部咨,知夹攻已有成命。前者尝具两可之奏,不敢专主夹攻者,诚以前此三省尝为是举,乃往复勘议,动经岁月,形迹显暴,事未及举,而贼已奔窜大半。今老先生略去繁文之扰,行以实心,断以大义,一决而定,机速事果,则夹攻之举固亦未尝不善也。凡败军偾事,皆缘政出多门,每行一事,既禀巡抚,复禀镇守,复禀巡按,往返需迟之间,谋虑既泄,事机已去。昨睹老先生所议,谓阃外兵权,贵在专委,征伐事宜,切忌遥制;且复除去总制之名,使各省事有专责,不令掣肘,致相推托。真可谓一洗近年琐屑牵扰之弊,非有大公无我之心发强刚毅者,孰能与于斯矣?庙堂之上,得如老先生者为之张主,人亦孰不乐为之用乎?幸甚,幸甚!今各贼巢穴之近江西者,盖已焚毁大半,但擒斩不多,徒党尚盛,其在广东、湖广者,犹有三分之一。若平日相机掩扑,则贼势分,而兵力可省。今欲大举,贼且并力合势,非有一倍之众,未可轻议攻围。况南赣之兵,素称疲弱,见贼而奔,乃其长技。广湖所用,皆土官狼兵,贼所素畏,夹攻之日,势必偏溃江西。今欲请调狼兵以当其锋,非惟虑其所过残掠,兼恐缓不及事。生近以漳南之役,亲见上杭、程乡两处机快,颇亦可用,且在抚属之内。故今特调二县各一千名,并凑南赣新集起情,共为一万二千之数。若以军法五攻之例,必须三省合兵十万而后可。但南赣粮饷无措,不得已而从减省若此,伏望老先生特赐允可。若更少损其数,断然力不足以支寇矣。腐儒小生,素不习兵,勉强当事,惟恐覆公之觫。伏惟老先生悯其不逮,教以方略,使得有所持循,幸甚,幸甚!

(五) (正德十二年 一五一七年)

守仁始至赣,即因闽寇猖獗,遂往督兵。故前者渎奉谢启,极为草略,迄今以为罪。闽寇之始,亦不甚多,大军既集,乃连络四面而起,几不可支。今者偶获成功,皆赖庙堂德威成算;不然,且不免于罪累矣,幸甚!守仁腐儒小生,实非可用之才,盖未承南赣之乏,已尝告病求退。后以托疾避难之嫌,遂不敢固请。黾勉至此,实恐得罪于道德,负荐举之盛心耳。伏惟终赐指教而曲成之,幸甚,幸甚!今闽寇虽平,而南赣之寇又数倍于闽,且地连四省,事权不一,兼之敕旨又有不与民事之说,故虽虚拥巡抚之名,而其实号令之所及,止于赣州一城,然且尚多抵牾,是亦非皆有司者敢于违抗之罪,事势使然也。今为南赣,止可因仍坐视,稍欲举动,便有掣肘。守仁窃以南赣之巡抚可无特设,止存兵备,而统于两广之总制,庶几事体可以归一。不然,则江西之巡抚,虽三省之务尚有牵碍,而南赣之事犹可自专,一应军马钱粮,皆得通融裁处,而预为之所,犹胜于今之巡抚无事则开双眼以坐视,有事则空两手以待人也。夫弭盗所以安民,而安民者弭盗之本。今责之以弭盗,而使无与于民,犹专以药石攻病,而不复问其饮食调适之宜,病有日增而已矣。今巡抚之改革,事体关系,或非一人私议之间便可更定,惟有申明赏罚,犹可以稍重任使之权,而因以略举其职,故今辄有是奏。伏惟特赐采择施行,则非独生一人得以稍逭罪戮,地方之困亦可以少苏矣。非恃道谊深爱,何敢冒渎乃此? 万冀鉴恕。不宣。

(六)(正德十二年　一五一七年)

即日,伏惟经纶邦政之暇,台候万福。守仁学徒慕古,识乏周时,谬膺简用,惧弗负荷,只命以来,推寻酿寇之由,率固姑息之弊。所敢陈情,实恃知己。乃蒙天听,并赐允从,蕃锡宠右,恩与至重。是非执事器使曲成,奖饰接引,何以得此? 守仁无似,敢不勉奋庸劣,遵禀成略,冀收微效,以上答圣眷,且报所自乎? 兹当发师,匆遽陈谢,伏惟台照。不备。

外具用兵事宜一通,极知狂妄,伏惟曲赐采择,并垂恕察,幸甚,幸甚!

(七)(正德十三年　一五一八年)

生惟君子至于天下,非知善言之为难,而能用善之为难。舜在深山之中,与木石居,鹿豕游,其所以异于深山之野人者几稀,舜亦何异于人哉? 至其闻一善言,见一善行,沛然若决江河,莫之能御,然后见其与世之人相去甚远耳。今天下知谋才辩之士,其所思虑谋猷,亦无以大相远者。然多蔽而不知,或虽知而不能用,或虽用而不相决,雷同附和。求其的然真见,其孰为可行,孰为不可行,孰为似迂而实切,孰为似是而实非,断然施之于用,如神医之用药,寒暑虚实,惟意所投,而莫不有以曲中其机,此非有明睿之资,正大之学,刚直之气,其孰能与于此? 若此者,岂惟后世之所难能,虽古之名世大臣,盖亦未之多闻也。守仁每诵明公之所论奏,见其洞察之明,刚果之断,妙应无方之知,灿然剖析之有条,而正大光明之学,凛然理义之莫犯，未尝不拱手起诵，歆仰叹服。自其识事以来，见世之名公巨卿，负盛望于当代者，其所论列，在寻常亦有可观；至于当大疑，临大利害，得丧毁誉眩瞀于前，力不能正，即依违两可，掩覆文饰，以幸无事。求其卓然之见，浩然之气，沛然之词，如名公之片言者，无有矣！在其平时，明公虽已自有以异于人，人固犹若无以大异者，必至于是，而后见其相去之甚远也。守仁耻为佞词以谀人，若明公者，古之所谓社稷大臣，负王佐之才，临大节而不可夺者，非明公其谁欤？守仁后进迂劣，何幸辱在驱策之末。奉令承教，以效其尺寸，所谓驽骀遇伯乐而获进于百里，其为感幸何如哉！迩者龙川之役亦幸了事，穷本推原，厥功所自，已略具于奏末，不敢复缕缕。所恨福薄之人，难与成功，虽仰赖方略，侥幸塞责，而病患日深，已成废弃。昨日乞休疏入，辄尝恃爱控其恳切之情，日夜瞻望允报。伏惟明公终始曲成，使得稍慰老父衰病之怀，而百岁祖母亦获一见为诀，死生骨肉之恩，生当何如为报耶！情隘词迫，乞冀矜亮，死罪，死罪！

（八）（正德十三年　一五一八年）

近领部咨，见老先生之于守仁，可谓心无不尽，而凡其平日见于论奏之间者，亦已无一言之不酬。虽上公之爵，万户侯之封，不能加于此矣。自度鄙劣，何以克堪，感激之私，中心藏之，不能以言谢。然守仁之所以隐忍扶疾，身被锋镝，出百死一生以赴地方之急者，亦岂苟图旌赏，希阶级之荣而已哉？诚感老先生之知爱，期无负于荐扬之言，不愧称知己于天下而已矣。今虽不能大建奇伟之绩，以仰答知遇，亦幸苟无挠败戮辱，遗缪举之羞于门下，则守仁之罪责亦已少塞，而志愿亦可以无大憾矣，复何求哉！复何求哉！伏惟老先生爱人以德，器使曲成，不责人以其所不备，不强人以其所不能,则凡才薄福,尪羸疾废如某者,庶可以遂其骸骨之请矣。乞休疏待报已三月,尚杳未有闻。归魂飞越,夕不能旦。伏望悯其迫切之情,早赐允可,是所谓生死而肉骨者也,感德当何如耶!

(九)（正德十三年　一五一八年）

迩者南赣盗贼遂获底定,实皆老先生定议授算,以克有此,生辈不过遵守奉行之而已,何功之有,而敢冒受重赏乎?伏惟老先生橐籥元和,含洪无迹,乃欲归功于生,物物惟不自知其生之所自焉尔;苟知其生之所自,其敢自以为功乎?是自绝其生也已。拜命之余,不胜惭惧,辄具本辞免,非敢苟为逊避,实其中心有不自安者。升官则已过甚,又加之荫子,若之何其能当之?"负且乘,致寇至。"生非无贪得之心,切惧寇之将至也。伏惟老先生鉴其不敢自安之诚,特赐允可,使得仍以原职致事而去,是乃所以曲成而保全之也,感刻当何如哉!渎冒尊威,死罪,死罪!

(十)（正德十五年　一五二〇年）

自去冬畏途多沮,遂不敢数数奉启,感刻之情,无由一达。缪劣多忤,尚获曲全,非老先生何以得此?"中心藏之,何日忘之。"诵此而已,何能图报哉!江西之民困苦已极,其间情状,计已传闻,无俟复喋。今骚求既未有艾,钱粮又不得免,其变可立待。去岁首为控奏,既未蒙旨,继为申请,又不得达,今兹事穷势极,只得冒罪复请。伏望悯地方之涂炭,为朝廷深忧远虑,得与速免,以救燃眉,幸甚,幸甚!生之乞归省葬,去秋已蒙"贼平来说"之旨,冬底复请,至今未奉允报。生之汲汲为此,非独情事苦切,亦欲因此稍避怨嫉。素蒙老先生道谊骨肉之爱,无所不至,于此独忍不一举手投足,为生全之地乎？今地方事残破怠极,其间宜修举者百端,去岁尝缪申一二奏,皆中途被沮而归。继是而后,遂以形迹之嫌,不敢复有所建白。兼贱恙日尪瘠,又以父老忧危致疾之故,神志恍恍,终日如在梦寐中。今虽复还省城,不过闭门昏卧,服药喘息而已。此外人事都不复省,况能为地方救灾拯难,有所裨益于时乎？所以复有蠲租之请者,正如梦中人被锥刺,未能不知疼痛,纵其手足扑疗不及,亦复一呻吟耳。老先生幸怜其志,哀其情,速免征科,以解地方之倒悬;一允省葬之乞,使生得归全首领于牖下。则阖省蒙更生之德,生父子一家,受骨肉之恩,举含刻于无涯矣。昏懵中控诉无叙,临启不胜怆栗。

　　奏稿二通渎览。

（十一）（正德十二年　一五一七年）

　　辄有私梗,仰恃知爱,敢以控陈。近日三省用兵之费,广湖两省皆不下十余万,生处所乞止于三万,实皆分毫扣算,不敢稍存赢余。已蒙老先生洞察其隐,极力扶持,尽赐准允。后户部复见沮抑,以故昨者进步之际,凡百皆临期那借屑凑,殊为窘急。赖老先生指授,幸而两月之内,偶克成功。不然,决知败事矣。此虽已遂之事,然生必欲一鸣其情者,窃恐因此遂误他日事耳。又南赣盗贼巢穴虽幸破荡,而漏殄残党难保必无,兼之地连四省,深山盘谷,逃流之民不时啸聚,辄采民情,议于横水大寨,请建县治,为久安之图。乘间经营,已略有次第。守仁迂疏病懒,于凡劳役之事,实有不堪。但筹度事势,有不得不然者,是以不敢以病躯欲归之故,闭遏其事而不可闻,苟幸目前之塞责而已也。伏惟老先生并赐裁度施行,幸甚！

奏稿一通渎览;又一通系去冬中途被沮者,今仍令原舍赍上。惟老先生面赐尊裁,可进进之,不可进已之。恃深爱,敢渎冒至此,死罪,死罪!附渎。

(十二)（正德十二年　一五一七年）

守仁不肖,过蒙荐奖,终始曲成,言无不行,请无不得,既借以赏罚之权,复委以提督之任,授之方略,指其迷谬,是以南赣数十年桀骜难攻之贼,两月之内扫荡无遗。是岂驽劣若守仁者之所能哉?昔人有言:追获兽兔,功狗也;发纵指示,功人也。守仁赖明公之发纵指示,不但得免于挠败之戮,而又且与于追获兽兔之功,感恩怀德,未知此生何以为报也!因奏捷人去,先布下悃。俟兵事稍闲,尚当具启修谢。伏惟为国为道自重。不宣。

外奏稿揭帖奉呈。

(十三)（正德十四年　一五一九年）

畏途多沮,不敢亟上启。感恩佩德,非言语可尽。所恨羸病日增,近复吐血潮热,此身恐不能有图报之地矣。伏望终始曲成,使得苟延余喘于林下,亦仁人君子不忍一物失所之本心,当不俟其哀号控吁也。情隘势迫,复尔冒干,伏惟悯恻。不具。

(十四)（正德十四年　一五一九年）

屡奉启,皆中途被沮,无由上达。幸其间乃无一私语,可以质诸鬼神。自是遂不敢复具。然此颠顿窘局、苦切屈仰之情,非笔舌可尽者,必蒙悯照,当不俟控吁而悉也。日来呕血,饮食顿减,潮热夜作。自计决非久于人世者,望全始终之爱,使得早还故乡。万一苟延余息，生死肉骨之恩，当何如图报耶！余情张御史当亦能悉，伏祈垂亮。不备。

（十五）（正德十六年　一五二一年）

比兵部差官来，赍示批札，开谕勤惓，佐亦随至，备传垂念之厚。昔人有云：公之知我，胜于我之自知。若公今日之爱生，实乃胜于生之自爱也，感报当何如哉！明公一生系宗社安危，持衡甫旬月，略示举动，已足以大慰天下之望矣。凡百起居，尤望倍常慎密珍摄，非独守仁之私幸也。佐且复北，当有别启。差官回，便辄先附谢，伏惟台鉴。不具。

归省疏已蒙曲成，得毕下一日，举家之感也。恳切，恳切！

（《阳明先生与晋溪书》十五通，今藏上海图书馆。钱明《王阳明散佚诗文续补考》有考。今阳明与晋溪王琼书存三种版本：一为《王阳明全集》卷二十七所收《与王晋溪司马》[通行本]；二为嘉靖三十六年谈恺序刊《阳明先生全集》卷五增补《类刻阳明先生与晋溪书》；三为上海图书馆藏单行本《阳明先生与晋溪书》。以上海图书馆藏本与《王阳明全集》中《与王晋溪司马》相比较，差异甚大，《与王晋溪司马》多有缺句漏段，排列次序不同，且缺第十三书。兹将上海图书馆藏《阳明先生与晋溪书》十五通全部辑录。）

长汀道中□□诗（正德十二年　一五一七年）

夜宿行台，用韵于壁，时正德丁丑三月十三日，阳明□□□□□。

将略平生非所长，也提戎马入汀漳。数峰斜阳旌旗远，一道春风鼓角扬。暮□□□能出塞，由来充国善平羌。疮痍满地曾无补，深愧湖边旧草堂。

（诗见《嘉靖汀州府志》卷十七。按：《王阳明全集》卷二十有《丁丑二月征漳寇进兵长汀道中有感》，即此诗，但无前序，诗句有异，题"丁丑二月"亦误。）

题察院壁 （正德十二年　一五一七年）

四月戊午班师上杭道中，都御史王守仁书。

吹角峰头晓散军，回空万马下氤氲。前旌已带洗兵雨，飞鸟犹惊卷阵云。南亩独忻农事动，东山休作凯歌闻。正思锋镝堪挥泪，一战功成未足云。

（诗见《嘉靖汀州府志》卷十七。按：《王阳明全集》卷二有《喜雨三首》之三，即此诗，但题目不同，诗句有异，且无前序。）

四月壬戌复过行台□□□ （正德十二年　一五一七年）

见说相期雪上耕，连蓑应已出乌程。荒畲初垦功须倍，秋熟虽微税亦轻。雨后湖舠兼学钓，饷余堤树合闲行。山人久办归农具，犹向千峰夜度兵。

（诗见《嘉靖汀州府志》卷十七。按：《王阳明全集》卷二十有《闻曰仁买田雪上携同志待予归二首》，其一即此诗，但题不同，句有异。）

夜坐有怀故□□□次韵 （正德十二年　一五一七年）

月色虚堂坐夜沉，此时无限故园心。山中茅屋□□□，江上衡扉春水深。百战自知非旧学，三驱犹愧失前禽。归期久负黄徐约，独向幽溪雪后寻。

（诗见《嘉靖汀州府志》卷十七。按：《王阳明全集》卷二十有《闻曰仁买田雪上携同志待予归二首》，其二即此诗，但题不同，句有异。）

南泉庵漫书（正德十二年　一五一七年）

山城经月驻旌戈，亦复幽寻到薜萝。南国已看回甲马，东田初喜出农蓑。溪云晓渡千峰雨，江涨春深两岸波。暮倚七星瞻北极，绝怜苍翠晚来多。

　　　　雨中过南泉庵，书壁。是日，梁郡伯携酒来问，因并呈。

　　时正德丁丑四月五日，阳明山人守仁顿首。

（诗见《嘉靖汀州府志》卷十七。按：阳明此诗手迹长一百三十一厘米，宽六十五厘米，在北京保利国际拍卖有限公司二〇〇七秋季拍卖会上出现，并以"阳明草书七言诗立轴"之名在"书法家王守仁个人网站"上公布，此手书真迹，即阳明写呈梁郡伯者也。今《王阳明全集》卷二十有《回军上杭》，即此诗，但题不同，句有异，亦无后题。）

平茶寮碑（正德十二年　一五一七年）

正德丁丑，徭寇大起，江、广、湖、郴之间骚然，且三四年矣。于是上命三省会征，乃十月辛亥，予督江西之兵自南康入。甲寅，破横水、左溪诸巢，贼败奔。庚申，复连战，贼奔桶冈。十一月癸酉，攻桶冈，大战西山界。甲戌，又战，贼大溃。丁亥，与湖兵合于上章，尽殪之。凡破巢大小八十有四，擒斩二千余，俘三千六百有奇。释其胁从千有余众，归流亡，使复业。度地居民，凿山开道，以夷险阻。辛丑，师旋。於乎！兵惟凶器，不得已而后用。刻茶寮之石，非以美成,重举事也。提督军务都御史王守仁书。纪功御史屠侨,监军副使杨璋,参议黄宏,领兵都指挥许清,守备郏文,知府邢珣、伍文定、季敩、唐淳,知县王天与、张戬,随征指挥明德、冯翊、冯廷瑞、谢昶、余恩、姚玺,同知朱宪,推官徐文英、危寿,知县黄文鹭,县丞舒富,千百户高瀇、陈伟、郭璘、林节、孟俊、斯泰、尹麟等,及照磨汪德进,经历沈理,典史梁仪、张淳,并听选等官雷济、萧庚、郭诩、饶宝等,共百有余名。

(碑文见邵启贤《赣石录》卷二。今此石碑犹立在崇义县思顺乡桐冈村[现齐山村],已有残缺。《王阳明全集》卷二十五有《平茶寮碑》,但与此石碑原文出入颇大,并缺末一大段。)

回军龙南小憩玉石岩双洞绝奇缱绻不能去寓以阳明别洞之名兼留是作(三首) (正德十三年 一五一八年)

铁马初从鸟道回,览奇还复上崔嵬。寇平渐喜流移复,春晚兼欣农务开。两窦高明悬日月,九渊深黑秘风雷。投簪欲问支茆地,怀土难追旧钓台。

洞府人密此穷佳,当年空自费青鞋。麾幢旖旎悬仙仗,台殿高低楼上阶。天巧固应非斧凿,化工无乃太易排。欲将点瑟携童冠,就揽春云结小斋。

阳明胜地旧曾居,此地阳明景不如。但在乾坤皆逆旅,曾留往宿即吾庐。行窝既许人传号,别洞何妨来借书。他日巾车还旧隐,应怀兹土复乡间。

二月廿九日,阳明山人书。

(诗见《中国古代书画图目》[八]。阳明此行书诗真迹今藏天津市文化局文物处。《王阳明全集》卷二十有《回军龙南小憩玉石岩双洞绝奇徘徊不忍去因寓以阳明别洞之号兼留此作三首》,即此诗,但语句出入颇大,且无后题,致不知作此诗具体时间。)

灵山寺 (正德十五年　一五二〇年)

深山路僻问归樵,为指崔嵬石径遥。僧与白云归暝壑,月随沧海上寒潮。世情老去全无赖,野兴年来独未销。回首孤舟又陈迹,隔江钟磬夜迢迢。

(诗见《道光繁昌县志》卷十七。《王阳明全集》卷二十《又次壁间杜牧韵》文字大体相同。)

平浰记 (正德十三年　一五一八年)

四省之寇,惟浰尤黠,拟官僭号,潜图孔炽。正德丁丑冬,㙍、俍既殄,益机险阴毒,以虞王师。我乃休士,归农以缓之。戊寅正月癸卯,计擒其魁,遂进兵击其懈。丁未,破三浰,乘胜追北。大小三十余战,灭巢三十有八,俘斩三千余。三月丁未,回军。壶浆迎道,耕夫遍野,父老咸欢。农器不陈,于今五年。复我常业,还我室家,伊谁之力? 赫赫皇威,匪威曷凭? 爰伐山石,用纪厥成。提督军务都御史王守仁书。时纪功御史屠侨,监军副使杨璋,领兵守备郏文,知府邢珣、陈祥,推官危寿等,凡二十有二人,列其名于后。

(文见邵启贤《赣石录》卷二。《王阳明全集》卷二十五有《平浰头碑》,即此刻文,但字有异,并缺末一段。且此记乃摩岩刻石,称"碑"亦不当。)

铜陵观铁船 (正德十五年　一五二〇年)

铜陵观铁船,录寄士洁侍御道契,见行路之难也。

青山滚滚如奔涛,铁船何处来停桡? 人间刳木宁有此? 疑是仙人之所操。仙人一去已千载,山头日日长风号。船头出土尚仿佛,后冈有石云船梢。我行过此费忖度,昔人用心无已切! 由来风波平地恶,纵有铁船还未牢。秦鞭驱之不能动,暴力何所施其篙。我欲乘之访蓬岛,雷师鼓舵虹为缆。弱流万里不胜芥,复恐驾此成徒劳。世路难行每如此,独立斜阳首重搔。

　　阳明山人书于铜陵舟次,时正德庚辰春分,献俘还自南都。

(诗见《中国书法全集》第五十二册,荣宝斋出版社出版,真迹藏故宫博物院。《王阳明全集》卷二十《舟过铜陵野云县东小山有铁船因往观之果见其仿佛因题石上》即此诗,然无前后题。)

纪梦诗题壁 (正德十五年　一五二〇年)

昔我明《易》道,故知未形事。时人不我识,遂传耽小技。一思王导徒,神器良久觊。诸谢岂不力,伯仁见其底。所以敦者佣,罔顾天经与地义。不然百口未负托,何忍置之死。我于是时知有分,日中斩柴市。我死何足悲,我生良有以。九天一人抚膺啸,晋室诸公亦可耻。举目山河徒叹非,携手登亭空洒泪。王导真奸雄,千载人未议。偶感君子谈中及,重与写真记。固知仓卒不成文,自今当与频谑戏。倘其为我一表扬,万世万世万万世。

右晋忠臣郭景纯之作,予梦遇景纯出以见示,且极论王导之罪,谓世之人徒知王敦之逆,而不知导之奸阴有以主之。其言甚长,不能备录,姑写其所示诗于壁。呜呼! 君子之泽,五世而斩,则小人之罪亦数世可泯矣。非有实恶深冤,抑结而未暴,宁有千载之下,尚怀愤懑不平若是者耶? 予因是而深有感焉，复为一诗以纪其略。时正德庚辰八月廿八日，阳明山人王守仁伯安书。

（诗真迹拓本余姚市梨洲文献馆有藏。按此真迹与《王文成公全书》卷二十所载《纪梦》诗出入甚大，后跋与诗序尤有差异，疑此真迹为阳明初作，后乃有删改。）

与黄宗贤书（嘉靖二年 一五二三年）

近与尚谦、子莘、宗明讲《孟子》"乡愿狂狷"一章，颇觉有所警发，相见时须更一论。四方朋友来去无定，中间不无切磋砥砺之益，但真有力量能担荷得者，亦自少见。大抵近世学者无有必为圣人之志，胸中有物，未得清脱耳。闻引接同志，孜孜不怠，甚善！但论议须谦虚简明为佳。若自处过任，而词意重复，却恐无益而有损。

（书见钱德洪《阳明先生年谱》"嘉靖二年"下。按：《王阳明全集》卷五有《与黄宗贤》，即是书，然两书差异甚大，多有删改，疑钱德洪将是篇收入阳明文集时有所润色修改所致。）

答聂文蔚论良知书（嘉靖五年 一五二六年）

夫人者，天地之心。天地万物，本吾一体者也，生民之困苦荼毒，孰非疾痛之切于吾身者乎？不知吾身之疾痛，无是非之心者也。是非之心，不虑而知，不学而能，所谓良知也。良知之在人心，无间于圣愚，天下古今之所同也。世之君子惟务致其良知，则自能公是非，同好恶，视人犹己，视国犹家，而以天地万物为一体，求天下无治，不可得矣。古之人所以能见善不啻若己出，见恶不啻若己入，视民之饥渴犹己之饥渴，而一夫不获，若己推而纳诸沟中者，非故为是而以靳天下之信己也,务致其良知,求自慊而已矣。尧、舜、三王之圣,言而民莫不信者,致其良知而言之也;行而民莫不信者,致其良知而行之也。是以其民熙熙皞皞,杀之不怨,利之不用,施及蛮貊,而凡有血气者莫不尊亲,为其良知之同也。呜呼!圣人之治天下,何其简且易哉!后世良知之学不明,天下之人用其私智以相比轧,是以人各有心,而偏琐僻陋之见,狡伪阴邪之术,至于不可胜说,外假仁义之名,而内以行其自私自利之实,诡辞以阿俗,矫行以干誉,掩人之善而袭以为己长,计人之私而窃以为己直,忿以相胜而犹谓之狥义,险以相倾而犹谓之嫉恶,妒贤忌能而犹自以为公是非,恣情纵欲而犹自以为同好恶,相陵相贼,自一家骨肉之亲,已不能无尔我胜负之意,彼此藩篱之形,而况于天下之大,民物之众,又何能一体而视之?则亦无怪于纷纷借借,而祸乱相寻于无穷矣。守仁赖天之灵,偶有见于良知之学,以为必由此而后天下可得而治。是以每念斯民之陷溺,则为之戚然痛心,忘其身之不肖,而思以此救之,亦不自知量者。天下之人见其若是,遂相与非笑而诋斥之,以为是病狂丧心之人耳。呜呼!是奚足恤哉?吾方疾痛之切体,而暇计人之非笑乎!人固有见其父子兄弟坠溺于深渊者,呼号匍匐,裸跣颠顿,扳悬崖而下拯之。士之见者,方相与揖让谈笑于其傍,以为是弃其礼貌衣冠而呼号颠顿若此,是病狂丧心者也。故夫揖让谈笑于溺人之傍而不知救,此惟行路之人,无亲戚骨肉之情者能之,然已谓之无恻隐之心,非人矣。若夫在父子兄弟之爱者,则固未有不痛心疾首,狂奔尽气,匍匐而拯之。彼将陷溺之祸有不顾,而况于病狂丧心之讥乎?而又况于靳人之信与不信乎?呜呼!今之人虽谓守仁为病狂丧心之人,亦无不可矣。侍生王守仁顿首,复太史定斋先生执事。左余。

（文真迹见裴景福《壮陶阁书画录》卷十《明王阳明论良知书卷》。按：《王阳明全集》卷二有《答聂文蔚》[《传习录》中]，即此书，然只有前半，无后半，或是当时致聂豹书本为二封，后并为一书编入《传习录》中耶？）

答杨邃庵阁老书（嘉靖五年 一五二六年）

明公进秉机密，天下士大夫忻忻然相庆，皆谓太平可立致矣。门下鄙生独切至忧，以为犹甚难也。亨屯倾否，当今之时，舍明公无可以望者。夫惟身任天下之祸，然后能操天下之权；操天下之权，然后能济天下之难。然当其权之未得也，致之甚难；而其归之也，则操之甚易。夫权者，天下之大利大害也，小人之不可一日有者也。欲济天下之难，而不操之以权，是犹倒持太阿而授人以柄，希不割矣。故君子之致权也有道，本之至诚以立其德，植之善类以多其辅。示之以无不可容之量，以安其情；扩之以无所竞之心，以平其气；昭之以不可夺之节，以端其向；神之以造（下阙文）君臣，虽刘基之智，宋濂之博，通俯伏受成。嗣主莅政，咨询是急。六部分隶，各胜厥掌。故皇祖废左右相，设六部，成祖建内阁，参机务，岂非相时通变之道乎？永乐初，以翰林史官直阁，后必俟其尊显而方登简平章之寄，俨若周宰国卿。是故削相之号，收相之益，任于前用，慎于今养，望于素坚，操于讪表，能于诚显，拔于萃特，崇于礼流，品非可限，历考不足稽矣。英皇复辟，亲擢三贤薛瑄、岳正、李贤。正德中，逆瑾窃国，囚戍元老，奴仆端揆，犹尊内阁。刘文靖、谢文正之怨，止于褫秩。顾近世之选者，惟曰淳厚宽详，守故习常，是特妇女之狎躬，乡氓之寡尤，岂胜大受者哉！是故约己让善如唐怀慎，是之谓德；忘死殉国如宋君宝，是之谓忠；防细图大如汉张良,是之谓才。不然,鄙于人主,贱于六曹,隳国纲,靡士风。昔文帝故宠邓通,必展申屠之直;钱若水感昌言之见薄,即辟位而去。夫有君之笃托,有臣之自重,胡患于不治耶!

(书见张萱《西园闻见录》卷二十六。按:《西园闻见录》称此文为"王守仁寄杨廷和书",乃误。据《王阳明全集》卷二十一《寄杨邃庵阁老》书二有数段文句与此相同,知此书与《寄杨邃庵阁老》书二实为同一篇书札,则此书当为寄杨一清而非寄杨廷和。)

送萧子雍诗 (嘉靖六年　一五二七年)

衰疾悟止足,闲居便静修。采芝深谷底,考槃南涧头。之子亦罕见,枉帆经旧丘。幽居意始结,公期已先遒。星途触来暑,拯焚能自由。黄鹄一高举,刚风翼难收。怀燕恋丘陇,回顾未忘忧。往志属千里,岂伊枋榆投?哲士营四海,细人聊自谋。圣作正思治,吾衰竟何酬!所望登才俊,济济扬鸿休。隐者嘉连遁,仕者当谁俦?宁无寥寂念,且急疮痍瘳。舍藏会有时,行矣毋淹留。

子邕怀抱弘济,而当道趋驾甚勤。恋恋庭闱,孝情虽至,顾恐事君之义□未为得也。诗以饯之,亦见老怀耳。阳明山人守仁识,时嘉靖丁亥五月晦。

(诗真迹今藏故宫博物院,徐邦达《古书画过眼要录·元明清书法》、计文渊《王阳明法书集》著录。《王阳明全集》卷二十有《送萧子雝宪副之任》,即此诗,但无后题,致不知此诗作年。)

宿新城 (嘉靖六年,一五二七年)

犹记当年筑此城,广瑶湖寇正纵横。人今乐业皆安堵,我亦经过一驻兵。香火沿门惭老稚,壶浆远道及从行。峰山弩手疲老甚,且放归农莫送迎。

　　嘉靖丁亥十一月四日，有事两广，驻兵新城。此城予巡抚
时所筑。峰山弩手，其始盖优恤之，以俟调发；其后渐苦于送
迎之役，故诗及之。

（诗见《阳明诗录》，钱明《王阳明全集未刊散佚诗文汇编及考
释》著录。按：《王阳明全集》卷二十有《过新溪驿》，即此诗，但无
后题，不知作年。）

田州立碑（嘉靖七年　一五二八年）

　　嘉靖丙戌夏，官兵伐田，随与思恩之人相比复煽，集军四省，汹
汹连年。于时皇帝，忧悯元元，容有无辜而死者乎？乃命新建伯臣
王守仁：曷往视师，其以德绥，勿以兵虐。班师撤旅，信义大宣。
诸夷感慕，旬日之间，自缚来归者，七万一千。悉放之还农，两省以
安。昔有苗徂征，七旬来格；今未期月，而蛮夷率服。绥之斯来，速
于邮传，舞干之化，何以加焉！爰告思、田，毋忘帝德；爰勒山石，昭
此赫赫。文武圣神，率土之滨，凡有血气，莫不尊亲。嘉靖戊子季
春，臣守仁拜手稽首书，臣林富、张祐刻石。御史石金，布政林富，
参议汪必东、邹轼，副使林大辂、祝品、翁素，佥事张邦信、申惠，副
总兵李璋、张祐，参将沈希仪、张经，佥事吴天挺、汪漆，都指挥谢
佩，知府蒋山卿赞画。胡松、李本、林应骢，同知史立成、桂鏊、舒
柏，通判陈志敬，知州李东、林宽，宣慰侯彭明辅、彭九霄，官男彭宗
舜，军门参随礼部辨印生钱君泽过朱，县丞杜洞、萧尚贤监刻。指
挥赵璇、林节、刘镗，百户严述、郭经督工。

（碑文见《嘉靖广西通志》卷五九。叶树望《有关王阳明军旅
刻石考订》著录。今广西平果县右江岸"阳明洞天"岩洞前峭壁

上,刻有阳明此文手迹,题作《征抚思田功迹文》。《王阳明全集》卷二十五有《田州立碑》,即此碑文,但无"嘉靖戊子季春"以下文字,致误注此碑文为嘉靖五年丙戌作。)

行书良知说四绝示冯子仁（嘉靖七年　一五二八年）

问君何事日憧憧？烦恼场中错用功。莫道圣问无口诀,良知两字是《参同》。

个个人心有仲尼,自将闻见苦遮迷。而今指与真头面,只是良知更莫疑。

人人自有定盘针,万化根源总在心。却笑从前颠倒见,枝枝叶叶外头寻。

无声无臭独知时,此是乾坤万有基。抛却自家无尽藏,沿门持钵效贫儿。

冯子仁问良知之说,旧尝有四绝,遂书赠之。阳明山人王守仁书,时嘉靖戊子九月望日也。

(此书手迹见《中国古代书画图目》[第十八册],真迹今藏湖北省博物馆,见《湖北文物典》六《书画》,然无后题。)

附录二　存伪

新安吴氏家谱序

正德二年,予以劾瑾被谴,同年吴子清甫亦以劾瑾落职。心一遇同,相得欢甚,朝夕谈道,上下古今时事,未尝不为之慨叹。一日,清甫以家谱属序,传示后人。顾予越之鄙人也,言何足重哉?夫一族千万人,其初兄弟也,兄弟其初一人也。一人之心,固以千万人之心为心,千万人之心,其能以一人之心为心乎?谱之作也,明千万人本于一人,则千万人之心当以一人之心为心。子孝父,弟敬兄,少顺长,而为父兄长者亦爱其子弟。少者贫而无归也,富者收之;愚而无能也,才者教之。贵且富者,不以加其宗族患难恤而死丧赙也。千万人惟一心,以此尽情,而谱善矣。世之富贵者自乐其身,留遗子孙,而族人之饥寒,若越人不视秦人,略不加之意焉,焉用谱为哉?故善保其国者,可以永命;善保其族者,可以世家。清甫欲世其家,亦善保其族而已矣。予闻清甫祖父赈穷周乏,施惠焚券,先亲族而后仁民,盖有古忠厚长者之风焉。以此传后,子孙必有蕃且昌者。清甫讳淳,与予同登弘治己未进士。今以江西道监察御史退居林下。其家世阀阅之详载谱书,不及赘云。正德二年秋月,年生古越阳明子王守仁撰。

（文载安徽歙县《吴氏冲山家乘》。）

竹桥黄氏续谱序

　　黄氏之先,以国为氏,族属既繁,分散四方者益众。竹桥始祖万二府君,为金兵作乱,自徽之婺源迁于慈溪凤凰山竹墩之地。居未二世,又迁于余姚官埭浦竹桥之西。至是十六世,子孙众盛,衣冠礼仪蔚然有称,岂非黄氏之望族钦? 近有族之胤曰夔者,以俊秀选为郡庠生,负笈稽山书院从予游,苦志励业,学以有成。暇日言及父进士,表章谱牒,遗文行义,求予一言序之,予辞之不得。按其祖伯川公谱系,乃七世祖福二公,至元季泰定间,以进士任余姚州州判,历任九年。其长子德彰,登至顺间进士,任浙江承宣司使;次子德顺,应元制擢任鄞县教谕;三子德泽,以武举历任副元帅,镇守定海有功,敕封都督元帅。是皆竹桥之望闻于世者也。其他子孙孝友推于乡,惠爱孚于人者比比,谱牒具存,了然在目,可得见也。夔方锐志科目,而能急急以挚先德为念,其知所重者哉! 嗟夫! 人之行莫大于孝,孝莫大于尊祖敬宗。夔能及此而益勉之弗懈,尚何德之弗修,行之弗饬,功业弗底于大且远哉! 孔子曰:"夫孝,德之本也,教之所由生也。"异时名立政成,耀后而光前,俾人称黄氏贤子孙者,夔也夫! 姑以是为序,用勖之。正德十六年八月既望,赐进士出身、前资德大夫、兵部尚书、新建伯阳明王守仁撰。

　　(文载《竹桥黄氏族谱》卷首。)

重修宋儒黄文肃公幹家谱序

　　谱之为义大矣! 有征而不书,则为弃其祖;无征而书之,则为诬其祖。兢兢焉尊其所知,阙其所不知,详其所可征,不强述其所难考,则庶乎近之矣。虽然,知不知与可征不可征,亦有为时地所限焉。或经兵燹之余，或值播迁之后，既编残而简断，亦人往而风微，近远难稽，盛衰莫必，则举废修坠，往往口耳之咨度，未能衷于一是。迨承平日久，里巷安然，相与讲敬宗收族之事，乃益详其体例，明于忌讳，前事每多抉择，后世弥昭审慎。故为人子孙，而欲光昭令绪，莫此为大焉。今黄文肃公裔孙名祚者，以重修家乘，景企余光，益以后系，踵而新之，而以序嘱余。余得拜阅其全牒。所见于源流，既不失其考；于脉派，又独得其真；视前次之谱为亲切焉，可谓得其本矣。其于当阙当详之义，宜有合焉，而无虑其弃与诬也。察统系之异同，辨家承之久近，叙戚疏，定尊卑，收涣散，孰亲穆，胥于谱焉列之。然则续修之人，其用意深远、计虑周密为何如！而凡属谱系之后者，宜畅然思，油然感，勉绍先绪，无坠家声，则亦庶乎上下有序，大小相维，同敦一本之亲，无蹈乖违之习，绳绳继继，永永无极也夫！

并赠世派歌

世守儒宗训，家传正学书。宏纲开瑞运，嘉祉锡祯符。勤业前徽远，通经圣绪孚。时雍元会合，雅化绍唐虞。

又

朝廷尚文德，万国景贤良。忠信正常泰，严恭体益庄。孝慈家道善，仁厚祖功长。诚正修齐治，隆平世永昌。

时正德十五年庚辰孟春上元日，阳明山人王守仁拜撰。

（文载《青山黄氏世谱》。）

范氏宗谱记

正德二年丁卯夏四月，守仁赴谪，逆瑾遣人随行侦探，予意叵测，晦形道迹，潜投同志范君思哲之兄思贤于毗陵。君乃宋贤范文正公后裔，好学之士也。大江南北士大夫非其枌榆同社，则其孔李世交，不然则其遥遥华胄也。往来讲学者络绎，余心恐慌焉，君遂匿余于祖祠者三匝月。时天炎无奈，以其家乘读之，一展卷，球璧盈前，师保在望，愈读愈喜，令人忘倦。秋七月回钱塘，乞带以归，尝遣弟侄辈读之，大可导忠孝，尚仁诚，小可豁襟怀，觉迷瀹。自三代以及汉、晋、唐、宋，至我国朝，凡百余祀，贤懿炳炳，甚者树德砥行，翼圣阐真，股肱王室；次亦进善化俗，批鳞犯颜，真臣循吏之流也。至于端人誓士，理学文章之耆旧，高尚廉洁之逸民，何代无之？而普天氏族莫能与之京者矣。予于匿祠之日，即肃然下拜，及返钱塘，赴龙场，则低回不能舍。倘异方殊域之君子，不获拜其祠，而得读其传，想见其人，犹当立懦而兴顽；况于世俗之人，无不好贤而恶愚，果有能登其祠，考其传，而憬然思、跃然起者，亦何必抵掌于优孟乎！饮乎虎贲，反身而求，希之则是耳。谚云："彼一时，此一时。"安知范氏贤裔令哲今不如昔，后不如今，百世而下，不与乃祖乃宗并传不朽乎？后之君子，又当仰企于前人矣！愿与吴中人士共勉之。余之言弁于范氏之谱末，如滴沥增于沧海，卷石加于泰山，不足为范氏之轻重也。时读礼家居，青田范引年以毗陵宗谱记为请，故忆而为之记。嘉靖二年癸未小春之吉，余姚后学王守仁撰。

（文载《武进范氏家乘》卷九。）

重修家谱序

尝观朝有史以编年，国有谍以纪事，家有谱以载氏，源远流长，暨诸华胄，以对扬祖德。如杨雄家牒，殷敬世传，孙谱记，陆家裔，历所由来，尚矣。浙之有盛族者，伊谁之始？曰：始于良公也。□下家学渊源，科甲文□，□□醇儒，绳绳不绝，佥以贤且美称。噫！其可不愧于始迁之祖也欤？莫为之前，虽美勿彰；莫为之后，虽盛勿传。宗谱不修，则若子若孙，无以知身之所从出，视族如涂人者。苏老泉云："相视如涂人者，其初皆兄弟也；兄弟，其初而一人之身也。"渊明曰："同流分派，人异世殊，慨然痛叹，念兹厥初，则知谱之不可不修也明矣。"今兹素公尽志宗谱，得以知身之所从出，曰：此某之祖也，此某之宗而本族始迁之祖也。兹当告成，问序于余。余曰：盛族乎！其可知本者乎？从此奕叶振起，大立功名，在国则登诸乘，在朝则名诸史，天下后世，绝称孝子慈孙者，咸啧啧其祖父，岂特光诸身而已哉？是为序。时大明嘉靖八年春月之吉，赐进士第、光禄大夫、柱国、新建伯、兼都察院左都御史伯安王守仁顿首拜撰。

（文载《武威石氏宗谱》卷首。）

泰和王氏族谱原序

琅琊王氏，自晋太傅导，佐元帝中兴，存中华文物于江左三百余年，有功于世道甚大，故郭璞尝为筮之曰："淮水绝，王氏灭。"淮水岂有绝哉？太傅后家金陵，久而称盛，有谱牒。南唐世，擢王公崇文为吉州刺史，金陵之世家也。其从孙赟，字至之，从之官，因家于吉州之泰和，天禧初擢进士第，有文武才，深见知于仁宗、英宗，初以礼部侍郎致仕,官其子亿通判吉州,以便养厥后世,不先为士。淳熙中,有讳化原,开禧中,有讳圭者,皆以进士得官。其登名太学者,比比有之。元盛时,有讳以道、字臣则者,因张伯刚、李道复遇仁宗于汴,固邀从入京,固辞曰:"受父母命游汴而已。"归而弟子弥众,竟以隐终。此其人非抱高世之节,安能若是耶?太傅公之遗泽未艾也。其子子与博学,尤以诗名,今行于世,太祖高皇帝聘以讲书,擢为福建盐运副使,辞不拜。其季曰子启,仕为监察御史,迁广西按察司佥事,知崇庆州,归老于家。子与有子伯贞,继为广东佥事,今历朝至中顺大夫,知琼州府,以子直官翰林院修撰,蒙特恩,即致其仕,其荣盛为何如哉!何其与先祖遭逢相似耶?直字行俭,间持其家谱示予,求予之序,既疏其事如上,而又必推太傅之世家,明积善之不可诬也。予居乡时,尝登青原山,得侍郎公之冢,又下墨潭山,至中邨,得通判公墓碑,有读之为之三复而叹,与太史公登箕山之感无异,其谱所传,岂不信有征哉?矧先公与子与君为莫逆,而子启君之出而仕也,与先叔父同年,幼时尝及拜谒,而不能知其详。惟琼州公念先君子之交契,忘年相友,班荆逆旅,倾竭议论,退而思其风度凝远,中怀旷如,久处而不厌,往来思之而不能已,非真可谓老成笃厚之君子欤?行俭亦甚似公,而谨饬侍郎公父子之名位,事业将有继也。如是足以为此谱之光华,使后之人有所凭借扶持,而世守之也。时在嘉靖七年岁次戊子秋九月之吉,兵部尚书王守仁拜撰。

(文载《蛟川王氏宗谱》卷首。)

翁氏宗谱序

翁氏之为周裔,前人已详载言之。今考其氏族,秦以前无论矣,自石君以《春秋》翊汉,而唐而宋,以迄我国朝,勋猷炳著,代不乏人。薇轩公以余有年家之好,邮家乘,以征余序。余阅而叹曰:翁氏之盛,其辨于文献世系者,伊川、龟山、考亭诸先生亦既扬言其略,余复何所颂美哉?独是祖宗作之于前,而子孙不能述之于后,非盛也;一子孙述之于后,而奕世子孙不能接踵以相继于不衰,非盛也。然则氏族之盛,亦惟象贤之有人,而不在敷陈先世之美也。余愿以是为翁氏之子孙勉,而即以是为家乘序。正德三年戊辰八月既望,阳明山人王守仁题。

（文载《余姚邑后翁氏宗谱》卷一。）

吕氏宗谱序

余自南昌底平,即角巾归浙,庐会稽之巅以窥老,而中朝达官贵人不相折简通问久矣。今年春,有门生翰林编修江子晖、天朝主事江尧卿,走怦奉《旌川吕氏家谱》来山中,请余为之一言。翻阅之,乃吕氏裔孙耆英瑛、巡尉旻、耆英贤生、德文、儒英昕、义宰后、耆英儒盛、生员忠诸君,苦旧谱之淆谬而历年已久,倡阖族为厘正系世之举。夫以诸君尊祖合族,辨真伐舛,其志固可嘉,而况重以二江之请,余恶得而却之?考吕氏得姓,兆于炎帝,著于尚父,由周而秦,有文信显始皇朝,由秦而汉,有光夫父子显元成间。文信余不暇论,而光夫御命北荒,抗节守死,有不辱君命之忠;子猗义不从逆,谢病归田,有洁身去乱之正。前谱未见一语表章,何其不知务耶!由汉而晋,吕光启凉,称帝河北,厥后祚移,而宗室播通于天下,则有南北宗矣。北宗之家河南者,有文穆、文靖、正献为盛宋贤相;家蓝田者,有和叔、与叔为程门高弟;靖康间,正献孙好问从高宗南渡,而家婺,又得吕成公,迹美紫阳,而大为亢宗之子。北宗之盛如此也。南宗则始于从庆、从善之伯宗二公，于唐季逼兵燹，自建康挈家迁歙之竭田。从庆公不安厥土，复迁旌之丰溪。二公之后，并著两邑，而旌派尤盛。自从庆公迄今，仅二十六叶耳。云礽之稠余七千指，宅里之辟余二十乡，才而仕者余五十辈。若用闻公参浙东，仲宾公巡察杭州，仲祺公兵马都监浙东，仲汉公尹开封，若冰公参河南，椿公佐大理，应黄登第而联辉竹坡，泾公辞宰而见嘉穆陵，大圭公叩阍论事而被眷景孝，子宜公提戈杀虏而沐宠高庙，此声闻尤著而传颂绅者也。贤而隐者，若俞公、海公之纂修家乘，竹溪公之结诗社，富孙公宅黄龙冈，以枕城西之胜，成之公构润泽堂，以储先世之文，仲翔公穷经砺行，而动龙兴之辟，德彰公代输逋负，以继三边之飞挽，济公倡修县志，以集一邑之文献，此行谊尤美，而辉映丘园者也。肆今族宗子姓，复班班业儒，绰有济美之资，若昕者，字天启，学问充足，才德兼美，隐处南山，以集《四书拙录》、《春秋拙录》、《志学规录历览》，皆心圣贤之心，以合于天理之正，而则乎人心之安，而后世权谋术数、功利苟且之私，一毫无得参焉。耆儒盛者，又以著述鸣世，而其小学、日记、故事、诗，已板行于天下矣。南宗之盛如此也。但世远族繁，艰于条叙，而从前修谱者，又非巨儒硕士，以故疏漏讹舛，弗信弗传。如始迁金陵者，本五十七世祖伸公，而前谱则从庆公并言之。蒙公，谱序所谓明君者，本以赞梁武，而前谱则以为僧珍之字。富孙公，本仲祺公派，梦杞公之子，而前谱则以应瑞公当之，而系于昭公之下。长山泥田，非其族类，而前谱则误捏系于汝直公下，以庆孙、祖孙、福兴安承他人为宗族。凡此乃讹舛之大，而小者则不容枚举也。夫以堂堂文献之宗，而家乘顾如此，岂非一大欠事哉！是宜诸君有兹纂新之举也。凡奉斯谱而为吕之苗裔者，其必体诸事君尊祖合族之心，念先世共本同源之义,谨其名分而弗使之紊,洽其恩意而弗使之离,岁时之荐必相摄,冠昬之室必相保,应科目而习行义者,必期树文穆、文靖之声光,栖山林而研道德者,必期升二叔、东莱之堂室,庶乎无愧乃祖垂统之正,而亦不辜余秉笔缕视之勤。主斯纂新之任者,固鋄、旻诸君,而因二江以请余文者,则盛之廷镜也。廷镜美风度,雄气节,而知为世家子,余以是尤爱,为之悉叙。皇明嘉靖三年甲申九月戊辰,赐进士第、资政大夫、太子少保、兵部尚书、柱国、武襄侯、前巡视两广左都御史、奉旨督师征江西宁庶人会稽王守仁书。

（文载《旌德吕氏续印宗谱》卷一。）

陈氏大全宗谱序

陈氏特峰鉴公,嘉靖间会修《宗谱大成》,请序于阳明公。溯自胡公满得姓之始,以至平、汤,实元方、季方分派,显于魏,丕显于晋,盛行于宋、齐、梁之间。如大司空群,尚书仆射泰,至逵而迁长城者,皆元方之后也;高源太守闰,魏主簿谭,至为福建节度使迈而迁莆田者,皆季方之后也。季方之后居莆为多,泉、福、建安之境次之。宋元间罕有会者,其派少传。长城自逵至武帝霸先继梁,传五君,分王膏肥之地。有曰新安者,则伯固之受封,而其后移家绩溪,若旌德昌溪、霞溪、陈村、古山,泾之云岭,昌化义千,类皆绩溪之分派也。有曰河南者,则叔献之受封,而其后移家婺州,若桐城、宿崧、高安、湖口、常山、东路、玉山、腾鹏、黄梅、广济、建昌、陈桥,类皆婺州之分派也。有曰湘东者,则叔平之受封,而其家移歙之黄墩,若乐平、临怀、定海、永嘉、昆山、金华、灵璧,类皆黄墩之分派也。有曰义阳者,则叔达之受封,而其后移家玉泉隐浆,若溪口、大门、里弋、阳荣、锦坊、德兴之陈源、上虞之半邑、暖川、齐村、上饶、沙溪,类皆隐浆之分派也。仁受封于庐陵,而安陆、新昌、大姑、信丰、新田、宁州、杉市、宣城、长安诸派,皆祖之。允受封于吴兴,而平湖、延津、嘉兴、东阳、义乌、连市、梅监、乍浦诸派,皆祖之。庄受封于会稽,而凤阳、涂山、广德、苦竹、墩合、州状、元塘诸派,皆祖之。献受封于河南,而原武、宁陵、祥符、时安、临颍、新郑诸派,皆祖之。俨受封于浔阳,而安仁、大原、陈营、河南、鄱阳、南村、贵溪、永丰诸派,皆祖之。虞受封于武昌,而江夏、金沙、竹牌、团风、荆襄诸派,皆主之。若赭山、山阴、遂昌、奉化、乌程、无锡、常镇之派,则自恬王于钱塘、俭王于南安始也。鄱阳、大园、南昌、石桥、进贤、罗岑、湖南之派,则自山王于鄱阳、谟王于巴东始也。至于西川、东门,又自太子深避隋所迁,而后有家保宁、新井,而卒宏大家声如三尧者;亦有奉节出镇因家盐仓、浮梁,而卒能正戢庙祀如大夫轶者;亦有宦游江、浙,爱其山水佳胜,而家桐庐如观察使轾者。若重庆、南川、鄱阳、礼城、婺源、霍口,则托始于新井,而瓜分子析,如乐之桐冈、婺之金兰、德兴之白沙,又或有自礼城、自霍口者也。祁之竹源、休之陈村、浮之引京、下连、镇市,则肇迹于盐仓岭,而蹊殊径别,如祁西方村、程村、蟠溪、宣化、崇善、棕闾、谷木,如建德小梅、青阳、湾里,休之冰潭、潜阜、新墟、德兴、洛坞,歙之慈孝坊,太平之西乡,又或有自竹源、自陈源者也。桐庐一派分牵尤多,近则淳安、遂安、富阳、竭口,远则休之藤溪,歙之石门,湖之鸭头,苏之阊门,杭之天竺,暨夫上广、山阴、天台、秀水、平阳等处,派分而源合。特峰公倡会,相从者三百余支,又直欲合天下为一家,而令和气周流,仁风霭霈也。自非心之仁、志之远、力之健而学问之充博也,乌能至此哉? 信哉,特峰公为经纶手,而是谱之大成也! 亮今更谱陈氏,得姓至今二千八百余年,始纂递传国祚,广纂封迁州府,自台祖起，纂生卒居葬，续虞百千后裔，并谱舜裔，以合一派，比之《大成》者，尤觉大全也。重梓前序，皇明嘉靖新建伯阳明山人王守仁撰。

（文载《陈氏西墙门支宗谱》卷一。）

陈氏大成宗谱序

自五宗九两之礼不行于天下，后世凡通都大邑之间，号称钜室而能仅谱其家者，不多得矣；若进而能谱其家者，则尤鲜焉，况推及天下同源异流者哉？能推及天下同源异流，必其心之仁，志之远，力之健，而问学之充博也。今祁门庠生陈君望，一旦思欲矫世俗之弊，溯本穷源，合陈姓而一之，其有功于陈氏固伟矣。然使千万世之下，步尘蹈迹，伦理得以不泯，昭穆得以常明，维持名教于诚心真切之地，又谁之功也耶？此余喜得于俄观创见之余，而不容以辞其请也。按陈氏之先本妫姓，出于胡公满，受武王之封于陈，世守虞帝之祀。传至湣公越，为楚所并，子孙因以国氏。嬴秦之季，有曰平者，即越之十世孙，家于阳武户牖，与张子房同为高帝谋臣，封侯拜相，光显天下。元帝时，有讳汤者，又以平六代孙，拜西域副校尉，奉使方外，诛斩郅支单于及阏氏、太子、名王以下千五百余级，功上，锡爵关内侯，于平、有、光、汤之后，移家颍川。七传而生文范先生实，以节义风四方，至有谓曰："宁为刑罚所加，不为陈君所短。"厥子六皆贤，而元方、季方为最，世称"难兄难弟"，殆本诸此。自是颍川之陈益著，二方之子孙益盛显于魏，丕播于晋，大行于宋、齐、梁之间。如大司空群，尚书仆射泰，至讳逵而迁长城者，皆元方之后也；高源太守闰，魏主簿谭，至为福建节度使曰迈而迁莆田者，皆季方之后也。季方之后居莆为多，泉、福、建安之境次之。宋元间罕有会者，故其派无传焉。长城自逵之后十一世，生武帝霸先，继梁而有天下,传五君,凡三十四年。故当时膏腴之地,多为陈氏所居。有曰新安者,则伯固受封,而其后移家绩溪,若旌之昌溪、霞溪,泾之云岭,昌化之义千,类皆绩溪之分派也。有曰宜都者,则叔明之受封,而其后移家德安,若桐城、宿松、南昌、石桥、湖口、余干、建昌、太湖、乌石、新昌,类皆德安之分派也。有曰湘东者,则叔平之受封,而其后移家黄墩,若鄱之株岭、江头、乐平之葵田,洪州之武宁,类黄墩之分派也。至于西川东门,则由太子深避隋所迁,而后有家保宁、新井,而卒弘大家声如三尧者;有奉节出镇,因家浮梁盐仓岭,而卒能死正戡庙祀如大夫轶者;有宦游江浙,爱其山水,而家桐庐如观察使轻者。若鄱阳、礼城、兰谷,则托始于新井,而瓜分子析,如乐之文明桥、桐冈,婺之霍口,又或有自礼城、自桐冈者也。祁门竹源,浮梁引京、里仁,则肇迹于盐仓岭,而蹊殊径别,如池安、宁太、休之潜阜、新墟,又或有自竹源、自池安者也。桐庐一派,迁徙为多,杭之天竺山,苏之昌门,休、歙、藤溪、石门,暨夫淳安、遂安等路,历历可考。其余或出彼入此,或出此入彼,殆如断丝散绳,诚不可以头绪计也。唐天成间,有讳天麒者,一倡是会,于时而相从者二百余支。继之以宋开庆,则得半焉。继之以元至正,则又半焉。自后各望其地,各宗其谱,虽咫尺之遥,而有秦越之分,回视古人家天下之心,殆霄壤矣。今观陈君之为是也,岂直家天下云尔哉? 盖欲拨去浇漓之俗,挽回淳朴之风,使族人各自其身,推及于其父;自其父,推及于其祖;自其祖,推及于其曾祖;自曾祖,推及于其高祖;又自高祖,而推及于无穷焉。则同吾身者,同吾父亲者,同吾祖者,同吾曾祖者,同吾高祖者,同吾高高祖者,虽有亲有疏,在远在近,有贫有富,有贵有贱,有智有愚,有贤有不肖,自祖宗视之,则皆子孙也,何有亲疏、远近、贫富、贵贱、智愚、贤不肖之分哉? 无亲疏、远近、贫富、贵贱、智愚、贤不肖之分,则亲之于疏,思何如而惇睦之;近之于远,思何如而时会之;富之于贫,思何如而周恤之;贵之于贱,思何如而维持之;智之于愚,贤之于不肖,思何如而劝勉之。一宗之中,和气周流,仁风霶霈,上无愧于祖宗,次无愧于大家,次无愧于此谱矣,善哉之为是也!然其辑谱说,表世系,叙节略,写遗像,即所谓匡之真之,辅之翼之,使自得之。或者指为浮泛之辞,茫昧之行,此不知谱者也,恶足为陈君议哉!故曰:能推及天下同源异流,必其心之仁,志之远,力之健,而学问之充博也。嗟夫!举万钧之鼎,必乌获而后能;游千仞之渊,必津人而后可。今谱学失传久矣,而续之者不少也,然求如斯谱光明正大,简切真实而易观者,盖寥寥矣。余以是又知陈君为经纶之手,而是谱信哉为大成也!故并陈之,以为将来者劝。嘉靖五年,岁次丙戌,秋九月之吉,赐进士第、荣禄大夫、柱国、奉天翊卫推诚宣力南京兵部尚书、参赞军务新建伯、前都察院右副都御史阳明王守仁拜书。

(文载《颍川陈氏宗谱》卷一。)

沈氏修谱序

族之有谱,曷用修也?君子曰:谱载笔,垂人纪也,是故修谱所以修纪也;修纪而亲亲之仁弗容有间也,是故修纪所以修仁也;仁道备,褆身以范物,教之贞也,是故修仁所以修教也;教立而化溥,物我一致,政之成也,是故修教所以修政也;而王道备矣。此谱之修,所以为士大夫家重务而弗可已也。曷言修谱所以修纪也?凡谱之为,书图以尽伦,系嗣以尽言,其非明一氏之嗣续也。惇典庸礼,宗法以彰;绍先启后,统绪惟一。君子睹于此而肇修人纪,思过半矣。故曰修谱所以修纪也。曷言乎修纪所以修仁也?盖亲尽服穷，分之疏也；恶疏为亲，理之一也。涂人其宗，昧昧其祖，非纯其仁孝之心者也。君子观于人纪之叙，而爱敬之念纯以笃矣。故曰修纪所以修仁也。曷言乎修仁所以修教也？祖宗之足法者，吾法之，违曰悖，□合德，则克肖矣；不足法者，吾弗由，专济恶，则不才矣。君子亲于法戒之存，而劝且惩焉，则□望师保，如临父母矣。故曰修仁所以修教也。曷言乎修教所以修政也？传曰：《书》云：唯孝友于兄弟，是亦为政。又曰：君子不出家，而成教于国。夫议道者自已，而置法者以人，故政从教生，而体仁达顺之机不可御矣。故曰修教所以修政也。而谱之为道，尽于是矣。吾姚江沈氏，诗礼其家者也，里名兰风。世传其先有敕赠嘉议大夫字持正公者，扈宋南渡，相宅于龙舌之浒，名以西庄，不忘东林之意也。世有伟人名出，仕版历十余世，至讳文龙者，余之姻戚也。一日，余过其第，辄出族谱以示。及睇览尽，乃叹曰：猗欤沈氏，其世□弗替者欤？吾独求诸世卿士大夫家矣，不以声利相骋逐，问其祖，尽惘然也。而沈氏之谱，若是其重焉，殆不汲汲声利者耶？声利薄，则积德厚，积德厚者流光。爰膺沈君之请，且受修谱者得作史遗法，因采为引，言于起端云。时皇明嘉靖二十二年正月吉旦，新建伯王守仁拜撰。

（文载《兰风沈氏家谱》卷首。）

廷玺公像赞

公讳文玘，字廷玺，号契兰。继业诗书，暗诵即能记忆。少壮入胶庠，赴北闱不售，以明经入礼部试第一，授经历司。升湖广郴州同知，皇帝敕曰："国家设军卫以安民，虽专武职；置幕官以领务，则用文资。寓意实深，任人宜慎。尔大宁前卫经历司经历鲁玘，发身才俊，列职幕僚，综理惟勤，操持罔懈。既书最考，宜示褒恩。兹特进尔阶征仕郎，锡之敕命。夫官不计崇卑，必求其称事；无分难易，务底于成。勉图进修，以俟甄擢。钦哉！"弘治十六年五月十五日颁下。赞曰：

而质昭昭，聪明敏惠。而行踽踽，廉隅砥砺。而学渊渊，莫知根蒂。而才翘翘，雅工文艺。而治优优，下民所庇。而后绳绳，弓冶世济。

赐进士及第、南京兵部尚书参赞机务兼都察院左都御史王守仁顿首题。

（文载《姚江景嘉桥鲁氏宗谱》卷三。）

明邑庠生诰赠经历司征仕郎宇瞻公传

公讳怀澄，字宇瞻，配黄氏，汝旭公次子，同知文玘公父也。天资高朗，甫成童，见父友陈公谟、黄公谦皆以文艺显，儒林景仰，更欲跨而上之。因潜心逊志，综合经史，旁及诸子百家，无不贯彻。执笔属文，任意挥洒，不同凡解，未尝有一语拾人牙慧。一日，陈、黄诸公览其课艺，交口赞之，谓汝旭公曰："此子根柢深醇，不可限量，吾辈当逊此一座矣。"年十六，应郡试，太守拔置冠军，是岁即补弟子员。及三赴秋闱落第，辄皇然而起曰："功名富贵，得之有命，何可妄求？"自是弃举子业，不复与场中角逐。率子若侄，杜门教之，自奉甚简俭，食不兼味；至供子侄，必膏粱美修。尝语黄太君曰："人身亥子之交，诸血在心，若辈读书多耗之，不宜更薄滋味。"黄太君闻其言，躬逢饮食，培植子侄，不分公私，由是公韪之，夫妇间相敬如宾焉。其后长侄文琏学成，不试，弃书掌家。长子文玘进邑庠生，弘治初考授大宁前卫经历司，升郴州同知，覃恩赠公经历司、征仕郎，赐之敕命，至今犹焜耀家乘焉。呜呼！古今来科名不著,终老蓬蒿,卒至身后泯泯者,不可胜数,而如公者,生虽不遇,死有荣名,斯亦足以寿世而不朽也夫!

（文载《姚江景嘉桥鲁氏宗谱》卷一。）

凤书公像赞

魁梧其貌,光霁其容。神怡气静,豁达其胸。乐兹土之厚,喜伊洛之终。治家克勤克俭,居乡至正至公。萧东望族,永世无穷。

余姚王守仁。

（文载《萧山钱清北祠潘氏宗谱》卷一。）

与松亭公论立志书

汝成相见于滁,知吾兄之质,温然纯粹者也。今兹乃得其为志,盖将从事于圣人之学,不安于善人而已也。故朋友之间,有志者甚可喜;然志之难立而易坠也,则亦深可惧也。自古有志之士,未有不求助于师友。匆匆别,求所欲为吾兄言者,百未及一。沿途歔叹,雅意诚切。怏怏相会未卜,惟勇往直前,以遂成此志是望。

（文载《鹤岭戴氏四修族谱》卷二。《王阳明全集》卷四《与戴子良》,即此书,乃是致戴德孺,非致戴俸。《谱》显伪。）

大学士鲫公像赞

鉴湖钓隐士,博学喜吟诗。佳句芬人齿,警联压众思。始为有司屈,终蒙圣主知。一朝赐及第,不怕状元迟。

（文载《潜阳牧亭方氏宗谱》卷四。）

重修宗谱序

　　家乘之犹国史者,其所载创业垂统,燕翼贻谋,以及文章道德,积德累仁,至起家之困难,发迹之有自,世裔条疏缕析,子姓支分派别,祖妣之姓字,行第、图像、故墓,凡以传信,非传疑也,所当然矣。余览古族乔宗,其谱牒之记述,大抵不无仁人君子,贤豪长辈,脉脉相传,班班可考,从未见有高风亮节、雄才伟略如前族者。以其孝若昭公、验公、节公,皆谨身节用,恪守前规,不敢稍即污溅以玷先灵。而昭公之贫,而养志曲体,知亲所敬者乡党丈老若,而人每为之盛馔款留,谈笑聚乐;知亲所爱者邻右若,而人每为之燕饮鼓歌,欢以适志,务使悦其亲若,竟不知其贫者。而其委屈支持之苦,不可胜言,亦但求娱亲,而小自知其苦者,尤孝中之杰出者也。至若支氏夫人之守节,二十于归,半载和合,天丧其偶,矢志坚冰。小视邪色,不听谣声,视彩颜如遗土,捐嬉笑于不形,事舅姑其无歉,处妯娌以深情。天降遗肠,获产麟英,训诲有方,学业有成。省试会试,两榜标名皇华。出使万国仪式,绝忠报国,唯母是命。公讳履,字赐汤。贤母令子,敕旌贞靖,真不啻雪里梅花,而商家才辂也。余不胜眼膺慨慕者,岂独一族之先则,而女慕贞情,男效才良,不愧象贤之称,而世济其美,永保其盛也夫! 是为序。大明嘉靖十年,岁次辛卯春月吉旦,赐进士第、光禄大夫、柱国、新建伯、都察院御史伯安王守仁顿首拜撰。

　　(文载《清溪瓦山岗周氏族谱》。)

明正德甲戌江西谱序

　　原夫人祀,肇自轩皇,而继天立极,参定三才,万世人纲人纪之所以立也。而源远流长,无不各有其祖之所自出。然则谱牒者,精之备清宁之撰,广之竭高厚之藏,岂易易哉!余昔默坐阳明书屋,与聂子豹等相与研究良知,求圣学之宗旨,如姓氏之学,未遑涉猎焉。筮仕以来,日勤鞅掌,而豹追随念切。一旦,请曰:"我明朝自洪武九年修谱诏颁示天下,虽深山穷谷,皆知亲睦敦序之道。豹家谱将成,敢求先生一言,以弁其端。"予曰:桑梓本源之念,人谁不有?前在龙场,恒有触而发,今子乃勃勃过我也。余尝考聂氏之得姓,自齐丁公封子于聂城,遂以国为氏。其后,子孙散处四方。历朝以来,未有赐姓假冒之事,以是知聂姓无二。虽所处焕若凫雁,其先无不自聂城来,固不若他姓之联异为同,致来遥遥华胄之肖也。虽然,别子为祖,继别为宗,继祢者为小宗,支分派别,又无不各有其脉络之所以贯者。自末世之污也,闻古之名人,则曰余某世祖也,闻今之名人,则曰余某祖之裔也。赞宗弃祖,返衷自思,吾知爱亲敬长之良必有不尽没者,是则谱之为谱,所以扩其良知良能以树天下也,后世之人纲人纪也。余前与子讲究于书屋者,胥是道也,子其勉之!皇明正德九年岁在甲戌五月上浣,兵部主事余姚王守仁敬撰。

(文载《娄底印溪聂氏族谱》。)

派语

世守儒宗训,家传正学书。宏纲开瑞运,嘉社赐祯符。勤业前征远,通经圣绪孚。时雍元会合,雅化绍唐虞。朝廷尚文德,万国敬贤良。忠信心常泰,严恭体益壮。孝慈家道善,仁厚祖功长。诚正修齐治,隆平世永昌。

(文载《民国长乐青山黄氏世谱》。)

旌德吕氏续印宗谱序

皇明嘉靖三年甲申九月戊辰,赐进士第、资政大夫、太子少保、兵部尚书、柱国、武襄侯、前巡视两广左都御史、奉旨督师征江西宁庶人、会稽王守仁伯安书。宣之旌川上泾吕昕,奉其所修世谱以告曰:"吕出炎帝之裔,由尚父为圣王师,泽施天下,享有营丘,传世二十,为诸侯二十有九,历年七百四十四,乃为田氏所篡。由周而秦,有不韦显,始皇受封洛阳。由秦而汉,世明称帝河北,建国后凉。厥后祚移,而宗室播迁于天下,中有显晦靡常,迁移不一。再传而至伸公,因官金陵,历十三世,曰讳从庆,字世膺,因避黄巢之难,由金陵而徙旌川之丰溪。迨昕二十有二世,谱自俞公、海公、永安公修辑之,应清公缵续之,迄今又五世矣。瓜瓞绵绵,条枚莫莫,户而处者几数千家。旧谱历年以多,而苦其世系失叙。谨承父兄族英之命,而奋维新正系之举,编集成帙,命工锓梓。敢请一言于编首,以昭吾先。"余善之,而乐语之曰:族之有谱,非徒以录名讳、备考实而已,一家之礼乐实系焉。世隆俗漓,而知其为重者鲜矣。孔子曰:"乐,乐其所自生;礼,反其所自始。"谱之作,其缘于此乎? 又曰:"乐者为同,礼者为异。"同则相亲,异则相敬。故曰:礼乐之说,管乎人情矣。夫谱成,而族之位尊,秩然彪分,可谓异矣,异而后有敬,曰此诸父也,此诸兄也,不敢忽也;谱行,而而族之情睦,熙然春洽,可谓同矣,同而后有亲,曰此当爱也,此当恤也,不敢傲也。一家之礼乐既兴,推之一乡可知也,进而推之邦国天下可知也。夫是以尚谱,谓其有益世教也。旌川吕氏所赖远矣。始丰溪,而徙庙首镇,风气厚完,历世显宦,胤系藩昌,散处上泾、通贵、兴仁、太口等乡。及邑文昌、务本等坊,而为之谱,以统其宗,联其枝,非求乎三代之民已乎！

今圣天子御极，循天下，以燮和宇内，而一邑之内，一廛之下，有吕氏可谓贤矣。虽然，窃有告焉。《记》曰："仁近乐，礼近义。"又曰："礼乐不可斯须去身。"然则求其无愧斯谱者，必自其身始。身修，而后一家之仁义可崇；仁义崇，则礼乐几矣。不然，所谓录名讳而备考实者，在在有之，谱之实何如哉！

昕字天启，忠信孝友，博学能文，其所谓崇仁义、尚礼乐者与？其以谱请序也，余故乐为言之。

（文载《旌德吕氏续印宗谱》，见《明人家谱丛刊》卷一。）

池阳陈氏大成宗谱序

予待罪西江，适祁门陈坚持谱图一编示予，言之曰："《陈氏大成宗谱》，盖作谱者萃众族之支派而都为一集，犹作乐者集众音之小成而为一大成也。"且言曰："生之同姓者，自汉以来递衍递繁，迁徙靡常，生虑宗支散漫而无纪也，爰不辞跋涉，绊合天下同姓，相与溯流逆源而为一，以笃同宗之谊，盖十五年于此矣。今谱稿既成，具质先生，且愿赐之序言。"予应之曰：唯唯。盖人之生也，莫不知爱其亲，莫不知敬其长，而尊祖睦族之念从此出焉。祖者，亲之亲也；始祖者，又祖之祖所自出也；至于同族者，又祖之支流余裔也。自吾亲以及亲之亲，又自吾祖以及祖之祖，更自吾祖旁及于祖之支流余裔，推是心也，民可同胞，物皆吾与，虽六合之远，犹一家也。横渠张子《西铭》之言，岂我欺哉！自圣学不明，士大夫多薰心势利，巨室朱门耻与寒族为伍，于是各立门户，遂有分疆画界之私。甚者九族之戚视为途人，而莫之省忧，盖生民之祸烈矣。而要其本心一线之灵光，未尝不出没隐现于父子兄弟之间，此所谓良知也。有人焉，因其本心之明，动以水木之情，辑之谱而示之，而爱敬亲长之心依然可掬，尊祖睦族之念油然而生。孟子曰："尧舜之道，孝弟而已矣。"人能孝弟，而希圣之方在是矣。生其有见于此乎？

今取其谱按之：陈氏系出胡公满，受周武王之封国于陈，传之泯公越，为楚所并，子孙因以国为氏。汉初曲逆侯平，即越之十世孙也。家于阳武户牖，与张子房辈同为高帝勋臣，光显天下。元帝时，平六代孙汤，拜西域副校尉，奉使外夷，诛斩郅支单于及阏氏、太子、名王以下五百余级，功上，赐爵关内侯。汤之后，徙颍川，七传而生文范先生实，以节义风四方，至有谓"宁为刑法所加，勿为陈君所短"者。后子六皆贤，而元方、季方为最，一时为难兄难弟。自是颍川之陈益著，二方子孙繁于魏，盛于晋，大显于宋、齐、梁之间，如大司空群，尚书仆射泰，至逵而迁长城，皆元方之后也。季方之后，居莆为多，泉、福、建安次之。长城自逵之后十一世，武帝霸先受梁禅而有天下，文帝茜、宣帝顼相继嗣位，各生子十数人，皆受封，盖当时膏腴之地，多为陈氏所居，而支派遂曼衍而不可纪极，若新安，若宜都，若湘东，若义阳，若庐陵，若豫章，若会稽，若河南，若浔阳，若武昌，若钱唐，若南安，若鄱阳，若巴东，若西川，若浮梁，若桐庐，源远流长，支分派别，一人之后，衍而数十；数人之后，衍而数百。人而观之，千条万绪，棼如治丝，将所谓尊祖而睦族者，涣耶？散耶？乱耶？况处浇漓之俗，同源异流，各居其地，各宗其祖，虽咫尺之近，而有秦越之分。生独慨然切水源木本之心，去此疆尔界之见，合同姓为一家。涣者萃，散者聊，乱者理，可谓洗净面孔，认取本来者矣。而生不独自让其本来已也，克先之志，将使同姓行万派之族，皆知让其本来焉。各自其身推及于祖父，又自祖父推及于其所自出，以及于无穷，则凡自吾身而推者，虽有亲有疏，有远有近，有贫富贵贱，有智愚贤不肖，自祖宗视之，则皆子孙也，何有亲疏、远近、贫富、贵贱、智愚、贤不肖之分哉！遵斯道也，一人亲亲长长，则身以修；一家亲亲长长，则家以齐；一国亲亲长长，则国以治；天下亲亲长长，则天下以平矣。岂特一宗之内和气周流、仁风霡霂已乎！余因生之辑谱，而并有会于内圣外王之全学也，是为序。时皇明嘉靖六年岁次丁亥春月，赐进士出身、前佥都御史巡抚南赣汀漳、升兵部尚书兼左都御史、新建伯王守仁顿首拜。

（文载《池阳陈氏大成宗谱》卷一。）

杏阪娄氏宗谱序

按江滨之地，原为吴楚故墟，界在南服，素称为强悍之邦，士君子采风问俗者弗及焉。然图理载山川之秀，天文映斗牛之灵，虽荒蛮之所，实人物之薮也。故读书谈道之人，博古通经之士，不可枚举。凡名贤世裔，厥有传书，家乘之渊源有自矣。暨于秦汉，宇内变更，或亡于煨烬，或失于兵燹，典籍之存焉者寡。及唐之际季，黄巢为乱，五代纷争，江滨之间尤遭毒痛，星散鼠窜，居民鲜少，谱牒之荒无十缺其八九。迄于宋祖受命，四海永清，仁风翔洽，孝道流行，农服先畴，士食旧德，皆知有水源木本之思。由是欧苏诸君子出，大立谱牒，其道尤彰明较著于天下矣。迨南都一更，又有残缺失序者。幸而世家名族，或留旧绪于遗编，或传轶事于故老，谱籍之源流未坠，乃元间间复从而振兴。虽山陬海澨之乡，莫不修有家乘，即莫不知爱敬其祖考者。余也督抚江右诸郡，窃见其俗，尊尊亲亲之意，实与两浙之风相媲美。於戏！江滨之间，何其谊之淳且厚欤？何其风之古以茂欤？何其情之隆而洽欤？兹因娄氏年翁有讳曦字继明者，持家乘一帙，向予请序，以冠其首。予亦不揣荒谬,辄于案牍之余而披阅之,不禁击节三致意焉。窃叹娄氏先公,当日著姓之宏而远也,传家之忠而厚也,叙祖列宗之精而核也,纪裔纪孙之详而该也。凡亲疏贵贱之体,丝丝入扣,既缕析而条分;源流上下之绪,绵绵相承,复珠联而鱼贯。且有改徙于异地,宦游于他国者,详其派目,复志其里居,俾使后子孙观谱时,了然识昭穆之有序,支派之有据,名讳字行之有合,虽他国非参商之远,异地皆兄弟之乡矣。更乐其弱孙不忘乃祖乃父之训,为绵其世泽,纂其文序,缵绍其旧,补订其新,勿致后世有湮没无传者,不赖今日之修哉!是为序。大明嘉靖三年春月,王守仁顿首拜撰。

（文载《杏阪娄氏宗谱》卷首。）

濂溪夫子像略

金华宋濂曰:"濂溪周子颜玉洁,额以下渐广,至颧而微收。然颐下丰腴,修目末微耸,须疏朗微长,颊上稍有髯。三山帽后有带,紫衣褒袖,缘以皂白。内服缘如之,白裳无缘。舄赤,袖而立,清明高远,不可测其端倪。"

阳明王守仁拜题。

（文载《蒋湾桥周氏续修宗谱》卷一《像赞》。）

钱氏会稽郡王像赞

有斐君子,追逐其章。为龙为光,何用不臧。有斐君子,绳其祖武。令仪令色,文武吉甫。有斐君子,小心翼翼。克开厥后,受天之福。阳明王华敬赞。

（新编本《王阳明全集》从《钱氏家乘》卷二中辑得。）

文溥公像赞

公在颠沛流离之际,孝于亲,友于弟。惟身克勤,惟志克励。世业复兴,前光后裕。卓哉伟人!虽隐于山林,胜荣登乎甲第。余姚阳明山人王守仁拜赞。

(文载《余杭蔡氏宗谱》卷四。)

凤溪公像赞

其神昌,其气融,镵铄哉是翁。其德茂,其仁纯,得胡考之宁。如松如柏,如冈如陵。钦承帝泽,用荣尔身。

(赞载《薛氏江阴宗谱》。)

铁笔行为王元诚作

王郎宋代中书孙,铸铁为笔书坚珉。画沙每笑唐长史,拔毫未数秦将军。高堂落笔神鬼惊,九万鸾笺碎如雾。铅泪霏霏洒露盘,金声铮铮入秋树。鸟迹微茫科斗变,柳薤凋伤悲籀篆。鼓文已裂岐阳石,漆灯空照山阴茧。王郎笔意精莫传,几度索我东归篇。毛锥不如铁锥利,吾方老钝君加鞭。矢尔铁心磨铁砚,淬锋要比婆留箭。太平天子封功臣,脱囊去写黄金券。

(诗载《古今图书集成·理学汇编·字学典》第一百四十七卷《笔部》。按:此为元释大圭诗,见其《梦观集》。)

南乡子湘江秋怀

秋半井梧稀,碎杵零砧趱客衣。一榻流黄眠不稳,花迷,梦到红桥月正低。　　酒薄被愁欺,许大心儿万感齐。滴尽铜莲天未消,墙西,多谢花冠尽力啼。

浣溪沙湘江客怀

摇落关河懒问津,扁舟万里送孤身,乱山秋色又斜曛。 江上怕风吹笛客,月中难作倚楼人,可怜愁杀鲍参军。

(词见《古今图书集成》第一千二百十六卷《长沙府部·艺文》。)

墨池遗迹

千载招提半亩塘,张颠遗迹已荒凉。当时自号书中圣,异日谁知酒后狂。骤雨斜风随变化,秋蛇春蚓久潜藏。唯余一脉涓涓水,流出烟云不断香。

(诗见《古今图书集成》第一千二百六十二卷《常德府部·艺文》。按此诗为应履平作,《嘉靖常德府志》卷十九著录此诗,即题"应履平"作。)

过文子故里有感

胜地传於菟,名声爵里存。神灵腓异物,忠孝赐贤孙。碧石蔚然古,风流遐不谖。谁人任刚武,乳虎在方言。

(诗见《康熙云梦县志》卷十二。)

游白鹿洞歌

何年白鹿洞,正傍五老峰。五老去天不盈尺,俯窥人世烟云里。我欲揽秀色,一一青芙蓉。举手石扇开半掩,绿鬟玉女如相逢。风雷隐隐万壑泻,凭崖倚树闻清钟。洞门之外百丈松,千株化尽为苍龙。驾苍龙,骑白鹿,泉堪饮,芝可服。何人肯入空山宿?空山空山即我屋,一卷《黄庭》石上读。

　　辛巳三月书此,王守仁。

　　(蓬累轩编《姚江杂纂》,今庐山白鹿洞有此诗手迹石碑,观此诗碑手迹,显非阳明书法。此诗当为紫霞真人所作。)

无题

　　铜鼓金川自古多,也当军乐也当锅。偶承瀑布疑兵响,吓倒蛮兵退太阿。

　　(新编本《王阳明全集》从袁枚《随园诗话补遗》卷四辑得。细审此条,实出于《批本随园诗话》中后人批语,见人民文学出版社一九八二年顾学颉校点本附录。)

与纯甫手札

　　兵冗中久缺裁候,乃数承使问,兼辱佳仪,重之以珍集,其为感愧,何可言也。仆病卧且余四月,咳痢日甚,淹淹床席间,耳聋目眩,视听皆废。故珍集之颁,虽喜其逾珙璧之获,而精光透射,尚未得遽一瞬目其间。候病疏得允,苟还余喘于四野,幸而平复,精神稍完,然后敢纳足玄圃之中,尽观天下之至宝,以一快平生,其时当别有请也。伏枕不尽谢私,伏冀照亮。不宣。三月二日,王守仁顿首,纯甫道契兄文侍。余空。

　　(此札藏上海博物馆,文字与《阳明文录》卷四《寄何燕泉书》全同,而无最后"三月二日,王守仁顿首,纯甫道契兄文侍。余空"数句,显伪。)

游阴那山

予既自宗山归赣,而闻有此那山,随泊舟蓬辣,快所一登,果然佛灵山杰。以是较宗山,宗山小矣。时门人海阳薛子侃、饶平二杨子骥、鸾同一玩云。

路入丛林境,盘旋五指巅。奇峰青卓玉,古石碧铺泉。吾自中庸客,闲过既怪阡。菩提何所树,槃涅是其偏。轮回非曰释,寂灭岂云禅。有偈知谁解,无声合自然。风幡自不定,予亦坐忘言。

(文载《阴那山志》卷三。)

淳朴园稿序

予时将有两广之役,仆夫已戒途,而沈子天用溯江相送,且出其袖中稿进曰:"此业成,实贻门墙羞。门墙之内首学术,次事功,恶用此无何有之业为?"予曰:"果无何有耶? 则真学术也,真事功也。子见我生平谆谆尔,子见我生平仆仆尔,以为有何有乎? 以为无何有乎? 子今日为诗若歌以赠我行,以为有何有乎? 以为无何有乎? 李杜诗章,李杜学术也,李杜事功也,两公皆不登科目者也。子以不竟子志而逃之,独瘼寐歌,以为是无何有乎? 子浅之乎! 觑李放杜,悲矣! 吾以授吾子弟,类收之门人。著作各种中,昨岁《客座私祝》何在?"子弟出之,天用请受而书之,遂别。阳明山人王守仁题。

(文载崇祯七年海盐沈氏家刊本《淳朴园稿》卷首。)

读方侍御奏议

余观世之论事者,攻讦已毙之恶,觇缕陈腐之谈,搜拾无祸福之事,观望时执,以阴阳其说,深浅其言,即号为剀直者,亦杜钦、谷永之流耳,余窃鄙之,厌之,与逡默不言者同。暇日,得读昆山方侍御奏议,类将言人所不能言,绝无附会套语,而大礼一疏,力折奸谀,存天理,正人心,凛凛乎与日月争光矣。余素耻多可,独于此忻为执鞭云。余姚新建伯王守仁撰。

(文载方凤《方改亭奏草》。《四库全书总目提要》已考其为伪。)

觉世宝经序

《觉世宝经》若干言,深求之通天地阴阳之理,细察之在人伦日用之间。精而明之,得古圣危微之领;约而进之,在赤子啼笑之真。可以维纲常之大,可以补名教之全,可以救末俗之偷,可以为万世之准。

(文载《关圣帝君经训灵签占验》。)

三悟跋

余少游金陵,偶遇僧人浚井,得石函焉。启而视之,乃《三悟》也。携归阅之,乃知永乐初国师姚广孝所著。赞勷靖难之师,为《春秋》所不取,然其书包揽三才,为勘乱致治之金针,夫子所谓不以人废言也。余后平江右之乱,其后深入岭南,所向克捷,滨海而止,以军国之重,此书实有赖焉。事成之后,遂深藏之。后之学者倘得是书,可以疗迂腐之病,而更能以不杀为心,则可谓深得余心者已。姚江王守仁跋。

(文载《三悟真诠》。)

答何金宪

　　人之是非毁誉，如水之湿，火之热，久之必见，岂能终掩其是？故有其事，不可辩也；无其事，不必辩也。无其事而辩之，是自谤也；有其事而辩之，是增益己之恶而甚人之怒也，皆非所以自修而平物也。惟宜安静自处，以听其来。

　　（文载沈佳胤《瀚海》卷十二。此《答何金宪》显然是从《答伍汝真金宪》中截取数句凑成，加以"答何金宪"之题，而"何金宪"显然是伍金宪之误也。）

闸口盘车图题识

　　功名身外即浮尔，丘壑胸中实过之。盘车寿康怀李愿，辋川潇洒友王维。何人使笔铁如意，老子放怀金屈卮。市井收声良夜永，竹风山月乱书帷。

　　庚午暮春中浣，钟峰王守仁识。

　　（诗载《海王村所见书画录》中"五代卫贤《闸口盘车图》"。《闸口盘车图》真迹今藏上海博物馆，然诗识所咏与画卷所绘风马牛不相及，阳明题识诗显伪也。）

题识

　　不借东坡月满庭，雁来曾寄砚头青。自从惠我庄骚句，始见山中有客星。

　　正德二年立秋日前二日抵龙场署中，作句复都门友人，时有索字，因笔以应。余姚王守仁。

　　（诗载《自怡悦斋书画录》卷四。按：阳明正德三年春方至龙场驿,此谓"正德二年立秋日前抵龙场署中",荒谬至极。其伪不辨自明。)

题扇诗

秋水何人爱,清狂我辈来。山光浮掌动,湖色盈胸开。黄鹄轻千里,苍鹰下九垓。平生济川志,击节使人哀。

王守仁。

(诗载潘正炜《听帆楼书画记》卷四。按:此为王宠诗,非阳明诗。王宠《雅宜山人集》卷五有《同诸公泛石湖遂登草堂燕集二首》,其一即此诗。)

望夫石

山头怪石古人妻,翘首巍巍望陇西。云鬓不梳新样髻,月钩懒画旧时眉。衣衫岁久成苔藓,脂粉年深化土泥。两眼视夫别去后,一番雨过一番啼。

一上青山便化身,不知何代怨离人。古来节妇皆销朽,尔独亭亭千古新。

(诗载《乾隆广德州志》卷三十《艺文》。第一首诗是唐时无名氏作。第二首诗是唐胡曾《咏史诗·望夫石》。)

登莲花绝顶书赠章如愚

灵峭九十九,此峰应最高。岩栖半夜日,地隐九江涛。天碍乌纱帽,霞生紫绮袍。翩翩云外侣,吾亦尔同曹。

(此诗见《乾隆青阳县志》卷七《艺文志》、《光绪青阳县志》卷十。按:章如愚为宋人,以作《山堂考索》闻名于世,此诗显为宋人所作,非阳明诗。)

赠侍御柯君双华

九华天作池阳东,翠微堤边复九华。两华亘起镇南极,一万七千罗汉松。松林繁阴霭灵秘,疑有神物通其中。大者孕精储人杰,次者凝质成梁虹。荡摩风雷壮元气,推演八卦连山重。大华一百四峰出愈奇,芙蓉开遍花丛丛。小华二十四洞华盖虚,连珠累累函崆峒。云门高士祷其下,少微炯炯汋溟冲。华山降神尼父送,宁馨儿子申伯同。三岁四岁貌岐嶷,五岁颖异如阿蒙。六岁能知日远近,七岁默思天际穷。十岁卓荦志不移,十四五六《诗·书》通。二十以外德义富,仰止先觉涉高风。谪仙遗躅试一蹴,文晶吐纳奔霓虹。阳明山人亦忘年,倾盖独得斯文宗。良知亲唯吾道诀,荒翳尽扫千峰融。千峰不断连一脉,岩崿嶙峰咸作容。中有两峰如马耳,壁立万仞当九空。龙从此起云泼岫,膏霖海宇资化工。化工一赞两仪定,上有丹凤鸣雕雕。和气充餐松,啗芝欲不老,飘飘洒逸如仙翁。小华巨人迹,可以匡大步。大华仙人坂,可以登鸿蒙。双华之巅真大观,尚友太华峨岷童。俯瞷八荒襟四渎,我欲跻攀未由从。登登复登安所止?太乙三极罗胸中,双华之居夫子宫。

(诗载《乾隆池州府志》卷四十六《儒林》。)

夜宿白云堂

春园花烛始菲菲,又是高秋落木时。天迥楼台含气象,月明星斗避光辉。闲来心地如空水,静后天机见隐微。深院寂寥群动息,独怜乌鹊绕枝飞。

(诗载《杭州上天竺讲寺志》卷十四《诗文纪述品》、《天竺山志》。按:《王阳明全集》卷二十中有《秋夜》诗,即此诗,作在绍兴,非作在杭州上天竺寺。)

龙泉石径

水花如练落长松,雪际天桥隐白虹。辽鹤不来华表烂,仙楼一去石楼空。徒闻鹊驾横秋夕,漫说秦鞭到海东。移放长江还济险,可怜虚却万山中。

(诗载《万历贵州通志》卷二十四《艺文志》。按:《王阳明全集》卷十九有《过天生桥》,即此诗,与"龙泉石径"无涉。)

谒武侯祠

殊方通道是谁功?汉相威灵望眼中。八阵风云布时雨,七擒牛马壮秋风。豆笾远垒溪苹绿,灯火幽祠夕照红。千载孤负独凛烈,口碑时听蜀山翁。

给书诸学

汗牛谁著五车书?累牍能逃一掬余。欲使身心还道体,莫将口耳任筌鱼。乾坤竹帙堪寻玩,风月山窗任卷舒。诲尔贵阳诸士子,流光冉冉勿蹰躇。

(二诗载《乾隆贵州通志》卷四十五《艺文》。按:《嘉靖贵州通志》卷十一《艺文》著录此二诗,作"王杏诗",《乾隆贵州通志》转抄《嘉靖贵州通志》,乃将王杏此二首诗一并误抄为阳明诗。)

石牛山

一拳怪石老山巅,头角峥嵘几百年。毛长紫苔因夜雨,身藏青草夕阳天。通宵望月何时喘,镇日看云自在眠。恼杀牧童鞭不起,数声长笛思凄然。

（新编本《王阳明全集》辑自褚人获《坚瓠集》卷三《嫁女题石牛》。按：此诗乃是《挑灯集异》中所载诗。）

宿谷里

石门风高千树愁,白雾猛触群峰流。有客驱驰暮未休,山寒五月仍披裘。饥鸟拉沓抢驿楼,迎人山鬼声啾啾。残月炯炯明吴钩,竹床无眠起自讴。

饭金鸡驿

金鸡山头金鸡驿,空庭荒草平如席。瘴雨蛮云天杳杳,莫怪金鸡不知晓。问君远游将抵为,脱粟之饭甘如饴。

（二诗载王丰贤、许一德纂修《贵州通志》卷二十四《艺文志》。按：此二诗非阳明作,而是明吴国伦诗,见吴国伦《甔甀洞稿》卷八、《列朝诗集》丁集第五。）

送启生还丹徒

乃知骨肉间,响应枹鼓然。我里周处士,伏枕逾半年。靡神罔不祷,靡医罔不延。巫觋与药饵,抱石投深渊。懿哉膝下儿,两丱甫垂肩。皇皇忧见色,迫切如熬煎。袖中刲臂肉,糜进床前。一餐未及已,顿觉沉疴痊。乃知至孝德,诚能格苍天。我闻古烈士,长城负戈鋋。苦战救国难,有躯甘弃捐。守臣御社稷,一旦离迍邅。白刃加于首,丹心金石坚。忠孝本一致,操守无颇偏。但知国与父,宁复身求全。因嗟间阎间,孩提累百千。大儿捉迷藏,小儿舞翩跹。狎恩复恃爱，那恤义礼愆。所以周氏子，举邑称孝贤。我知周氏门，福庆流绵绵。作诗惊薄俗，冀以荐永传。

（诗载陈仁锡《京口三山志选补》卷十七《京口选诗》。）

古诗五首

秋山时摇落，秋水急波澜。独有鱼龙气，长令烟水寒。谁穷造化力，空向两崖看。

山叶傍崖赤，千嶂秋色多。夜泉发清响，寒渚生微波。稍见沙上月，归人争渡河。

寂寞对伊水，经行长未还。东流自朝暮，千载空云山。唯见白鸥鸟，无心渊渚间。

松路向清寺，花龛归老僧。闲云低锡杖，落日低金绳。入夜翠微里，千峰明一灯。

谁识往来意，孤云长自闲。风寒未渡水，落日更看山。木落众山出，龙宫苍翠间。

王守仁。

（诗载中国嘉德国际拍卖有限公司二〇〇六年秋季拍卖会阳明手迹。按：此五诗是唐刘长卿《龙门八咏》中咏阙口、水东渡、福公塔、远公龛、下山五首。）

题画诗

绿树阴阴复野亭，绿波漾漾没沙汀。短藜记得寻幽处，一路莺声酒半醒。

王守仁题。

（诗载中国嘉德国际拍卖有限公司二〇〇七年十二月嘉德四

季第十二期拍卖会阳明手迹。按：曹学佺《石仓历代诗选》卷四百八十七选录刘泰诗，中有《小景》三首，其二即此诗，可见此诗乃刘泰作，非阳明诗。）

书诗一首

去国三巴远，登楼万里情。伤心江上客，客是故乡人。

（诗见上海大众拍卖有限公司"新海上雅集——上海大众第三届艺术品拍卖会""王阳明先生墨宝真迹"。按：此非阳明诗，而为唐卢僎《南望楼》诗。）

秋风诗

秋风袅袅湘江曲，秋水潇潇湘水绿。湘江之人美如玉，翠袖天寒倚修竹。鹧鸪时来林外啼，凤凰夜向枝头宿。天高海阔白日静，九疑山色云茫茫。云茫茫，增烦行，众愿因之泛潇湘。忽忆山中二三月，茹有紫笋食有鱼。开轩赋就污园句，都向琅玕节上书。

　　王守仁。

（诗载上海工美拍卖有限公司二〇〇八年上海春季艺术品拍卖会阳明手书。按：此非阳明诗，而为明初虞谦诗，见其《玉雪斋诗集》。）

书诗二首

野桥秋水落，江泉暝烟微。白日又言午，高人犹未归。青外依古塔，虚馆静柴扉。坐久思题字，翻怜树叶稀。

秋风一夜静无云，断续鸿声到晓闻。欲寄征人问消息，居延城外又移军。

（二诗载"说宝网"。按：第一首诗为唐戴叔伦《过龙湾五王阁访友人不遇》诗。第二首诗是唐张仲素《秋闺思》诗。）

四言

去乡之感，犹之迟迟。矧伊代谢，触物皆非。哀哀箕子，云胡能夷？狡童之歌，凄矣其悲，悠然其怀。

（中国嘉德国际拍卖有限公司"嘉德四季第十三期拍卖会"上出现一首阳明所作诗手迹。按：此为陶渊明诗，即其《读史述九章》之《箕子》篇。）

致永丁执事手札

守仁久卧山中，习成懒僻，平生故旧，音问皆疏。遥闻执事养高归郴，越东楚西，何因一话？烟水之涯，徒切瞻望而已。去岁复以兵革之役，扶病强出，殊乖始愿，正如野麋入市，投足摇首，皆成骇触。忽枉笺教，兼辱佳章，捧诵洒然。盖安石东山之高，靖节柴桑之兴，执事兼而有之矣，仰叹可知。地方事苟已平靖，伏枕已逾月，旬日后亦且具疏乞还。果遂所图，虽不获握手林泉，然郴岭之下，稽山之麓，聊复闻此区区之怀也。使来，值湖兵正还，兼有计处地方之奏，冗冗乃尔久稽，又未能细请，临纸茫惘然，伏冀照亮。不具。六月四日，王守仁顿首，永丁老先生大人执事。余空。

（"中国硬笔在线网"及"志趣网"上均公布此阳明手迹，原由隆盛国际展览有限公司拍卖。按：此原为阳明《寄何燕泉手札》，今藏上海博物馆。）

征引辑佚书目

（日）蓬累轩：《姚江杂纂》，日本《阳明学》，第一五八号。

（日）水野实、永富青地：《九大本文录中的王守仁逸诗文》，日本《汲古》，第三三号，一九九八年六月。

（日）水野实、永富青地：《九大本阳明先生文录详考》，日本《阳明学》，第一一一号，一九九九年三月。

（日）永富青地：《闿东本阳明先生文录的价值》，日本《东洋的思想与宗教》，第一六号，一九九九年三月。

（日）水野实、永富青地：《九大本阳明先生诗录小考》，日本《汲古》，第三五号，一九九九年六月。

（日）永富青地：《关于现存最古的王守仁诗文集——北京上海两图书馆藏居夷集》，日本《东洋的思想与宗教》，第一九号，二〇〇二年三月。

（日）水野实、永富青地：《关于王守仁的佚文》，《阳明学新探》，中国美术学院出版社，二〇〇二年五月。

（日）永富青地：《关于王守仁良知同然录的初步研究》，《明清浙东学术文化研究》，中国社会科学出版社、宁波出版社，二〇〇四年十月。

（日）永富青地：《关于上海图书馆藏新刊阳明先生文录续编》，日本《东洋的思想与宗教》，第二三号，二〇〇六年三月。

（日）永富青地：《关于上海图书馆藏阳明先生与晋溪书》，日本《汲古》，第四九号，二〇〇六年六月。

（日）永富青地：《王阳明著作的文献学研究》，东京汲古书院，二〇〇七年二月。

古愚生：《读阳明先生真迹》，《王学杂志》，第一卷第一一号，明治四十年，明善学社刊行。

中国古代书画鉴定组：《中国古代书画图目》，文物出版社，一九八六年十月。

顾廷龙：《中国美术全集》，上海书画出版社，一九八九年五月。

徐邦达：《古书画过眼要录·元明清书法》，紫禁城出版社，二〇〇六年二月。

叶树望：《新发现的王阳明佚文六件》，《文献》，一九八九年第四期。

谢稚柳：《中国历代书法墨迹大观》，上海书店，一九九二年五月。

吴震：《王阳明佚文论考》，《学人》，第一辑，江苏文艺出版社，一九九二年。

《艺苑掇英》，第七三期，上海人民美术出版社，二〇〇五年四月。

吴光等：《王阳明全集·补录》，上海古籍出版社，一九九二年十二月。

刘正成：《中国书法全集》明代，荣宝斋，一九九三年五月。

谢伯阳：《全明散曲》，齐鲁书社，一九九三年十二月。

徐定水：《王守仁行书·函札卷》，《文物》，一九九四年第十期。

余怀彦：《王阳明与贵州文化》，贵州教育出版社，一九九六年四月。

计文渊：《王阳明法书集》，西泠印社，一九九六年七月。

王萼华：《王阳明在贵州的一篇佚文》，王晓昕主编《王阳明与贵州》，贵州人民出版社，一九九六年四月。

张立文：《王阳明全集·知行录》，红旗出版社，一九九六年十一月。

叶树望：《有关王阳明军旅石刻考订》，日本《阳明学》，第九号，一九九七年。

贵阳市对外文化交流协会：《王阳明谪黔遗迹》，贵州人民出版社，一九九九年十月。

钱明：《王阳明全集未收散佚诗文汇编及考释》，《阳明学的形成与发展》，江苏古籍出版社，二〇〇二年九月。

吴艳玲：《一代心学大师的思想起点和精神归宿——解读阳明全集失收诗二首》，《广州大学学报》，二〇〇四年第四期。

龚笃清：《明代八股文史探》，湖南人民出版社，二〇〇五年九月。

钱明：《王阳明散佚诗文续补考》，《中华传统文化与贵州地域文化研究论丛》（二），巴蜀书社，二〇〇八年四月。

计文渊：《吉光片羽弥足珍》，《王阳明的世界》，浙江古籍出版社，二〇〇八年十月。

王孙荣：《王阳明散佚诗文九种考释》，《王阳明的世界》，浙江古籍出版社，二〇〇八年十月。

吴光等：新编本《王阳明全集》，浙江古籍出版社，二〇一一年三月。